Ralf von Appen, Mario Dunkel (Hg.)
(Dis-)Orienting Sounds – Machtkritische Perspektiven auf populäre Musik

Beiträge zur Popularmusikforschung 45

Editorial Board:
Dr. Martin Cloonan (Glasgow) | Prof. Dr. Ekkehard Jost † (Gießen)
Prof. Dr. Rajko Muršič (Ljubljana) | Prof. Dr. Winfried Pape † (Gießen)
Prof. Dr. Helmut Rösing (Hamburg) | Prof. Dr. Mechthild von
Schoenebeck (Dortmund) | Prof. Dr. Alfred Smudits (Wien)

Ralf von Appen, Mario Dunkel (Hg.)
**(Dis-)Orienting Sounds –
Machtkritische Perspektiven
auf populäre Musik**

[transcript]

Indexiert in EBSCOhost-Datenbanken.

Bibliografische Information der Deutschen Nationalbibliothek
Die Deutsche Nationalbibliothek verzeichnet diese Publikation in der Deutschen Nationalbibliografie; detaillierte bibliografische Daten sind im Internet über http://dnb.d-nb.de abrufbar.

© 2019 transcript Verlag, Bielefeld

Alle Rechte vorbehalten. Die Verwertung der Texte und Bilder ist ohne Zustimmung des Verlages urheberrechtswidrig und strafbar. Das gilt auch für Vervielfältigungen, Übersetzungen, Mikroverfilmungen und für die Verarbeitung mit elektronischen Systemen.

Umschlaggestaltung: Maria Arndt, Bielefeld
Lektorat & Satz: Eva Schuck
Druck: Majuskel Medienproduktion GmbH, Wetzlar
Print-ISBN 978-3-8376-5058-7
PDF-ISBN 978-3-8394-5058-1
https://doi.org/10.14361/9783839450581

Gedruckt auf alterungsbeständigem Papier
mit chlorfrei gebleichtem Zellstoff.
Besuchen Sie uns im Internet: https://www.transcript-verlag.de
Unsere aktuelle Vorschau finden Sie unter
www.transcript-verlag.de/vorschau-download

INHALT

Editorial
Ralf von Appen und Mario Dunkel | 7

I. MUSIKPÄDAGOGIK

Between Saviours and Disillusionists. (Dis-)Orientations in (Popular) Music Education
Petter Dyndahl | 11

Tabu und Affirmation: Desorientierende Orientierung im popularmusikalischen Umgang mit dem Tod aus musikpädagogischer Sicht
Peter Schatt | 31

Ethnie und Nation als semantische Reservoirs virtueller musikbezogener Differenzkonstruktionen
Malte Sachsse | 47

II. INTERSEKTIONALITÄT

Klitclique und »Der Feminist F€m1n1$t«: Konzeptuelle Desorientierung als Empowerment
Magdalena Fürnkranz | 79

»Natürlich nur ironisch und nur so nebenbei.« Teilzeit-Solidarität, Neosexismus und Humor im Indie, Punk und Rap
Katharina Alexi | 105

Human*. Posthumanism and the Destabilizing of Identity Categories in Music Videos
Katharina Rost | 133

Hardbass: Intersectionality, Music, Social Media, and
the Far-Right on the European Periphery
Ondřej Daniel | 153

Von *weißen* Massais, Hexen und Löwinnen.
Sexualisierungen afrikanischer Musiken in
Erlebnisromanen deutschsprachiger Autorinnen
Nepomuk Riva | 167

III. NEUE WEGE DER POPULARMUSIKFORSCHUNG

Musikanalyse als Mediendispositivanalyse –
Perspektiven einer Neuorientierung für die
Popmusikforschung
Steffen Just | 187

Praxisbezogene Jazz- und Popmusik-Studiengänge als
Orientierungspunkte für die Popularmusikforschung in
Deutschland
Nico Thom | 211

Die Erfindung des Rockkonzerts in der Provinz.
Ein praxeologischer Blick auf das Soester
»Karussell der Jugend« 1959-1971
Peter Klose | 233

Suchtgenese und Selbstkonzepte:
Zum Potential biographischer Fallrekonstruktionen
für die Popular Music Studies
Melanie Ptatscheck | 261

Remixe. Remixen. Popularmusikforschung:
Potentiale für methodologische Neugestaltungen
André Doehring, Kai Ginkel und Eva Krisper | 283

Zu den Autor*innen | 305

EDITORIAL

»Sich *orientieren* heißt in der eigentlichen Bedeutung des Worts: aus einer gegebenen Weltgegend (in deren vier wir den Horizont einteilen) die übrigen, namentlich den *Aufgang* zu finden. [...] Endlich kann ich diesen Begriff noch mehr erweitern, da er dann in dem Vermögen bestände, sich nicht bloß im Raume, d.i. mathematisch, sondern überhaupt im *Denken*, d.i. *logisch* zu orientieren.«[1]

Um sich in der Welt zurechtzufinden, braucht man im wörtlichen wie auch im übertragenen Sinn ein Koordinatensystem. Als Kompass in der Welt der Werte dienen uns auch Kunst und Kultur, insbesondere in der Jugend, wenn Teenager immer seltener von den Eltern »eingenordet« werden und zunehmend Peers und Stars die Richtung vorgeben. Wer aber sagt, wo's langgeht, der hat Macht – und je subtiler und unbewusster solche Wegweisung erfolgt, desto weniger wird dieses Machtverhältnis in Frage gestellt.

Auffällig ist, wie variabel »orientieren« in der deutschen Sprache verwendet werden kann: Wir sind orientiert, orientieren uns an etwas, werden orientiert. Wir können uns nicht nur orientieren, sondern auch um- oder neuorientieren. Desorientiert fühlen wir uns in der Regel nicht wohl. Politisch können wir links- oder rechts-, progressiv oder konservativ, gemeinschafts- oder marktorientiert sein. Und auch Sexualität wird durch den Begriff der Orientierung beschrieben. Der Titel des Bandes versucht diese Vielseitigkeit des Begriffs zu erfassen. Klänge können gleichzeitig Antrieb und Gegenstand von Orientierungs- und Desorientierungsprozessen sein.

Als zentraler Bestandteil menschlicher Erfahrung erfolgen solche (Um-/Neu-/Des-)Orientierungen nicht immer absichtsvoll. Ganz im Gegenteil: Oft orientieren wir uns an Dingen, die wir nicht oder kaum bemerken, in einer Weise, die wir möglicherweise für selbstverständlich halten. Dies trifft auf das alltägliche, räumliche Orientieren in unserer Umgebung ebenso zu wie auf das kulturelle oder das politische. Es betrifft Dimensionen von Gender und Sexualität genauso wie Ethnizität, Nation, Migration, soziales Milieu und deren gegenseitige Verschränkungen. Gleichzeitig gibt es Orientierungen,

---

1 Immanuel Kant (1977 [1786]). »Was heißt: sich im Denken orientieren?« In: *Werke in zwölf Bänden*, Bd. 5. Hg. v. Wilhelm Weischedel. Frankfurt/M.: Suhrkamp, S. 267-283, hier S. 269f.

über die wir uns sehr wohl im Klaren sind und in die wir durch bewusstes Des-, Neu-, Um-Orientieren intervenieren können. Auch das Bewusstmachen unbewusster Orientierungen kann eine solche Intervention darstellen.

Die Ausrichtung dieses Bandes ist von Sara Ahmeds Studie *Queer Phenomenology* (2006) inspiriert, in der sie Orientierung als eine grundsätzliche Funktion menschlichen Erlebens beschreibt. Laut Ahmed folgen unsere »Lebenswege« bestimmten Orientierungen, die nicht immer bemerkt werden und dennoch bedingen, wie wir unsere Gegenwart und Zukunft imaginieren:

»The concept of ›orientations‹ allows us to expose how life gets directed in some ways rather than others, through the very requirement that we follow what is already given to us. For a life to count as a good life, then it must return the debt of its life by taking on the direction promised as a social good, which means imagining one's futurity in terms of reaching certain points along a life course. A queer life might be one that fails to make such gestures of return.«[2]

In ihrer Mehrdimensionalität bedingen Orientierungen, wie Fremdheit, Vertrautheit, Normalität, Zugehörigkeit und Verdrängung erfahren werden. Als Funktionen, die sich auf Arten des »in-der-Welt-Seins« auswirken, können sie daher als Weichen in der Verteilung von Macht und Kontrolle betrachtet werden. Es gehört zu den Aufgaben kritischer Kulturwissenschaften, diese Orientierungen »herauszustellen« (ebd.) und zu hinterfragen.

Musik interagiert nicht nur mit verschiedenen Orientierungsfeldern, sondern sie dient auch als Medium zur Darstellung und Hervorbringung von Orientierungen. Sie führt uns Männlich- und Weiblichkeitsideale vor, zeigt, was es heißen kann, sich cool, rebellisch oder frei zu fühlen. Die Beiträge in diesem Band verbindet insbesondere ihr Interesse an der Frage, inwiefern populäre Musik – als kulturelles, pädagogisches und wissenschaftliches Feld – ein Medium für Orientierungen sein kann. Sie fragen nach Orientierungsprozessen durch und von populärer Musik in drei Perspektiven: einer musikpädagogischen, einer intersektionalen und einer wissenschaftsspezifischen.

Die erste Sektion erforscht bewusste und unbewusste Orientierungsmuster der Musikpädagogik. Die Beiträge fragen nach den impliziten und expliziten Orientierungen von Musikpädagogik in verschiedenen Bildungssystemen. Dabei gehen sie u.a. der Frage nach, wie sich grundsätzliche musikpädagogische Leitlinien durch die zunehmende akademische Akzeptanz populärer Musik verändert haben und inwiefern sich Musikpädagogik umorientieren muss,

---

2   Sara Ahmed (2006). *Queer Phenomenology. Orientations, Objects, Others.* Durham u. London: Duke University Press, S. 21.

um Fragen intersektionaler Differenz und transkultureller Musikvermittlung inner- und außerhalb der Schule gerecht werden zu können.

Die zweite Sektion, Intersektionalität, befasst sich mit der Frage, inwiefern populäre Musik musikalische und kulturelle Differenz herstellt und wie zugleich die Konstruktion von kultureller Differenz sich auf Musik auswirkt. Gefragt wird nach der Intersektionalität in Diskursen zu bspw. Gender, ›Rasse‹, Ethnizität, Klasse, Nationalität und Sexualität. Dabei interessiert die Verfasser*innen insbesondere die Art und Weise, in der Machtdynamiken zur Konstruktion und Dekonstruktion von Differenz beitragen. Die Beiträge verbinden queer-feministische, postkoloniale und posthumanistische Perspektiven.

Die Beiträge in Sektion drei, Wege der Popularmusikforschung, beschäftigen sich schließlich mit der Weiterentwicklung der Popular Music Studies als »interdisziplinäre Disziplin«. Ausgehend von der Analyse historischer Entwicklungslinien machen sie Vorschläge für andere inhaltliche Schwerpunktsetzungen, den Einbezug neuer Fragestellungen und Methoden und geben so Anregungen, wie eine Zukunft der Popularmusikforschung gestaltet werden könnte.

Die Beiträge dieses Bandes sind Schriftfassung von Referaten, die vom 16. bis 18. November 2018 auf der 28. Arbeitstagung der GfPM, »(Des-)Orientierungen populärer Musik«, an der Carl von Ossietzky Universität Oldenburg gehalten worden sind. Organisiert wurde die Tagung von Susanne Binas-Preisendörfer und Mario Dunkel. Susanne Binas-Preisendörfer sowie den zahlreichen Unterstützer*innen der Tagung, darunter Hannah-Malaika Gasirabo, Christoph Hinxlage, Björn Jeddeloh, Niva Kriege, Raina Niemeyer, Léon Raschen, Finja Schreiber und Simon Wehber sei hier noch einmal ganz herzlich für die überaus gelungene Tagung gedankt. Wir bedanken uns außerdem beim Bundesministerium für Bildung und Forschung, dem Projekt Biographieorientierte und Phasenübergreifende Lehrerbildung in Oldenburg (OLE+), dem niedersächsischen Ministerium für Wissenschaft und Kultur sowie der Universitätsgesellschaft Oldenburg (UGO) für die großzügige Unterstützung der Konferenz. Für ihre wichtige ehrenamtliche Arbeit zu danken haben wir auch wie in jedem Jahr den 14 Gutachter*innen des Peer Review-Verfahrens, die leider, aber selbstverständlich ungenannt bleiben müssen.

Möge der Band zu neuen Orientierungen und — vielleicht wichtiger — zu so mancher konstruktiven Desorientierung führen!

Ralf von Appen und Mario Dunkel
Bremen, im August 2019

BETWEEN SAVIOURS AND DISILLUSIONISTS. (DIS-)ORIENTATIONS IN (POPULAR) MUSIC EDUCATION

Petter Dyndahl

Introduction

In this chapter, I will address music education issues related to orientations and/or disorientations in popular music. This approach allows me to reflect critically on some of the ways in which popular music has become part of music education internationally. In this context, two cases will be presented as examples of different orientations towards popular music. These are, on the one hand, a predominantly Anglo-American tendency to ascribe to popular music the role of an absolutely necessary renewal of not only the content of music education but also its epistemologies and forms of learning. On the other hand, there is a long-standing Scandinavian tradition of incorporating popular culture into music education and research, which has led to the fact that Nordic music education has largely been dominated by certain forms of and approaches to popular music. However, this in turn has led to a rather disillusioned attitude among some music educators, including myself, regarding popular music's ability to, for instance, ›democratize‹ music education.

I take the notion of *aesthetic cosmopolitanism* as a point of departure. From there, I go into the details of the idea of *informal music education* as well as its application and dissemination. Accordingly, I will present and discuss the concepts of *cultural omnivorousness* and *musical gentrification* respectively, both representing quite different orientations towards popular music than the informal music education paradigm, before I conclude with an attempt to consider the educational consequences.

Aesthetic cosmopolitanism and the process of *pop-rockization*

Any scholar writes from a specific, situated point of orientation. My outlook is from a Scandinavian context, in which popular music has nowadays become a ubiquitous and legitimate part of cultural policies, public institutions, and the media, as well as music education at all levels. Moreover, the Nordic countries take part in the pervasive global spread of popular culture that is designated in Motti Regev's (2013) notion of *aesthetic cosmopolitanism*. Following up Dick Hebdige's (1990) declaration that, in late modernity, »everybody is more or less cosmopolitan« (1990: 20), Regev develops his concept, analyzing how the extensive field of popular music becomes a common reference for aesthetic perceptions, expressive forms, and cultural practices shared by different social groupings around the world. Furthermore, Regev examines what he describes as the global *pop-rockization* of music with regard to the exponential growth of pop-rock styles and the hybrid tendency within pop-rock music to merge and fuse with other styles and genres, as well as the general trend among musicians and producers to adopt and implement several practices associated with pop-rock, thus making pop-rock aesthetics a dominant global force in today's music. Although Regev is not directly concerned with music educational actions or institutions, it is obvious that these instances are at least as influenced by the spread of aesthetic cosmopolitanism and the process of pop-rockization as any other social institution and field of practice. To some extent, one can even argue that music education facilitates proliferation.

Theoretically, Regev builds primarily on Bruno Latour's (2005) Actor-Network Theory, supplemented with several sociological orientations. Latour emphasizes that both human subjects (›actors‹) and non-human objects (›actants‹) have agency or, rather, the ability to have a variety of effects on other humans and non-humans. This implies that everything in the social and natural worlds exists in constantly shifting networks of relationship, which, in turn, requires paying attention to moments of visibility of objects in different networks. For Regev, this approach applies to what he sees as sonic embodiment and materiality, which can be understood as the material presence of music, anchored in and with resonance in the body, and with particular relevance to the perception of recording, production, and playback technologies, in addition to the sound of—in this case—processed musical instruments.

While Latour is also concerned with objects that have receded into the background of networks, Sara Ahmed (2006) goes a step further in orienting her attention towards the processes that make something fall into the background, what she denotes as *acts of relegation*. Her critical point is to bring into view what is being bracketed in order to reorient the gaze towards hidden power relations. Regev focuses on networks and objects that mediate »new ways of experiencing the body, new styles of consciousness and modes of embodiment, new designs of the public musical sphere« (2013: 177), mainly in terms of spatial, geographical dimensions. Beyond that, I hope to bring to mind some dimensions that have seemingly been ›left behind‹ in the inclusion of popular music in international music education. This applies in particular to cultural distinction, social status, and power.

Against this background, I recognize aesthetic cosmopolitanism and the pop-rockization of music cultures as valid descriptions of the contemporary status, obviously within the music industry and the media, but which can also be detected in cultural policies and public rituals as well as in a variety of educational contexts. These latter items I expand upon below.

Informal music education

The presumed ›saviours‹ of music education, as referred to in the chapter title, were in many ways welcomed by Lucy Green's 2002 book *How Popular Musicians Learn: A Way Ahead for Music Education*, in which the author examined what she perceived as the learning practices among self-taught popular musicians. This, in turn, led her to identify five key principles of *informal music learning*, which were presented in her follow-up book on the same topic, *Music, Informal Learning and the School: A New Classroom Pedagogy* (2008).

Here, Green claims that, firstly, informal learning always begins with music chosen by the learners themselves. According to Green, this music provides a greater degree of recognition, enjoyment, and identification potential than the music that is offered in »most formal educational settings, in which the main idea is to introduce learners to music that they do *not* already know, and which is usually selected by the teacher« (ibid.: 10, emphasis in original).

Secondly, within informal learning, the main method of repertoire and skill acquisition involves the aural imitation of recordings by ear, which is an approach that has rarely, if ever, been employed as a learning method in the music classroom, Green states. She continues to assert that »[t]his is very different to learning through notation, or some other form of written or verbal instructions and exercises lying beyond the music itself« (ibid.).

Thirdly, peer and/or self-directed learning constitute an important part of informal learning processes, which according to Green leads to several forms of acquisition and sharing of knowledge and skills through listening, observing, imitating, and discussing music and musical practices:

»Unlike the pupil—teacher relationship in formal education, there is little or no adult supervision and guidance. Along with this, friendship and identification with a social group such as a particular sub-culture or other markers of social identity form an important part in the choice of music to be played. These factors are also central to negotiation over music-making and music-learning practices amongst the members of the band« (ibid.).

Fourthly, in the informal realm, musical skills and knowledge are likely to be assimilated in »haphazard, idiosyncratic and holistic ways, starting with ›whole‹, ›real-world‹ pieces of music« (ibid.), Green claims. This stands in opposition to the tendency of the formal approach to follow a planned progression, with exercises and facilitated pieces, which, under the guidance of a knowledgeable tutor, should bring the student from beginner level to advanced practitioner.

Finally, informal music learning typically involves »a deep integration of listening, performing, improvising and composing throughout the learning process, with an emphasis on personal creativity« (ibid.), rather than formal music education's tendency to focus on just one of these activities at a time, which, at the end of the day, has a propensity to emphasize reproduction more than creativity, according to Green.

It is obvious that Green's notion of informal learning represents an attempt at reorienting or decolonizing the traditional music education that is closely related to the classical tradition. What is more, with the intention of developing an alternative pedagogy for the music classroom, she conducted a study involving 13- to 14-year-old pupils in post-primary schools in the greater London area from 2001 onwards, in which the above five principles were systematically applied. This resulted in the British music education project and, later on, in the organization Musical Futures (2018), funded by the Paul Hamlyn Foundation from 2003. The Paul Hamlyn Foundation trustees agreed in 2014 to provide a £1.2 million transition grant to support Musical Futures to become an independent non-profit organization during the period from 2014 to 2017. Musical Futures has provided and continues to provide online music education resources and training courses for teachers, schools, and communities built on the above principles as well as on the further pedagogical applications Green developed in her 2008 book. Today the Musical Futures organization can also be found in Australia (Musical Futures Australia n.d.) and Canada (Musical Futures Canada n.d.), and workshops are held in many countries worldwide.

In North America, an elaboration of the same principles was initiated with a Canadian forum for teachers, musicians, and scholars, entitled Progressive Methods in Popular Music Education (n.d.), which held its first symposium in 2018, and in the United States there is a fairly comparable organization called Little Kids Rock (2017). Moreover, the latter has recently established an arena for research publication with the *Journal of Popular Music Education* (Intellect 2018), first published in 2017. All in all, these efforts must be regarded as a now-established movement in today's music education, especially in the Anglo-American world but also elsewhere, and with the potential of global propagation or, I would argue, pedagogical cosmopolitanism. Informal music education has also become an emerging strategy for popular music teaching and learning in higher education, as researchers of music education have demonstrated with regard to Brazil (Narita/Azevedo 2016) and Greece (Wright/Kanellopolous 2010).

This raises some issues. At one level, informal music education represents an alternative pedagogical orientation in terms of discursive positioning. However, in the extension of this, its practical implementations have been criticized for establishing some new dispositions and hegemonies on the subject of music. For example, in the Nordic countries, Alexis Kallio (2014) as well as Petter Dyndahl and Siw Graabræk Nielsen (2014) have been concerned with what types of popular music have been included and what types have been excluded, for what reasons, and with what consequences. With such issues, the authors imply that new hierarchies can easily arise. In that context, Eva Georgii-Hemming and Maria Westvall (2010) point to the fact that the large emphasis on popular music in Swedish compulsory school music education has limited its repertoire, its contents, and its teaching methods. It is primarily white male rock band music that becomes dominant when informal music education is implemented. In that respect, Cecilia Björck (2011), Gro Anita Kamsvåg (2011), and Silje Valde Onsrud (2013) discuss the gendered implications of popular music education in Sweden and Norway with respect to, for example, the limited access of girls to any roles other than those of vocalist or dancer. Complementing this, Lauri Väkevä (2010) suggests that it is time to consider the pedagogy of popular music in more extensive terms than conventional rock band practices have to offer. He therefore considers it necessary to expand and redefine informal music pedagogy to include digital music culture, for instance in the forms of DJing, remixing, collective online songwriting, producing music videos, and so on.

Criticism of pedagogical practices is timely and can also lead to an updating of informal music education. Notwithstanding the fact that the music educational practices that sail under this flag are—at least from a Scandinavian point of view—still astonishingly tradition-bound in most Anglo-American contexts, Green's overall principles should be flexible enough to allow that.

However, there is another, more fundamental criticism that may be raised as well. Although Green (2008) suggests that pupils might also produce performances in music traditions other than popular music, such as the classical music tradition, by imitating recordings, it seems quite obvious that her informal classroom pedagogy is meant to represent a radical option, emerging as more democratic, participant-driven, community-based, holistic, and integrated than traditional approaches to music education. The belief that popular music and its assumed educational principles represent an improved »new classroom pedagogy« (cf. Green 2008) and an unambiguous »way ahead for music education« (cf. Green 2002) can therefore be considered as an example of the posture as ›saviour‹ indicated in the title of this chapter.

This inclination can be seen as parallel to a tendency David Hesmondhalgh (2008) has observed and criticized in some influential music research in recent decades. He claims that there is a dominant conception of music, emotion, and personal identity in sociologically informed analyses of music, which sees music primarily as a positive resource for active self-making. Hesmondhalgh's targets for criticism are the three pivotal scholars Ruth Finnegan (1989), Simon Frith (1996), and Tia DeNora (2000, 2003), whose conceptions he accuses of resting on a problematic, excessively optimistic understanding of music which implicitly sees music as somehow independent of negative social and historical processes. To make a longer argument short, Hesmondhalgh summarizes this condition by stating that:

»The dominant conception rightly emphasises the social nature of music and of self-identity, but if music is as imbricated with social processes as the dominant conception suggests, then it is hard to see how people's engagement with music can be so consistently positive in their effects, when we live in societies that are marked by inequality, exploitation and suffering« (Hesmondhalgh 2008: 334).

Without going into his actual objects of criticism, I would argue that this criticism is, if possible, even more accurate regarding dominant *music educational* trends and conceptions. Green's ambition seems to be to connect music education more closely to the learner's personal, social, and cultural experiences and identities, that way recognizing that it is of the utmost importance for the individual and the community. However, I believe that if music and music education are so essential, it is crucial to acknowledge that the music in question cannot only have positive outcomes, but must necessarily also be connected to undesirable social and historical processes. In other words, »music can be bad for you,« to quote Chris Philpott (2012: 48)— one of very few music education scholars who dares to take such an ambiguous orientation into account. This is a perception I will pursue in the following sections. However, to do so I need to return to a more sociological approach.

Aesthetic cosmopolitanism *revisited*

As mentioned above, aesthetic cosmopolitanism points to the gradual formation of global cultures into a single interconnected entity. In that regard, Regev (2013) emphasizes the significance of what he denotes ›expressive isomorphism,‹ or the process through which national and/or ethnic uniqueness is standardized so that the expressive cultures of various nations, or of prominent social sectors within them, come to consist of similar—although not necessarily identical—expressive forms, stylistic elements, and aesthetic idioms:

»While in the past national cultural uniqueness was organized around the principle of striving towards totally different expressive forms and stylistic elements, with expressive isomorphism it becomes organized around proximity, similitude, and overlap of art forms and stylistic elements between nations« (Regev 2013: 11f).

It is important, in this context, to recall that these processes comprise various expressions, genres, and styles that are increasingly related to popular music idioms and aesthetics. Another important building block in the concept of aesthetic cosmopolitanism is the term ›institutionalized patterns of cultural value,‹ indicating what cultural forms, stylistic elements, and aesthetic idioms should be adopted in order to count as candidates for recognition, participation, and parity among those with such a cosmopolitan orientation.

Both of the above notions provide, jointly, a conceptual framework for a general sociological understanding of aesthetic cosmopolitanism, according to Regev. By referring to Pierre Bourdieu's (1984) dual understanding of the social role of culture, Regev suggests that the institutionalized patterns of cultural value operate within the theoretical structures of distinction and cultural capital, and that expressive isomorphism has Bourdieu's theory of the fields of art as its conceptual framework:

The theory of distinction outlines the role of cultural capital in the production and maintenance of inequality, superiority, and prestige. The theory of the cultural field delineates the social dynamic of struggles and changes in fields of cultural production, whereby new forms and styles gain legitimacy and recognition, while the old ones either decline or retain their dominant, consecrated position (ibid.: 12).

However, Regev firmly claims that Bourdieu's own empirical studies are limited to historical types of cultural capital, based on the traditional division of high and low culture and their institutional fields. According to Regev, Bourdieu thus lacks nuanced analytical categories to interpret fine distinctions and trends within contemporary popular culture, including changes in its orientation and status. This criticism may, of course, be justified as seen from today's perspective. Nevertheless, several sociologists have found Bourdieu's concepts productive to explore the new meanings of popular music. In this regard, substantial attempts to update and reorient the Bourdieusian terminology have been made, as will be explained below.

Cultural omnivorousness

Speaking of history, there is no doubt that Bourdieu's description of what constitutes *legitimate culture* was directly aligned with his investigation of the highly divided French society of half a century ago. However, legitimate culture will change over time, thus changing the preconditions for what accumulates cultural capital. Consequently, in the 1990s, Richard Peterson and colleagues reported that openness to aesthetic and cultural diversity began to replace the exclusive preference for high culture as a hallmark of class distinction. The empirical basis for this claim was two studies, conducted in 1982 and 1992 respectively, focusing on cultural consumption and taste in the United States (Peterson 1992, Peterson/Simkus 1992, Peterson/Kern 1996). Hence, Peterson described the changes in elite taste as being increasingly associated with a preference for, and participation in, a broad range of cultural genres and practices. He labelled these cultural practices *cultural omnivorousness* and argued that an omnivorous taste had largely replaced the traditional highbrow one as a central criterion for classifying elitist cultural habits and styles of consumption. The question is therefore whether an open-minded and inclusive attitude towards cultural consumption across conventional hierarchies has gained a foothold in Western societies (cf. aesthetic cosmopolitanism) and thus affects cultural and educational institutions in fundamental new ways. This seems to be confirmed by the significant position popular culture has achieved in many countries' music education and research at all levels, as well as within cultural institutions and the public sphere as a whole. So, while those who possessed high cultural capital according to Bourdieu's *Distinction* (1984) consumed and participated in a selection of highbrow artworks and activities, Peterson's studies demonstrate that an extended kind of cultural intake later became a legitimate way of achieving the same goal.

However, there will still be genre boundaries that are not easily crossed. The genre of classical music, for instance, is mainly cultivated by the dominant classes. On the other hand, there are forms of popular music that are generally considered to be unambiguously lowbrow and that still appear to be stigmatized, even for cultural omnivores. This is why, a decade after completing his two major surveys, Peterson came to the conclusion that no one can be omnivorous in a literal sense. Thus, in 2005, he realized that »it seems wisest not to bind breadth and brow-level together by definition, but to see omnivorousness as a measure of the breadth of taste and cultural consumption, allowing its link to status to be definitionally open« (Peterson 2005: 263f). Notwithstanding this, although musical omnivores may be found across social hierarchies and especially among younger generations, Peterson found that the elite group members still differentiate themselves from other classes by *how* they conduct their musical consumption. Regardless of whether they consume popular music or what has traditionally been considered high culture, they behave completely in line with Bourdieu's informants of a few decades earlier, showing their sense of belonging and involvement through a certain knowledgeable and educated, limited enthusiasm, rather than through devoted connoisseurship or passionate fandom.

Peterson's research has undoubtedly revealed that the hegemonic relationship between traditional high and low culture has been upset, allowing popular music to achieve new status. However, one can question whether it has meant as much to understand the hierarchies that exist within popular music itself, something that has been called for by researchers like Sarah Thornton (1995), who coined the term *subcultural capital*, in that way reorienting the capital concept towards the micro level, which is well-adapted to studying youth subcultures defined by specific music styles. For my own part, I have been involved in developing the notion of *musical gentrification*.

Musical gentrification

The starting point for developing this concept was a desire to investigate how and why popular music has become such an integral part of Norwegian academia over the last 40 years. The metaphor of musical gentrification is obviously based on the term *gentrification*, which in urban geography and planning refers to the phenomenon that people of a certain wealth and/or high cultural status begin to settle in low-income and working-class neighbourhoods, thus raising both the building standards and the status of the areas and the properties. This usually causes many of the original residents to move out, both for economic reasons and because they might feel alienated from a neighbourhood that used to be familiar. Transferred to the field of music education and research, musical gentrification shall therefore be understood as complex processes with both inclusionary and exclusionary outcomes by which musics, musical practices, and musical cultures of relatively low status become objects of acquisition by experts or experts-to-be who, in the academic sense, hold higher or more powerful positions. What is more, successful musical gentrification might lead to significant changes in the academic systems of classification. On the one hand, this might imply that time-honoured hegemonies are set aside and replaced by new distinctions that apparently disturb the traditional balance between high and low culture. On the other hand, as both concepts of aesthetic cosmopolitanism and cultural omnivorousness indicate, there will be a tendency for the heterodox value systems to become approved and even consecrated over time. This has evidently happened in music academia (see Dyndahl 2015a, 2015b; Dyndahl et al. 2014, 2017, 2018). Moreover, the processes of academization and institutionalization of popular music can cause relatively profound changes in the musical communities as well as the musics, practices, and cultures that are subjected to gentrification. Within the framework of the research project »Musical Gentrification and Socio-Cultural Diversities,«[1] such processes have been investigated in relation to reorientations in the programming and audience composition of a state-supported country music festival (see Vestby 2017), as well as regarding how, in Norway, musicians with an immigrant background have had to reorient their career trajectories to satisfy the prevailing educated-

---

1   The project was jointly funded by the Research Council of Norway's funding scheme for independent projects (FRIPRO), Hedmark University College, and the Norwegian Academy of Music for the period 2013-2017. It comprised four senior researchers, one post-doctoral researcher, one Ph.D. candidate, and two visiting scholars.

class values that characterize the cultural policies and their funding schemes (see Hara 2017, 2018).

Regarding music education and the academization and institutionalization of popular music in the Nordic countries, a long list of research publications could be referred to (see Dyndahl et al. 2017: 438ff), demonstrating that popular music has gained a solid foothold in higher music education and research, and in that way confirming the general image of openness towards this kind of music that Scandinavian music education has, in some cases, been praised for.

One of the earliest manifestations of this practice was witnessed in Sweden, where the then-innovative music teacher education programme SÄMUS, implemented at the University of Gothenburg in 1971, welcomed jazz, pop, rock, and folk music as radically new elements of content. However, Olsson's (1993) study of the implementation of the programme fully demonstrates the paradoxes of musical gentrification: The inclusion of the above genres led to the transformation of the new content into established institutional configurations, since the traditional teaching methods, learning objectives, and assessment criteria of the art-music conservatory tradition still regulated the field of higher music education as such, and thus pushed the newcomer genres into its established values, forms, and practices.

In the following paragraphs I will take a closer look at the situation in Norwegian higher music education. What is especially interesting to examine is which jazz and popular music genres and styles have been gentrified and which have not, or only to a small extent. In addition, I enquire what forms the musical gentrification has taken, as well as which actors and institutions have been the most active in this respect.

As with the abovementioned SÄMUS programme in Sweden, when Norwegian higher music education gradually opened up to students with backgrounds from jazz, rock, pop, and the like, it welcomed groups and communities that had long been marginalized or excluded from higher music education and legitimate culture. This is, obviously, the inclusive effect of musical gentrification within academia. However, there must have been some gatekeepers who first opened the gates. The motives of these heterodox actors have probably been equally inclusive, though it gradually emerged that such an apparently ›activist‹ attitude could also serve as a clever approach to accumulating cultural capital (see Dyndahl 2015a). In this way, musical gentrification can also be considered a strategy for social positioning, a lesson some of the newly included students had probably also learned when some of them entered postgraduate programmes and were likely to follow their research interests in the direction of popular music. I will come back to both strategic manoeuvres and the role of gatekeepers or gentrifiers later in the chapter.

First, a short review of the extensive data material from the »Musical Gentrification and Socio-Cultural Diversities« project may be needed (see also Dyndahl et al. 2017). The data comprises the entire corpus of Norwegian master's theses and doctoral dissertations in music education, music therapy, ethnomusicology, musicology, music technology, and music performance, as well as their respective sub-disciplines, for a total of 1,695 works approved during the period from 1912 through 2012. The first Norwegian thesis within the field of jazz and popular music was submitted to the University of Oslo in 1974. This was a work on jazz, and since then, there has been a consistent increase in the amount of written academic output dealing with various popular music genres and styles. The proportion of Norwegian master's theses and doctoral dissertations that relate to popular music reached close to 20 % in 1980 and stayed around that level for several years. The first time the amount surpassed 30 % was in 2006, a level that remained stable as long as our data reaches—that is, until 2013, but there is reason to believe that it is still ascending. If we look at the hundred-year period as a whole, we see that 23.8 %, or 404 theses, focus on popular music.

Within popular music in the broad sense, the most prevalent styles in Norwegian music academia are mainstream and contemporary jazz, rock, and pop, while there are few or no examples of country music, blues, rock and roll, punk rock, contemporary R&B, or Scandinavian dance band music. In particular, the latter style constitutes an interesting case. Scandinavian dance band music is widespread in Norway and Sweden, but first and foremost among so-called ›ordinary people.‹ This does not mean that academics have not been interested in Scandinavian dance band culture. On the contrary, there has been a growing interest, but rather from researchers in fields such as culture and media sociology, and not from music academics, who evidently do not want to be associated with this unmistakably lowbrow music. In other words, it does not seem that simply any kind of music can be gentrified. Often, it also seems like a popular music style must be well established in the music culture before it can become an object of gentrification. For instance, the first example of an academic treatment of punk rock was found in 2012, well over 40 years after it occurred in the history of popular music.

In general, the researchers found a couple of more or less effective strategies among the master's and Ph.D. students in their academic approach towards popular music genres and styles. One that has not proven very useful in accumulating academic capital is to create a new variant of the frequently used music-historical genre ›The Man and His Work,‹ namely ›The Band and

Its Catalogue.‹ Another strategy, which was most prevalent in the first phase of musical gentrification, is to relate to those forms of popular music that apparently have a certain credibility, sophistication, or complexity about them and therefore can be explored with similar methodologies to traditional classical music. For a while, this worked quite well in relation to harmonic analyses of jazz music. A related approach is to research genres and styles that have had some social and cultural impact in Norwegian society, such as political music, native-language or dialect rock, and hip-hop. A more recent strategy, which has proven quite successful in achieving academic positions, has been to apply sophisticated theories and meta-perspectives on, for instance, a chart pop or middle-of-the-road-oriented popular music repertoire, in that way compensating for introducing genres and styles that might be perceived as ›illegitimate‹ in this particular field. Hence, a fairly strong tradition for exploring popular music in the light of theoretical frameworks such as gender and queer studies or feminist and performative studies has emerged, well-supported by key supervisors. The fact is thus confirmed that it is at least as important *how* one examines a topic as *what* one is investigating.

As mentioned above, the role of supervisors as gatekeepers and/or gentrifiers must be assumed to be of great importance. A total of 70 supervisors have been involved in the popular music-related material, which may indicate a generally open orientation towards this music. However, only 11 supervisors have been responsible for ten or more theses each, and together those 11 have supervised 231 of the 404 popular music theses. Consequently, relatively few academics have acted as the leading gatekeepers in this specific field. From a gender perspective, it turns out that, of the 11 supervisors in question, only one is female. Therefore, it should not be surprising that supervision within almost all popular music styles is dominated by males. Two exceptions are contemporary R&B and electronic dance music. However, most female supervisors have contributed to the miscellaneous category, suggesting that their engagement has not been genre-specific, but rather to introduce popular music in general into music education and therapeutic contexts, which have indeed been important arenas for the gentrification of popular music.

Regarding the authors, when looking at the 1,695 theses covering all genres found in the material, 51.1 % were written by men and 48.8 % by women (Dyndahl et al. 2017: 447). However, the proportions change significantly when it comes to only the 404 popular music theses. Of these, men have authored 63.1 % and women 36.9 % (ibid.). The significance of gender is expressed in a somewhat different way when looking at who introduced a new popular music style to Norwegian music academia for the first time. Of all popular music styles included in master's theses and doctoral dissertations until 2004, 13 were introduced by men and only three by women (ibid.: 448). In the period from 2005 to 2012, however, an interesting change took place, as five new styles were introduced by women and only one by a man. Unfortunately, the quantitative material does not provide an answer as to whether this entails a shift in the gender-related hegemony, but the discussion on interrelations between gentrification and what might be called ›genderfication,‹ or the production of gender norms and gendered divisions related to status hierarchies, will in any case be continued in the qualitative research results to come from the project.

Three institutions dominate the Norwegian music academic production in terms of master's theses and doctoral dissertations: the two largest universities in Norway (the University of Oslo and the Norwegian University of Science and Technology, responsible for 46.2 % and 20.4 % of the total amount respectively), and the Norwegian Academy of Music, whose share is 17.5 % (Dyndahl et al. 2017: 448). Those institutions have also been the main driving forces in the gentrification of popular music. However, there is a dividing line between the universities on the one hand and the academy on the other. The universities have clearly been more active when it comes to innovative gentrification, both in terms of introducing new genres and new perspectives on popular music, and might therefore be seen as the key changemakers in the field. The majority of theses by students at conservatories, in turn, focus on popular music in one way or another within the music education and music therapy programmes, often implied as a general part of those disciplines.

Against the above description of results from the comprehensive research project, musical gentrification can be summed up as holding the potential to address both the destabilization and the restabilization of systems of classification and positions in music academia. First, Norwegian higher music education has gradually oriented itself towards other musical genres than those stemming from the Western art-music tradition and has thus demonstrated a distinct inclusive trait. The consequence is that—in this case—popular culture has been included into legitimate culture. Second, during these processes, certain exclusionary selections occur within popular music, through which something and someone will be marginalized, omitted, or excluded. The result is that different styles, sub-styles, and cultural practices achieve very different degrees of recognition and status. And, third, the gentrified musical styles and cultures are not only included but are often modified and adapted to the new purposes and contexts. In other words, recontextualization is a significant feature of musical gentrification. What is more, if we turn our attention from higher music education and research to the music communities, the school, and the classroom, some of these alterations might be so extensive that one can question whether there is a danger that the social and cultural ties to the musical cultures in question may be weakened or broken for some of the first-hand cultural participants. Therefore, what may seem like the inclusive and democratizing tendencies of musical gentrification may, in subtle ways, mean that inclusion takes place only in specific forms and under certain conditions, through which some individuals and groups gain higher status and power while others are still marginalized or excluded. The irony is that this can happen by means of what was originally their own culture, which, as a result of musical gentrification processes, has changed in character and been adopted by new participants. In the worst-case scenario, this can cause those who feel excluded or marginalized to experience education, school, and cultural institutions as irrelevant and prepare a breeding ground for contempt for the cultural elite that have deprived their culture. The consequences of this include a general rejection of knowledge, education, and research that could ultimately threaten the knowledge society and the welfare state.

Conclusion

Obviously, the two cases of popular music orientation and implementation presented above are not directly comparable. The first one—informal music education—can undoubtedly demonstrate theoretical reflections that are both sophisticated and innovative, represented by the writings of, among others, Ruth Wright (2014), in addition to Lucy Green's own comprehensive work. However, most publications seem to have a predominant character of justifying and legitimizing specific practices instead of demonstrating an inquiring, open-ended orientation towards the complex roles and functions of popular music in education and learning. Hence, I conclude that the informal music education paradigm is primarily about developing a new classroom pedagogy—or *Didaktik*, to employ a central concept in both German-speaking and Scandinavian education. This approach is also more didactic in the prescriptive sense, compared to the other case—the gentrification of popular music in Scandinavian music education and academia—whose orientation is mainly descriptive, analytic, or *didactological*, to use Frede V. Nielsen's (2005) neologism, thus focusing on the conditions under which the didactics can be implemented. However, in addition to the didactological demand to develop meta-reflections of didactics as a research discipline and methodological field, a more extensive field of *cultural didactic studies* has been proposed by Petter Dyndahl and Live Weider Ellefsen (2009). According to them, what should characterize cultural didactic studies must be the recognition that music education practices already always take place in culture, that music education phenomena and practices inevitably also (re-)construct culture, and that, in doing so, they contribute to the constitution of their own sociocultural foundations (ibid.: 22). Furthermore, the authors argue that no matter what didactic identity it claims for itself or is interpreted to convey, the educational subject of music is unavoidably obliged to constitute an aesthetic-functional field of constructing, performing, and negotiating meaning and power. However, the particular and different didactic identities are essential with respect to which meanings and whose power will become dominant or marginal respectively. Thus, as part of its didactic—and didactological—reflexivity, (popular) music education should be aware of what kinds of cultural power and meaning it is dealing with in different circumstances and contexts (ibid.: 24).

Today's international situation, with its increasing social and cultural instability and polarization, is of the utmost importance for music education. Ten years ago, one of the central findings from the comprehensive cultural sociological study »Culture, Class, Distinction,« conducted by Tony Bennett and colleagues in the United Kingdom, was that music »is the most divided, contentious, cultural field of any that we examine and is central to our concern with probing contemporary cultural dynamics and tensions« (Bennett et al. 2009: 75). However, realizing that (popular) music education may involve marginalization and exclusion as well as integration and inclusion does not in any way imply a warning against or a reduction of music's presence in education. On the contrary, the purpose should be to bring out its power and strength as a cultural force in every sense of the term. This, however, must mean that it is not sufficient to develop pedagogy in the narrow sense, without critical and self-reflexive deliberations concerning the complexities and contradictions that are implicated in the actual pedagogical practices. Perhaps needless to say, but nonetheless contrary to the accustomed requirements for music education to provide solutions to challenges and prescriptions for action, the aim of this chapter has rather been to submit an indication of what forms of analysis and theoretical development would be required for music educators in order to orient in today's cluttered landscape. Because, as Ahmed (2010: 235) reminds us, orientations matter: »To be oriented in a certain way is how certain things come to be significant.«

Bibliography

Ahmed, Sara (2006). *Queer Phenomenology: Orientations, Objects, Others.* Durham: Duke University Press.
Ahmed, Sara (2010). »Orientations Matter.« In: *New Materialisms: Ontology, Agency, and Politics.* Ed. by Diana Coole and Samantha Frost. Durham: Duke University Press, pp. 234-258.
Bennett, Tony / Savage, Mike / Silva, Elizabeth / Warde, Alan / Gayo-Cal, Modesto / Wright, David (2009). *Culture, Class, Distinction.* New York: Routledge.
Björck, Cecilia (2011). *Claiming Space: Discourses on Gender, Popular Music, and Social Change* [Doctoral dissertation]. Gothenburg: University of Gothenburg.
Bourdieu, Pierre (1984). *Distinction. A Social Critique of the Judgement of Taste.* Cambridge, MA: Harvard University Press.
DeNora, Tia (2000). *Music in Everyday Life.* Cambridge: Cambridge University Press.
DeNora, Tia (2003). *After Adorno: Rethinking Music Sociology.* Cambridge: Cambridge University Press.
Dyndahl, Petter (2015a). »Academisation as Activism? Some Paradoxes.« In: *Finnish Journal of Music Education* 18 (2), pp. 20-32.
Dyndahl, Petter (2015b). »Hunting High and Low. The Rise, Fall and Concealed Return of a Key Dichotomy in Music and Arts Education.« In: *The Routledge International Handbook of the Arts and Education.* Ed. by Mike Fleming, Liora Bresler, and John O'Toole. London: Routledge, pp. 30-39.
Dyndahl, Petter / Ellefsen, Live Weider (2009). »Music Didactics as a Multifaceted Field of Cultural Didactic Studies.« In: *Nordic Research in Music Education Yearbook* 11. Ed. by Frede V. Nielsen, Sven-Erik Holgersen and Siw Graabræk Nielsen. Oslo: NMH-publikasjoner, pp. 9-32.
Dyndahl, Petter / Karlsen, Sidsel / Skårberg, Odd / Nielsen, Siw Graabræk (2014). »Cultural Omnivorousness and Musical Gentrification: An Outline of a Sociological Framework and Its Applications for Music Education Research.« In: *Action, Criticism, and Theory for Music Education* 13 (1), pp. 40-69, act.maydaygroup.org/articles/DyndahlKarlsenSkårbergNielsen13_1.pdf (access: 24 June 2019).
Dyndahl, Petter / Karlsen, Sidsel / Nielsen, Siw Graabræk / Skårberg, Odd (2017). »The Academisation of Popular Music in Higher Music Education: The Case of Norway.« In: *Music Education Research* 19 (4), pp. 438-454, https://doi.org/10.1080/14613808.2016.1204280.
Dyndahl, Petter / Karlsen, Sidsel / Nielsen, Siw Graabræk / Skårberg, Odd (2018). »Was kann als legitime Forschung gelten? Sozialisationsmuster und ihre Bedeutung für die norwegische höhere Musikbildung.« In: *Soziale Aspekte des Musiklernens* (= Musikpädagogische Forschung 39). Ed. by Bernd Clausen and Susanne Dreßler. Münster: Waxmann, pp. 27-42.
Dyndahl, Petter / Nielsen, Siw Graabræk (2014). »Shifting Authenticities in Scandinavian Music Education.« In: *Music Education Research* 16 (1), pp. 105-118, DOI: 10.1080/14613808.2013.847075.
Finnegan, Ruth (1989). *The Hidden Musicians: Music-Making in an English Town.* Cambridge: Cambridge University Press.
Frith, Simon (1996). *Performing Rites. On the Value of Popular Music.* Cambridge, MA: Harvard University Press.

Georgii-Hemming, Eva / Westvall, Maria (2010). »Music Education — A Personal Matter? Examining the Current Discourses of Music Education in Sweden.« In: *British Journal of Music Education* 27 (1), pp. 21-33.

Green, Lucy (2002). *How Popular Musicians Learn: A Way Ahead for Music Education*. Aldershot: Ashgate.

Green Lucy (2008). *Music, Informal Learning and the School: A New Classroom Pedagogy*. Aldershot: Ashgate.

Hara, Mariko (2017). »Sustaining the assemblage: How migrant musicians cultivate and negotiate their musicianship.« In: *Nordic Research in Music Education Yearbook* 18. Oslo: NMH-publikasjoner, pp. 295-315.

Hara, Mariko (2018). »Muting the Koto: Exploring musical pathways as a DIY artist in a new country.« In: *Music Education Research* 20 (5), DOI: 10.1080/14613808.2018.1445209.

Hebdige, Dick (1990). »Fax to the Future.« In: *Marxism Today* 34 (Jan.), pp. 18-23.

Hesmondhalgh, David (2008). »Towards a Critical Understanding of Music, Emotion and Self-identity.« In: *Consumption, Markets and Culture* 11 (4), pp. 329-343.

Intellect (2018). *Journal of Popular Music Education*, https://www.intellectbooks.com/journal-of-popular-music-education (access: 24 June 2019).

Kallio, Alexis Anja (2015). »Drawing a Line in Water: Constructing the School Censorship Frame in Popular Music Education.« In: *International Journal of Music Education* 33 (2), pp. 195-209, DOI: 10.1177/0255761413515814.

Kamsvåg, Gro Anita (2011). *Tredje time tirsdag: musikk. En pedagogisk-antropologisk undersøkelse av musikkaktivitet og sosial organisasjon i ungdomsskolen* [The Third Lesson on Tuesday: Music. An Educational-Anthropological Study of Music Activity and Social Organisation in Lower Secondary School] [Doctoral dissertation]. Oslo: Norwegian Academy of Music.

Latour, Bruno (2005). *Re-assembling the Social: An Introduction to Actor-Network Theory*. Oxford: Oxford University Press.

Little Kids Rock (2017). *Little Kids Rock*, https://www.littlekidsrock.org/ (access: 31 December 2018).

Musical Futures (2018). *Musical Futures*, https://www.musicalfutures.org/ (access: 31 December 2018).

Musical Futures Australia (n.d.). *Musical Futures Australia*, https://www.musicalfuturesaustralia.org/ (access: 31 December 2018).

Musical Futures Canada (n.d.). *Musical Futures Canada*, https://www.facebook.com/musicfuturescan/ (access: 31 December 2018).

Narita, Flávia / Azevedo, Maria Cristina de Carvalho Cascelli de (2016). »Informal and Non-Formal Musical Practices at the Universidade de Brasília (Brazil): Collaborative Learning as an Attempt to Counterbalance Neoliberal Values.« In: *21st Century Music Education: Informal Learning and Non-Formal Teaching*. Ed. by Ruth Wright, Betty Anne Younker and Carol Beynon. Waterloo, ON: Canadian Music Educators' Association.

Nielsen, Frede V. (2005). »Didactology as a Field of Theory and Research in Music Education.« In: *Philosophy of Music Education Review* 13 (1), pp. 5-19.

Olsson, Bengt (1993). *SÄMUS — en musikutbildning i kulturpolitikens tjänst? En studie om en musikutbildning på 70-talet* [SÄMUS — Music Education in the Service of Cultural Policy? A Study of a 1970s Teacher-Training Programme] [Doctoral dissertation]. Gothenburg: University of Gothenburg.

Onsrud, Silje Valde (2013). *Kjønn på spill – kjønn i spill: En studie av ungdomsskoleelevers musisering* [Gender at Play – Gender in Play: A Study of Lower Secondary School Students' Music-Making] [Doctoral dissertation]. Bergen: University of Bergen.
Peterson, Richard A. (1992). »Understanding Audience Segmentation: From Elite and Mass to Omnivore and Univore.« In: *Poetics* 21 (4), pp. 243-58.
Peterson, Richard A. (2005). »Problems in Comparative Research: The Example of Omnivorousness.« In: *Poetics* 33 (5), pp. 257-282.
Peterson, Richard A. / Simkus, Albert (1992). »How Musical Tastes Mark Occupational Status Groups.« In: *Cultivating Differences*. Ed. by Michele Lamont and Marcel Fournier. Chicago: University of Chicago Press, pp. 152-186.
Peterson, Richard A. / Kern, Roger M. (1996). »Changing highbrow taste: From snob to omnivore.« In: *American Sociological Review* 61 (5), pp. 900-907.
Philpott, Chris (2012). »The Justification of Music in the Curriculum. Music Can be Bad for You.« In: *Debates in Music Teaching*. Ed. by Chis Philpott and Gary Spruce. London and New York: Routledge, pp. 48-63.
Progressive Methods in Popular Music Education (n.d.) *Progressive Methods in Popular Music Education*, https://www.facebook.com/pmpme2018/ (access: 31 December 2018).
Regev, Motti (2013). *Pop-rock Music: Aesthetic Cosmopolitanism in Late Modernity*. Malden, MA: Polity Press.
Thornton, Sarah (1995). *Club Cultures: Music, Media, and Subcultural Capital*. Oxford: Blackwell.
Vestby, Stian (2017). *Folkelige og distingverte fellesskap. Gentrifisering av countrykultur i Norge – en festivalstudie* [Vernacular and Distinguished Communities. Gentrification of Country Music Culture in Norway – A Festival Study] [Doctoral dissertation]. Elverum: Høgskolen i Innlandet.
Wright, Ruth (2014). »The Fourth Sociology and Music Education: Towards a Sociology of Integration.« In: *Action, Criticism, and Theory for Music Education* 13 (1), pp. 12-39.
Wright, Ruth / Kanellopoulos, Panagiotis (2010). »Informal Music Learning, Improvisation and Teacher Education.« In: *British Journal of Music Education* 27 (1), pp. 71-87.

Abstract

This chapter addresses music education issues related to contrasting orientations towards popular music, in particular through the motifs of »saviours« and »disillusionists«. The former orientation is represented by a predominantly Anglo-American tendency to ascribe an important role to popular music in the renewal of music education content and methods. This tendency is often linked to the idea and application of *informal music education*. The latter orientation refers to a long-standing Scandinavian practice of including popular music in music education, which, however, has led to doubt regarding its merits. In the critical opposition, the notion of *musical gentrification* is particularly emphasized as an approach to popular music that differs significantly from the informal music education paradigm. Following a review and discussion of both approaches, the chapter concludes with considerations of the prerequisites in order for music education to adapt amidst social and cultural instability and polarization. From this perspective, popular music must inevitably be seen as part of both the powers and dangers of music education.

Tabu und Affirmation: Desorientierende Orientierung im popularmusikalischen Umgang mit dem Tod aus musikpädagogischer Sicht

Peter W. Schatt

Musikstücke jeder Art beruhen – wie alle ästhetischen Hervorbringungen – auf Orientierungen derer, die sie produzieren, und zugleich ermöglichen sie Orientierung für diejenigen, die sie rezipieren. Natürlich wirken solche Orientierungen nicht nur im engeren Bezug auf Musik, sondern sie fungieren im Zusammenhang mit ihr hinsichtlich der verschiedensten Lebenslagen. Ihre Eigenart und ihre Funktionen lassen sich besonders gut zeigen, wenn Musik durch den Text, auf den sie bezogen ist, mit solchen Lebenssituationen in Verbindung gebracht wird. Derartige Orientierungen haben eine fundamentale Funktion für die Weise, sich kulturell zu positionieren, und ihre aktuelle Diversität lässt als Problem erscheinen, was einst selbstverständlich war: die intentionale wie auch die informelle Enkulturation des Menschen.

Dieser Aspekt der Problematik einer diversifizierten Musikkultur, nämlich sich im Feld divergenter Positionen zurechtzufinden und letztlich eine eigene Position zu beziehen, soll zunächst im Allgemeinen, dann am Beispiel dreier Stücke aus dem Bereich populärer Musik, die auf höchst unterschiedliche Weise demselben Themenbereich gewidmet sind, aufgezeigt werden. Dadurch soll die Relevanz der abschließenden Überlegungen deutlich gemacht werden, die der Frage nach Perspektiven für eine musikpädagogische Orientierung in Anbetracht einer Diversifizierung innerhalb der populären Musik, deren Differenzen kaum überbrückbar zu sein scheinen, gelten.

Formen, Inhalte und Eigenart einer jeden Teilhabe des Menschen an Musikkultur (vgl. Krupp-Schleußner 2016) ereignen sich im Zusammenhang mit »sozialen Tatbeständen« im Sinne Émile Durkheims (vgl. Durkheim 2014). Diese »Tatbestände« bestehen nach Durkheim »in besonderen Arten des Handelns, Denkens und Fühlens, die außerhalb des Einzelnen stehen und mit zwingender Gewalt ausgestattet sind« (ebd.: 107). Man könne sich ihnen »willig und gerne« fügen und werde dann »ihren zwingenden Charakter wenig oder gar nicht empfinden«. Anderenfalls könne man sich zwar »von diesen

Regeln befreien und sie mit Erfolg verletzen«, spüre dann jedoch in besonderem Maße »ihre Zwangsgewalt an dem Widerstand, den sie einem entgegensetzen« (ebd.: 106). Tabus und die ex- oder implizite Aufforderung, sie einzuhalten, sind ebenso ein Beispiel für solche »Tatbestände« wie auch umgekehrt der Bruch mit ihnen bzw. die Aufforderung dazu. Sie bilden in exemplarischer Weise den Gehalt der drei später zu analysierenden Songs, in denen sich typische Muster des Handelns im Spannungsfeld zwischen Affirmation von Tabus und dem radikalen Bruch mit ihnen erkennen lassen.

Insofern »soziale Tatbestände« aus Vorstellungen davon resultieren, wie der Mensch sich in ästhetischer wie auch in moralischer Hinsicht zu verhalten habe, und sich zudem in ebensolchen Vorstellungen entäußern – sie also als seine »Orientierungen« fungieren –, beruht auf und besteht aus ihnen auch Musikkultur, und umgekehrt kann Musikkultur diese »Tatbestände« auch immer wieder neu erzeugen und verändern. Hier beginnt musikpädagogisches Nachdenken, nämlich dort, wo es nicht mehr um die unbefragte Befolgung des informell Gelernten, die unkritische Übernahme von Mustern und typischen Handlungen geht, sondern um die Förderung einer kritischen Auseinandersetzung mit ihnen und um Entscheidungen, die eine selbstbestimmte Positionierung ermöglichen. Dass dies ein notwendiger Prozess der Ermöglichung von Teilhabe an Kultur ist, lässt sich mit Ernst Cassirer begründen, insoweit er »die Kultur als den Prozeß der fortschreitenden Selbstbefreiung des Menschen« beschrieb (Cassirer 1990: 345).

Normativität und Diversität: Musik als »symbolische Form« kultureller Orientierung

Die Normativität der Vorstellungen, aus denen »soziale Tatbestände« bestehen, und ihre in- bzw. exkludierende Funktion spiegelt sich in einem Lied meiner Jugend, das wir vorbehaltlos sangen:

> Wer nur den lieben langen Tag
> ohne Plag ohne Arbeit vertändelt, wer das mag,
> der gehört nicht zu uns.
> Wir steh'n des Morgens zeitig auf,
> hurtig mit der Sonne Lauf
> sind wir, wenn der Abend naht,
> nach getaner Tat
> eine muntere, fürwahr
> eine fröhliche Schar.

Mein verbal-vokales Bekenntnis, zur Gruppe derer zu gehören, die nicht ohne Plage den Tag vertändeln, sondern arbeiten und abends fröhlich sind, weil sie sich wohlfühlen in der Gemeinschaft derer, die dies auch tun, wurde durch die lied- und ideologiekritischen Einsichten Helmut Seglers und Lars Ulrich Abrahams erschüttert, die ich im Studium kennenlernte. Plötzlich wurde mir nicht nur klar, dass ich zwar Spaß an der Musik hatte, aber — obwohl ich »wir« gesungen hatte — gar nicht zu dieser fröhlichen Schar gehörte und auch nicht gehören wollte, weil mir Gemeinschaften wie diese suspekt waren, und dass ich nun — durch dieses Bewusstsein — auch nicht mehr zu den unbedarft Singenden, sondern zu den kritisch sich Positionierenden gehörte. Zugleich wurde mir auch klar, dass ich noch nicht einmal in Gemeinschaft mit den anderen Singenden, sondern nur gleichzeitig und zusammen mit ihnen gesungen hatte.

Weder funktional noch ideell also hatte die Musik mich in eine Gemeinschaft integriert, noch hatte sich kulturelle Differenz durch irgendeine andere Musik herausgebildet: Für meine Positionierung und auch für meine späteren anderen Musik-Präferenzen — die mich durchaus in Differenz zu anderen treten ließen — war nicht Musik verantwortlich, sondern meine Weise, mich aufgrund meines Wissens, meiner Kenntnisse und meines Könnens — kurz: meiner Persönlichkeit — für oder gegen eine Musik zu entscheiden, und meine Orientierung bzw. Des- oder Neu-Orientierung beruhte auf ästhetisch bzw. gesellschaftskritisch fundierten »sozialen Tatbeständen«.

Diese persönliche Erfahrung bestätigt heute jene Zweifel an einer prägenden Funktion von Musik, die Theodor W. Adorno schon vor über einem halben Jahrhundert äußerte:

»Im Zeitalter der Bewußtseins- und Unterbewußtseinsindustrie ist, in einem Maß, das zu erforschen eine der zentralen Aufgaben der Musiksoziologie sein müßte, ein Aspekt der Produktionsverhältnisse auch die musikalische Mentalität und der Geschmack der Hörer [...]. Dabei wurde einstweilen kaum nur als Problem aufgeworfen, ob und wie weit die Wandlungen des Publikumsgeschmacks tatsächlich durch die der Produktion determiniert sind, oder ob beides gleichermaßen von einem Dritten — mit einem Cliché Wandlung des Geistes geheißen — abhängt« (Adorno 1970: 234f.).

An einem solchen »Geist« orientieren sich Liedertexte und -kompositionen — wie auch musikpädagogische Konzepte und Konzeptionen — und tragen seinen »Wandlungen« Rechnung: Sie orientieren sich an Leitvorstellungen davon, wie der Mensch sein und was er tun und lassen sollte, an Wert-, Norm- und Regelvorstellungen, deren Geltung gesellschaftlich kommunikativ und interaktiv ausgehandelt wurde und prinzipiell immer wieder neu ausgehandelt werden kann. Nicht nur in einer Gesellschaft, deren Kultur diversifizierte Formen aufweist, erzeugen solche Leitvorstellungen Spannungen. Schon Cassirer wies

Differenzen als charakteristisch für Kultur schlechthin aus, da unterschiedliche Menschen mit unterschiedlichen Fähigkeiten, Intentionen und Ambitionen an deren Konstituierung beteiligt seien. Die »Spannungen und Reibungen, die starken Kontraste zwischen den verschiedenen Kräften des Menschen« ließen »sich nicht auf einen gemeinsamen Nenner bringen [, aber] vervollständigen und ergänzen einander« (Cassirer 1990: 345f.). Dies gilt es auch im Unterricht zu berücksichtigen, sofern Unterricht ein Ort der Hervorbringung von Kultur sein soll (vgl. Schatt 2008). Allerdings ist zu bedenken, dass Cassirers Aussage aus der Sicht einer holistisch umfassenden, idealistischen und teleologischen Kulturanthropologie getroffen wurde – aus pädagogischer Sicht wird damit eher ein Ziel als ein Zustand umrissen. Um dieses zu erreichen, bedarf es nicht geringer Anstrengungen, denn dasjenige, woran sich die einen orientieren, wirkt auf die anderen desorientierend – und umgekehrt.

In Musik als einer »symbolischen Form« können derartige Orientierungen Gestalt annehmen. Sie ist insofern nicht nur Ausdruck »sozialer Tatbestände«, sondern auch Anlass zur Auseinandersetzung mit und Stellungnahme zu diesen. Dazu kann und sollte Musikunterricht einen Beitrag leisten, soweit er darauf gerichtet ist, Menschen eine verständige Teilhabe an Musikkultur zu ermöglichen.

Ein solches Vorhaben bedarf indessen einer näheren Bestimmung der gegenwärtigen Verfasstheit dieser Kultur. Eines ihrer Merkmale ist ihre Heterogenität bzw. Diversität sowie zugleich und in eins ihre Hybridität. Die Ursache dafür ist keineswegs nur in der Globalisierung und der medialen Verfügbarkeit aller Musiken zu suchen, sondern auch in fundamentalen strukturellen Eigenarten der Moderne. Dies lässt sich jedenfalls aus der Diagnose gesellschaftlicher Verfasstheit ableiten, die Andreas Reckwitz vorgelegt hat: Demnach leben wir in einer »*Kultur des Authentischen*, die zugleich eine *Kultur des Attraktiven* ist« (Reckwitz 2017: 10, kursiv im Original). Was indessen für wen attraktiv ist und was nicht, steht keineswegs fest. Eine wichtige Funktion für die jeweilige Orientierung hat heute nach Reckwitz der Wunsch des Einzelnen, sich von anderen zu unterscheiden, weil er einzigartig sein möchte. Zugleich aber sucht man nach Anerkennung, was wiederum zu Gleichgesinnten führt, mit denen man sich in »communities« solidarisiert. Dadurch werden kulturell relevante Entscheidungen fundiert, deren Unterschiedlichkeit schon Georg Wilhelm Friedrich Hegel kannte. Dieser verweist in seinen *Vorlesungen über die Ästhetik* auf die »Verschiedenheit und Entgegensetzung« des Geschmacks bei verschiedenen Kulturen:

»Wie oft hört man sagen, dass eine europäische Schönheit einem Chinesen oder gar einem Hottentotten missfallen würde, insofern dem Chinesen ein ganz anderer Begriff von Schönheit innewohne als dem Neger und diesem wieder ein anderer als dem Europäer usf. Ja, betrachten wir die Kunstwerke jener außereuropäischen Völker, ihre Götterbilder z.B., die als verehrungswürdig und erhaben aus ihrer Phantasie entsprungen sind, so können sie uns als die scheußlichsten Götzenbilder vorkommen und ihre Musik als die abscheulichste in die Ohren klingen, während sie ihrerseits unsere Skulpturen, Malereien, Musiken für unbedeutend oder hässlich halten werden« (Hegel 2007: 52f.).

So galt seinerzeit wie heute, was der Volksmund in die Worte fasst: »Wat den eenen sin Uhl, is den annern sin Nachtigall«.

Bemerkenswert an der Verfasstheit heutiger Kulturen ist, dass »Verschiedenheit und Entgegensetzung« im Sinne Cassirers auch festzustellen sind, wenn man einzelne (Teil-)Kulturen von außen beobachtet. So geht aus Untersuchungen zum Breaking, die Michael Rappe und Christine Stöger (2014) vorlegten, hervor, dass in dieser *community* ein begrüßenswertes solidarisches Gemeinwesen funktioniert — offenbar aufgrund der oben skizzierten Mechanismen —, dass die Inhalte der maßgeblichen Musik aber von erheblicher Differenz zu den geltenden Normen sozialen Verhaltens geprägt sind.

Die Diversität des Sozialen und mit ihr die der Orientierungen im Bereich der populären Musik soll am Beispiel musikalisch artikulierter Auseinandersetzungen mit einem Gegenstandsbereich gezeigt werden, der selbst in eine gesellschaftliche Randstellung gedrängt wurde: dem Tod. Dessen Thematisierung wurde nicht nur in den Bereichen Kunst- und Popmusik völlig unterschiedlich ausgestaltet, sondern auch innerhalb der populären Musik divergieren die Auffassungen vom Umgang mit diesem Phänomen dergestalt, dass man Grund hat, nicht nur auf divergierende Interessen, sondern darüber hinaus auf diversifizierte Kulturen zurückzuschließen.

Ich zeige dies am Beispiel der Musiken dreier Bands, denen gemeinsam ist, dass sie bereits mit ihren Namen auf den Tod anspielen — wenn auch in sehr unterschiedlicher Weise: die Toten Hosen im ironischen Rekurs auf eine Redensart, Iron Maiden in Anspielung auf ein tödliches mittelalterliches Folterinstrument, Cannibal Corpse im Rekurs auf Splatter-Visionen. Das lebensweltliche Phänomen »Tod«, auf das die hier ausgewählten Stücke sich beziehen, hat freilich nicht nur hier, sondern auch in anderen durchaus unterschiedlichen Kontexten in höchst unterschiedlicher Weise seinen Platz — es ist ein Topos, der in kulturell und lebensweltlich diversifizierter Weise zugänglich sein kann: Im Zusammenhang mit dem Tod kann etwa das Sterben, das Überleben oder das Töten angesprochen werden; getötet wird z.B. in diversen Kontexten und aus diversen Gründen: im Krieg, aus Rache, aus Hass, aus Eifersucht, aus Habgier, aus rituellen Gründen usw. Das Überleben kann bspw. mit Trauer, Leiden, Besinnung oder Hoffnung auf ein Wiedersehen im

Jenseits verbunden werden. Entsprechend der Vielfalt dieser Möglichkeiten weisen auch meine Beispiele hinsichtlich der Thematisierung des Todes – der Aspekte also, die im Zusammenhang mit ihm als relevant erschienen –, erhebliche Unterschiede auf. Von ihnen können wir auf die Interessen der Zielgruppen und deren inhaltliche Orientierung, von der jeweiligen musikalischen Gestaltung auf die entsprechende ästhetische Orientierung und aus beidem auf dasjenige schließen, was für die Gruppen wie für ihre Anhänger als authentisch und attraktiv gelten kann. Dabei wird ein Rekurs auf Gerhard Schulzes Überlegungen zur Struktur der »Erlebnisgesellschaft« (1992) und deren Milieus und Schemata hilfreich sein, weil dabei der Zusammenhang zwischen ästhetischer Positionierung und sozialer Distinktion eine zentrale Rolle spielt. Schulze stellte drei »alltagsästhetische Schemata« heraus (das Hochkultur-, Trivial- und Spannungsschema), die sich dadurch unterscheiden, dass Genuss, Distinktion und Lebensphilosophie in verschiedenen Inhalten gesucht werden: Kontemplation, anti-barbarische Haltung und Perfektion sind nach Schulze für das Hochkulturschema maßgeblich, Gemütlichkeit, Antiexzentrizität und Harmonie für das Trivialschema, Action, antikonventionelles Verhalten und Narzissmus für das Spannungsschema (vgl. Schulze 1992: 163). Die Verwirklichung dieser Schemata im alltäglichen Handeln führt nach Schulze zur Herausbildung beobachtbarer Zusammengehörigkeiten von Menschen, nämlich fünf verschiedenen Milieus: dem Niveau-, Harmonie-, Integrations-, Selbstverwirklichungs- und Unterhaltungsmilieu (vgl. ebd.: 277-333).

Möglichkeiten musikpädagogischer Konsequenzen werden darauf zu beziehen und aus ethischer Perspektive zu begründen sein. Die Diversität nämlich allein dieser drei Fälle von einschlägigem Verhalten, als die meine Beispiele gelten können, entspricht der Diversität der »sozialen Tatbestände« im Rahmen der Erwartungen der Zielgruppen – den Erwartungen, mit denen in der Hoffnung auf »Resonanz« im Sinne Hartmut Rosas (2016) zumindest der Text und die darauf bezogene emotionale Haltung der Musik korrespondieren.[1] »Soziale Tatbestände« im Sinne Durkheims aber sind, wie eingangs bereits ausgeführt, Handlungen von Menschen, die sich an expliziten wie unausgesprochenen, immer aber – zumindest für bestimmte soziale Milieus – geltenden Normen und Werten orientieren.

---

1 Rosa versteht unter »Resonanz« eine spontane und unreflektierte Form der Weltaneignung, die dadurch zum gelingenden Leben beiträgt, dass sich in ihr verwirklicht, was der Mensch sich in seinem Innersten – oft unbewusst – erhofft und ersehnt.

Die Toten Hosen: »Nur zu Besuch« (2005)

Im ersten Fall, dem Song »Nur zu Besuch« von den Toten Hosen, sind dies ein pragmatischer Umgang mit der Trauer um einen gestorbenen, nahestehenden Menschen sowie die auf dieser Pragmatik beruhende Ansprache, die in der Artikulation der Hoffnung auf ein Wiedersehen in der Zukunft mündet.

Primär geht es also hier um den Überlebenden. Wir erleben ihn in einer konkreten gegenwärtigen Situation, nämlich während des Besuchs auf einem Friedhof. Der Text spiegelt in durchaus unsentimentaler Weise seine persönliche Betroffenheit, aber auch seine Selbsttäuschung über die Realität. Zu dem durchweg pragmatisch ausgerichteten Umgang mit Trauer gehört neben der Frage, ob die Blumen geeignet seien und was aus dem Garten geworden sei, der Glaube an ein Weiterleben nach dem Tode sowie die Hoffnung auf das Wiedersehen nach dem eigenen Tode. Dafür gibt es hier keine religiöse Begründung, wohl aber eine lebensweltliche Gewissheit, wie überhaupt alle Inhalte des Textes auf den Alltag der Lebenswelt gerichtet sind. Das entsprechende Video zeigt Campino in leeren Straßen und lässt als Ursache der Trauer, von der er singt, die Einsamkeit und Verlassenheit erkennen, zu deren Bewältigung die Erinnerung, Vergegenwärtigung und die Musik des Songs geeignete Mittel zu sein scheinen.

An der musikalischen Gestaltung fällt die Alltagssprache bzw. die kunstlos-selbstverständliche Aussprache auf, die mit einer schlichten, kunstlosen Melodie sowie einer Begleitung durch einfache, repetitive Tonfolgen der clean gespielten Gitarre korrespondiert. Über lange Strecken klingt die Stimme sanft und ein wenig behaucht, als sei sie vom Gefühl der Niedergeschlagenheit beherrscht; nur gelegentlich – und zwar immer, wenn von einer Vergegenwärtigung des toten Menschen die Rede ist (»und so red ich mit dir wie immer«, »dann werden wir uns wiederseh'n«) – schlägt sie durch eine Art »shouting« ins gepresst-Aggressive um, aber nur, um darauf wieder ins unspektakulär-Sanfte – die emotionale Grundhaltung des Songs – zurückzufallen. Insgesamt dient die Singweise ebenso der Textverständlichkeit wie die äußerst reduzierte Begleitung: In der ersten Strophe erklingen nur drei verschiedene Harmonien in Verbindung mit der nahezu ostinaten Rhythmik der Gitarre, und der Verzicht auf Schlagzeug sowie ein sanfter, zurückhaltender Streichersound lassen primär die Stimme, ihren Ausdruck und ihre Aussage zur Geltung kommen.

Zahlreiche Kommentare auf YouTube zeigen, dass hier in der Tat der Wunsch erfüllt wurde, sich unsentimental und wie selbstverständlich der Trauer um einen verlorenen Menschen widmen zu können. Dazu gehören auch einerseits die Gewissheit, dass das eigene Leben verändert, aber nicht gebrochen weitergeht, andererseits die Hoffnung, sich dereinst im Rahmen einer anderen – besseren – Existenz wiederzusehen. Damit bedient der Song die Bedürfnisse der Angehörigen eines kulturellen Milieus, das Gerhard Schulze als »Harmoniemilieu« bezeichnete (Schulze 1992: 292-300). Diese Menschen zeichnen sich durch Suche nach Harmonie, Vermeidung bzw. Ausgleich von Spannungen, Streben nach Geborgenheit, Einfachheit und Ordnung aus (vgl. ebd.: 300). Letztlich ist für sie die Präferenz alltagsästhetischer Bedeutungen charakteristisch, die sämtlich durch den Tod eines nahestehenden Menschen gefährdet werden.

Iron Maiden: »Two Minutes To Midnight« (1984)

In dem Song »Two Minutes to Midnight« der Gruppe Iron Maiden geht es nicht um einen Überlebenden, sondern um das Überleben im Allgemeinen: Das persönliche Leiden wird verallgemeinert als Leiden am vergangenen und möglichen zukünftigen Leid Anderer, wenngleich nicht Mitleid, sondern Grauen vor den Schrecken der Vergangenheit und Sorge um deren Perpetuierung in der Zukunft hier die auslösenden Faktoren sind.

Der Titel ist eine Anspielung auf die *doomsday clock* (»Uhr des Jüngsten Gerichts«). Es handelt sich dabei um eine symbolische Uhr der Zeitschrift *Bulletin of the Atomic Scientists* (»Berichtsblatt der Atomwissenschaftler«), die der Öffentlichkeit anzeigen soll, wie groß das aktuelle Risiko einer globalen Katastrophe ist.

Im Text wird eine Dialogsituation entfaltet: Ein »Ich« spricht zu einem imaginären »Du« von der exzessiven Gewaltsamkeit und Sinnlosigkeit des durch Habgier und Stolz Dritter angezettelten Tötens im Kriege. Entfaltet wird ein durch Menschen bewirktes Katastrophenszenario, durch welches ein grauenhaftes Ende unmittelbar bevorstehe.

Durch das offizielle Musikvideo zu dem Song[2] indessen wird dieses Ende nicht nur menschlicher Verantwortung zugeschrieben, sondern dem Einbruch eines magisch herbeigerufenen Bösen und Gewalthaften in eine ruhende Kultur. Tod wird nicht einem Einzelschicksal, sondern kollektivem Leiden unter einer numinosen Macht zugeordnet. Das Böse indessen, das sich in Zerstörung und Tod verwirklicht, scheint – so wird durch die Bilder suggeriert – nichts Anderes zu sein als etwas, das möglicherweise ohnehin in einigen Menschen schlummerte. Bemerkenswert ist im Ganzen, dass hier nicht die Umstände

---

2 Siehe https://www.youtube.com/watch?v=9qbRHY1l0vc (Zugriff 2.7.2018).

der Heraufkunft des Bösen expliziert, wohl aber dessen grauenhafte Auswirkungen geschildert werden. Dies verweist — wie auch die Gestaltung der Musik — auf eine Lust am Exzessiv-Sensationellen, durch die die Anklage gegen die Unmenschlichkeit kriegsbedingten Tötens überlagert wird. Das Exzessive aber trägt nicht nur die Singweise, sondern prägt auch insbesondere die große Virtuosität der Gitarren vor allem in den gesangfreien Teilen: Vor dem Hintergrund des Textes könnte man annehmen, dass sich eine von Grauen und Verzweiflung getriebene Angst der Betroffenen Luft mache. Durch den komplexen Text und die z.T. hochvirtuose Musik, verbunden mit dem auch durch kontinuierliches »belting« der Singstimme hervorgebrachten expressiven Ausdruck, dürfte die Gruppe mit diesem Song die Erwartungen derer zu erfüllen versucht haben, die dem Spannungsschema im Rahmen des »Selbstverwirklichungsmilieus« (Schulze 1992: 312-321) folgen. Sie zeichnen sich durch Distanz zum Trivialen und Bedürfnis nach Action und Innovation, aber auch durch Nachdenklichkeit und Präferenz von Komplexität und Spontaneität aus — all jenes, was in diesem Song durch Text, Musik und Performance verwirklicht wird.

Cannibal Corpse: »I Will Kill You« (1998)

Bei dem Death-Metal-Song »I Will Kill You« der Gruppe Cannibal Corpse geht es wiederum um ein Einzelschicksal — letztlich auch hier um die Befindlichkeit dessen, der überlebt: die Gefühle des Mörders nämlich, der sein unmenschliches Handeln genießt, und zwar die virtuelle Inszenierung des langsamen und qualvollen Todes seines Opfers. Allerdings wird kein klarer kausaler Zusammenhang zwischen der Ursache der Betroffenheit und dem Handeln herausgestellt wie bei den beiden anderen Stücken. Zudem liegt die Handlung noch in einer fiktiven Zukunft, dennoch werden wir — wie bei den anderen Kompositionen — mit der gegenwärtigen Befindlichkeit des Ich konfrontiert. Sie besteht primär in einem nicht näher benannten persönlichen Leiden, das durch irgendeinen Betrug entstand und der nun gerächt werden soll, um die Wut zu befriedigen. Bei der verbalen Darstellung dominiert aber nicht die Befindlichkeit, sondern die Lust an Details der handgreiflichen Rache, die anschaulich und blutrünstig ausgemalt wird wie z.B. die Injektion von Benzin ins Herz, die Entfernung von Händen und Beinen, das langsame Zerschneiden der Haut, das Herausreißen des Herzens, das dem Opfer in den Mund gestopft wird, und das abschließende Zerstechen der Geschlechtsorgane. Dies alles wird in Vorfreude darauf geschildert, wie der Todeskampf zu beobachten sein wird.

Mit diesem Bruch etablierter ethischer Normen durch die Beschreibung von Vorgängen, die normalerweise Ekel und Grauen hervorrufen, korrespondiert die musikalische Gestaltung durch ihre Verbindung von harmonisch-melodischer Einfachheit und aggressiver Rhythmik sowie eine ausgefallene – freilich für Death-Metal typische – Klanglichkeit und extreme Lautstärke. Die einfache Melodie der Gitarren wird mehr oder weniger unisono geführt, das Schlagzeug betont jeden Schlag des Taktes, ein Tempo- und Rhythmuswechsel gegen Ende ereignet sich abrupt und betont die »brutale« Willkür des Handelns, von der im Text die Rede ist. Am auffälligsten ist die Stimme: Der Text ist kaum zu verstehen, eine Melodik existiert nicht, da die Stimme ein »Growling« hervorbringt – gutturale Klänge jenseits all dessen, was irgend mit »Gesang« bezeichnet werden könnte und sich als eine Mischung aus dumpfem Brüllen, Röhren und Ächzen artikuliert, die gegen Ende in Laute des Erbrechens mündet: Es handelt sich insbesondere hier um die konsequente Verwirklichung einer »Ästhetik des Hässlichen« (vgl. dazu Rosenkranz 1853).

All dies wird für die Freund*innen dieser Musik attraktiv sein aufgrund seiner Gegenposition zu allen Normen bürgerlicher (Musik-)Kultur (vgl. Thompson/Geeves/Olsen 2018), durch die radikale Verwirklichung der Distinktion des Spannungsschemas gegenüber dem Hochkulturschema und dem Niveau- und Harmoniemilieu (vgl. Schulze 1992). Die Angehörigen dieser kulturellen Bereiche wiederum werden das Stück als Beispiel für eine Orientierung am Abstoßenden, Ekelhaften, vielleicht auch Furchterregenden halten und zumindest verwundert darüber sein, wie eine solche (Des-)Orientierung möglich ist – nicht von ungefähr waren die Platten dieser Band lange Zeit in verschiedenen Ländern indiziert. Insgesamt haben wir es hier mit einem Ergebnis einer transgressiven Praxis zu tun (vgl. Elflein 2017: 89f.; Kahn-Harris 2007). Ihr reflexiver Charakter wird deutlich, wenn man die Mechanismen nicht nur des Musikmarktes, sondern auch der symbolischen Interaktion, durch die Musik kommunikativ zur Geltung gelangt, bedenkt: Absichtsvoll wird hier die Grenze dessen überschritten, woran andere sich inhaltlich und musikalisch-ästhetisch orientieren und was von ihnen akzeptiert wird, sodass anzunehmen ist, dass Nachdenklichkeit und Komplexität zwar nicht in Erscheinung treten wie in dem Beispiel von Iron Maiden, wohl aber den Nährboden dieser Musik bilden. Ob indessen kommerziell motiviert oder nicht: Die »reflexive Anti-Reflexivität« (Elflein 2017: 89) der Transgression, die diese Musik kennzeichnet, bezieht sich letztlich auf dieselben kulturell generierten Wertvorstellungen und die darauf beruhenden Vorstellungen von Grenzen des Erlaubten und Schönen, an denen andere sich orientieren – nur dass sie hier nicht gewahrt, sondern bewusst und absichtsvoll überschritten werden.

Transgressive Praxen sind keineswegs auf Kulturen der Popmusik beschränkt. So zielten bereits die Dadaisten, die Expressionisten und Surrealisten auf Grenzüberschreitungen und Tabubrüche ab, bei denen eine Rhetorik der Gewalt, deren Grundgedanken Filippo Marinetti 1909 in seinem »futuristischen Manifest« formulierte, und subversive ästhetische Strategien, wie sie musikalisch von den Bruitisten verwirklicht wurden (erinnert sei an Luigi Russolos »Intonarumori«), dazu dienen sollten, das Publikum aufzurütteln und Neues möglich werden zu lassen — Aktionskünstler wie Otto Mühl und Hermann Nitsch haben dies in den 1960er Jahren radikalisiert und ins Extrem getrieben. Freilich blieben diese Bemühungen im Rahmen der Hochkultur und führten nicht dazu, neue Kulturen entstehen zu lassen, sondern allenfalls zu intrakulturellen Veränderungen, da alle Anstrengungen Geltung lediglich als Indizien für eine Auseinandersetzung des künstlerischen Subjekts »mit seinen bürgerlichen Bindungen und seiner Unfähigkeit, diese abzuschütteln« (Lachenmann 1996: 68) erlangen und lediglich im hochkulturellen Diskurs relevant werden konnten. Gleichwohl zeichnet sich in diesem Diskurs dieselbe Divergenz der Orientierungen ab, die — wie an den Beispielen gezeigt — auch innerhalb anderer kultureller Bereiche und zwischen diesen und anderen kulturellen Milieus festzustellen ist: zumindest die Divergenz zwischen einerseits dem Wunsch, tradierte und anerkannte Werte, Normen und Regeln auch weiterhin einzuhalten, und andererseits der Vorstellung, dass alles anders oder ganz neu werden müsse, und der Überzeugung, dass dafür mit ästhetischen Mitteln — u.a. dem des radikalen Bruchs — gekämpft werden müsse. Festzuhalten ist an dieser Stelle, dass derartigen Divergenzen Kultur — vereinfacht gesagt — ihre Lebendigkeit verdankt. An deren Erhaltung — der Erhaltung u.a. von Vielfalt, Diskursbereitschaft und Offenheit für das Andere bzw. den Anderen — sollte musikpädagogisches Denken sich orientieren, indem es sich der Ermöglichung eines Musikunterrichts widmet, der — wie jeder andere Unterricht auch — nicht einfach nur auf »Vermittlung« ausgerichtet sein, sondern auch immer wieder zur Disposition stellen sollte, was im kulturellen Kontext insgesamt Geltung besitzt. Dazu hätte er in gemeinsamer Arbeit aller am Unterricht Beteiligten die Hintergründe, Ambitionen und Funktionen des Geltenden zu thematisieren und transparent werden zu lassen.

Kulturelle Diversität und musikpädagogische Orientierung

An den drei hier beschriebenen Fällen aus dem Bereich der populären Musik und den damit verbundenen Ästhetiken zeigt sich exemplarisch die Diversität — und damit allerdings auch die Lebendigkeit — unserer gegenwärtigen Kulturen. Indem sie unterschiedliche alltagsästhetische Schemata verwirklichen, folgen sie ganz unterschiedlichen Orientierungen und geben diese an ihre jeweilige Hörerschaft weiter. Die Toten Hosen setzen sich in ihrem Lied sowohl von religiösen als auch von den Orientierungen artifiziellen Singens ab, vertreten aber eine an den Erfordernissen bürgerlichen Alltags orientierte Einstellung; Iron Maiden distanzieren sich von den Orientierungen der Herrschenden, die ihre Interessen zu Lasten Anderer gnadenlos durchsetzen, kämpfen aber zumindest auf musikalischer und performativer Ebene ebenso gnadenlos für eine von ihnen befürwortete friedliche Welt; Cannibal Corpse endlich brechen mit allen geltenden Regeln, um die eigene Regellosigkeit rücksichtslos zu verwirklichen. Obwohl in allen drei Stücken ein imaginäres »Du« angesprochen wird, gelangen ganz unterschiedliche Aspekte dessen, was allen gemeinsam ist — eine Auseinandersetzung mit dem Sterben —, zur Geltung: Mit der Entfaltung dreier großer Mythen der Menschheit — Liebe, Furcht und Hass, ausgedrückt u.a. im Gesang durch natürlichen Stimmgebrauch, Belting und Growling — repräsentieren die drei Songs nicht einfach unterschiedliche Musikrichtungen der populären Musik, sondern fundamental differierende ästhetische und lebensweltliche Orientierungen, Haltungen und Lebenseinstellungen. Und obwohl sie prinzipiell vorstellbar wäre, erfolgt keine die Teilkulturen übergreifende Verschränkung dieser Positionen: So stimmig die Verhältnisse zwischen Intentionalität und musikalischen Ausdrucksformen dieser drei Sektionen in sich sind, so unvereinbar sind ihre Positionen und die Orientierungen, denen sie folgen und die sie anderen dadurch geben.

Da all dies in jeweils entsprechenden, unterschiedlichen kulturellen Kreisen Anklang findet, kann an diesen Beispielen deutlich werden, dass die Konstruktion kultureller Differenz unmittelbar mit der Konstruktion von Musik korrespondiert, sodass Letztere nicht nur den Bereich des Sozialen erkennen lässt, weil sie auf ihn zugeschnitten ist, sondern auch in genau diesem Bereich affirmativ wirken kann. Zugleich aber perturbiert sie durch Texte und musikalische Gestaltung all jene, die diesem Bereich nicht angehören.

Hartmut Rosa (2016) hat diese Wechselbeziehung zwischen Musik und Mensch in seiner Theorie der Weltaneignung mit »Resonanz« bezeichnet: Bestimmte Musik steht demnach mit bestimmten Menschen in einem Resonanzverhältnis, die Musik »gibt« ihnen, was sie hören wollen, indem sie sie »anspricht«, die Menschen antworten auf die Musik, indem sie sich von ihr »bewegen« lassen. Als Beispiele verweist Rosa in diesem Zusammenhang auf *The Wall* (Pink Floyd) und »The Logical Song« (Supertramp) (vgl. Rosa 2016: 405-407). Bemerkenswert ist die das Subjekt stabilisierende, auf die sozialen und kulturellen Verhältnisse affirmativ wirkende Funktion dieser Resonanz. Dies gilt für den jeweiligen kulturellen Bereich, in dem diese Resonanz stattfindet. Es ist davon auszugehen, dass diejenigen, die ihm nicht angehören und nicht in ein Resonanz-Verhältnis treten können oder wollen, in derselben Weise perturbiert werden.

Eine musikpädagogische Orientierung ist von diesen Ergebnissen sozialer bzw. kultureller Orientierungen nicht abzuleiten – ebenso wenig, wie überhaupt eine Didaktik von den Inhalten her konzipiert werden kann: Zu den wichtigsten Einsichten des jüngeren musikpädagogischen Diskurses – längst fungieren nicht mehr Musikwissenschaft und Musikpsychologie als primäre Bezugswissenschaften, sondern eine kulturwissenschaftlich ausgerichtete Soziologie – gehört die Überzeugung, dass Didaktiken z.B. der populären Musik, der Oper, der Neuen Musik der Vergangenheit angehören sollten. Allerdings beruhten musikpädagogische Orientierungen schon immer – das hat Malte Sachsse (2014) gezeigt – auf Menschenbildern, die auf Musik(en) bezogen werden. Beides – die Menschenbilder wie die damit zusammenhängenden Vorstellungen von Musik – emergieren aus »sozialen Tatbeständen«: demjenigen, was in mehr oder weniger unausgesprochener Weise in imaginären Räumen der Sinngenerierung – in Kulturen – an Geltung von Wert, Norm und Regel hervorgebracht wird (vgl. Rustemeyer 2009: 231). In einer pluralen Kultur ist es insofern nur folgerichtig, dass ein Wandel in der Musikdidaktik zu verzeichnen ist: weg von der Orientierung an Musik(en), hin zu der Orientierung an gesellschaftlichen Tatbeständen und den darin verwickelten Subjekten. Dadurch entsteht freilich eine neue Normativität: die oben bereits erwähnte Orientierung an Diversität, Verzicht auf musikalisch-ästhetische Normativität, Befürwortung von Transkulturalität (vgl. z.B. Orgass 2007, Schatt 2008, Barth 2018, Blanchard 2019).

Dies betrifft insbesondere den Umgang mit populärer Musik. Didaktische Konstruktionen bewegen sich immer im Spannungsfeld von Nähe und Distanz der betroffenen Subjekte zu dem, was von ihnen akzeptiert bzw. abgelehnt wird und dem, was sie akzeptieren bzw. zumindest infrage stellen sollen. Sie betreffen also immer deren Identität – dasjenige, woran sie sich ästhetisch und ethisch orientieren (vgl. Terhag 1989). Didaktik wird demnach popmusikalische Konstruktionen in ihrer diversifizierten Vielfalt als Ergebnisse »sozialer Tatbestände« ebenso zu berücksichtigen haben wie andere Hervorbringungen aus dem Bereich anderer Kulturen. Wünschenswert wäre demnach eine Didaktik, die nach Zugängen zu Musiken jenseits kultureller Normativität sucht – eine kulturübergreifende Didaktik, die Raum für differierende Bedeutungszuweisungen und Bedeutsamkeiten lässt. Darauf habe ich unter der Überschrift »vers une conception informelle« schon einmal hingewiesen (vgl. Schatt 2008: 222ff.): Es wird darum gehen, eine Kultur des Unterrichts zu etablieren, durch die unter übergreifend-verbindenden Themenstellungen unterschiedlichste Inhalte und die Bedingungen ihrer Geltung im Unterricht diskursiv werden können. Im Idealfall käme es darauf an, allen am Unterricht Beteiligten z.B. im Rahmen einer gemeinsamen Themenfindung (vgl. Geuen/Orgass 2007: 94ff.) gleichermaßen Gelegenheit zu geben, die Musik »ihrer« Kultur zur Geltung zu bringen. Der wahrscheinlich entstehende »ästhetische Streit« (vgl. Rolle/Wallbaum 2011) wäre argumentativ und nach demokratischen Regeln auszutragen. So käme durch Unterricht selbst eine andere Kultur zur Geltung als diejenige, der die Kritik von Iron Maiden gilt und zu der Cannibal Corpse eine Gegenposition vertritt.

Zur Realisierung eines solchen Unterrichts wird es u.a. erforderlich sein, Wissen zu vermitteln, Denken zu ermöglichen und eine auf beides bezogene performative Praxis der begründeten Positionierung zu fördern – um am Ende vielleicht doch jene Einheit zu stiften, die Cassirer vorschwebte: eine Einheit, zu der das Unterschiedliche sich ergänzt und vervollständigt, nämlich die Einheit einer Gesellschaft, in der das Divergierende als solches Akzeptanz findet.

Literatur

Adorno, Theodor W. (1970 [1962]). »Enzyklopädisches Stichwort ›Musiksoziologie‹«. In: *Einleitung in die Musiksoziologie*. Reinbek bei Hamburg: Rowohlt, S. 234-244.
Barth, Dorothee (2018). »Kulturbegriffe«. In: *Handbuch Musikpädagogik. Grundlagen – Forschung – Diskurse*. Hg. v. Michael Dartsch, Jens Knigge, Anne Niessen, Friedrich Platz u. Christine Stöger. Münster u. New York: Waxmann, S. 24-31.
Blanchard, Olivier (2019). *Hegemonie im Musikunterricht. Ein Beitrag zur Befremdung der eigenen Kultur*. Münster u. New York: Waxmann.
Cassirer, Ernst (1990 [1944]). *Versuch über den Menschen. Einführung in eine Philosophie der Kultur*. Aus dem Englischen von Reinhard Kaiser. Frankfurt/M.: S. Fischer [Original: *An Essay on Man. An Introduction to a Philosophy of Human Culture*. New Haven: Yale University Press].
Durkheim, Émile (2014 [1895]). *Die Regeln der soziologischen Methode*. Frankfurt/M.: Suhrkamp.
Elflein, Dietmar (2017). Artikel »Metal«. In: *Handbuch Popkultur*. Hg. v. Thomas Hecken u. Marcus S. Kleiner. Stuttgart: Metzler, S. 87-91.

Geuen, Heinz / Orgass, Stefan (2007). *Partizipation – Relevanz – Kontinuität: Musikalische Bildung und Kompetenzentwicklung in musikdidaktischer Perspektive.* Aachen: Shaker.

Hegel, Georg Wilhelm Friedrich (2007). »Vorlesungen über die Ästhetik«. In: *Werke in 20 Bänden und Register* Bd. 13. Frankfurt/M.: Suhrkamp.

Kahn-Harris, Keith (2007). *Extreme Metal. Music and Culture on the Edge.* Oxford u. New York: Bloomsbury.

Krupp-Schleußner, Valerie (2016). *Jedem Kind ein Instrument? Teilhabe an Musikkultur vor dem Hintergrund des capability approach.* Münster u. New York: Waxmann.

Lachenmann, Helmut (1996). »Affekt und Aspekt.« In: *Musik als existentielle Erfahrung. Schriften 1966-1995.* Hg. v. Josef Häusler. Wiesbaden: Breitkopf & Härtel, S. 63-72.

Orgass, Stefan (2007). *Musikalische Bildung in europäischer Perspektive. Entwurf einer kommunikativen Musikdidaktik* (= Folkwang Studien 6). Hildesheim u.a.: Olms.

Rappe, Michael / Stöger, Christine (2014). »›Lernen nicht, aber ...‹ – Bildungsprozesse im Breaking«. In: *Teilhabe und Gerechtigkeit.* Hg. v. Bernd Clausen (= Musikpädagogische Forschung Bd. 35). Münster u. New York: Waxmann, S. 145-158.

Reckwitz, Andreas (2017). *Die Gesellschaft der Singularitäten. Zum Strukturwandel der Moderne.* Berlin: Suhrkamp.

Rolle, Christian / Wallbaum, Christopher (2011). »Ästhetischer Streit im Musikunterricht. Didaktische und methodische Überlegungen zu Unterrichtsgesprächen über Musik«. In: *Reden über Kunst. Fachdidaktisches Forschungssymposium in Literatur, Kunst und Musik.* Hg. v. Johannes Kirschenmann, Christoph Richter u. Kaspar H. Spinner (= Kontext Kunstpädagogik 28). München: Kopaed S. 507-535.

Rosa, Hartmut (2016). *Resonanz. Eine Soziologie der Weltbeziehung.* Berlin: Suhrkamp.

Rosenkranz, Karl (1853). *Ästhetik des Hässlichen.* Königsberg: Bornträger.

Rustemeyer, Dirk (2009). *Diagramme. Dissonante Resonanzen: Kunstsemiotik als Kulturtheorie.* Weilerswist: Velbrück Wissenschaft.

Sachsse, Malte (2014). *Menschenbild und Musikbegriff. Zur Konstituierung musikpädagogischer Positionen im 20. und 21. Jahrhundert.* Hildesheim u. a.: Olms.

Schatt, Peter W. (2008). *Musikpädagogik und Mythos. Zwischen mythischer Erklärung der musikalischen Welt und pädagogisch geleiteter Arbeit am Mythos.* Mainz u.a.: Schott.

Schulze, Gerhard (1992). *Die Erlebnisgesellschaft. Kultursoziologie der Gegenwart.* Frankfurt/M.: Campus.

Terhag, Jürgen (1989). *Populäre Musik und Jugendkulturen. Über die Möglichkeiten und Grenzen der Musikpädagogik.* Regensburg: Bosse.

Thompson, William Forde / Geeves, Andrew M. / Olsen, Kirk N. (2018). »Who enjoys listening to violent music and why?« In: *Psychology of Popular Media Culture.* [Advance online publication], http://dx.doi.org/10.1037/ppm0000184 (Zugriff: 11.10.2018).

Abstract

This article discusses possible reactions to radical cultural diversity in the context of music education. This theme is illustrated in three examples of how popular music can deal with a sphere of life related to a social taboo: death. In these three songs, death is depicted through contrasting approaches: on the one hand, taboos of specific socio-cultural milieus are broken; on the other, this break has an affirmative function in the milieus addressed by the songs. The examples demonstrate that attitudes of specific cultural milieus can not only be expressed aesthetically but can serve as points of orientation for people who already belong to these milieus or seek membership. At the same time, the article points out why and how members may reject other socio-cultural milieus, which leads to the emergence and confirmation of cultural diversity. Thus, music education is not restricted to musical content. It is rather important to plead for realizing music lessons as a culture being open for and supporting the discourse between different cultural orientations.

ETHNIE UND NATION ALS SEMANTISCHE RESERVOIRS VIRTUELLER MUSIKBEZOGENER DIFFERENZKONSTRUKTIONEN

Malte Sachsse

1. Ausgangspunkte

Der vorliegende Beitrag ist der Frage gewidmet, wie und warum Zugehörigkeiten zu einer Ethnie oder Nation zur Differenzkonstruktion in musikbezogenen Argumentationen in YouTube-Kommentarbereichen genutzt werden. Anlass dazu boten drei durch die Lektüre dieser und ähnlicher digitaler Foren genährte Vermutungen:

1. Derartige Differenzkonstruktionen dienen vielen User*innen dazu, Ge- und Missfallen an bestimmten Musiken zu begründen und dadurch kulturelle Distinktion herbeizuführen.
2. Diese Begründungen resultieren aus (meist lediglich impliziten) Antworten auf die Fragen, wer diese Musiken wann wo und wie gebraucht (vgl. dazu Kaiser 2002: 11f.).
3. Von diesen Fragen steht diejenige nach dem »Wer« sehr oft im Zentrum: Sie wird – so meine Hypothese weiter – zwar zum geringen Teil auch »anthropologisch« beantwortet (bspw. auf Geschlecht oder Alter abzielend), zum größten Teil aber durch Rekurse auf Ethnie und Nation.

Wenn man mit Dorothee Barth annimmt, dass es im Musikunterricht darum gehen soll, »*Zuweisung* von Bedeutung, die häufig durch das Bedürfnis kultureller Verortung, also ›außermusikalisch‹ motiviert ist« zu aktivieren (Barth 2008: 154; Herv. i. O.), so erscheint es von hoher musikpädagogischer und -didaktischer Relevanz, herauszuarbeiten, worauf solche Zuweisungen beruhen. Die diesen Beitrag leitende These besagt, dass sie zu einem großen Teil aus Erfahrungen resultieren, die in außerunterrichtlicher Auseinandersetzung mit Musik in informellen Prozessen gewonnen werden. Theoretisch knüpfe ich damit an zwei meiner Vorträge aus dem Jahr 2018 an, die der musikpädagogischen Relevanz digitaler musikbezogener Erfahrungs- und Lernwelten nachgingen. Während der erste Vortrag heterogene Begriffsverständnisse und normative Vorstellungen von »Partizipation« in Netzkultur, Bildungsforschung und Musikpädagogik vergleichend in den Blick nahm, fokussierte der zweite auf Musikblogs als multimediale und gleichzeitig diskursive Formate, an denen sich dynamische Praktiken musikbezogener Bedeutungskonstruktion beobachten lassen.[1] Leitend war dabei die Einsicht in die Bedeutung des Internets nicht allein als »Kulturmaschine« (Reckwitz 2017: 225ff.), sondern — spezifischer — als jugendkulturelle Erfahrungswelt (vgl. z.B. die Mediennutzungsstudien Bitkom 2014; Feierabend et. al. 2017) und damit sowohl als Ort der musikalischen Sozialisation Jugendlicher (vgl. z.B. Heyer/Wachs/Palentien 2013: 7f.) als auch informellen, non-formalen sowie formalen musikalischen und musikbezogenen Lernens (vgl. hierzu z.B. Elflein/Weber 2017).

Ferner richtet sich das Erkenntnisinteresse auf das »Wie« musikbezogener Bedeutungsgenerierung in außerschulischen Kontexten nicht zuletzt wegen ihres engen Bezugs zu Prozessen der Identitätsbildung insgesamt:

»[Im Musikunterricht] treffen Individuen zusammen, die mit bereits konstruierten Bedeutungen von Musik und einer prinzipiell schon entwickelten Identität den Unterrichtsraum betreten. Das Aufeinander-Zugehen muss in pädagogischen Prozessen angebahnt werden« (Krause-Benz 2013: 80).

Ein solches Wissen könnte didaktische Entscheidungen mit Blick auf in vielerlei Hinsichten heterogen verfasste Lerngruppen keineswegs allein methodisch orientieren (bezüglich der Art und Weise, wie ein »Aufeinander-Zugehen« konkret gestaltet werden sollte), sondern konzeptionell nach Maßgabe von Inhalten, die Schüler*innen mit einiger Wahrscheinlichkeit als für sich relevant einschätzen können (vgl. Geuen/Orgass 2007: 90). Wenn Bildung verstanden wird als die »Fähigkeit des Menschen, sich im sozialen und kulturellen Wandel zunehmend selbst orientieren zu müssen und auch jenseits von Fremdbestimmung eigene Sinnperspektiven reflexiv herstellen zu können« (Hugger 2010: 285), muss sich eine auf Bildung gerichtete Grundlagenforschung entsprechend über Inhalte, Gegenstände und Formen dieser Orientierungsbemühungen vergewissern. Dabei soll es ausdrücklich nicht darum gehen, ein theoretisches Fundament zu legen, um »eindeutige Ethiken für

---

1 »Vom Like zum Mashup — Partizipation als Gegenstand und Kategorie einer Didaktik der Popmusik«, Vortrag bei der 7. Tagung der Musikpädagogischen Forschung Österreich (MFÖ) am 18.1.2018 in Wien sowie »›Musik hat mir schon ziemlich oft den Arsch gerettet‹ — Virtuelle Bilder musikalischen und musikbezogenen Gelingens«, Vortrag bei der Tagung der Gesellschaft für Musikpädagogik (GMP) am 9.3.2018 in Essen.

den Umgang mit Ethnizitäten« (Honnens 2017: 253) im Sinne von Orientierungsnormen für den Musikunterricht zu entwerfen. Dies würde nicht nur einem Sein-Sollens-Fehlschluss, sondern darüber hinaus einer methodologisch bedingten Verkürzung aufsitzen: So haben nicht zuletzt Forschungen zum Paradigma der Intersektionalität die Notwendigkeit gezeigt, soziale Kategorien gerade »in ihren ›Verwobenheiten‹ oder ›Überkreuzungen‹« sowie »*Wechselwirkungen*« (Walgenbach 2012: 81, Herv. i. O.) zu analysieren. Zwar erweisen sich auch »Ethnie« und »Nation« im untersuchten Sample als interdependent, bilden jedoch nur einen kleinen Teil einer Vielzahl von Differenzkategorien, mittels derer in komplexen Prozessen soziale Ungleichheiten auf verschiedenen Ebenen, an verschiedenen Orten und in verschiedenen Situationen immer wieder anders hergestellt und perpetuiert werden.

Die hier analysierten Praktiken der Differenzkonstruktion in einem bestimmten Netzdiskurs, dessen Akteure noch dazu unbekannt bleiben müssen, sind erkenntnistheoretisch von Praktiken der Differenzkonstruktion in diversen Unterrichtssituationen, Interviewsituationen, peer-groups etc. zu trennen. Wenn überhaupt anknüpfend an eine Untersuchung wie die vorliegende mögliche Orientierungen für den Musikunterricht diskutiert werden können, dann wären dies solche, die auf »eine Haltung des situativen Innehaltens« (Honnens 2017: 259) zielen; darauf, »sich beim musikpädagogischen Umgang mit natio-ethno-kulturellen Differenzen nicht an *einer* eindeutigen Norm zu orientieren« sondern nach »impliziten Anerkennungsordnungen« zu fragen, »die vordergründigen Anerkennungsdynamiken zugrunde liegen« sowie dafür zu sensibilisieren, »wie Anerkennungsdynamiken in besonderer Weise anhand von Geschmacksurteilen verlaufen« (ebd.; Herv. i. O.). Mediennutzungsstatistiken (siehe nächstes Kapitel) lassen zumindest mittelbar darauf schließen, dass vielen Jugendlichen — wenn sie nicht selbst aktiv daran partizipieren — die Art und Weise bekannt ist, wie in YouTube-Kommentarbereichen über Musikvideos, über die dort zu sehenden Akteure und über Kommentare anderer Nutzer*innen geschrieben wird.

Inwiefern Differenzkategorien wie die im Folgenden herausgearbeiteten auch in einem musikunterrichtlichen Sprechen (in Plenumsgesprächen, in Gruppendiskussionen, in Chat-basierten E-Learning-Settings, in verschiedenen Schulformen, Jahrgangsstufen und Lerngruppen) bspw. über türkische Musiken zur Geltung kommen, wäre noch zu erforschen. Insofern in dem untersuchten Musikvideo Bilder eines vermeintlichen Musikunterrichts und von vermeintlichen Musikschüler*innen sowie in Teilen auch explizite Selbstinszenierungen von Kommentierenden als Schüler*innen entworfen werden, erscheint »Musikunterricht« darüber hinaus als ein inhaltliches Integral einer komplexen intermedialen Bedeutungskonstruktion.

2. Gegenstand und Anliegen

Vor diesem Hintergrund wird im Folgenden die Videoplattform YouTube weniger als eine multimediale Konfiguration digitaler Phänomene in den Blick genommen als vielmehr als ein potentieller Bildungsraum: »als sozial-räumliches Gefüge, das für das Subjekt die Bedingung der Möglichkeit darstellt, sich in ein komplexes reflexives Verhältnis zu sich und zur Welt zu setzen« (Hugger 2010: 286). Dabei gilt es, populäre Diagnosen eines vermeintlichen Ist-Zustandes digitaler Mediennutzung kritisch zu hinterfragen bzw. zu ergänzen. Wenn der *Youth Insight Panel* — das Marktforschungsinstrument der Bauer Media Group — auf Grundlage der Befragung jugendlicher *Bravo*-Leser*innen 2016 feststellt, dass 98 % der Jugendlichen YouTube nutzen, über 90 % der Befragten mindestens einmal pro Woche auf YouTube unterwegs sind, mehr als drei Viertel der Jugendlichen mindestens 20 Minuten am Stück auf YouTube verbringt und YouTube nach WhatsApp die zweitbeliebteste Social Media App ist (vgl. Bauer Media Group 2016: 3), bleiben die Eigenarten der jeweiligen Nutzung ungeklärt. Das Bild von »Medienprofis auf allen Kanälen«, das die Folgestudie 2018 von der »Generation Z« zeichnet (*Bravo* Mediennutzungsstudie 2018, zit. n. jungezielgruppen.de 2018), verdankt sich entsprechend einem sehr ausschnitthaften Verständnis davon, was einen kompetenten Umgang mit Medien ausmacht: »Zu ihrem Medienkosmos gehören nämlich alle Medienkanäle und sie unterscheiden bewusst, welchen Kanal sie wann nutzen« (ebd.). Die bloß formale Feststellung, dass zwischen Printmedien, TV, Radio und digitalen Medien gewählt wird und diese unterschiedlich genutzt werden, genügt hier bereits für die Attribution eines Expertentums in bewusster Mediennutzung. Diese Darstellung verdankt sich nicht allein ökonomischen Interessen (in diesem Fall denen der *Bravo*), sondern einem sehr wirkungsmächtigen Positivismus auf Basis der Prämisse, dass Mediennutzung per se gut sei. Insbesondere im Zuge des Ausbaus von YouTube wurden diverse Hoffnungen an positive soziale und kulturelle Effekte, an die Genese einer »cosmopolitan cultural citizenship« artikuliert, die mittlerweile immer wieder in Frage gestellt wurden:

»Indeed, it is because so much of the symbolic material mediated via YouTube originates in the everyday lives of ordinary citizens, or is evaluated, discussed, and curated by them, that YouTube, in theory, represents a site of cosmopolitan cultural citizenship. But the communicative practices that constitute this form of cultural citizenship are more frequently found very far down the ›long tail‹

from the spectacular, antagonistic and less nuanced ›common culture‹ of YouTube [...], where ›intercultural‹ communication tends to revert to histrionics and a battle between dramatized stereotypes« (Burgess/Green 2009: 79).

Da Jugendliche im Web 2.0 im Allgemeinen und auf YouTube im Besonderen mit äußerst ambivalenten Konstruktionen von Kulturen konfrontiert werden und sich in ihnen orientieren müssen, gestaltet sich die Suche nach pädagogischen Antworten auf eine in der jüngeren Vergangenheit drastisch veränderte Mediensozialisation so komplex wie diffizil. Sie bewegt sich in einem Spannungsfeld: Auf der einen Seite stehen Konzepte zur Selbstsozialisation im Umgang mit Medien, die am Postulat hoher Autonomie- und Wahlfähigkeit von Individuen orientiert sind, auf der anderen Seite oft stark gesellschaftlich-normative Medienkompetenzmodelle (vgl. Niesyto 2010: 313f.).

Um musikpädagogische Perspektiven fokussieren und diskutieren zu können, erscheint es erforderlich, Aufschluss über die Beschaffenheit von und die diskursive Divergenz innerhalb der oben angedeuteten »common culture« zu gewinnen. Daher werden Prozesse musikbezogener Bedeutungs- und Differenzgenerierung untersucht, die in YouTube-Kommentarbereichen zum Tragen kommen. Indessen gilt es zunächst, methodologische Problematiken sichtbar zu machen und zu reflektieren, mit denen sich eine Analyse derartiger musikbezogener Netzdiskurse auseinandersetzen muss. Ferner sollen erste Ergebnisse dieses Frageansatzes daraufhin diskutiert werden, welche musikpädagogischen und -didaktischen Reflexionsmomente sie hinsichtlich sozialer Aspekte informellen Lernens insbesondere in digitalen Kontexten sowie Voraussetzungen einer inter- bzw. transkulturell orientierten musikalischen Bildung bereitstellen können.

3. Zur methodologischen Problematik

YouTube-Kommentarbereiche in Verbindung mit den jeweils verhandelten Videos im Kontext der diversen in ihnen angelegten Verweisstrukturen können mit Andreas Reckwitz als kulturelles Phänomen aufgefasst werden, welches durch ein Ensemble intersubjektiver, interobjektiver und selbstreferenzieller sozial-kultureller Praktiken hervorgebracht wird (vgl. Reckwitz 2016: 34-36). Die Analyse eines solchen Komplexes von Praktiken berücksichtigt nicht allein Praktiken selbst »als kultursoziologisch kleinste Einheiten«, sondern darüber hinaus Diskurse, Subjektivierungsweisen und Artefakte, um den Prozess der Produktion und Anwendung kultureller Sinnwelten und Wissensordnungen »*in praxi*« sichtbar zu machen (ebd.: 36; Herv. i. O.). In diesem Beitrag wird ein Fokus gelegt auf die Ebene der Diskurse innerhalb dieses »praxeologische[n]

Quadrat[s]« (ebd.: 34), die Reckwitz zufolge als »*Praktiken der Repräsentation*« solche »der Darstellung von Sachverhalten, Zusammenhängen, Subjekten, mit argumentativer oder narrativer oder auch bildlicher Struktur« umfassen (ebd.: 36f.; Herv. i. O.). In ihnen werden Wissensordnungen expliziert, die in Praktiken implizit sind, Aussagen über Dinge und Artefakte sowie Personen getroffen, Subjekte und Konzeptionen des »Selbst« durch Inszenierungen entworfen.

Eine wesentliche Motivation der Analyse von YouTube-Kommentarbereichen stellte zu Beginn der hier vorgestellten Überlegungen die Hoffnung auf Zugang zu einem zwar gefilterten und ausschnitthaften, letztlich jedoch vermeintlich authentischeren juvenilen musikbezogenen Diskurs dar, als Schüler*inneninterviews oder videografierte Gruppenarbeitsphasen ihn abbilden könnten, welche durch einen institutionell-formalen Kontext nicht nur normativ gerahmt, sondern geradezu präformiert erscheinen. So momenthaft dieser kurze Blick auch wäre, so streifte er doch zumindest einen singulären freizeitlichen Sozialisationsraum in »posttraditionalen Gemeinschaften« (Krotz 2008: 151), beleuchtete einen jener »neuen Erfahrungsräume«, welche heute »die Entwicklung von Werthaltungen, (Entscheidungs-)Kompetenzen, Verhaltensweisen, Deutungsmustern oder gar von ganzen ›Sinnwelten‹« beeinflussen, und ließe sogar Rückschlüsse zu auf bestimmte (sub)kulturelle Szenen – als eine »Form von lockerem Netzwerk; einem Netzwerk, in dem sich unbestimmt viele beteiligte Personen und Personengruppen vergemeinschaften« (Hitzler/Niederbacher 2010: 15; Hervorh. getilgt). Die Aktualität des Materials nährt Hoffnungen daran, musikalisch-kulturelle Sinnbildungen »*in praxi*« (Reckwitz 2016: 36, Herv. i. O.) »dingfest« machen zu können.

Gerade die digitale Verfasstheit des zu untersuchenden »Gegenstands« stellt die Erkenntnisgewinnung jedoch vor viele Schwierigkeiten. Fraglich ist zunächst seine Repräsentativität: Nur ein Bruchteil der Internet-Nutzer nutzt Partizipationsmöglichkeiten des Web 2.0 aktiv (vgl. Epting 2013: 258), der Gebrauch interaktiver Optionen in virtuellen Räumen hängt maßgeblich mit dem sozialen Status der Nutzer*innen zusammen (vgl. Klein 2010: 169[2]), zu-

---

2 Klein referiert hier eine Studie von Livingstone unter britischen Jugendlichen aus dem Jahr 2005: »Jugendliche, die hinsichtlich ihrer sozialen Herkunft und ihrer Bildung eher privilegiert sind, verfügen nicht nur über eine längere Erfahrung mit dem Internet und eine größere Expertise, sondern nutzen auch ein breiteres Spektrum der Nutzungsoptionen. Hierzu gehören auch solche, die sich unmittelbar auf die aktive Beteiligung an und Interessenartikulation in virtuellen Arrangements beziehen« (Klein 2010: 169). Klein zufolge decken sich diese Befunde weitgehend mit späteren Ergebnissen des Kompetenzzentrums informelle Bildung in Bezug auf deutsche Jugendliche.

gleich aber konstituiert sich die Gruppe der Postenden teilweise vor dem Hintergrund von Musikpräferenzen und Bildungshintergrund (vgl. Gross/Walden 2013), teilweise durch ein Zugehörigkeitsgefühl zu bestimmten sozialen Gruppen. User*innen gelangen auf verschiedenen und nicht mehr rekonstruierbaren Wegen zu der jeweiligen Seite, teils zielgerichtet, teils kontingent z.B. infolge der Nutzung eines Links in einem ganz anderen Kontext. Screenshots der Kommentare sind als Quelle wissenschaftlich nicht sehr belastbar: Kommentare können von den Nutzer*innen selbst oder von YouTube aus diversen Gründen[3] entfernt werden, ohne dass ein Verweis übrigbleibt; sie können nachträglich bearbeitet werden und es können sogar ganze Videos inklusive Kommentarbereichen gelöscht werden. Nutzer*innen stoßen zwar zunächst auf eine voreingestellte Seitenansicht, können dann aber selbst darüber entscheiden, wie ihnen die Kommentare angezeigt werden: Entweder erscheinen »Top Kommentare« ganz oben oder »Neueste zuerst«; die visuell-räumlich flexible Anordnung bewirkt eine zeitliche Dekontextualisierung, die Kausalitäten und Referentialitäten stark verunklart. Zudem gelten in virtuellen Räumen grundsätzlich jeweils eigene Diskursregeln. Hier bilden sich also Zugehörigkeits- und Anerkennungsverhältnisse ab, deren Zusammenhang mit nicht-virtuellen Zugehörigkeits- und Anerkennungsverhältnissen durchaus inkongruent sein kann:

»In der Online-Kommunikation wird aus einer Person zwangläufig das, was in der Begrifflichkeit der Internetforschung üblicherweise als ›Persona‹ bzw. ›Personae‹ verstanden wird, eine Maskierung also, mit anderen Worten: die Konstruktion einer dahinterstehenden Person. Unter den kommunikativen Bedingungen des Internets verändert sich die Struktur der Anerkennungsverhältnisse, und zwar deshalb, weil sich das Bild, welches sich andere von einer ›Person‹ machen, alleine auf die Konstruktion der Persona beziehen kann, d.h. ›was also Anerkennung finden kann, ist immer nur dieses symbolische Konstrukt, dieses durch die eigene Selbstwahrnehmung gefilterte Bild‹ (Zirfas/Jörissen 2007: 183)« (Hugger 2010: 286).

Ein direkter Rückschluss auf Eigenschaften und Motive der Person hinter der Persona ist unzulässig. Vielmehr müssen die Kommentare als inszenierte Konstellationen von Text, Nutzername, Profilbild und Referenzen gelesen werden, die gemeinsam mit anderen Kommentaren und dem entsprechenden Musikvideo komplexe Ensembles von Praktiken bilden.

---

3 Vgl. hierzu die Angaben zu »Richtlinien und Sicherheit«, https://www.youtube.com/intl/de/yt/about/policies/#community-guidelines (Zugriff: 9.2.2019).

Um dieses Material dennoch fruchtbar machen zu können im Sinne der zentralen Frage, auf welche Weise Vorstellungen von Nationalität und Ethnizität mit Blick auf Musiken in diesen virtuellen Räumen in Anschlag gebracht und verhandelt werden, sind einerseits diverse methodische Entscheidungen zu treffen und zu begründen, andererseits sind die dadurch gewonnenen Erkenntnisse kritisch auf ihren Gehalt zu prüfen.

4. Methodisches Vorgehen und Sample

Die hier beschriebene Methodik bezieht sich auf eine größere, noch unveröffentlichte Studie. Auch wenn im vorliegenden Beitrag nur Teilergebnisse für eines von fünf Musikvideos im Gesamtsample (siehe Tabelle unten) präsentiert werden, wird das methodische Setting zur besseren Einordnung im Ganzen kurz skizziert. Es ist grob angelehnt an die Studie »Africa on YouTube. Musicians, Tourists, Missionaries and Aid Workers« von Melissa Wall (2009), die der Konstruktion von Afrika-Bildern auf YouTube sowie der Frage nachgeht, in welchem Maße in Afrika beheimatete Menschen sowie Angehörige einer afrikanischen Diaspora daran partizipieren. In dem hier zu entfaltenden Setting geht es jedoch, auch wenn im Folgenden ein in erster Linie deutsch-türkischer YouTube-Diskurs herangezogen wird, weniger um die Spezifika von Orientierungsmustern einer bestimmten Gruppe junger Migrant*innen oder um musikbezogene Sinn- und Identitätskonstruktionen konkreter deutsch-türkischer Jugendlicher (siehe hierzu ausführlich Honnens 2017), sondern um die exemplarische Herausarbeitung von Mechanismen virtueller Differenzkonstruktion. Da wir nicht sicher wissen können, wer sich hinter den einzelnen Postings verbirgt, bildet ein empirisches Wissen bzw. ein Erfahrungswissen um konkrete Schüler*innen mit deutsch-türkischem Migrationshintergrund in konkreten Schulen allenfalls einen losen Kontext und einen Ansatz für die Entwicklung plausibler Lesarten, der sich des Inszenierungscharakters des untersuchten Diskurses jedoch immer bewusst sein muss. Vor diesem Hintergrund hat bereits die Materialgewinnung verschiedenen Anforderungen zu genügen:

1. Einerseits sollten die Funde von hoher inhaltlicher Relevanz für die Fragestellung sein. Dabei ist jedoch stets bewusst zu halten, dass Kulturen als hybrid und heterogen und musikalische Identitäten als transkulturell aufgefasst werden müssen (vgl. z.B. Krause-Benz 2013; Klingmann 2015). Suchbegriffe wie »türkische Musik«, »kurdische Musik«, »albanische Musik« und »jüdische Musik« arbeiten mit starken Vereinfachungen, die sich zwangsläufig

in den Funden reproduzieren. National und ethnisch konnotierte Begriffe fungieren in diesem Setting als Bedeutungszuweisungen auf verschiedenen Ebenen: Sie sind auf Seite des Forschenden ein heuristisches Instrument für die Materialrecherche, gleichzeitig aber Bestandteile und Grundlage von Benennung und Verschlagwortung der untersuchten Postings selbst. Sie begegnen User*innen beim Stöbern auf YouTube, sind aber zugleich mögliche Suchkriterien und Attraktionen, die sie überhaupt zu dem Video führen können. Darüber hinaus bilden sie gleichsam auf einer »Mikroebene« ein semantisches Reservoir, aus dem sich die untersuchten Diskursformationen bedienen und durch das sie sich konstituieren.

Aus diesen Gründen werden bewusst nicht systematisch hergeleitete Begriffsdefinitionen zugrunde gelegt, um sie deduktiv im Material nachzuweisen oder um das Material danach zu strukturieren. Vielmehr geht es gerade darum zu zeigen, welche Vorstellungen von Nation und Ethnie im untersuchten Diskurs auf welche Weise konstruiert werden. In einem allgemeinen Sprachgebrauch bezieht zwar der Begriff »Nation« oft die Zugehörigkeit zu einem Staatswesen bzw. politische Selbstständigkeit mit ein[4], wohingegen unter »Ethnie« meist vor allem die Zugehörigkeit zu einer Menschen-, Stammes- bzw. Volksgruppe mit geteilten kulturellen Vorstellungen verstanden wird.[5] Doch ist weder diese Unterscheidung besonders trennscharf — dies zeigt sich z.B. in der Rede von einer »Kulturnation« — noch folgen die Kommentierenden ihr: So wird hier zwar Kurden bisweilen vorgeworfen, dass sie kein Staatsgebiet und keine politische Autonomie besäßen (also lediglich eine ethnische Minderheit, nicht aber eine Nation seien), genauso wird aber das eigene »Türke-Sein« nur selten auf ein Zugehörigkeitsgefühl zum kemalistischen Nationalstaat zurückgeführt, sondern teilweise sogar auf Sympathie zur Osmanischen Monarchie. Wir können nicht wissen, wie viele der deutschschreibenden Kommentierenden, die im Forum ein türkisches Selbstbewusstsein artikulieren, die türkische Staatsbürgerschaft besitzen oder sich diese wünschen; wahrscheinlicher ist, dass sie die Zuschreibung »türkisch« eher an individuelle, oft implizite Vorstellungen von damit gemeinten kulturellen Eigenschaften binden, auch wenn sie dies mit einem primär politisch konnotierten Begriff tun.

Die Methodik bedingt also insgesamt die Ergebnisebene stark mit; dass vergleichbare Praktiken der Differenzkonstruktion — auch solche nach Maßgabe hier nicht berücksichtigter Faktoren wie Geschlecht, sozialem Status,

---

4 Vgl. https://www.duden.de/rechtschreibung/Nation sowie https://www.brockhaus.de/ecs/enzy/article/nation (Zugriff: 12.2.2019).
5 Vgl. https://www.duden.de/rechtschreibung/Ethnie (Zugriff: 12.2.2019).

Fan- und Szenezugehörigkeit sowie deren Überlagerung bzw. Zusammenwirken — auch in solchen Videos zum Tragen kommen, die nicht bereits mit ethnisch und national konnotierten Begriffen getaggt sind, kann vermutet werden.

2. Andererseits sollten Kommentarbereiche zu solchen Videos gesichtet werden, die durch einen relativ hohen Impact gekennzeichnet sind. So wurde bei Mehrfachpostings eines Videos nur die Version berücksichtigt, die die meisten Aufrufe sowie die meisten Interaktionen zu verzeichnen hat. Die Auswahl wurde nur unter den ersten sieben Ergebnissen vorgenommen, als Filter »Videos« verwendet, um bspw. Playlists auszusortieren. Hingegen wurden Postings einbezogen, die ohne »echtes« Musikvideo auskommen, und lediglich aus mit Standbildern oder Slideshows unterlegtem Audiomaterial bestehen. Da deutschsprachige Suchbegriffe verwendet wurden, sind die Funde ebenfalls primär deutschsprachig, also exemplarisch allenfalls für einen angesichts der digitalen Datenfülle winzigen Ausschnitt. Wir haben es außerdem zu tun mit einem deutschsprachigen Diskurs über »andere«, »fremde« Musiken, der parallel zu und weitgehend getrennt von vergleichbaren anderssprachigen Diskursen zum an anderer Stelle nochmal geposteten, identischen Video verlaufen kann.

Gesichtet wurden insgesamt die Kommentarbereiche folgender Musikvideos:

Video	Veröffentlicht von / am	Aufrufe[6]	Suchbegriff	Untersuchter Zeitraum[7]
ALBANIAN X GERMAN - MASHUP	Behdad TV 25.4.2018	37.178.020	»Albanische Musik«	bis »vor 3 Monaten«
Hava Nagila Original	XxMsrSzprzxX 17.4.2009	8.418.951	»Jüdische Musik«	bis »vor 1 Jahr«
Tarkan Simarik	TraflagerLaw77 12.5.2010	7.633.501	»Türkische Musik«	bis »vor 1 Jahr«
Kurdische Musik 2018	Samii can 4.2.2016	1.665.981	»Kurdische Musik«	bis »vor 1 Jahr«
Türkische schüler singen im unterricht	Ethem59 25.6.2012	521.140	»Türkische Musik Schule«	bis »vor 1 Jahr«

In diesem Beitrag wird — obwohl es die geringsten Aufrufzahlen hat — nur das letzte Beispiel analysiert, da es zusätzlich einen für unseren Zusammenhang interessanten schulischen Bezug als Anknüpfungsmöglichkeit für die in nicht-

---

6   Stand: 12.2.2019.
7   Zurückgerechnet vom Zeitpunkt der Untersuchung am 8.11.2018.

schulischen Kontexten generierten Kommentare herstellt, wozu sich bei Kombinationen mit den anderen Suchbegriffen (z.B. »Albanische Musik+Schule«) keine vergleichbaren Beispiele finden. Das Video wurde von »Ethem59« am 25.6.2012 unter dem Namen »Türkische schüler singen im unterricht« veröffentlicht und verzeichnete zum Zeitpunkt des letzten Zugriffs 521.140 Aufrufe.[8] Es wurde drei weitere Male gepostet: Einmal unter dem Titel des gesungenen Liedes »Mardin Kapısından Atlayamadım« mit 1.178.429 Aufrufen[9] und einem türkischsprachigen Kommentarbereich, einmal unter dem Namen »Türkische SCHULE! Tükische [sic] Schüler ohne Lehrer xD« mit 38.506 Aufrufen[10] sowie unter dem Titel »Türkische SCHULE! Tükische [sic] Schüler ohne Lehrer« mit lediglich 177 Aufrufen[11] und vorwiegend deutschen Kommentarbereichen.

Der Zugriff auf das Material soll hier in drei Schritten geschehen:

1. Am Anfang steht eine erste Sichtung des Musikvideos (samt den einsehbaren Informationen über den Kanal und den Kanalbetreibenden) und des Kommentarbereichs im Ganzen.
2. Dann »zoomt« die Analyse auf den Kommentarbereich ein, der zuerst kurz in formaler Hinsicht beschrieben, dann aber vor allem nach Maßgabe derjenigen Passagen gegliedert wird, die auf Vorstellungen von Ethnie und Nation rekurrieren.
3. Auf einer Mikroebene werden einzelne Passagen unter Hinzuziehung von Kontextwissen (über Verweise in den Kommentaren und Kanalinfos) und Rückbezüge zum Musikvideo interpretiert.

Angesichts des hier gegebenen Umfangs wird darauf verzichtet, längere virtuelle Interaktionen exemplarisch quasi »sequenzanalytisch« (vgl. Dinkelaker/nHerrle 2009: 75-76) zu erschließen. Es kann hier lediglich angedeutet werden, dass das Fehlen eines räumlich-zeitlichen Kontextes sowie die körperlich-leibliche Unsichtbarkeit und Anonymität der Teilnehmenden gegenüber Interviews oder videografierten Situationen zu einer Pluralisierung möglicher Lesarten führen muss.

---

8 https://www.youtube.com/watch?v=13Jh-WbnSKw&t=1s (Zugriff: 12.2.2019).
9 https://www.youtube.com/watch?v=F5MV7Jlexyo (Zugriff: 12.2.2019).
10 https://www.youtube.com/watch?v=UUBotdzGYG8 (Zugriff: 12.2.2019).
11 https://www.youtube.com/watch?v=dM4L6yRWfVA&t=1s (Zugriff: 12.2.2019).

5. Beispielanalyse

5.1 Musikvideo und Kontext

Das untersuchte Amateurvideo ist 01:42 Minuten lang und zeigt einen Unterrichtsraum, in dem acht junge Männer und vier junge Frauen das Lied »Mardin Kapısından Atlayamadım« von Celal Güzelses, populär geworden insbesondere durch Kazancı Bedih, auf Türkisch singen und rhythmisch begleiten. Der Originaltext ist im Internet zu finden[12], allerdings ist die/der des Türkischen nicht Kundige auf die Hilfe des Google-Übersetzers angewiesen. Grob zusammengefasst besingt das lyrische Ich sein tragisches und entbehrungsreiches Schicksal, wobei nicht ganz klar wird, ob die geschilderten Todesschmerzen physischer oder emotionaler Natur (verursacht z.B. durch eine unglückliche Liebe) sind. Den Schauplatz für diese Schilderungen bildet eines der vier Stadttore (das »Mardin-Tor«) der südostanatolischen Stadt Diyabakir, welche größtenteils von Kurden bewohnt wird. Die falsche Zuordnung des Liedtextes zu der ebenfalls südostanatolischen Stadt Mardin, Hauptstadt der gleichnamigen Provinz nahe der syrischen und irakischen Grenze, ist Ursache eines zentralen Streitpunktes in Teilen des Kommentarbereichs (s.u.). Der Versuch, eine türkische Herkunft der Akteure im Musikvideo anhand phänotypischer Eigenschaften zu belegen, spielt gegenüber der Identifikation mittels der verwendeten Sprache eine deutlich untergeordnete Rolle. Symptomatisch dafür erscheint dieser Kommentar, der Ersteres vergleichsweise differenziert problematisiert und verwirft, bevor er stattdessen Spekulationen auf Basis von Letzterem nicht ohne einen stark abwertenden Seitenhieb auf die kurdische Sprache unternimmt:[13]

> **CanCrafter HD** vor 1 Monat
> @D▒▒▒▒▒▒ wie kannst du bitte sehen, ob des Kurden... habe deutsche gesehen die aussehen wie Türken, dann sage ich doch nicht das er Türke ist 😀 ich sage auch nicht das sie Türken sie die scheiss Sprache kurdisch benutzen und nicht die türkische.

Ebenfalls ist nicht zu erkennen, wo die Szene gefilmt wurde. Es handelt sich sämtlich um junge Erwachsene; sollte also der Titel des Videos zutreffend sein, könnte es sich eher um Berufs- oder Weiterbildungsschüler*innen, im

---

12 https://lyricstranslate.com/de/kazancı-bedih-mardin-kapısından-atlayamadım-lyrics.html (Zugriff: 10.2.2019).
13 Aus datenschutzrechtlichen Gründen wurde bei Klarnamen in den abgedruckten Screenshots lediglich der Anfangsbuchstabe belassen. Profilbilder, auf denen Gesichter deutlich zu erkennen sind, wurden ebenso unkenntlich gemacht.

weiteren Sinne um Teilnehmende eines Sprachkurses, Workshops o.Ä. handeln.

Die Männer starten zunächst ein — zusammengenommen polyrhythmisches — Pattern auf ihren Pulten (mit Ausnahme eines Jungen in einem roten Kapuzenpulli, der einen Beistelltisch ähnlich einer Standtrommel hinzuzieht, und eines Mitspielers an der Rückseite des Raums ohne Pult, der auf seinen Schenkeln trommelt) und intonieren dann nacheinander und aufeinander aufbauend ausgehaltene Dreiklangtöne auf der Silbe »ah«. Ein Teilnehmer steigert durch eine getrommelte 16tel-Figur zusätzlich die Spannung, die schließlich im Beginn der Strophe (bzw. des Refrains[14]) kulminiert. Die Frauen ergänzen den Rhythmus nach kurzer Zeit mit Klatschern auf den Grundschlägen, noch etwas später stimmen sie auch in den Gesang ein. Im Laufe der zweiten Strophe verlässt der rot gewandete Beistelltisch-Spieler seinen Platz, zieht seine Kapuze über und führt einen wohl HipHop-inspirierten Tanz in der Mitte des Raumes auf, zu dem sich zwischenzeitlich noch der an der Rückwand platzierte junge Mann gesellt. Diese Aktion führt insgesamt zu einiger Belustigung, was aber den insgesamt organisiert wirkenden Ablauf nicht durcheinanderbringt: Nachdem sich der Tänzer wieder gesetzt (und das Ablegen seiner Rolle mit dem Abnehmen der Kapuze signalisiert) hat, folgt ein koordiniertes Ending, bei dem zunächst gewissermaßen stufendynamisch die vorletzte Zeile subito piano, die finale Zeile darauf vollstimmig gesungen und mit einem gemeinsamen Impuls abgeschlossen wird, der gestisch von einem Teilnehmer durch ein Heben der Hände noch zusätzlich als Ende ausgewiesen wird. Die Kamera folgt weitgehend dem musikalischen und performativen Geschehen. Gefilmt wird durchgehend von der Frontseite des Raums, gewissermaßen aus Lehrenden-Perspektive. Zunächst werden die vier jungen Männer auf der rechten Seite gezeigt, dann schwenkt die Kamera über den Mitspieler auf dem Stuhl an der Rückwand des Raumes hin zur linken Seite, auf der drei weitere junge Männer und an den vorderen zwei Tischen vier junge Frauen sitzen, die sich allesamt an der musikalischen Performance beteiligen. Darauf rückt die Tanzeinlage in den Fokus, bevor in Totale weitergefilmt wird. Die wacklige und teilweise etwas irrlichternde Kameraführung sowie die mittelmäßige Aufnahmequalität lassen auf eine Handykamera schließen, allerdings gibt es keine plötzlichen, drastischen Schwenks, was die Annahme verstärkt, dass der Grundablauf der Darbietung vorher abgesprochen wurde.

---

14 Die Unterscheidung greift hier nicht ganz: Die Melodie sogar der einzelnen Zeilen ist immer gleich und wird ständig wiederholt, nur der Text verändert sich. Größere Sinnabschnitte (die hier als Strophen bezeichnet werden sollen) werden durch ein Fill-in der Begleitung (16tel-Figur ähnlich einem Trommelwirbel) sowie einen Break in Form einer Generalpause voneinander getrennt.

Ein großer Interpretationsspielraum, der in den Kommentaren teilweise bearbeitet wird, ergibt sich aus dem Spannungsverhältnis von scheinbarer Authentizität und vollkommen unklarer Faktenlage. Während die amateurhafte Aufnahme das Gefühl vermittelt, nah am Geschehen zu sein und die nichtdurchchoreographierte Tanzeinlage, das Lachen sowie die ungenauen bzw. verzögerten Einsätze den Eindruck einer spontanen Darbietung erwecken, bleibt eine Fülle von Fragen unbeantwortet: Trifft der Titel (dass es sich um türkische Schüler handelt und um eine Unterrichtssituation) überhaupt zu? Wenn nicht: Wer und wo sind die Akteure? Wie alt sind sie und in welchem (institutionellen) Kontext handeln sie? Wie heißt das Lied und welche Sprache ist dies?[15]

Zusätzliche Bedeutungsebenen tun sich auf, wenn der Metakontext des Videos berücksichtigt wird. Gepostet wurde es von »Ethem59«, dessen Kanal 722 Abonnenten besitzt (Stand 10.2.2019) und nur zwei weitere Videos aufweist: Eine Kurz-»Dokumentation«, »The Rise and Fall of Turkey«[16] (in Form einer Folge mit Musik unterlegter Geschichtskarten), und ein propagandistischer Zusammenschnitt von Kampfszenen unter dem Titel »Türkische Armee\Tapferste Armee!!!«[17]. Den Kanal schmückt eine Frontansicht der beleuchteten Blauen Moschee in Istanbul in der Dämmerung und er wird beschrieben mit dem Zitat: »NE MUTLU TüRKüM DIYENE !!«[18] (türkisch für »Glücklich derjenige, der sich als Türke bezeichnet«), einem Auszug aus einem Leitsatz Kemal Atatürks, der noch bis 2013 von türkischen Schüler*innen als Eid nach dem allmorgendlichen Singen der Nationalhymne gesprochen wurde.[19] Offensichtlich verfolgt der Kanalbetreibende nicht zuletzt die Vermittlung eines bestimmten Bildes der Türkei, welches gerade durch seine Heterogenität — muslimische Religiosität, progressive politisch-säkulare Staatsauffassung sowie traditionsbewusster Nationalstolz stehen nebeneinander — vielfältige Projektionen zu triggern imstande ist.

---

15 Sprache und Titel des Liedes werden nirgends genannt und können nur durch weitere Recherche erschlossen werden, werden im Kommentarbereich aber ausführlich diskutiert.
16 https://www.youtube.com/watch?v=9h2qMsGdTx8 (Zugriff: 10.2.2019).
17 https://www.youtube.com/watch?v=H72dVC5xp1g (Zugriff: 10.2.2019).
18 https://www.youtube.com/user/Ethem59/about (Zugriff: 10.2.2019).
19 vgl. https://de.wikipedia.org/wiki/Ne_mutlu_Türküm_diyene (Zugriff: 10.2.2019).

5.2 Allgemeines zum Kommentarbereich

Im Kommentarbereich finden sich die beschriebenen Bedeutungen und Assoziationen teilweise in individueller Ausprägung wieder, wobei unklar bleiben muss, ob Kommentierende sich die Kanalinfo tatsächlich angeschaut haben, gar Abonnent*innen sind, durch Vorschläge aufgrund ihres eigenen Such- und Wiedergabeverlaufs zu dem Video gelangt sind oder durch Links aus anderen Kommentarbereichen, durch Hinweise von Freund*innen, zufällig oder gezielt, per Google etc. und ob es sich um (möglicherweise deutsch-türkische) Schüler*innen handelt, für die die Situation aufgrund des (vermeintlichen) Unterrichtskontextes interessant ist. Wir wissen auch nichts über deren vorgängige Rezeption: Haben sie sich das Musikvideo überhaupt angeschaut und -gehört oder nur den Titel oder einen Kommentar gelesen, auf den sie reagieren wollten? Haben sie es ganz gesehen und gehört, vielleicht sogar mehrmals? In welchen Kontexten?[20]

Zur Analyse wurden die Kommentare nach dem Prinzip »Neueste zuerst« angeordnet, wenngleich Besuchern der Seite populäre Beiträge zuerst angezeigt werden, was teilweise zur Verstärkung ihrer Popularität und zur Marginalisierung anderer Kommentare führt. Dennoch erschien dieses Vorgehen sinnvoll, um mögliche interne Bezugnahmen oder eventuelle Diskussionen tagesaktueller politischer Ereignisse in den Blick zu bekommen. Berücksichtigt wurde eine Stichprobe, die vom 8.11.2018 an ein Jahr zurückreichte, was im pdf-Export 71 DIN A4-Seiten entspricht. Da der Anfang fehlt, das Ende offen ist und jederzeit Bearbeitungen und Löschungen möglich sind, ist der Textkorpus nicht geschlossen und auch nicht situativ gerahmt. Eine Beigabe des gesamten Samples ist hier aus Platzgründen nicht möglich, die für unsere Diskussion zentralen Stellen wurden in Form von Screenshots eingefügt (Datum jeweils 14.11.2018). Bei Zitaten aus dem Material wurde die Rechtschreibung nicht korrigiert.

Formal gesehen dominieren Einzelbeiträge, die sich teilweise ähneln, aber nicht explizit auf andere Beiträge Bezug nehmen. 37 Nutzer*innen posten zweimal, 18 dreimal, sieben posten viermal, jeweils zwei fünf- und siebenmal, jeweils ein/e Nutzer*in sechs-, acht-, zehn- und zwölfmal. Es gibt 54 kurze Interaktionen (gelegentlich nur zwischen zwei User*innen) und 18 umfangreichere »Diskussionen« mit mindestens fünf Interaktionen zwischen

---

20 Vgl. zur Veränderung des Musikhörens im Rahmen digitaler Mediatisierung sowie zu seiner Bedeutung für Vergemeinschaftung Lepa/Guljamow (2017).

mehreren User*innen.[21] Die längste »Diskussion« weist 48 Kommentare auf in Reaktion auf die Frage »Wer ist auch Türkin/Türke« von »anna kmn«.

5.3 Praktiken der Differenzkonstruktion

Nationale und ethnische Differenzierungen durchziehen das gesamte Material. Sie dominieren zahlenmäßig ebenfalls beobachtbare Unterscheidungen bezüglich Geschlecht (Nutzernamen wie »Girly«) und Szene respektive Peer-Kultur (Nutzernamen wie »Der Gamer« oder »Der Fortnite Channel«). Bisweilen werden sie mit diesen im Sinne einer verschiedene Charakteristika hervorhebenden Selbstdarstellung (Nutzernamen wie »TurkiiishGirlX« oder »Albanian Girl«) oder eines Zusammenwirkens unterschiedlicher Diskriminierungsformen (so schreibt Nutzer »Bermal« bspw. von »Kopftuchschlampen«) vernetzt. Sie treten in Nutzernamen auf, einerseits bereits in Form von — vermeintlichen — Klarnamen, Pseudonymen oder Rollenübernahmen (»Recep Tayyip Erdogan«), andererseits vor allem in Form von programmatischen Benennungen wie »Türk AMKarmy«[22], »Ausländer Power« oder »Epic German« und werden gelegentlich durch entsprechende Profilbilder illustriert. Eine solche Dominanz war erwartbar angesichts des Vorgehens bei der Materialgewinnung (s.o.), interessanter für unseren Zusammenhang ist jedoch, worin diese Differenzen bestehen, wie sie konstruiert werden und — wenngleich nur ansatzweise erschließbar — warum. Dies wird im Folgenden anhand grober, sich immer wieder auch kreuzender Kategorien beschrieben bezüglich der jeweils konkret verhandelten Nationalität bzw. Ethnie sowie hinsichtlich der Funktionen, die sie primär zu erfüllen scheinen.

5.3.1 Orientierung im virtuellen Raum

Immer wieder finden sich Fragen zur Nationalität von Seitenbesucher*innen und potentiellen Diskursteilnehmer*innen, die zum Teil sehr große Resonanz erfahren. In diesem Beispiel löst die Frage von »anna kmn«[23] zuerst einen

---

21 »Diskussion« wird hiermit rein quantitativ verstanden, nicht qualitativ. Oft erscheinen diese bloß als eine additive Folge vieler Einzelantworten auf einen bestimmten Kommentar. Strukturiertes Argumentieren und (insbesondere sachliches) Aufeinander-Eingehen stellt eine Seltenheit dar.
22 »AMK« ist die Abkürzung für den türkischen Kraftausdruck »Amina Koyim«, eine vulgäre Beleidigung oder auch Drohung (vgl. https://www.bedeutungonline.de/amk/; Zugriff 12.2.2019).
23 Es kann angenommen werden, dass das Akronym KMN — welches in Rap-HipHop-Kontexten meist als »KriMiNell« oder »Küss Meine Nikes« verstanden wird (vgl. https://raptastisch.net/2017/03/26/offiziell-bestaetigt-das-heisst-kmn-ausge

Nonsens-Dialog mit »RecoVeR DoGGy« aus und dann eine Kette von »Meldungen«, die dreimal so lang ist, wie hier abgebildet.

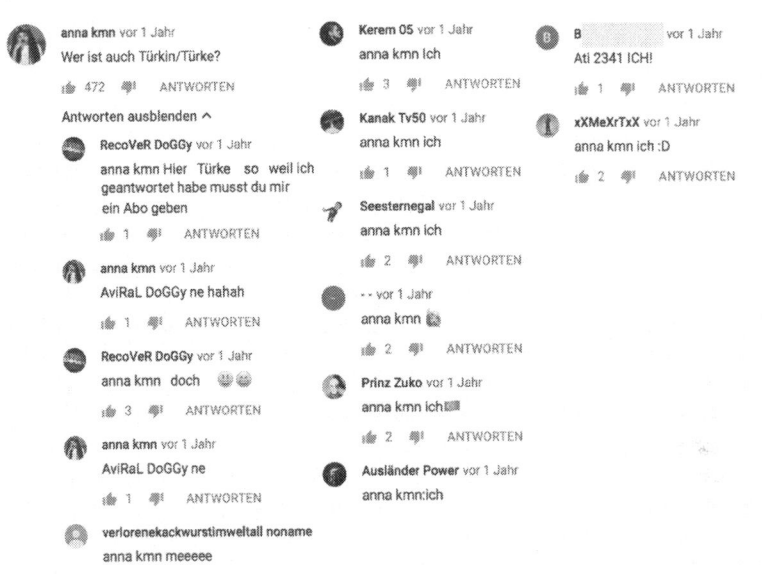

anna kmn vor 1 Jahr Wer ist auch Türkin/Türke? 👍 472 👎 ANTWORTEN Antworten ausblenden ∧ 　**RecoVeR DoGGy** vor 1 Jahr 　anna kmn Hier Türke so weil ich geantwortet habe musst du mir ein Abo geben 　👍 1 👎 ANTWORTEN 　**anna kmn** vor 1 Jahr 　AviRaL DoGGy ne hahah 　👍 1 👎 ANTWORTEN 　**RecoVeR DoGGy** vor 1 Jahr 　anna kmn doch 😂😂 　👍 3 👎 ANTWORTEN 　**anna kmn** vor 1 Jahr 　AviRaL DoGGy ne 　👍 1 👎 ANTWORTEN **verlorenekackwurstimweltall noname** anna kmn meeeee	**Kerem 05** vor 1 Jahr anna kmn Ich 👍 3 👎 ANTWORTEN **Kanak Tv50** vor 1 Jahr anna kmn ich 👍 1 👎 ANTWORTEN **Seesternegal** vor 1 Jahr anna kmn ich 👍 2 👎 ANTWORTEN **- -** vor 1 Jahr anna kmn 🤙 👍 2 👎 ANTWORTEN **Prinz Zuko** vor 1 Jahr anna kmn ich🇹🇷 👍 2 👎 ANTWORTEN **Ausländer Power** vor 1 Jahr anna kmn:ich	**B** vor 1 Jahr Ati 2341 ICH! 👍 1 👎 ANTWORTEN **xXMeXrTxX** vor 1 Jahr anna kmn ich :D 👍 2 👎 ANTWORTEN

Offensichtlich dient die Frage als Mittel, sich der Anwesenden im virtuellen Raum zu vergewissern. Nationale Identität erscheint dabei als ein wichtiges Kriterium der Orientierung, wenngleich dies niemals vertieft oder weiterverfolgt wird. Die hohe Bereitschaft, darauf zu antworten, scheint die Relevanz des Anliegens zu untermauern. Die Frage von »Lavida Esbonita« — »Wer ist auch Mexikaner/in?« — allerdings erhält keine einzige Reaktion, was zu der Vermutung führen kann, dass Titel und Inhalt des Musikvideos einerseits eine gewisse Homogenisierung des davon angezogenen Publikums bewirken, andererseits die Identifikation mit den Inhalten hier ein auf nationale Zugehörigkeit bezogenes Bedürfnis der Artikulation und Selbstbekundung schürt. Damit vergleichbar ist eine Äußerung wie »Grüße aus Frankreich« von »Blackrose-8674«, die durch ihre Selbstverortung einen Orientierungspunkt innerhalb des ortlosen virtuellen Raums setzt und dies mit einer Sympathiebekundung gleich einer Postkarte (wenngleich ohne Bild) verbindet.

---

schrieben/ (Zugriff: 11.2.2019) — hier bewusst als peer-kulturelle Referenz gewählt wurde.

Derartige Orientierungsbemühungen richten sich auch auf das Musikvideo selbst:[24]

> i____ vor 11 Monaten
> Sknkabdkavdahskba ist das in deutschland ? Dass kann nicht wahr sein wenn man macht so was oder ganze zeit türkisch zu redet dann kriegt man tadel moruk

Die YouTube-Community wird hier — wie auch an anderen Stellen, an denen nach der Sprache oder dem Alter der Musiker*innen gefragt wird — als Generator eines spezifischen Wissens adressiert, welches notwendig erscheint, um sich selbst in eine angemessene Beziehung zum bedeutungsoffenen Gegenstand setzen zu können.

Bisweilen scheint die Beschäftigung mit dem Video Assoziationen zu triggern, die wiederum die narrative Einbindung in einen eigenen Lebenszusammenhang und dadurch eine andere Form der »Verortung« motivieren:

> H____ vor 1 Monat
> Schön.
> Ich war Mal auf einer türkischen Hochzeit. Die haben viel getanzt und gesungen.. war schön...:-)

Dies reicht bis zur Identifikation mit den Akteuren im Musikvideo, denen gewissermaßen eine Rolle als »Stellvertreter« des Eigenen zuerkannt wird:

> O____ vor 10 Monaten
> Ich im unterricht :D

5.3.2 Ich und die anderen

In digitalen Kontexten etablierte Formen der Vergemeinschaftung auf der einen, des »Othering« auf der anderen Seite gehen oft Hand in Hand: Der häufig auffindbare Sprachgebrauch »Wir Türken« impliziert nicht nur eine Identifikation und Affirmation der einschlägigen medialen Inhalte sowie eine Solidarisierung mit einer fiktiven türkischen Gemeinschaft, sondern auch die Trennung von anderen, die dieser Gemeinschaft nicht angehören. Insofern können in einen — signifikanter Weise deutschsprachigen — Diskurs eingebrachte

---

24 »Moruk« bedeutet im folgenden Zitat soviel wie »Alter« (https://www.bedeutungonline.de/was-bedeutet-moruk/ (Zugriff: 11.2.2019). »Sknkabdkavdahskba« könnte ein adressierter Benutzer sein, der später gelöscht oder umbenannt wurde.

fremdsprachige Ausdrücke funktional als Mittel der Bildung und Vergewisserung eines Kreises von Eingeweihten gelesen werden:[25]

> **Das unglaubliche Mars eis Real** vor 1 Jahr
> Hahaha bin türke und Feier die so sehr meine Brüder und amcas und ablas und Tayse

Oft wird das eigene Gefallen mit dieser Zugehörigkeit begründet — Gefallen hier interessanterweise nicht explizit an der Musik, sondern an einem türkischen »So-sein«:

> **Selnur xxd** vor 1 Jahr
> Alter einfach nur cool das Video so sind halt Türken (bin selbst eine

Ebenso häufig findet sich jedoch eine Figur, die Gefallen trotz eigener Nicht- bzw. anders gelagerter Zugehörigkeit gleichsam aus der Distanz (die im ersten Fall durch die Anime-Maskierung noch verstärkt wird) artikuliert:

> **Japanes Animewatch** vor 1 Jahr
> Bin Araber und ich feier das mega!

> **ManuLP UnSo** vor 1 Jahr
> Also ich bin Deutscher verstehe es zwar nicht aber finde dass meega geil :D

Interessant ist auch die aus folgenden Äußerungen sprechende Verknüpfung Türken/Albaner: Der Verweis auf Albaner als Liebhaber dieser Musik ist nicht durch das Musikvideo zu erklären, sondern greift ein Thema auf, das innerhalb des Kommentarbereichs emergiert ist (s.u.).

> **c** vor 1 Jahr
> bin kein türke oder albaner aber dat is echt cool gemacht muss man schon sagen

> **Kampfklon300** vor 1 Jahr
> Ich bin zwar kein Türke oder Albaner, aber ich Feier es Trotzdem xD

Die hohe Ambivalenz der untersuchten Kommentare zeigt sich besonders deutlich bei der Bekundung von »Sieg heil 2023«, die das Prinzip des »Othering« auf die Spitze treibt:

> **Sieg heil 2023** vor 1 Jahr
> die singen verdammt gut

Weder würde man von einem Kommentar unter diesem Nutzernamen erwarten, die Gesangskünste der türkischsprachigen Akteur*innen zu loben, noch passt das männliche Profilbild zu dem weiblichen Emoticon. Es liegt nahe,

---

25 »Amca« im folgenden Zitat: Onkel oder Anrede an ältere Männer; »ablas«: ältere Schwester oder Anrede an ältere Frauen (vgl. https://de.pons.com/über setzung/türkisch-deutsch, Zugrif: 11.2.2019).

angesichts des Nutzernamens die Geste der erhobenen rechten Hand des Emoticons als Hitlergruß zu deuten, der jedoch in dieser Darstellungsform verharmlost erscheint. Bei der Interpretation sind diverse Lesarten denkbar: Der Kommentar könnte zynisch bzw. ironisch als drastische Artikulation von Geringschätzung gelesen werden, die gerade durch die bildhafte Verharmlosung so wie dadurch noch verstärkt wird, dass lediglich angedeutet wird, wie der Kommentar eigentlich zu verstehen ist; er könnte wörtlich aufgefasst werden, mit Nutzernamen und Emoticon gewissermaßen als »akzidenteller« Rahmung; im Gesamtkontext aller Kommentare könnte man darin auch ein bewusstes Spiel mit Identitäten und Maskierungen sehen, gewissermaßen als Stilisierung eines bei anderen Kommentaren erkannten Prinzips; auch die Deutung lediglich als ein ebenso gedanken- wie geschmackloser Scherz ist möglich. Eine große Ambivalenz und Vielschichtigkeit besteht bei allen untersuchten Kommentaren in verschiedenen Abstufungen – dieser stellt mit seiner durch die Spannung zwischen komplexer Referentialität, Visualisierung und Aussage bewirkten Vieldeutigkeit aber eine Besonderheit dar.

Insgesamt ist die Artikulation eines »türkischen« Selbstverständnisses durch deutsch-schreibende User*innen zwar nicht überraschend[26], aber doch auffällig und wird gelegentlich thematisiert:

> s▇▇▇ vor 1 Jahr
> anna kmn bin selber Türke
> aber wenn ihr Türke seit warum antwortet ihr dan auf deutsch?

> M▇▇▇ vor 1 Jahr
> Alter wo sind die Türken die nur türkisch reden können 😂😂😂

5.3.3 Türken und Kurden

Das Musikvideo bietet für viele User*innen Anlass, Sprache und Zugehörigkeit der Musiker*innen im Video entweder dem Türkischen oder dem Kurdischen zuzuordnen.

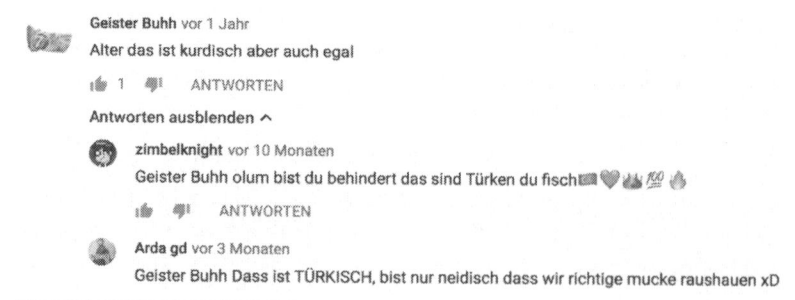

> **Geister Buhh** vor 1 Jahr
> Alter das ist kurdisch aber auch egal
> 👍 1 👎 ANTWORTEN
> Antworten ausblenden ∧
> > **zimbelknight** vor 10 Monaten
> > Geister Buhh olum bist du behindert das sind Türken du fisch▇ ❤ 👍 💯 🔥
> > 👍 👎 ANTWORTEN
> > **Arda gd** vor 3 Monaten
> > Geister Buhh Dass ist TÜRKISCH, bist nur neidisch dass wir richtige mucke raushauen xD

---

26 Vgl. zum Zugehörigkeitsgefühl von Angehörigen der zweiten türkischen Migrantengeneration Erol (2008: 27).

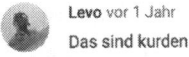

> **Levo** vor 1 Jahr
> Das sind kurden
>
> 👍 👎 ANTWORTEN
>
> Antworten ausblenden ∧
>
>> **zimbelknight** vor 10 Monaten
>> L66 TV olum was laberst du das sind türken📛 💚

Die Klärung dieser Frage erweist sich als besonders bedeutsam vor dem Hintergrund der politischen Spannungen zwischen beiden Gruppen, zu denen in der Debatte manchmal Stellung bezogen wird:

> **Alles Möglich** vor 9 Monaten
> Kurden und Türken sind Brüder aber Erdogan ist ein Arschloch
>
> 👍 1 👎 ANTWORTEN
>
> Antworten ausblenden ∧
>
>> **Der Anonyme** vor 9 Monaten
>> فيدوهات منوعة
>> Isso bin auch kurde
>>
>> 👍 👎 ANTWORTEN
>
>> **Arda gd** vor 3 Monaten
>> Alles Möglich nein Erdogan ist bester mann du Nuttenkind

Die Frage nach der Herkunft des Liedes spielt eine wichtige Rolle in dem Maße, wie sein »Besitz« oder auch das Verdienst, sein Urheber zu sein, die eigene kulturelle Überlegenheit bedeutet:

> **Savage Rojan** vor 1 Jahr
> Ist eigentlich ein Kurdisches Lied
> Gibt es aber auch auf Türkisch

> **InTake Tv** vor 1 Jahr
> Diese Art von musik kommt aber aus dem Kurdischen.
>
> 👍 1 👎 ANTWORTEN
>
> Antworten ausblenden ∧
>
>> **atila kaxa** vor 1 Jahr
>> U   laber nicht du hurensohn kurde

> **XxBaranXx 47** vor 1 Jahr
> Für alle behinderte kinder da mardin ist eine kurdische stadt ich komme selber da her

Die Aussage von »XxBaranXx 47« verdankt sich einer Verwechslung (s.o.), die allerdings an keiner Stelle des Samples aufgeklärt wird. Die stellenweise emotional geführten Streitereien um die Herkunft animiert einige Benutzer zu fast schon rührenden Ausgleichs- und Vermittlungsversuchen:

> **EinBaum ohneAst** vor 1 Jahr
> Türke oder Kurden juckt nicht sind Brüder vergesst das nicht.
> . Brüder sollte man gleich behandeln und nicht verfeindet mit sein
>
> **Ich will was Gewinnen** vor 1 Jahr
> Wenn juckts auch nicht das die Kurden oder Türken sind?
> 👍 8 👎   ANTWORTEN
> Antworten ausblenden ∧
>> **Pino Baro** vor 1 Jahr
>> Ich will was Gewinnen das sind Türken
>> 👍 👎   ANTWORTEN
>
> **S** ▬▬▬▬ vor 1 Jahr
> Musik kommt aus dem Herzen und aus der Seele und macht keinen Unterschied zwischen Nationalitäten!!! Ich finde das klasse!!
> Antworten ausblenden ∧
>> **John Soap MacTavish** vor 1 Jahr
>> S ▬▬▬▬▬▬▬▬ for Präsident!!!!
>> 👍 👎   ANTWORTEN

5.3.4 Türken und Albaner

Albaner bilden eine große, wenngleich nicht anerkannte ethnische Minderheit in der Türkei.[27] Auch in Deutschland stellen Albaner seit den 1990er Jahren eine signifikante Migrationsgruppe dar, wobei sich der Begriff im deutschen Diskurs auf ethnische wie nationale Zugehörigkeit beziehen kann und deshalb unterschiedliche Zahlen vorliegen.[28] Zudem versteht sich ein nicht unwesentlicher Teil von Angehörigen der zweiten türkischen Migrantengeneration als Träger türkisch-albanischer Identitätsmerkmale (vgl. Erol 2008: 27). Im untersuchten Sample halten sich Sympathiebekundungen und Animositäten zwischen Personae, die sich als »Albaner«, und solchen, die sich als »Türken« definieren – anders als bei der Unterscheidung türkisch/kurdisch – einigermaßen die Waage.

---

[27] Vgl. https://www.bpb.de/internationales/europa/tuerkei/187953/bevoelkerungsgruppen (Zugriff: 25.5.2019).
[28] In Deutschland lebten Ende 2017 49.224 Menschen albanischer Staatsangehörigkeit (vgl. Statistisches Bundesamt 2019: 18), wobei ethnische Albaner*innen bspw. aus dem Kosovo oder aus Mazedonien nicht berücksichtigt sind. Dies lässt die Entscheidung zusätzlich sinnvoll erscheinen, Ethnie und Nation in diesem Forschungssetting als Arbeits- bzw. Containerbegriffe zu modellieren.

So finden sich auf der einen Seite gegenseitige Liebesbekundungen:[29]

Ezio 214 vor 1 Jahr
Albanische und Türkische Musik hört sich fast gleich an, also feiere ich das

Mrs _Redd_ vor 1 Jahr
oh gott ich liebe euch türken #binAlbanerin
👍 134   👎   ANTWORTEN
Antworten ausblenden ^

   Altay TR vor 1 Jahr
   Wir lieben euch auch

Auf der anderen Seite werden aber auch drastische Abgrenzungen teils vor dem Hintergrund kruder historisch-hereditärer Konstruktionen gezogen:

E▮▮▮ vor 1 Jahr
Türken und Albaner eine Familie wer dtimmt zu? liken
👍 115   👎   ANTWORTEN
Antworten ausblenden ^

   N▮▮▮ vor 1 Jahr
   E▮▮▮ hals maul
   👍 2   👎   ANTWORTEN

   E▮▮▮ vor 1 Jahr
   Albanian Girl Und wieso?
   👍   👎   ANTWORTEN

   N▮▮▮ vor 1 Jahr
   Weil wir albaner europäer sind und nichts mit euch zu tun haben
   👍 2   👎   ANTWORTEN

   Shkurt e Shqip vor 1 Jahr (bearbeitet)
   Wir werden nie eine Familie sein !!! ihr seit Osmanen und wir sind Illyrer !
   wir sind Europäer und ihr nicht ! ihr verheiratet euch unter der
   Familie und begeht Inzest !
   ihr seid Mongolen !

5.3.5 Beleidigungen und Flaming

Nicht jede beleidigende Äußerung in Foren wie diesem ist streng wörtlich zu nehmen, sondern kann oft im Rahmen gängiger juveniler »Slangs«, ironisierender Scheingefechte und medialer Selbstinszenierungen gelesen werden, die zudem im Schutze digitaler Anonymität stattfinden. Auch wenn sie sicher

---

29 Bei den Flaggen-Emojis in den folgenden Kommentaren von »Altay TR« sowie »E« handelt es sich von links nach rechts um diejenigen Albaniens, der Türkei und des Kosovo.

keine Musterbeispiele dessen liefern, was Pädagog*innen im Rahmen einer von Wertschätzung und Anerkennung getragenen Diskussionskultur für wünschenswert erachten mögen, können Kraftausdrücke wie »du Nuttenkind« oder »bist du behindert« (immer in Anbetracht des Kontextes, in dem sie gebraucht werden) durchaus noch in dem umrissenen Rahmen interpretiert werden, wenngleich die Grenzen hier natürlich äußerst schwammig sind, in Diskussionen unterschiedlich gesetzt sein und individuell unterschiedlich verstanden werden können.

Eine andere Qualität besitzen allerdings Äußerungen wie »Sieg heil« (Nutzername, s. o.), »Assoziales Pack« (gepostet vom Nutzer »Dying Fetus«), »Kopftuchschlampen« oder »schhhhhheis türkennnnnn« wie auch die Einbringung kultureller Stereotypen wie einzelne Anspielungen auf Türken als Kindergeldempfänger oder Terroristen. Sie können dem Web-Phänomen des »Flaming« zugeordnet werden, welches Alonzo und Aiken charakterisiert sehen durch »hostile intentions characterized by words of profanity, obscenity, and insults that inflict harm to a person or an organization resulting from uninhibited behavior« (Alonzo/Aiken 2004: 205). Die Motivlage, die dazu führt, kann sehr komplex sein. Die Autoren machen als verbindendes Element das Streben nach einem Belohnungsgefühl (»Gratification Sought«) im Zuge von Zeitvertreib, Wirklichkeitsflucht, Entspannung oder Unterhaltung in Zusammenhang mit psychologischen Prädispositionen wie dem Bedürfnis nach Enthemmung, Selbstbehauptung, kreativer Entfaltung und Umgang mit eigener Angst aus (ebd.: 207). Im Sample schaukeln sich Diskussionen zu bestimmten Themen wie beispielsweise zur Unterscheidung türkisch/kurdisch gelegentlich zu Interaktionen hoch, die Züge von Flaming aufweisen. In der Regel sind es einzelne Nutzer, die durch einen durchgängig konfrontativen und beleidigenden Sprachstil solche Eskalationen befeuern. So agiert der Nutzer »atila kaxa« als »Troll« (vgl. Grolimund 2016), der wiederholt und ausschließlich durch beleidigende, meist reaktive Kommentare auffällt, die in der Regel sexuelle Praktiken skizzieren, die er mit den von ihm offensichtlich nicht wertgeschätzten Müttern der adressierten Nutzer*innen in Anwendung zu bringen gedenkt. Selbst hier gehört die Adressierung ebendieser Mütter als »kurdisch« oder »deutsch« untrennbar zu der Attacke dazu. Auch wenn kaum auf ihn reagiert wird, bedeutet das nicht, dass er keine Wirkung auf einzelne (passive) Nutzer*innen erzielt, sie z.B. von einer Partizipation am Diskurs abschreckt. Dies bleibt dem Beobachter jedoch verborgen.

Auch daran zeigt sich, dass die hier angestellten Beobachtungen spezifisch sind für eine bestimmte Form des Webdiskurses und keinesfalls als identisch mit dem verstanden werden dürfen, was und wie User*innen »wirklich« denken. Gleichwohl kann angenommen werden, dass die Kenntnis von und teilweise Vertrautheit mit derartigen Diskursstrategien in jugendkulturellen, kollektiven Wissensordnungen in unterschiedlichem Maße repräsentiert sind. Ein Verständnis für derlei Phänomene sowie die Fähigkeit zu entsprechender Distanznahme im Falle eigener Betroffenheit könnte Bestandteil eines noch zu entwerfenden fachdidaktischen Medienkompetenzmodells sein.

5.3.6 Differenzkonstruktion durch Benennung musikalischer Eigenschaften

Die meisten Äußerungen des Samples beziehen sich nicht explizit auf dezidiert musikalische Parameter, sondern widmen sich außermusikalischen Aspekten, für die das Musikvideo möglicherweise lediglich einen Anlass bietet. Aber auch musikbezogene Bedeutungszuweisungen im engeren Sinne zeigen sich hier von ethnischen und nationalen Unterscheidungen durchzogen. So beispielsweise, wenn die Ursache der Eigenschaft, in jeder Situation Musik zu machen, in einer nationalen oder ethnischen Zugehörigkeit gesucht wird:

> T   vor 1 Jahr
> Wir Türken machen in jeder Situation Mukke
> 👍 63 👎   ANTWORTEN
> Antworten ausblenden ∧
>> - - vor 1 Jahr
>> T   hahahhahahaha ja man
>> 👍 1 👎 ANTWORTEN
>
>> #ABKARMY vor 1 Jahr
>> T   Kurden noch mehr glaub mir
>> 👍   👎 ANTWORTEN
>
>> Arda gd vor 8 Monaten
>> #ABKARMY ne glaub mir Türken die machen richtige mukke
>> 👍   👎 ANTWORTEN
>
>> ein wahreszockergirl vor 7 Monaten
>> Arda gd ne glaub mir kurden
>> 👍   👎 ANTWORTEN
>
>> T   vor 6 Monaten
>> Chillt mal alle ich mein alle Ausländer machen Mukke XD
>> 👍   👎 ANTWORTEN
>
>> Arda gd vor 3 Monaten
>> ein wahreszockergirl Ne hast selber gesehen, wie Türken mucke machen xD

Aus »deutscher« Sicht wird z.B. ein besonderes Flow-Gefühl der anderen respektvoll anerkannt:

> Opon master vor 1 Jahr
> Ich als deutscher werde nie so ein flow haben.....Respekt an euch krassen türken:-D

Bisweilen werden musikalische Fähigkeiten auch als gemeinsame ethnische Besonderheiten – hier zwischen Türken und Kurden – herausgestellt, was ungewöhnlichen Zuspruch findet, sichtbar an der Zahl der Likes (80 im Fall des folgenden Kommentars von »4 4«:

> **4 4** vor 1 Jahr (bearbeitet)
> Türken und Kurden haben den besten Rythmusgefühl 😊

Eine tiefergehende Auseinandersetzung anhand musikalischer Parameter findet zu keinem Zeitpunkt statt. Ansätze sind zu erkennen im sprachlich hilflosen, aber bemühten Versuch einer Differenzierung des musikalischen Verlaufs und der Funktionen männlicher und weiblicher Stimmen:

> **R** vor 1 Jahr
> Sie singen so schön , jung singen dann sind Mädchen aber Mädchen haben langsam gesungen sie haten sehr schöne stimmt

»D. Gorbatschow k.« und »angelika W« artikulieren ihre Fremdheitserfahrung in für den Forscher recht erheiternden Aussagen, der eine in kritisch-skeptischem, die andere in gönnerhaft-wohlwollendem Duktus:

> **D Gorbatschow k** vor 1 Jahr
> also für ein russe wie mich hört man da nur ahhhh ahhh allaaaaa ahahahahahahah diese ? buchstaben das A und das H am meisten und nochn paa andere buchstaben

> **angelika W** vor 6 Monaten
> Das gefällt mir sogar, obwohl ich die sonstige "Jammermusik" nicht mag. Und warum sollten sie nicht tanzen und singen?
> "Wo man singt, da lass Dich nieder, böse Menschen kennen keine Lieder!"

6. Fazit

Trotz der oben beschriebenen immensen Ungewissheiten über die Identitäten und Motive der Urheber des Kommentarbereichs und erst recht über seine »schweigenden« Rezipienten bildet dieser doch als medial sehr präsentes kulturelles Phänomen einen potentiellen Gegenstand juveniler Erfahrungswelten. Dabei sind Inszenierungen singulärer Zuwendungsweisen zu einer bestimmten Musik und deren Kontexten zu beobachten, die in diversen Facetten auf Unterscheidungen in den Kategorien Ethnizität und Nationalität rekurrieren, diese aber immer auch auf individuelle Weisen neu generieren: Im Sinne eines »Othering« (»Ich/Wir und die anderen«) ebenso wie einer virtuellen Vergemeinschaftung (»Wir Türken«), im Zuge von Orientierungsbemühungen hinsichtlich fundamentaler Aspekte des Musikvideos (Ort, Zeit, Identität der

Performenden) und hinsichtlich bestimmter Aspekte der Musik (Sprache, Texte, Gesang, Titel) sowie der Legitimierung bzw. Plausibilisierung des eigenen Werturteils (»Obwohl ich Deutscher bin«, »weil ich Albaner bin«). Sie lassen sich in ähnlicher Form — mit jeweils spezifischen Inhalten — in anderen Kommentarbereichen nachweisen, die hier aus Platzgründen nicht vorgestellt werden können. Nicht zuletzt der überbordende, völlig unverhohlene Antisemitismus im Kommentarbereich zu »Hava Nagila«[30] bestätigt die von Oliver Kautny bereits 2010 betonte Notwendigkeit, zentrale Fragen zweier häufig weiterhin nebeneinander verlaufender Diskurse — dem der Didaktik populärer Musik und dem der interkulturellen Musikpädagogik einschließlich ihres zentralen Anliegens einer freiheitlich-demokratischen Werteerziehung — zusammenzudenken (vgl. Kautny 2010).

Wenngleich die Mehrheit der wiedergegebenen Äußerungen in affektiven, aphoristischen, meist »binären« Gefallens- oder Missfallensbekundungen nach Maßgabe gängiger partizipativer Praxen der Netzkultur (Wahl zwischen »like« und »dislike«) bestehen, zeigen sich doch zahlreiche unterscheidbare Mechanismen bei den Differenzkonstruktionen anhand bestimmter Vorstellungen nationaler und ethnischer Zugehörigkeit. Gelegentlich erweisen diese sich auch als Signum informeller Praktiken der Wissenskonstitution (Suche nach Titel, Herkunft und Sprache des Liedes, Identifikation musikalischer Eigenschaften wie z.B. flow, Rhythmus, ansatzweise Spekulationen über musikalische Unterschiede zwischen Musiken verschiedener Herkunft). Musikdidaktisch fatal wäre es, die in diesem Diskurs aufscheinenden musikbezogenen Bedeutungskonstruktionen aufgrund ihrer inhaltlichen Unzulänglichkeiten, ihres teilweise oberflächlichen, redundanten oder verworrenen Charakters als irrelevant abzutun. Vielmehr veranschaulichen sie ausschnitthaft, in welchen »Formen unterschiedlicher, z.T. auch divergierender und sogar kontroverser gesellschaftlicher Praxen« (Kaiser 2002: 107) Musik heutzutage auf welche Weise existent ist. Diese wären einerseits in Beziehung zu setzen zu musikunterrichtlichen, institutionalisierten Praxen bspw. in Kleingruppendiskussionen oder Web 2.0-basierten Interaktionsformen, andererseits als potentielle Gegenstände entdeckenden, interkulturellen und ideologiekritischen Lernens problembewusst zu diskutieren.

Die hier umrissene musikdidaktische Fragerichtung kann einen Diskurs um informelles Musiklernen, der häufig primär musikpraktisches Lernen fokussiert (so z.B. Green 2002 und teilweise 2016; deutsch u.a. Rosenbrock 2006, Godau 2015), um Einsichten in informelle Prozesse musikbezogener Bedeu-

---

30 Vgl. https://www.youtube.com/watch?v=vHSNZK4Je-Y (Zugriff: 11.2.2019).

tungszuweisungen in digitalen Kontexten produktiv ergänzen. Auf einer Unterrichtsebene wäre darauf hinzuwirken, Lehrende für die Mechanismen von Netzdiskursen zu sensibilisieren, um Hemmungen abzubauen, die seiner kritischen Erschließung als Ort zwar problematischer, gerade dadurch aber ausgesprochen spannender, relevanter und potentiell motivierender musikbezogener Geltungsdiskurse häufig im Wege stehen:

»For the most part the education system has responded to the digital era by prohibiting school-based access to digital environments including YouTube, apart from ›walled gardens‹ under strict teacher control. From this, kids also learn that formal education's top priority is not to make them digitally literate but to ›protect‹ them from ›inappropriate‹ content and online predators« (Hartley 2009: 130).

In einer sinnvoll eingebetteten, reflektierenden Auseinandersetzung mit diesen Inhalten können Schüler*innen komplementär zu ihrem schulischen wie informellen musikpraktischen Lernen jene »critical musicality«: jenes Bewusstsein für die sozial-kulturelle Konstruiertheit musikalischer Grenzziehungen erlangen, die Lucy Green fordert:

»pupils' engagement with inter-sonic musical meanings enables them to recognize the arbitrariness of delineations; or in other words, the notion that delineations are not fixed entities belonging to sonic musical properties and their inter-relationships, but are socially constructed associations that arise from the ways music is used in different cultural contexts« (Green 2016: 91).

Der in diesem Beitrag analysierte Einblick in einen musikbezogenen Netzdiskurs legt diese Grenzziehungen offen: Sie bestehen in teilweise drastischen kulturellen Positionierungen, die im Verlauf des Diskurses nie aufgelöst werden, sondern selbst noch durch Vermittlungsversuche perpetuiert und fixiert zu werden scheinen. Die beobachteten gegenseitigen kommunikativen Bezugnahmen sind eben nicht von Vornherein »inter«-kulturell, weil ein Raum des »Zwischen« nur ganz selten aufscheint. Es ge- oder missfällt häufig, was türkisch, kurdisch, deutsch etc. scheint, und zwar je nachdem, wem man sich eher zugehörig fühlt, und nicht danach, welche *musikalischen* Bedeutungen zugewiesen werden. Um eine differenzierte Diskussion auch der normativ-konzeptionellen Ausrichtung eines zeitgemäßen und differenzsensiblen Musikunterrichts zu orientieren, wären weitere Forschungen notwendig. Die hier gewonnenen Einsichten nähren jedoch die bereits von Martina Krause-Benz formulierte Vermutung, dass nicht das »Verschwinden von Grenzen oder […] ein möglichst quantitativ hoher Zuwachs an verschiedenen kulturellen Zugehörigkeiten« (Krause-Benz 2013: 80) intendiert sein kann, da Unterscheidungen — auch in nationalen und ethnischen Kategorien — offensichtlich einem

Bedürfnis nach Orientierung in einer pluralen musikalischen Welt Rechnung tragen und nicht von vornherein zu verteufeln sind. Vielmehr wird es darum gehen, dazu zu ermutigen und zu befähigen, diese Unterscheidungen sachlich und fachbezogen zu differenzieren, zu erweitern und ggf. zu korrigieren, die Kontingenz von Bedeutungszuweisungen Anderer anzuerkennen und wertzuschätzen sowie Differenzen kritisch, reflektiert und verantwortungsvoll zu bearbeiten.

Literatur

Alonzo, Mei / Aiken, Milam (2004). »Flaming in Electronic Communication.« In: *Decision Support Systems* 36, S. 205-213.

Barth, Dorothee (2008). *Ethnie, Bildung oder Bedeutung? Zum Kulturbegriff in der interkulturell orientierten Musikpädagogik.* Augsburg: Wißner.

Bauer Media Group (Hg.) (2016). *Youth Insight Panel. YouTube, Apps & Co. — Die Digitale Mediennutzung durch Jugendliche.* München: Bauer Media Group, www. marktmeinungmensch.de/studien/protected/study_files/789 (Zugriff: 12.2.2019).

BITKOM — Bundesverband Informationswirtschaft, Telekommunikation und neue Medien e.V. (Hg.) (2014). *Jung und vernetzt. Kinder und Jugendliche in der digitalen Gesellschaft.* Berlin: Bitkom.

Burgess, Jean / Green, Joshua (2009). *YouTube: Online Video and Participatory Culture.* Cambridge u. Malden, MA: Polity.

Dinkelaker, Jörg / Herrle, Matthias (2009). *Erziehungswissenschaftliche Videographie. Eine Einführung.* Wiesbaden: VS Verlag für Sozialwissenschaften.

Elflein, Dietmar / Weber, Bernhard (Hg.) (2017). *Aneignungsformen populärer Musik. Klänge, Netzwerke, Geschichte(n) und wildes Lernen,* Bielefeld: transcript.

Epting, Peter (2013). *Musik im Web 2.0. Ästhetische und soziale Aspekte.* Berlin: Logos.

Erol, Radiye (2008). *Türkische Jugendliche in Deutschland — Kulturelle Orientierung und Zweisprachigkeit.* Dissertation Universität zu Köln, https://kups.ub.uni-koeln .de/2776/1/RadiyeErolDoktorarbeit.pdf (Zugriff: 12.2.2019).

Feierabend, Sabine / Plankenhorn, Theresa / Rathgeb, Thomas (2017). *JIM-Studie 2017. Jugend, Information, (Multi-) Media. Basisuntersuchung zum Medienumgang 12- bis 19-Jähriger.* Stuttgart: Medienpädagogischer Forschungsverbund Südwest.

Geuen, Heinz / Orgass, Stefan (2007). *Partizipation — Relevanz — Kontinuität. Musikalische Bildung und Kompetenzentwicklung in musikdidaktischer Perspektive.* Aachen: Shaker.

Godau, Marc (2015). »Der Kontext ist die Methode. Gruppenprozesse und informelle Methoden beim Musizieren von Popmusik im Unterricht.« In: *Popmusik-Vermittlung. Zwischen Schule, Universität und Beruf.* Hg. v. Michael Ahlers. Berlin u. Münster: Lit, S. 203-220.

Green, Lucy (2002). *How Popular Musicians Learn. A Way Ahead for Music Education.* Aldershot u. Burlington: Ashgate.

Green, Lucy (2016 [2008]). *Music, Informal Learning and the School. A New Classroom Pedagogy.* Abingdon u. New York: Routledge.

Grolimund, Remo (2016, Oktober 26). »Der #Troll im Netz. Eine Besichtigung.« In: *Geschichte der Gegenwart*, https://geschichtedergegenwart.ch/der-troll-im-netz-eine-besichtigung/ (Zugriff: 11.2.2019).

Gross, Friederike von / Walden, Thomas (2013). »Jugendlicher Bildungshintergrund und Musikpräferenz.« In: *Handbuch Jugend – Musik – Sozialisation.* Hg. v. Robert Heyer, Sebastian Wachs u. Christian Palentien. Wiesbaden: Springer VS.

Hartley, John (2009). »Uses of YouTube: Digital Literacy and the Growth of Knowledge.« In: Jean Burgess / Joshua Green: *YouTube: Online Video and Participatory Culture.* Cambridge u. Malden, MA: Polity, S. 126-143.

Heyer, Robert / Wachs, Sebastian / Palentien, Christian (2013). »Jugend, Musik und Sozialisation – Eine Einführung in die Thematik«. In: *Handbuch Jugend – Musik – Sozialisation.* Hg. v. Robert Heyer, Sebastian Wachs u. Christian Palentien. Wiesbaden: Springer VS, S. 3-15.

Hitzler, Ronald / Niederbacher, Arne (2010). *Leben in Szenen. Formen juveniler Vergemeinschaftung heute* (= Erlebniswelten 3). Wiesbaden: VS Verlag für Sozialwissenschaften (3. Aufl.).

Honnens, Johann (2017). *Sozioästhetische Anerkennung. Eine qualitativ-empirische Untersuchung der* arabesk-*Rezeption von Jugendlichen als Basis für die Entwicklung einer situativen Perspektive auf Musikunterricht* (= Perspektiven musikpädagogischer Forschung 7). Münster u. New York: Waxmann.

Hugger, Kai-Uwe (2010). »Bildungsräume junger Migranten im Internet.« In: *Medienbildung in Neuen Kulturräumen. Die deutschsprachige und britische Diskussion.* Hg. v. Ben Bachmair. Wiesbaden: VS Verlag für Sozialwissenschaften, S. 285-296.

jungezielgruppen.de (2018, August 14). »›Generation Z‹ – Medienprofis auf allen Kanälen«, https://jungezielgruppen.de/bravo-mediennutzungsstudie-2018 (Zugriff: 8.6.2019).

Kaiser, Hermann J. (2002). »Die Bedeutung von Musik und musikalischer Bildung.« In: *Zeitschrift für Kritische Musikpädagogik*, http://www.zfkm.org/sonder02-kaiser_b.pdf (Zugriff 22.8.2019).

Kautny, Oliver (2010). »Populäre Musik als Herausforderung der interkulturellen Musikerziehung.« In: *Zeitschrift für Kritische Musikpädagogik*, http://www.zfkm.org/10-kautny.pdf (Zugriff: 22.8.2019).

Klein, Alexandra. (2010). »Bin ich schon drin oder was? Partizipation und Internet«. In: *Soziale Arbeit und Medien.* Hg. v. Georg Cleppien u. Ulrike Lerche. Wiesbaden: VS Verlag für Sozialwissenschaften, S. 165-176.

Klingmann, Heinrich (2015). »(Pop-)Musik-Didaktik für freie Menschen. Pluralismus und Transkulturalität als Herausforderung für die Musikpädagogik.« In: *Popmusik-Vermittlung: Zwischen Schule, Universität und Beruf* (= Theorie und Praxis der Musikvermittlung 14). Hg. v. Michael Ahlers. Berlin u. Münster: Lit, S. 49-67.

Krause-Benz, Martina (2013). »(Trans-)Kulturelle Identität und Musikpädagogik – Dimensionen konstruktivistischen Denkens für Kultur und Identität in musikpädagogischer Perspektive.« In: *Responses to Diversity. Musikunterricht und -vermittlung im Spannungsfeld globaler und lokaler Veränderungen.* Hg. v. Jens Knigge u. Hendrikje Mautner-Obst. Stuttgart: Staatliche Hochschule für Musik und Darstellende Kunst, S. 72-84, http://www.pedocs.de/volltexte/2013/8117/pdf/Knigge_Mautner_2013_Responses_to_Diversity.pdf (Zugriff: 12.2.2019).

Krotz, Friedrich (2008).»Posttraditionale Vergemeinschaftung und mediatisierte Kommunikation. Zum Zusammenhang von sozialem, medialem und kommunikativem Wandel.« In: *Posttraditionale Gemeinschaften: Theoretische und ethnografische Erkundungen* (= Erlebniswelten 14). Hg. v. Ronald Hitzler, Anne Honer u. Michaela Pfadenhauer. Wiesbaden: VS Verlag für Sozialwissenschaften, S. 151-169.

Lepa, Steffen / Guljamow, Martin (2017).»Mediensozialisation als Aufwachsen in materiellen Medienumgebungen. Zur digitalen Mediatisierung des alltäglichen Musikhörens Jugendlicher.« In: *Mediatisierung und Mediensozialisation. Prozesse – Räume – Praktiken*. Hg. v. Dagmar Hoffmann, Friedrich Krotz u. Wolfgang Reißmann. Wiesbaden: Springer VS, S. 289-309.

Niesyto, Horst (2010).»Digitale Medienkulturen und soziale Ungleichheit.« In: *Medienbildung in Neuen Kulturräumen. Die deutschsprachige und britische Diskussion.* Hg. v. Ben Bachmair. Wiesbaden: VS Verlag für Sozialwissenschaften, S. 313-324.

Reckwitz, Andreas (2016). *Kreativität und soziale Praxis. Studien zur Sozial- und Gesellschaftstheorie.* Bielefeld: transcript.

Reckwitz, Andreas (2017). *Die Gesellschaft der Singularitäten. Zum Strukturwandel der Moderne.* Berlin: Suhrkamp.

Rosenbrock, Anja (2006). *Komposition in Pop- und Rockbands. Eine qualitative Studie zu kreativen Gruppenprozessen.* Hamburg: Lit.

Statistisches Bundesamt (Destatis) (Hg.) (2019). Bevölkerung und Erwerbstätigkeit. Bevölkerungsfortschreibung auf Grundlage des Zensus 2011, https://www.destat is.de/DE/Themen/Gesellschaft-Umwelt/Bevoelkerung/Bevoelkerungsstand/Publ ikationen/Downloads-Bevoelkerungsstand/bevoelkerungsfortschreibung-2010130 177004.pdf?__blob=publicationFile&v=3 (Zugriff: 25.5.2019).

Walgenbach, Katharina (2012).»Intersektionalität als Analyseperspektive heterogener Stadträume.« In: *Die intersektionelle Stadt. Geschlechterforschung und Medienkunst an den Achsen der Ungleichheit.* Hg. v. Elli Scambor u. Fränk Zimmer. Bielefeld: transcript, S. 81-92.

Wall, Melissa (2009).»Africa on YouTube: Musicians, Tourists, Missionaries and Aid Workers.« In: *International Communication Gazette* 71 (5), S. 393-407.

Abstract

The YouTube video platform plays an important role in the media socialization of young people. As users and potential actors, they are involved in complex processes of the construction of meaning, which emerge in relevant commentary areas as temporary, arbitrary, and intermedial knowledge systems. To deconstruct such orders is of great pedagogical relevance insofar as – i.a. with Lucy Green – it can be assumed that extra-curricular, informal experiential spaces play a central role in the formation of identity and sociality. Their knowledge is therefore essential for discussing music education's perspectives on informal learning, intercultural music education, and digitally-based teaching.

The article examines the concepts of ethnicity and nationality in the commentary section of an amateur video with Turkish music. The aim is to describe and systematize practices of virtual difference construction within a relevant area of youth-cultural experiences in the »Web 2.0«. On this basis, music pedagogical perspectives are discussed with regard to the apparent conflict between the observed effectiveness of demarcations in orientation in musical diversity on the one hand and the demand for an appreciative approach to difference in the context of general music education on the other.

KLITCLIQUE UND »DER FEMINIST F€M1N1$T«: KONZEPTUELLE DESORIENTIERUNG ALS EMPOWERMENT

Magdalena Fürnkranz

Das österreichische Performance-Duo Klitclique verarbeitet Empowerment, Feminismus und Kritik an vorherrschenden Machtstrukturen in seinem musikalischen Schaffen. Ein subversives Inszenierungskonzept kombiniert mit provokanten Texten und Trap-Sounds bringt die kritische Haltung der Künstlerinnen gegenüber dem aktuellen Zeitgeschehen zum Ausdruck. Klitclique agiert in einem fluiden Raum zwischen Kunst und Musik, der queeres Aufbegehren und gesellschaftskritisches Musikschaffen zulässt und gleichzeitig konzeptuelle Desorientierung als Form des Empowerment nutzt.

 Unter dem Begriff Empowerment werden Maßnahmen zur Steigerung der Autonomie und Selbstbestimmung von marginalisierten Menschen und Gemeinschaften verstanden, um ihnen die Möglichkeiten des verantwortungsbewussten und selbstbestimmten Vertretens von Interessen und eigenverantwortlichen Handelns geben zu können. Empowerment als Aktion bezieht sich sowohl auf den Prozess der Selbstermächtigung als auch auf die professionelle Unterstützung von marginalisierten Menschen, die es ihnen ermöglicht, das Gefühl der Ohnmacht und des mangelnden Einflusses zu überwinden und ihre Ressourcen zu erkennen und zu nutzen. Die wissenschaftliche Beschäftigung mit dem Begriff Empowerment und die Auseinandersetzung mit gesellschaftlichen Ungleichheiten entstammt der amerikanischen Gemeindepsychologie. Als prägend für diesen Forschungsdiskurs gilt die Aussage »Having rights but no resources and no services available is a cruel joke« des US-amerikanischen Psychologen Julian Rappaport (1981: 13), der den Begriff in die Sozialarbeit und Sozialpsychiatrie einbrachte. Historisch betrachtet finden sich die Wurzeln des Empowerment-Konzepts in der marxistischen Soziologie, durch die Kritische Theorie wurde es weiterentwickelt und verfeinert (Burton/Kagan 1996).

 In der Betrachtung von Klitcliques konzeptueller Desorientierung soll der Fokus auf Empowerment von Frauen und queeren Personen gelegt werden.

Hierbei verweist der Begriff auf Ansätze in Bezug auf marginalisierte sexuelle Identitäten in einem bestimmten politischen oder sozialen Kontext. Menschen, die primär von gesellschaftspolitischen Entscheidungsprozessen ausgeschlossen werden, erlangen durch Strategien des Empowerment Akzeptanz und Handlungsfähigkeit. »This puts a strong emphasis on participation in political structures and formal decision-making and, in the economic sphere, on the ability to obtain an income that enables participation in economic decision-making« (Rahman 2013: 9). Bereits der Hinweis auf Entmachtung kann den Prozess der Ermächtigung anregen, der von dem Individuum selbst erfolgen muss. In diesem Kontext können Geschlechterrollen neu definiert werden, die wiederum alternative Handlungsspielräume eröffnen (Kabeer 2005: 13). Empowerment kann somit nicht als Produkt, sondern als ein sich stetig weiterentwickelnder Prozess gelesen werden (Mosedale 2005: 243f.).

Konzeptuelle Desorientierung bildet die Basis für Maßnahmen und Strategien von Empowerment im feministisch-künstlerischen Schaffen des Duos Klitclique. Der Begriff Desorientierung soll in diesem Beitrag auf die von Sara Ahmed in *Queer Phenomenology* (2006) gegebene Definition zurückgeführt werden. Mit Blick auf den Aspekt der sexuellen Orientierung untersucht Ahmed, was es bedeutet, dass sich Körper in Raum und Zeit befinden. Körper nehmen Gestalt an, wenn sie sich durch die Welt bewegen und sich auf Gegenstände oder andere Körper zu oder von ihnen weg bewegen. Ahmed bezieht sich auf Edward Saids Konzeptualisierung von »Orient« und argumentiert, dass die Vorstellung von »Orientierung« eine koloniale Grundlage hat. Dieser Orient (Nicht-Europa) existiert nur im Blick vom Okzident (Europa) aus. »Orientiert sein« heißt in diesem Sinne, sich zu Hause fühlen, wissen, wo man steht, oder bestimmte Objekte in Reichweite haben. Orientierungen beeinflussen, was sich in der Nähe des Körpers befindet oder was erreicht werden kann.

Eine queere Phänomenologie enthüllt Ahmed zufolge, wie soziale Beziehungen räumlich angeordnet sind, wie Queerness diese Beziehungen stört und umverteilt, indem sie nicht den akzeptierten Pfaden folgt, und wie eine Politik der Desorientierung andere Objekte in Reichweite bringt, die auf den ersten Blick keinerlei Assoziation ermöglichen. Ein Weg, sei er gedanklich oder räumlich, hängt von der Wiederholung von Normen und Konventionen ab; Routen oder Pfade werden als Effekt dieser Wiederholung geschaffen. Diese Effekte des Werdens gelten sowohl für Körper als auch für Räume respektive Zeiträume (Ahmed 2006: 92). Ahmed thematisiert soziale Ausschlüsse, die für vermeintlich »weiße Normalsubjekte« unsichtbar sind, und verdeutlicht, dass der eigenleibliche Nullpunkt der Orientierung beim weißen, männlichen und institutionell privilegierten Subjekt gleichzeitig der blinde Fleck respektive Ankerpunkt des Selbstverständlichen ist.

»White bodies are habitual insofar as they ›trail behind‹ actions: they do not get ›stressed‹ in their encounters with objects or others, as their whiteness ›goes unnoticed‹. Whiteness would be what lags behind; white bodies do not have to face their whiteness; they are not orientated ›towards‹ it, and this ›not‹ is what allows whiteness to cohere, as that which bodies are orientated around« (Ahmed 2007: 156).

Gerade für Nicht-Weiße werden diese Orientierungslinien respektive »white lines« einer im Zeichen des White Privilege errichteten Wirklichkeit deutlich spürbar. In einer queeren Perspektive existiert Homosexualität vor dem Hintergrund einer normativen (hetero)sexuellen Praxis; es wird davon ausgegangen, dass das homosexuelle Subjekt eine Orientierung hat. Der Begriff »heterosexuelle Orientierung« findet sich selten im allgemeinen Sprachgebrauch. Die heterosexuelle Orientierung und die »straight lines«, die diese Orientierung erzeugen, sind nicht sichtbar und gelten somit als »natürlich«, einer Norm entsprechend. Desorientierung in Ahmeds Sinne bedeutet eine Haltung des Rückzugs, die Platz frei macht für ein zukünftiges Ankommen von Unsignifiziertem »to form new patterns and new ways of making sense« (Ahmed 2006: 171). Ahmeds *Queer Phenomenology* bietet einen Ansatz zur Theoretisierung von Straightness und Queerness, der neben Orientierung und Ausrichtung auch Desorientierung in den Vordergrund stellt. Eine Abwendung von normativen Vorstellungen hin zu queeren Positionen kann Unterschiede in Bezug auf Subjektbildung und Weltgestaltung herausstreichen und im Kontext der Intersektionalitätsforschung Kategorien der Ungleichheit ausfindig machen.

Dieser Beitrag soll konzeptuelle Desorientierung als Empowerment ausgehend von Klitcliques Dada-Feminismus diskutieren. Basierend auf der Betrachtung von Klängen der Trap, der Rolle von Sprache in bestehenden Konzeptionen von sexuellen Identitäten sowie der De-/Konstruktion von Geschlechterklischees werden Texten und Performances des Duos analysiert. Eine einführende Definition des Genres Trap sowie seine Entwicklung und Verbreitung im deutschsprachigen Raum werden im Sinne der musikalischen Einordnung der Analyse von Klitcliques künstlerischem Konzept vorangestellt. Da die Inszenierung des feministischen Duos Klischees von Männlichkeit entspricht, die in der zeitgenössischen Popkultur vorherrschen, ist eine Auseinandersetzung mit Vorstellungen von Weiblichkeit im Rap unter Einbeziehung feministischer Theorie unerlässlich. Mit der Methode des multidimensionalen Close Readings kombiniert mit Ansätzen der Intersektionalitätsforschung soll in Verbindung mit Ahmeds Überlegungen zum Begriff Desorientierung der subversive Umgang der Musikerinnen mit sozial hergestellten Differenzen und daraus resultierenden sozialen Ungleichheiten thematisiert werden.

Klitclique und der Sound des Dada-Feminismus

Das Performance-Duo wurde 2012 gegründet und nutzt Rap, Trap und eine DIY-Ethik, um feministische Positionen klanglich zu verarbeiten. Klitclique besteht aus den beiden Künstlerinnen Judith Rohrmoser, die unter dem Pseudonym G-Udit agiert, und Mirjam Schweiger, deren Bühnenname $chwanger lautet. Rohrmoser wurde 1983 in Salzburg geboren. Sie studierte Grafik und Drucktechnik an der Akademie der bildenden Künste Wien und schloss das Studium im Jahr 2011 ab. Schweiger wurde 1986 ebenfalls in Salzburg geboren, studierte Kontextuelle Malerei an der Akademie der bildenden Künste Wien und beendete ihr Studium im Jahr 2012. Bei der Gründung der musikalischen Kooperation hatten beide Künstlerinnen bereits ihre Ausbildung abgeschlossen. Sie führen den Wunsch nach expressiver, musikalischer Subversion auf ihre Adoleszenz zurück: »Als wir Teenager waren, gab es keine Frauenräume« (Rohrmoser, zit. n. Ben Saoud 2018). Infolgedessen waren Schweiger und Rohrmoser in der Graffiti-Szene aktiv, suchten jedoch auch die Konfrontation in Rap-Battles. Im Jahr 2015 widmete sich Klitclique intensiver dem musikalischen Schaffen und begann mit dem Produzenten Mirza Kebo zusammenzuarbeiten. Die Beats werden auch aktuell hauptsächlich von Kebo produziert, die Texte stammen von Schweiger und Rohrmoser. In den ersten Performances und Kunstinstallationen in Galerien, auf Partys, in Clubs und Off-Spaces wechselte Klitcliques Inszenierung zwischen Publikumsbeschimpfung im Handke'schen Sinne und der Tarnung in Masken. G-Udit und $chwanger behaupten, dass sie Wiens Antwort auf traurige Boys seien, ein Verweis auf den schwedischen Cloud-Rapper Yung Lean (Jonatan Aron Leandoer Håstad), der 2012 zusammen mit den Produzenten Yung Sherman (Axel Tufvesson) und Yung Gud (Micke Berlander) Sad Boys gründete. Mit der DIY-Veröffentlichung ihrer ersten Single und des dazugehörigen Musikvideoclips »Der Feminist F€m1n1$t« (2016) erlangte Klitclique öffentliche Bekanntheit. Das Duo verwendet Irritation und Selbstironie als performatives Konzept. Im Dunst von kulturellem und künstlerischem Widerstand gegen patriarchale Strukturen in Politik und Gesellschaft weist Klitclique Verbindungen zu der *Burschenschaft Hysteria zu Wien* auf. Rezipiert als politisch links gerichtetes, feministisches Projekt, das die Rituale von schlagenden Burschenschaften satirisch aufgreift, provoziert diese Verbindung patriarchale Gesellschaftsstrukturen, indem sie ihnen ein matriarchales Modell gegenübergestellt. Klitcliques Debütalbum *Schlecht im Bett gut im Rap* wurde von dem Duo selbst getextet und gerappt, für Produktion und Aufnahme war Mirza Kebo verantwortlich. Das Album gilt nicht als feministisches Manifest im Sinne der Gleichberechtigung der Geschlechter, vielmehr fordern die Rapperinnen in ihren Texten das »goldene Matriarchat«.

Eine Kurzdarstellung des Subgenres Trap

Trap bezeichnet im HipHop sowohl eine bestimmte Klangästhetik als auch ein Subgenre. In seinem Ursprung hat der Slang-Ausdruck aus den US-amerikanischen Südstaaten keinen direkten musikalischen Bezug, sondern entstammt dem Drogenmilieu und bezeichnete im engen Sinn jenen Ort, an dem mit Drogen gedealt wird. Die vielseitige Bedeutung von Trap kann zusätzlich auf den Drogenhandel im Allgemeinen verweisen oder auf psychische Zustände wie Paranoia oder Größenwahn, die oftmals bei Leuten, die lange im Drogenhandel tätig sind, auftreten (Raymer 2012). Trap war ursprünglich dominiert von Schwarzen männlichen Rappern und Produzenten, die sich im HipHop neu positionieren und die Identität der Black American Culture zelebrieren wollten. »We took it back to the streets, the trap – the taboo of black culture, I wanna say. It's just bringing the gutter-ness back« (Lex Luger, zit. n. Walker 2016). Rapper, die ihre Texte hauptsächlich den Akteur*innen in der Trap Music, dem Dealen mit Drogen, dessen Umfeld und dessen Begleiterscheinungen widmen, haben zur musikalischen Definition des Subgenres beigetragen. *Trap Muzik* des Rapper T.I. (2003) ist das erste Album, das das Wort Trap im Titel trägt, wobei die Musik auf dem Album nicht die typischen Charakteristika des Trap-Sounds besitzt. Es gilt als erstes HipHop-Album, dessen vollständiger inhaltlicher Fokus auf Vorgängen und Personen in der Trap liegt; es lieferte damit den Grundstein für die Entstehung eines eigenständigen Subgenres (Dörfler 2018: 225).

Entstanden ist das Subgenre Trap Anfang der 2000er Jahre in Atlanta und gilt seit über einem Jahrzehnt als der dominierende Stil der »South Coast«. Eine Verbreiterung des Subgenres im gesamten US-amerikanischen Raum sowie in weite Teile des internationalen HipHop fand etwa um 2010 statt. Frederik Dörfler (ebd.: 241) bezeichnet Trap musikalisch und in vielen Fällen auch inhaltlich als Gegenstück zum BoomBap-Genre. Wo der BoomBap-Sound auf Samples und akustisch klingende Drums aufbaut, wird der Trap-Sound von synthetischen Klängen definiert. Zu den musikalischen Charakteristika zählen das langsame Tempo zwischen 55 und 80 BPM, die Roland TR-808 Kick Drum als zentrales Gestaltungselement, aber auch andere Sounds der Drum Machine und schnelle, in Achtelbewegungen fortschreitende Hi-Hats. Die Tracks zeichnen sich vorwiegend durch einfach gehaltene, von Synthesizern getragene Melodien sowie einen starken Einsatz von Hall, Delay und Stereo-Effekten aus. Der Flow wirkt oftmals sehr abgehackt, ist gepaart mit einer häufigen Verwendung von Triolen. Ad-libs gelten als wichtige Gestaltungsmittel. »Trap rap is defined by the content of its lyrics, but it also comes with a trademark sound: booming 808-style sub-bass kick drums, twitchy sixty-fourth-note hi-hats, dive-bombing tom fills, and chilly cinematic strings« (Raymer 2012).

Im deutschsprachigen Raum wurde Trap ab dem Jahr 2010 mit den ersten Veröffentlichungen des damals noch unbekannten Rappers Money Boy alias Why SL Know Plug kommerziell bedeutend. Bereits in der ersten Hälfte der Dekade 2000-2010 produzierten das aus Linz stammende Duo Beatlefield (bestehend aus DJ Stickle und Chakuza) und der zu dem Zeitpunkt noch in Wien ansässige Rapper und Produzent RAF Camora alias RAF 3.0 erste Tracks, die sich dem Subgenre zuordnen lassen. Als charakteristisch gelten oftmals billig produzierte und aufgenommene Mixtapes sowie Videos, die ebenso qualitätsreduziert hergestellt wirken, als wären sie von den Musikschaffenden selbst oder von Freunden gefilmt und geschnitten worden. Trotz des anhaltenden kommerziellen Erfolgs von Trap-Rap gibt es, abgesehen von der Hamburger Rapperin Haiyti, kaum namhafte Vertreterinnen des Subgenres. Im deutschsprachigen Raum wurde Trap hauptsächlich durch weiße männliche Rapper kultiviert. Cultural Appropriation im HipHop konnte mit dem Aufsteigen von Rap zum popkulturellen Mainstream in den späten 1990er und frühen 2000er Jahren beobachtet werden, als sich Jugendliche aus benachteiligten Milieus sowie aus der Mittel- und Oberschicht mit einer benachteiligten Position zu identifizieren begannen. Als Reaktion kam im Kontext der HipHop-Kultur die Verwendung des Slangbegriff »Wigga« — eine weiße Person, die einige klischeehafte Merkmale der Schwarzen Kultur annimmt — auf (Usborne 1993) oder wie der Titel eines einflussreichen Buches über Rap-Kultur besagt: *Everything But the Burden: What White People Take from Black Culture* (Tate 2003).

Ich ordne Klitclique dem Subgenre Trap-Rap zu und verweise neben klanglichen Komponenten auch auf den an vorherrschenden Herrschaftsstrukturen in Gesellschaft und der Kunstszene kritisch gehaltenen Jargon. Als Ergänzung wird durch die Parodie des männlichen Habitus in der deutschsprachigen Trap auch die Komponente der Unterhaltung aufrechterhalten. Die Tatsache, dass das Duo aus einer feministischen Perspektive rappt, scheint in der Kunstwelt mehr Interesse zu wecken als in der HipHop-Szene.

Überlegungen zur Methode des mehrdimensionalen Close Readings mit Fokus auf den intersektionalen Zugang

Im Weiteren soll die Methode des mehrdimensionalen Close Readings mit Fokus auf den intersektionalen Zugang in den relevanten erzähltheoretischen und performativen Analysekategorien vorgestellt werden. Kategorien der Ungleichheit werden aus Texten herausgefiltert, um dadurch unterschiedliche Identitätsmerkmale und ihre Verbindungen untereinander herauszuarbeiten. Der Text wird hierbei als Schaffensprozess verstanden, der im Vollzug des Kommentierens, Modifizierens oder Weiterschreibens durch die lesende Person performativ erfasst wird. »Der Text ist [...] performativ im Sinne der Hervorbringung von Subjektivität« (Babka 2012: 2). Die Analyse von Texten verhandelt einerseits diese Kategorien auf der Mikroebene sozial konstruierter Identitäten, streift aber auch die Ebene der symbolischen Repräsentationen. Das Verständnis des Begriffs Intersektionalität in dem vorliegenden Text ist auf die Definition von Nina Degele und Gabriela Winker zurückzuführen.

»Wir begreifen Intersektionalität als kontextspezifische, gegenstandsbezogene und an sozialen Praxen ansetzende Wechselwirkung ungleichheitsgenerierender sozialer Strukturen (d.h. von Herrschaftsverhältnissen), symbolischer Repräsentationen und Identitätskonstruktionen« (Degele/Winker 2009: 15).

Degele und Winker erarbeiteten ihr Konzept auf soziologischer Basis, systematisierten bisherige frauen- und geschlechtergeschichtliche Theorien und vertreten einen sozialwissenschaftlich fundierten und an Pierre Bourdieu orientieren praxeologischen Ansatz. Zur Auseinandersetzung der Herrschaftsstruktur einer Gesellschaft seien die vier Kategorien Rasse, Klasse, Geschlecht und Körper ausreichend; mit den Kategorien Rassismus, Klassismus, Heteronormativismus und Bodyismus ließen sich Diskriminierungsformen auf der Strukturebene erklären.

Der oftmals sehr einseitige Betrachtungspunkt des sozial konstruierten Geschlechts weicht einer Fokussierung auf verschiedene Kategorien und erlaubt es, Gender als dominante Kategorie gemeinsam mit anderen Ungleichheitsmechanismen darzustellen. Im wissenschaftlichen Umgang mit Intersektionalität lässt sich ein Unterschied in der US-amerikanischen und europäischen Debatte feststellen. In den USA werden intersektionale Ansätze angewandt, um einzelne Gruppen zu empowern. Im europäischen Zusammenhang erfolgt mit der Anwendung der Intersektionalitätsforschung tendenziell die Dekonstruktion von starren Identitätsbildern. Degele und Winker betonen die vielfältige Benutzbarkeit des Systems als politisches und wissenschaftliches Werkzeug und gehen dabei »von einem Verständnis von Intersektionalität als Wechselwirkung zwischen (und nicht als Addition von) Ungleichheitskategorien aus« (ebd.: 14). Ungleichheiten sollen nicht nur auf der individualistischen Ebene festgestellt, sondern in einen größeren Rahmen eingebettet werden.

Die Methode des mehrdimensionalen Close Readings mit intersektionalem Ansatz versucht sozial konstruierte Ungleichheitskategorien wie Sexualität, Ethnizität, Körper oder Alter herauszuarbeiten und aufzuzeigen. Eine Intersektionalitätsanalyse ermöglicht jene Differenzkategorien zu beschreiben, die textlich und performativ verhandelt werden, und sie anschließend miteinander zu verknüpfen, ohne textliche oder performative Elemente oder gar die ausführende Person auf eine dieser Differenzen zu reduzieren. In Anlehnung an die von Birk und Neumann (2002: 130-145) formulierten narratologischen und performativen Kategorien sind die Aspekte Narration/Fokalisierung, Figurendarstellung/Perspektivenstruktur, Raumdarstellung/Grenzgänger*innen, Zeitstruktur/Erinnerung, Intertextualität und sprachliche Entkolonialisierung relevant für die Untersuchung von Texten und Performances.

Diese Kategorien gelten als historisch-sozial konstruiert und lassen sich durch Zusammenfassung und induktive Erweiterung, die erforderlich für die untersuchten Performances war, strukturell am vorliegenden Forschungsmaterial respektive Klitcliques Inszenierungskonzept auf die Analyse von narratologischen und performativen Aspekten durch mehrdimensionales Close Reading anwenden. Hierbei soll das Bewusstmachen von gesellschaftlichen Diskriminierungsprozessen thematisiert und der Akt der subversiv verarbeiteten, künstlerisch konzipierten Desorientierung als Empowerment analysiert werden. Populäre Musik und ihre Analyse vermögen es selten, queere Momente, Körper oder Sounds hervorzuheben, sondern verweilen zumeist in heteronormativen Positionen. Ahmeds Überlegungen bieten einen analytischen Ansatz, der es ermöglicht, queere und straighte Positionen als relational, richtungsbestimmend, historisch verflochten und intersektional verknüpft mit Race, Geschlecht, Klasse und anderen Faktoren sozialer Ungleichheit zu betrachten. Die multidimensionalen Positionierungen des Performance-Duos Klitclique umfassen sexuelle Orientierung und Körperlichkeit, Alter und Vermächtnis, Kultur, Sprache und bildende Kunst sowie soziale Position und Netzwerke.

Sexuelle Orientierung und Körperlichkeit

Der Körper gilt nach Judith Butler als Träger kultureller und historischer Bedeutungen. Er wird zu einer Verkörperung von Möglichkeiten durch geschichtliche Gegebenheiten, die Prozesse erweitern oder auch beschneiden können (Butler 2002: 305). Die Repräsentation binärer Geschlechter heißt im Sinne Butlers, sich an historisch gewachsene Geschlechtskonzeptionen anzupassen. Interventionen gegen die traditionelle Rollenverteilung und damit heteronormativ institutionalisierte Beziehungsformen werden in Klitcliques Inszenierungskonzept künstlerisch verarbeitet und kommen durch Kooperationen mit queeren Künstler*innen zum Ausdruck. Die Produktion des Videos »Chérie, je suis un genie« erfolgte bspw. in Zusammenarbeit mit Kashink, einer in Paris ansässigen Graffiti-Künstlerin, die sich darauf spezialisiert hat, korpulente, behaarte, vieräugige Männer darzustellen, die Rollen aller Art von Gangstern bis Schamanen spielen. Die Künstlerin thematisiert Gender nicht nur an den Hauswänden, sondern auch in der Inszenierung ihrer künstlerischen Persönlichkeit. Sie ist selten ohne Schnurrbart zu sehen. Der Name Kashink ist ein lautmalerisches Wort, ein Geräusch der Aktion, entnommen von Comics, die Kashink in der Kindheit gelesen hat. Kashink wird in dem *Huffington Post*-Artikel »10 Women Street Artists Who Are Better Than Banksy« (Frank 2014) aufgelistet. Klitcliques Zusammenarbeit mit der Künstlerin ergab sich als bewusste Gegenposition zu einer androzentrisch ausgerichteten Kultur von künstlerischen Kooperationen.

Rohrmoser und Schweiger sind bei Auftritten und in ihren Musikvideoclips hauptsächlich schwarz gekleidet. Samantha Holland beschreibt in der Studie *Alternative Femininities* (Holland 2004), wie der Einsatz von schwarzer Kleidung Frauen unterschiedlichen Alters von hegemonialen Weiblichkeitspräsentationen absetzt. In der Selbstdarstellung distanzieren sich die beiden Künstlerinnen als Teil einer radikalen Gegenbewegung von vorherrschenden Machtdynamiken. Sie durchbrechen die Lesart von HipHop als »patriarchal organisierte[r], männlich dominierte[r] und sexistische[r] Kulturpraxis« (Klein/Friedrich 2003: 206) unter anderem mit ihrer optischen Inszenierung. Die beiden Künstlerinnen widersetzen sich den optischen Erwartungen an Akteurinnen im HipHop, in dessen Bildsprache Frauen häufig als Objekt der Begierde für männliche Rapper repräsentiert werden. Das Duo trägt keine knappe Kleidung in Knallfarben, sondern setzt schwarze Kleidung ein, um gängige Klischees zu durchbrechen.

Mit der DIY-Veröffentlichung ihrer ersten Single und des Musikvideoclips »Der Feminist F€m1n1$t« erlangte Klitclique öffentliche Bekanntheit. Ergänzt durch ein expressives Video, in dem die Aktionskünstlerin Florentina Holzinger lyrisch Metaphern verbildlicht, stellt der Track das Durchdeklinieren des Themas Feminismus in verschiedensten Spiel- und Abarten vom geläufigen Umgang mit dem Feminismus bis zu übersteigert absurden Facetten dar. Das an die synthetische Intermedialität eines Gesamtkunstwerks angelegte Schaffen Klitcliques trägt dazu bei, die Aufmerksamkeit verstärkt auf Diskriminierungen gegenüber Frauen und queeren Personen sowie den Fokus auf queerfeministische Themen zu lenken. Der kontroverse Umgang mit dem Thema Feminismus unterlegt mit Trap-Beats sorgte für eine rasche Verbreitung des Tracks, der vor allem in der queer-feministischen Community als »Hymne wider den neoliberalen ›Feminismus‹, mit dessen hohlen Slogans sich besonders Männer gerne herrklären[1] und profilieren« (Ahmed 2018: 19) rezipiert wurde. Auszüge aus dem Text verweisen auf vielfältige Umgangsformen des Performance-Duos mit Weiblichkeitsbildern in aktuellen politischen (»Ich bin der Geh-halt-die-einzige-Frau-im-Wahlkampf-wählen-Feminismus«), clubkulturellen (»Ich bin der Frauen-machen-mein-Club-Klo-dauernd-kaputt-Feminist«), ethischen (»Ich bin der Frauen-müssen-in-Pornos-gekleidet-sein-und-miteinander-über-alles-andere-als-Männer-reden-Feminist«), kunstdiskursiven (»Aber dann habe ich mir die Beine rasiert und Coco Chanel ins Gesicht geschmiert und an der Akademie studiert«) und reproduktionstechnischen (»Ich bin der Trag-mein-Kind-aus-und-vielleicht-hol-ich's-irgendwann-ab-Feminismus« / »Ich bin der Ich-will-meine-Eizellen-teuer-online-verkaufen-obwohl-sie-nicht-in-der-Kühlkette-waren-Feminismus«) Debatten mit einer kathartisch anmutenden letzten Textzeile: »Jeder muss, niemand will-Feminismus«. Diese Verweise auf die aktuelle österreichische Gesellschaft, in deren linksgerichteten Umfeldern sich Klitclique bewegt, sind mannigfaltig. In einer Vielzahl von politischen Debatten wurde in den letzten Jahren diskutiert, ob es vertretbar ist, konservative Politikerinnen zu wählen, um den Frauenanteil von politischen Funktionär*innen zu erhöhen. Klitclique thematisiert auch das »Social Freezing«, das vorsorgliche Einfrieren von Eizellen, um sich eine späte Chance auf Kinder zu erhalten, das sich im neoliberalen Milieu durchaus gewisser Beliebtheit erfreut. Der kontroverse Umgang mit weiblichen Clubbesucherinnen, aber auch die geringe Präsenz von weiblichen Acts in Line-Ups von Veranstaltungen in Clubs werden bei Klitclique polemisch mit dem Zerstören von Clubtoiletten adressiert. Diese Kritik an vorherrschenden Verhältnissen wird

---

1 Der Begriff »herrklären« verweist auf an Frauen gerichtete herablassende, übermütige und oft ungenaue oder zu einfach gehaltene Kommentare oder Erklärungen, die häufig von einem Mann ausgehen. Die feministische Autorin Rebecca Solnit beschreibt das Phänomen als eine Kombination aus »overconfidence and cluelessness« (Solnit 2012).

von Trap-Klängen unterlegt. Durch das Verwenden desselben Suffixes und das Durchbuchstabieren des titelgebenden Substantivs ist der Track mit DJ Vadims »The Terrorist« in signifikanter Ähnlichkeit verbunden. Die Musikerinnen weisen in ihrem Rap-Stil bewusst gesetzte Bezüge zu männlichen Vertretern des Subgenres wie Yung Hurn, Moneyboy oder Rin auf.

Der Aspekt der Körperlichkeit ist ein wiederkehrendes Thema in Klitcliques Werk. In der Betrachtung der für den HipHop relevanten Bildsprache werden Frauen tendenziell als Objekt der Begierde der männlichen Rapper inszeniert. Als Background-Tänzerinnen auf der Bühne und in ihrer Funktion in Musikvideoclips gelten Frauen vor allem als »Beiwerk« (Klein/Friedrich 2003: 125). Eine Vielzahl von Videos tradiert und aktualisiert hegemoniale Geschlechterhierarchien und das gängige Bild von Männlichkeit im HipHop. Laura Mulvey hat bereits im Jahr 1975 darauf hingewiesen, dass weibliche Figuren in filmischen Darstellungen einem männlichen Blick ausgesetzt sind: »In their traditional exhibitionist role women are simultaneously looked at and displayed, with their appearance coded for strong visual and erotic impact so that they can be said to connote to-be-looked-at-ness« (Mulvey 1975: 19). Die Hauptaufgabe von Frauen in Musikvideoclips des HipHop besteht entweder in der Animation zum Tanzen gelenkt durch den männlichen Blick oder dem Umwerben des Rappers und seiner Crew. Die Handlung bleibt androzentrisch gesteuert. Klein und Friedrich verorten Geschlechterhierarchie zusätzlich in der Bild- und Schnitttechnik. Weibliche Figuren sind meist dem Rapper zugewandt, während dieser im Zentrum des Geschehens steht und primär direkt in die Kamera blickt. Durch filmische Techniken wie Beschleunigung, Einfrieren oder schnelle Schnitte werden männlich konnotierte Raps und Bewegungen deutlich hervorgehoben. Frauen erscheinen entweder in Realtime oder in Slow Motion, wenn visueller Bezug auf sexuelle Komponenten hergestellt werden soll (Klein/Friedrich 2003: 125).

Klitclique postuliert performativ Kritik an den von Klein und Friedrich beobachteten sexistischen Inszenierungsstrategien auf visueller Ebene im HipHop. Hierbei ist darauf zu verweisen, dass sich bereits vor Klitclique Akteurinnen im Rap ähnlich sexistischer Sichtweisen und Sprachen affirmativ bedient haben. In diesen Inszenierungen verweilt die Kritik auf der geschlechtlichen Ebene. Während der Mann objektisiert wird, inszenieren sich die erwähnten Rapperinnen mit ihrer »being bad«-Attitüde (ebd.: 208) als empowerte Subjekte und setzen dies als subversive Praxis ein, um durch Umdeutung androzentrische Klischees zu entkräften. Die Rapperinnen bedienen sich dabei Techniken und Bildern, die auch ihre männlichen Kollegen aufgreifen. Klein und Friedrich betonen in Bezug auf diese weibliche Positionierung in der Visualisierung von HipHop, »dass Frauen den Spieß zwar umdrehen können, der Spieß aber eigentlich nicht ihrer ist« (ebd.). Weibliche Akteurinnen passen sich dabei weiterhin den Spielregeln des androzentrischen Feldes an. Es entsteht eine Fortsetzung der patriarchalen Geschichte des HipHop, die keine Veränderung der weiblichen Position in diesem Feld erlaubt. Butler (1999: 213) sieht in der unreflektierten Geschlechterumkehr dennoch subversives Potential. Aspekte wie Ironie, Parodie, Verfremdung und Sprechakte unterwandern den männlichen Normenkodex und erlauben dessen Transformation. »Erst in dem gelungenen performativen Akt liegt die Chance der Bildung des ›Subjekts Frau‹ auch im HipHop verborgen« (Klein/Friedrich 2003: 209). Wird diese Parodie nicht wahrgenommen, kann das subversive Potential nicht fruchten. Das Element der Subversion wird im Musikvideoclip »Der Feminist F€m1n1$t« verdeutlicht. Die Regisseurin Jessyca R. Hauser legt den Blick auf die Performerin Florentina Holzinger. Holzinger räkelt sich beinahe unbekleidet am Boden, der Kopf ist sequenzweise mit der Plastiktüte eines schwedischen Modeherstellers verhüllt. Das Szenario erinnert stellenweise an eine Orgie und wird immer wieder mit dem Einsatz von Disko-Lichtern unterbrochen. Die dramaturgische Funktion von zwei zusätzlichen Performerinnen entspricht den von Klein und Friedrich beobachteten sexistischen Inszenierungsstrategien im HipHop auf visueller Ebene, subvertiert diese Strategien jedoch gleichzeitig. Parodistische Elemente, wie aus Karton gestaltete Requisiten zur Produktion von elektronischer Musik, eine Referenz an die feministische Künstlerin Tracey Emin (Ahmed 2018: 19), eine Pfeife in Holzingers Mund, die prätentiös an René Magrittes »La trahison des images« erinnert, und ein Keuschheitsgürtel kommen zum Einsatz.

Die Transgression als performativer Leitbegriff im Zwischenraum zwischen Literatur- und Theaterwissenschaft beschreibt das bewusste Überschreiten von traditionellen Geschlechterrollen und rückt den Körper ins Zentrum des Forschungsinteresses. Geschlechteridentität als performative Leistung wird durch gesellschaftliche Sanktionen und Tabus bedingt. Hierbei wird die These Butlers zentral, die besagt, dass die Materialität des Körpers zwar nicht geleugnet wird, aber der Prozess unterschieden, durch den der Körper zum Träger kultureller Bedeutungen wird. Der Körper wird als Aneignungsprozess beschrieben, als aktiver Prozess der Verkörperung kultureller und geschichtlicher Möglichkeiten. Jene Akte, durch die Geschlechterzugehörigkeit konstituiert wird, ähneln performativen Akten, die wir aus theatralen Prozessen kennen. Klitclique spielt bewusst mit Konstitutionsakten und der Konstitution von Identität als Illusion. Die beiden Rapperinnen sind teilweise mit Masken über den Augen, auf denen Klitclique geschrieben steht, unkenntlich gemacht. Sie tragen weiße T-Shirts, die ihr Label »Schlecht im Bett records« in englischer Sprache bewerben. Der Videoclip ist in einem

Schlafzimmer angesiedelt, als zentraler Punkt ist ein Himmelbett positioniert. Immer wieder kommen absurd anmutende Requisiten zum Einsatz, die dem Musikvideoclip subversives Potential zuschreiben. Während körperliche Grenzen performativ hinterfragt und binäre Geschlechtszuschreibungen aufgebrochen werden, bietet der Clip keine Antworten auf die aufgeworfenen Fragen, sondern gibt seinen Betrachter*innen Raum zur Eigeninterpretation.

Alter und Vermächtnis

Die körperliche Zuschreibung Alter hat sich innerhalb der Wissenschaft, auch in der deutschsprachigen Popularmusikforschung, wie zum Beispiel in Barbara Hornbergers (2016) Artikel »Gesten der Wut: Anmerkungen zur Gitarrenzerstörung«, der die britische Band The Zimmers mit einem Durchschnittsalter von 80 Jahren prominent positioniert, als soziale Kategorie etabliert. Im internationalen wissenschaftlichen Diskurs fand eine Verbindung mit weiteren Ungleichheitskategorien bislang wenig Beachtung. In ihrer Entstehung war Altersforschung androzentrisch orientiert, gegenwärtige Positionen rücken die Kategorie Gender in den Fokus. Wenige Ansätze beschäftigten sich seit den späten 2000er Jahren mit intersektionalen Perspektiven, die explizit den Status der Kategorie Geschlecht hinterfragen und diesen durch weitere Dimensionen wie Ethnizität, Klasse, Gesundheit und Krankheit ergänzen (Winker/Degele 2009). Hierbei ist auch auf eine Forschungslücke in den Queer Studies hinzuweisen, in deren wissenschaftlichem wie politischem Interesse Sexualität und Begehren stehen, die Kategorie Alter jedoch keinen Eingang findet (Denninger/Schütze 2017: 7). Der Körper, bzw. körperliche Zustände wie Jugend, Alter, Tod, An-/Abwesenheit, bildet nicht nur eine Ungleichheitskategorie, sondern ist untrennbar mit Identität verbunden.

In Klitcliques Subversionskonzept wird die soziale Ungleichheitskategorie Alter mit dem Track »Maria« in Trap-Rap-Manier thematisiert. Die Namensgeberin des Tracks, die Künstlerin Maria Lassnig, die von 1980 bis 1997 einen Lehrstuhl an der Hochschule für angewandte Kunst in Wien innehatte, zeichnet sich als kunstgeschichtliche Ausnahmeerscheinung aus. Sie war die erste Professorin für Malerei an einer Akademie im deutschsprachigen Raum. Auch wenn der Genie-Begriff nicht explizit erwähnt wird, trifft er auf die im Track betitelte »Gangster-Maler-Bitch« zu. Die Vermeidung des Begriffs in Bezug auf Lassnig kann auf Susanne Koglers Beschreibung von mit dem Genie-Begriff verbundenen Paradoxa zurückgeführt werden. Hierzu zählt »neben dem Ausschluss von Frauen aus der als geistig verstandenen Allgemeingültigkeit die

Verdrängung des weiblichen Anteils an Kreativität aus dem Gesichtsfeld kultureller Produktion« (Kogler 2013: 12). Maria Lassnig wird von Klitclique nicht zum Genie erklärt, was der Positionierung von weiblichen Kunstschaffenden im kunstgeschichtlichen Diskurs entspricht. Die deutsche Journalistin und Kulturwissenschaftlerin Sonja Eismann verweist auf das dichotome Verhältnis zwischen Verehrung des weiblichen Genies und Kritik am männlich gewachsenen Genie-Diskurs, das der Track vermittelt: »Der an einen Kirchenchoral erinnernde musikalische Duktus ist hier natürlich einerseits auch ironisch zu verstehen, als Veräppelung des männlichen Geniekults, aber andererseits durchaus auch ernsthaft als Verbeugung vor den Vorgängerinnen« (Eismann, zit. n. Reimann 2018). Eine textliche Huldigung, die sich auf aktuelle Zuschreibungen von Frauen, die erfolgreiche Karrierewege einschlagen, bezieht, findet sich dennoch in den Lyrics: Die Zeilen »Karrierebitch mit 90 / sie malt nur sich« fassen Lassnigs künstlerisches Schaffen zusammen. Die Künstlerin erhielt im Alter von 85 Jahren den mit 50.000 Euro dotierten Max-Beckmann-Preis der Stadt Frankfurt am Main. Die alle drei Jahre vergebene Auszeichnung würdigt hervorragende Leistungen in Malerei, Grafik, Bildhauerei oder Architektur. Im Jahr 2010 war anlässlich ihres 90. Geburtstages eine umfangreiche Einzelausstellung mit Schwerpunkt auf das aktuelle Schaffen in München zu sehen. Lassnig konzentrierte sich auf die Darstellung des Subjekts, malte seit dem Jahr 1949 immer wieder Selbstporträts, angereichert mit surrealen Elementen. Die Künstlerin setzte intuitiv »Körpergefühlsfarben« ein, um physische Gefühle wie Schmerz oder auch abstrakte Empfindungen auszudrücken (Liebs 2010). Der lyrische Verweis im Track: »überlebt dich/ inhaltlich« macht nicht nur auf den androzentrischen Diskurs in der Kunstgeschichte aufmerksam, der im deutschsprachigen Raum nicht-cis-männlichen Persönlichkeiten nur marginale Plätze einräumt, sondern zelebriert Lassnigs künstlerisches Schaffen.

Kultur, Sprache und bildende Kunst

Der Begriff Kultur bezieht sich im Kontext von Klitcliques künstlerischem Schaffen vorrangig auf die Summe der »Mechanismen und Machtstrategien, durch die kulturelle Identitäten konstruiert und reifiziert werden« (Babka 2007: 5). Im Sinne eines postkolonialen Kulturverständnisses wird Kultur als Konstrukt verstanden, in dem durch Macht und Herrschaftsverhältnisse Differenzen produziert werden. Die Verbindung der Kategorien sexuelle Identität und Kultur wird plakativ sichtbar, wenn Texte thematisieren, wie Frauen oder

Männer auszusehen oder sich zu kleiden haben oder wie diese geschlechtsspezifischen Anforderungen visuell umgesetzt werden. Rohrmoser und Schweiger tragen im Musikvideoclip »Maria« über ihren Samtkleidern, die den gesellschaftlichen Erwartungen in der Verbindung der Kategorien weibliches Geschlecht und HipHop-Kultur entsprechen, Boxermäntel in Anlehnung an die Gangsta-Attitüde respektive an einen gewissen Pimp-Lifestyle, die wiederum der Verbindung der Kategorien weibliches Geschlecht und HipHop-Kultur widersprechen.

Der Text als wesentlicher Bestandteil von Klitcliques Inszenierung eröffnet ein breiteres Forschungsfeld der multidimensionalen Positionierung bezüglich Kultur, Sprache und bildender Kunst. Bei Betrachtung des Tracks »Cherie, je suis un genie« verweist der Titel auf den Begriff des Genies, der nicht nur in der Kunstgeschichte, sondern auch in der Popularmusik eine nicht unwesentliche Rolle spielt. Die etymologische Herkunft, die auf »genius« (ein Schutzgeist in der römischen Religion, der nur Männern vorbehalten war) und »ingenium« (natürliches, angeborenes Talent) zurückzuführen ist, macht die problematische Vorstellung deutlich, die mit dem Konzept des Genies verbunden ist. »Sich auf die Natur und zugleich auf eine göttliche Instanz zu berufen, legitimiert die bestehende Position und enthebt der Notwendigkeit jeglicher weiteren Reflexion und Begründung des eigenen Standpunkts« (Kogler 2013: 11). Der Marktwert von Künstlerinnen und Künstlern, deren Werke nach dem eigenen Tod häufig eine Wertsteigerung erfahren, wird in dem Song »D1G IRGENDWA$« thematisiert. »Dein Galerist kauft dir Kokain, damit du schneller stirbst« rappen Schweiger und Rohrmoser. Mit »Deine Mutter ist unser Booker« folgt eine Anspielung auf die matriarchale Besetzung des Machtbegriffs im Klitclique'schen Sinne. Mit dem Aufkommen des Gangsta-Rap Ende der 1980er Jahre kam es zu einer stetigen Degradierung und Objektisierung von Frauen durch Ausdrücke wie »bitch« und »hoe« in den Lyrics. Die einzige Ausnahme bildet die eigene Mutter, die wiederum zur Heiligen stilisiert wird. Im Track »Nur für dich (Mama)« (2010) rappt Bushido: »Schönheit ist vergänglich, ich behaupte das Gegenteil, denn Mama bleibt die schönste Frau hier auf Lebenszeit«. Klitclique kehrt die Funktion der Mutter als Beschützerin und Heilige verbunden mit einer androzentrischen Haltung um. Die besungene Bookerin verkörpert die männliche Angst vor Machtverlust, die sich als handelnde Akteurin von sexuellen Wunschvorstellungen – sie ist ja schließlich die Mutter – entkoppeln kann.

Die Video-Veröffentlichung des Songs »M« wurde von einer Ausstellung im selbstorgansierten Projektraum für zeitgenössische Kunst »Wellwellwell« begleitet. Dieser Veranstaltungsort umfasst eine Ausstellungsfläche und beherbergt gelegentlich Veranstaltungen, die ein breites Spektrum künstlerischer und diskursiver Aktivitäten ermöglichen, die von Studierenden der Universität für angewandte Kunst Wien und einem/r Gastkurator*in geleitet werden. Die Veröffentlichung des ersten Albums *Schlecht im Bett gut im Rap* wurde von Installationen als gleichwertigem Bestandteil zur Musik ergänzt. Die aktuellste Installation hieß »KLITCLIQUE: ARCHEYOLO« und wurde im Juli und August 2018 in der »Museum Startgalerie Artothek«, einer von der Kulturabteilung der Stadt Wien eingerichteten Sammlung zeitgenössischer Kunst, gezeigt. Humor ist ein wichtiger Aspekt für die »ArcheYOLOgINNEN« in ihrer gemeinsamen Arbeit und in ihren Spezialgebieten. Klitclique untersucht den fiktiven Alltag von Wiener Frauen aus vergangenen Jahrhunderten aus feministischer Perspektive. Die Künstlerinnen dekonstruieren die Ursprünge der androzentrischen Historiographie und schreiben Geschichten, die sie aus neuen, subversiven Perspektiven erzählen. Öffentliche weibliche Figuren, denen zeitgeschichtliche Relevanz zugeschrieben wird, stehen ebenso im Mittelpunkt wie Fruchtbarkeitsgöttinnen der Antike. Als sogenannte »ArcheYOLOgINNEN« verfolgen Rohrmoser und Schweiger ein Interesse an Dingen, die für feministische Kunstschaffende von besonderer Bedeutung, für die Entwicklung der Menschheit möglicherweise irrelevant sind. Das Ergebnis der Rekonstruktion ausgewählter Forschungsobjekte zeigt eine post-faktische Sammlung von Objekten, die in mancher Hinsicht matriarchale Assoziationen hervorrufen können und deren Zusammenstellung dem kulturhistorischen Eigeninteresse der Künstlerinnen entspricht. Die Bereiche Kosmetik, Pflege, Kleidung, Rituale sowie Dokumente, die Wissen über Giftrezepte weitergeben, finden in dieser Ausstellung ihren Platz. Klitclique untersucht ausgewählte Requisiten von Frauen, die für ihre Besitzerinnen von persönlicher Bedeutung gewesen sein könnten. Zu den Objekten zählt das fiktive Fundstück eines Aschenbechers aus dem Besitz der ersten österreichischen Frauenministerin Johanna Dohnal. Maria Lassnigs Kindersocken, die auf dem Weg von Kärnten zur Wiener Kunstakademie verloren gegangen sind, sind ebenfalls in der Sammlung enthalten. In der Regel bauen die »ArcheYOLOgINNEN« ausgewählte Objekte als historische Forschungsquellen aus Pappe und präsentieren sie in Form von Installationen, wobei manche Artefakte in Vitrinen wie in einer naturhistorischen Ausstellung zu besichtigen sind. Das Duo nutzt dieses Spannungsfeld als Mittel der konzeptuellen Desorientierung und Strategie des Empowerments in seinem subversiven Inszenierungskonzept, das es den Musikerinnen erlaubt, in einem fluiden Raum zwischen Kunst und Musik zu agieren.

Soziale Position und Netzwerke

Bildung als weitere Ungleichheitskategorie gliedert sich als Subkategorie von bspw. Klasse, Migration und Race ein; diese Differenzkategorien verweisen auf die soziale Position. Soziale Ungleichheit in einer Gesellschaft könnte durch Bildungsaufstieg nivelliert werden, Bildungschancen sind in vielen Industrieländern aber immer noch primär von der Bildung der Eltern abhängig (Solga et al. 2009: 11). Immer wieder thematisieren die beiden Künstlerinnen ihre Ausbildung an der Akademie der bildenden Künste Wien. Im Track »Der Feminist F€m1n1$t« verweist bspw. die Song-Persona mit der Zeile »Aber dann habe ich mir die Beine rasiert und Coco Chanel ins Gesicht geschmiert und an der Akademie studiert« auf die Ausbildung der Performance-Persona. Klitcliques Kunstschaffen wird unter anderem von der Kulturförderschiene der Stadt Wien, Shift, und dem Jahresstipendium für Medienkunst des Landes Salzburg für das Jahr 2017 unterstützt. Doch Rohrmoser und Schweiger werden nicht nur medial gefeiert, sondern gerade von queer-feministischer Seite auch mit Vorwürfen des White Privileges und der Cultural Appropriation konfrontiert (Ahmed 2018: 20). Klitcliques Profilierung im seit seiner Entstehung männerdominierten HipHop funktioniert über Humor und das Parodieren des Wertes handwerklichen Könnens, der mit männlicher Expertise verbunden ist. Die Positionierung des Duos ist mit Solidarität unter gleichgesinnten Musikschaffenden verknüpft und bedeutet »gemeinsame Feinde ausmachen, anstatt sich gegenseitig fertigzumachen« (Rohrmoser, zit. n. Ahmed 2018: 21). Das Duo ist in verschiedenen Netzwerken aktiv, in denen sich queer-feministische Kunstschaffende nicht nur gegenseitig unterstützen, sondern empowern und eine Art Gegenentwurf zu vorherrschenden hegemonialen Netzwerken bilden.

Betrachtet man eine Musikszene als kulturellen Raum, in dem musikalische Praxen koexistieren, interagieren deren Akteur*innen innerhalb von Differenzierungsprozessen. Die Mitgliedschaft in einer Szene ist nicht auf sexuelle Identität, Klasse oder ethnische Zugehörigkeit beschränkt, sondern kann eine Verzahnung dieser Faktoren bedeuten. Die globale Musikindustrie, für die Musik ein gewinnorientierter Faktor für Massenmärkte ist, koexistiert neben alternativen Szenen, in denen Musik hauptsächlich nicht-gewinnorientiert produziert wird. Die Transformation von Musikszenen beeinflusste die Entwicklung der DIY-Kultur, die zu einer Domäne für unabhängige Veranstaltungskollektive wird (Peterson/Bennett 2004). Klitclique ist Teil von Bliss, einem unabhängigen Event-Organisator-Kollektiv, das queer-feministische

Wiener Kunst zwischen Akademie und zeitgenössischem HipHop, Pop, Performance und Provokation verhandelt. Die Gründerin und Kuratorin der politisch-elektronischen Clubserie Marlene Engel alias »Bürgerkurator« trifft Künstler*innen an einem Ort ohne nationale Grenzen. Subkulturelle Gemeinschaften haben sich online gebildet, um der Clubkultur des 21. Jahrhunderts neue Strukturen zu geben. Die ursprüngliche Clubidee des Safe Space gibt queer-feministischen Events geeigneten Raum.

Im Umfeld der feministischen Burschenschaft Hysteria zu Wien gehören Schweiger und Rohrmoser neben der Autorin Stefanie Sargnagel und der bildenden Künstlerin Verena Dengler zu jenen feministischen Künstlerinnen, die sich in der aktuellen politischen Kultur Österreichs verstärkt gegen Antifeminist*innen und rechte Strömungen organisieren. Nach Eigendarstellung wurde die Burschenschaft Hysteria im Jahr 1810 von Leopoldine von Österreich gestiftet. Die Gattin von Dom Pedro, des Kaisers von Brasilien, stand durch ihre humanistische Bildung dem unmoralischen Lebenswandel ihres Ehemanns gegenüber. Sie soll die Burschenschaft Anfang des 19. Jahrhunderts als Geheimloge gegründet haben (Wutscher 2016). Medial als Satireprojekt rezipiert, widersetzen sich die Mitglieder dieser Bezeichnung. Sie verstehen sich als gleichwertig gegenüber schlagenden Burschenschaften, was wiederum als Teil des Satireprojekts gelesen werden kann. Die Tradition und historische Bedeutung von Burschenschaften in Österreich, die eng verbunden mit einer lebenslangen Mitgliedschaft und dem Erhalt von Wertvorstellungen ist, lädt geradezu ein, deren Perzeption zu parodieren.

»Vor dem Hintergrund einer rund zweihundertjährigen Geschichte des politischen Aktivismus verwundert nicht, dass Burschenschaften weithin — und übereinstimmend mit ihrer Selbstwahrnehmung — als ›politischster‹ aller Korporationstypen gelten. Von ihren Mitgliedern erwarten sie, zeitlebens und in allen Lebensbereichen im Sinne burschenschaftlicher Werte zu handeln und dabei Unannehmlichkeiten nicht zu scheuen« (Weidinger 2015: 133).

Aktuell verfolgen knapp 35.000 Personen den Facebook-Auftritt von Hysteria. Ziel der feministischen Burschenschaft ist das »goldene Matriarchat«; die Vereinigung fordert den Rückzug von Männern ins Private. Mit Plakaten und Parolen wie »Mein Mann bleibt daham!« in Frakturschrift wird die Einschränkung des Männerwahlrechts und die Aberkennung von Männerfußball als »richtiger Sport« gefordert. Die durch Übertreibungen und parodistische Performances hervorgerufene Aufmerksamkeit rückt Aspekte des burschenschaftlichen Gedankenguts wie Sexismus, Antifeminismus oder Homo- und Transfeindlichkeit dieser Verbindungen stärker in den gesellschaftlichen Fokus. Gleichzeitig kann eine Entmystifizierung schlagender Burschenschaften durch künstlerisch umgesetzte, radikale Kritik vorangetrieben werden. »Die Hysteria schafft es, durch ihre Aktionen hegemoniale Männlichkeiten sowie die Vorstellung von männlicher Herrschaft infrage zu stellen« (Judith Goetz, zit. n. Sterra 2018). Die Statuten, Pflichten, Forderungen und das Burschenschaftslied sind in der Kampfschrift *Mein Mampf* nachzulesen. Charakteristisch sind die martialisch auftretenden Frauen mit roter Kappe und Hyäne auf dem Rücken. In ihren Strukturen widerspricht die feministische Burschenschaft einer Damenverbindung. Stattdessen beansprucht sie die burschenschaftliche Organisationsform für sich, wodurch burschenschaftliche Privilegien und der Fortbestand der antiquierten Geschlechterbeziehungen infrage gestellt werden. Als Inversion der Tradition der österreichischen Burschenschaften, die durch Sexismus und Antifeminismus geprägt ist, wird eine Frauen- und Transgenderquote von 80 Prozent in öffentlichen Ämtern verlangt. Im Jahr 2016 wurde ein Hysterias Wappentier zeigendes Transparent beim sogenannten Akademikerball[2] enthüllt. Als Unterstützung für die Teilnahme der Autorin Stefanie Sargnagel im Rahmen des Ingeborg-Bachmann-Preises im Jahr 2016 hat Klitclique den Track »Inge Borg €50K« veröffentlicht, der von Rana »Fauna« Farahani, einer aus dem Iran stammenden Wiener DJ, produziert wurde. Sargnagel gewann den Publikumspreis, den sie flankiert von der Burschenschaft Hysteria entgegennahm. Ein weiteres künstlerisches Projekt, das verschiedene deutschsprachige Medien der feministischen Burschenschaft zuschreiben, ist die Sängerin Hyäne Fischer, die Österreich mit dem Song »Im Rausch der Zeit« beim Eurovision Song Contest 2019 vertreten wollte. Mitglieder von Hysteria stritten einen Zusammenhang vehement ab, unterstützten Fischer jedoch auf Social Media-Plattformen wie Facebook oder Instagram. Die Sängerin Hyäne Fischer wird medial als Kunstfigur rezipiert (Jandl 2018, Schachinger 2018, Zekri 2018). Eine *persona*[3], die stimmlich an Eva Jantschitsch, die hinter dem Gesangsprojekt Gustav steht, und optisch an die bildende Künstlerin Jessyca R. Hauser erinnert, deren Song »auf wundersame Weise die alten Unterwanderungsansätze und ideologischen Manipulationen der slowenischen Pop- und Totalitarismus-Hütchenspieler Laibach mit den Errungenschaften von guter alter und aseptisch-kalter Synthiepop-Disco aus den 1980er-Jahren« (Schachinger 2018) vereint. Der Musikvideoclip, vermutlich angesiedelt am Semmering südlich von Wien, suggeriert alpenländische Heimatliebe im Loden-Look,

---

2 Der Ball findet seit dem Jahr 2013 jährlich in der Wiener Ballsaison statt. Er wird von der Freiheitlichen Partei Österreichs (FPÖ), Landesgruppe Wien, organisiert und von der feministischen Burschenschaft als »Männererziehungs- und Männerschutzball« bezeichnet.
3 »I find the term persona useful as a way of describing a performed presence that is neither a fictional character nor equivalent to the performer's ›real‹ identity« (Auslander 2006: 4).

unterstützt von einem Frauenchor, dessen visueller Einsatz in Schwarz-Weiß gehalten ist. Eine Ergänzung bildet das am 31. Dezember 2018 auf Hyäne Fischers Facebook-Auftritt veröffentlichte, mit Handkamera gefilmte Video, das die Künstlerin im gut-bürgerlichen, weihnachtlich dekorierten Wohnzimmer am Klavier performend und singend zeigt — die Quelle der Tonspur wird nicht erläutert — und somit den medialen Vorwürfen einer nicht existenten *real person* (Auslander 2009: 305) zu widersprechen versucht. In diesem Video und auch im offiziellen Musikvideoclip agieren Mitglieder der Burschenschaft Hysteria. Klitclique unterstützt Hyäne Fischer zwar nicht offiziell, allerdings ist Jessyca R. Hauser, als vermuteter Teil von Fischers *persona*, als Akteurin in und Regisseurin von Klitcliques Musikvideoclip »Der Feminist F€m1n1$t« genannt.

Fazit

In einer der frühesten Auseinandersetzungen über die Beziehung zwischen geschlechtlichen Konstruktionen in der Popularmusik haben Simon Frith und Angela McRobbie 1978 in ihrem Aufsatz »Rock and Sexuality« die These formuliert, dass Rockmusik wesentlich an der Konstruktion von Sexualität beteiligt ist; vor allem Rollenklischees würden ständig reproduziert (Frith/ McRobbie 1991: 373). In der Ausweitung von Genrebegriffen und Überschreitungstendenzen im Kontext der Genrezuordnungen in der Popularmusik lässt sich diese Aussage auf Kategorien der Diskriminierung wie Rassismus, Klassismus, Heteronormativismus und Bodyismus ausweiten. Klitclique versucht im postmodernen Handlungsspielraum bewusst, Geschlechtergrenzen zu überschreiten und hegemoniale Männlichkeit mit subversiver, weiblicher Performance, Kontextualisierung von matriarchalem Kunstschaffen, der Parodie von Requisiten im Hip-Hop und lyrischen Anspielungen auf die Vorherrschaft in der Kunst mit Bezügen zum Goldenen Matriarchat zu dekonstruieren. Schweigers und Rohrmosers performatives Konzept osziliert zwischen Sozialkritik, Selbstironie und subversiven Trap-Beats. Klitcliques Positionen, die stellenweise radikal den Kunstmarkt und feministische Diskurse persiflieren, bleiben hauptsächlich Insider*innen vorbehalten. Die Kulturförderschiene der Stadt Wien, Shift, unterstützte die Produktion des Vinyl-Debüts. Auch wenn das Duo versucht, einen niedrigschwelligen Zugang durch unentgeltlichen Download des Albums und kostenlose Konzerte zu ermöglichen, stammen die meisten Fans wahrscheinlich aus dem akademischen Umfeld.

Eine queere Phänomenologie ermöglicht Sara Ahmed zufolge die Sichtweise darauf, wie Handlungen Körper formen und wie sich Individuen an den

Objekten orientieren, mit denen sie arbeiten. Dabei rücken möglicherweise jene Körper ins Bewusstsein, die nicht im Fokus des gesellschaftlichen Interesses liegen und dementsprechende Unterstützung benötigen. »A queer phenomenology would involve an orientation toward queer, a way of inhabiting the world by giving ›support‹ to those whose lives and loves make them appear oblique, strange, and out of place« (Ahmed 2006: 179). Klitclique vermittelt Empowerment, Kritik an vorherrschenden Machtstrukturen und Solidarität unter Frauen und Gleichgesinnten. Die multidimensionalen Positionierungen des Duos im Aufdecken von gesellschaftlichen Diskriminierungsprozessen umfassen die Kategorien sexuelle Orientierung und Körperlichkeit, Alter und Vermächtnis, Kultur, Sprache und bildende Kunst sowie soziale Position und Netzwerke. Die Künstlerinnen thematisieren soziale Ungleichheiten nicht nur in den Tracks und Performances, sondern prangern diese Gegebenheiten durch einen subversiv-parodistischen Umgang medial an. In der Tradition des Wiener Aktionismus wendet sich Klitclique gegen repressive Gesellschaftszustände und sucht bewusst die Konfrontation mit Autoritäten. Drastische Ausdrucksweisen gekoppelt mit aggressiver Bildsprache bilden Mechanismen unterdrückter gesellschaftlicher Repression ab. Diese Strategie ermöglicht Menschen, die primär von gesellschaftspolitischen Entscheidungsprozessen ausgeschlossen werden, durch Selbstermächtigung Akzeptanz und Handlungsfähigkeit zu erlangen. Soziale Ausschlüsse, die für das weiße, männlich und institutionell privilegierte Subjekt respektive das vermeintlich »weiße Normalsubjekt« unsichtbar sind, werden aufgedeckt und in weiterer Folge durchbrochen. Die Interaktion in verschiedenen Netzwerken und Kooperationen mit queer-feministischen Kunstschaffenden bieten Strategien für Empowerment und können als Gegenentwurf zu vorherrschenden hegemonialen Strukturen gelesen werden. Der Sound der Trap ermöglicht eine Erweiterung von Klitcliques Hörer*innenkreis. Der gesellschaftliche Mainstream, durchdrungen von einer Vielzahl von Absorptionsmöglichkeiten, bietet wenig Platz für subversive Stimmen. Neben Mehrheitskonformismus und Neoliberalismus werden auch alternative Milieus oder die Hipster-Kultur kritisch betrachtet. Klitcliques Performances dominiert ein gewisser Unterhaltungsfaktor, banale Assoziationsketten werden mit humorvollen Pointen gepaart, auf der Bühne kommen durchgestaltete Requisiten zum Einsatz, wie beispielsweise das DIY-Mischpult Menstruator PMS 2000 aus lackiertem Karton.

Klitclique bewegt sich in einem männlich besetzten musikalischen Territorium, das jene Menschen, die von der weißen, männlichen, heterosexuellen, körperlich-uneingeschränkten Norm abweichen, marginalisiert. Ahmed beschreibt Desorientierung als »a feeling of losing one's place« (Ahmed 2006:

160), sieht in ihr aber gleichzeitig Potential für politisch radikales Handeln. Klitclique greift das politische Gewicht solch negativ konnotierter Gefühle mit neuer Intensität auf und hinterfragt, wie negative Affekte produktiv gemacht werden können. Das Duo agiert aus einer im feministischen Kontext anerkannten Sprechposition heraus, in dem es konzeptuelle Desorientierung als Empowerment nutzt. Klitcliques Inszenierungskonzept durchbricht die räumliche Anordnung von sozialen Beziehungen und verteilt sie um. Objekte, die auf den ersten Blick keinerlei Assoziation ermöglichen, rücken in den Fokus. Die Abwendung von normativen Vorstellungen hebt Kategorien der Ungleichheit hervor. Die Desorientierung, die Klitclique in Text, Performance und Kooperationen verarbeitet, gibt den »support« für jene, die nicht den von Ahmed definierten »straight lines« oder »white lines« zugeschrieben werden.

Literatur

Ahmed, Dalia (2018). »Feindbild Rap-Dude.« In: *Missy* 3, S. 19-21.
Ahmed, Sara (2006). *Queer Phenomenology. Orientations, Objects, Others*. Durham: Duke University Press.
Ahmed, Sara (2007). »A Phenomenology of Whiteness.« In: *Feminist Theory* 8, S. 149-168.
Auslander, Philip (2006). *Performing Glam Rock: Gender and Theatricality in Popular Music*. Ann Arbor: University of Michigan Press.
Auslander, Philip (2009). »Musical Persona: The Physical Performance of Popular Music.« In: *The Ashgate Research Companion to Popular Musicology*. Hg. v. Derek B. Scott. Farnham: Ashgate, S. 303-315.
Babka, Anna (2007). »›In-side-out‹ the Canon. Postkoloniale Theorien und Gendertheorien als Perspektiven für die germanistische Literaturwissenschaft.« In: *Kakanien revisited*, http://www.kakanien.ac.at/beitr/theorie/ABabka1.pdf (Zugriff: 16.1.2019, Version vom 5.5.2007).
Babka, Anna (2009). »›Sich in der Vorläufigkeit einrichten‹ oder ›In-side-out‹. Postkoloniale Theorie und Queertheorie im Theorie- und Deutungskanon der Germanistischen Literaturwissenschaft.« In: *Kakanien revisited*, http://www.kakanien.ac.at/beitr/postcol/ABabka1.pdf (Zugriff: 16.1.2019, Version vom 22.6.2009).
Ben Saoud, Amira (2018). »›Schlecht im Bett, gut im Rap‹: Das improvisierte Matriarchat von Klitclique.« In: *Der Standard*, www.derstandard.at/2000081389376/Klitclique-Das-improvisierte-Matriarchat (Zugriff: 27.12.2018, Version vom 12.6.2018).
Birk, Hanne / Neumann, Birgit (2002). »Go-Between: Postkoloniale Erzähltheorie.« In: *Neue Ansätze in der Erzähltheorie*. Hg. v. Ansgar Nünning u. Vera Nünning. Trier: WVT Wissenschaftlicher Verlag Trier, S. 115-152.
Bogner, Verena (2016). »Ehre, Freiheit, Vatermord – Die Burschenschaft Hysteria.« In: *Vice*, https://www.vice.com/de_at/article/gq3484/die-burschenschaft-hysteria (Zugriff: 14.1.2019, Version vom 7.7.2016).

Burton, Mark / Kagan, Carolyn (1996). »Rethinking Empowerment: Shared Action Against Powerlessness.« In: *Manchester Learning Disability Partnership and Manchester Metropolitan University*, http://www.compsy.org.uk/rethemp.htm (Zugriff: 14.6.2019, Version vom 10.1.2010).

Butler, Judith (1991). *Das Unbehagen der Geschlechter*. Frankfurt/M.: Suhrkamp.

Butler, Judith (2002). »Performative Akte und Geschlechterkonstitution: Phänomenologie und feministische Theorie.« In: *Performanz: Zwischen Sprachphilosophie und Kulturwissenschaften*. Hg. v. Uwe Wirth. Frankfurt/M.: Suhrkamp, S. 301-322.

Degele, Nina / Winker, Gabriele (2009). *Intersektionalität – Zur Analyse sozialer Ungleichheiten*. Bielefeld: transcript.

Denninger, Tina / Schütze, Lea (2017). »Einleitung. Alte und neu Verhandlungen zu Alter(n) und Geschlecht.« In: *Alter(n) und Geschlecht. Neuverhandlungen eines sozialen Zusammenhangs*. Hg. v. Tina Denninger u. Lea Schütze. Münster: Westfälisches Dampfboot, S. 7-23.

Dörfler, Frederik (2018). *HipHop-Musik aus Österreich. Lokale Aspekte einer globalen kulturellen Ausdrucksform*. Dissertation an der Universität für Musik und darstellende Kunst Wien.

Frank, Priscilla (2014). »10 Women Street Artists Who Are Better Than Banksy.« In: *Huffington Post*, https://www.huffingtonpost.com/2014/09/04/female-street-artists_n_5759430.html (Zugriff: 15.1.2019, Version vom 10.3.2015).

Frith, Simon / McRobbie, Angela (1991 [1978]). »Rock and Sexuality.« In: *On Record – Rock, Pop & the Written Word*. Hg. v. Simon Frith u. Andrew Goodwin. London: Routledge, S. 371-389.

Holland, Samantha (2004). *Alternative Femininities: Body, Age and Identity*. Oxford u. New York: Berg.

Hornberger, Barbara (2015). »Gesten der Wut. Anmerkungen zur Gitarrenzerstörung.« In: *Rohe Beats, harte Sounds. Konstruktionen von Aggressivität und Gender in populärer Musik*. Hg. v. Florian Heesch u. Barbara Hornberger (= Jahrbuch Musik und Gender 7). Hildesheim etc.: Olms, S. 39-54.

Jandl, Paul (2018). »Eine Hyäne will für Österreich an den Eurovision Song Contest.« In: *Neue Zürcher Zeitung*, https://www.nzz.ch/feuilleton/hyaene-fischer-oesterreichs-antwort-auf-helene-fischer-ld.1444632 (Zugriff: 16.1.2019, Version vom 14.12.2018).

Jaschke, Bruno (2018). »Steuergeld, Oida!« In: *Wiener Zeitung*, https://www.wienerzeitung.at/themen_channel/musik/pop_rock_jazz/975373_Steuergeld-Oida.html (Zugriff: 14.1.2019, Version vom 6.7.2018).

Kabeer, Naila (2005). »Gender Equality and Women's Empowerment: A Critical Analysis of the Third Millennium Development Goal.« In: *Gender and Development* 13 (1), S. 13-24.

Klein, Gabriele / Friedrich, Malte (2003). *Is this real? Die Kultur des HipHop*. Frankfurt/M.: Suhrkamp.

Kogler, Susanne (2013). »Autorschaft, Genie, Geschlecht. Einleitende Überlegungen zum Thema.« In: *Autorschaft, Genie, Geschlecht*. Hg. v. Kordula Knaus u. Susanne Kogler. Wien: Böhlau, S. 9-22.

Liebs, Holger (2010). »Der Druck, der sich im Körper fortpflanzt. Im Gespräch: Maria Lassnig.« In: *Süddeutsche Zeitung*, https://www.sueddeutsche.de/kultur/im-gespraech-maria-lassnig-nullkommajosef-selbstvertrauen-1.394514-2 (Zugriff: 10.7.2019, Version vom 17.5.2010).

Mosedale, Sarah (2005). »Assessing Women's Empowerment: Towards a Conceptual Framework.« In: *Journal of International Development* 17 (2), S. 243-257.

Mulvey, Laura (1975). »Visual Pleasure and Narrative Cinema.« In: *Screen* 16 (3), S. 14-26.
Peterson, Richard A. / Bennett, Andi (2004). »Introducing the Scenes Perspective.« In: *Music Scenes: Local, Trans-Local and Virtual*. Hg. v. Andy Bennett u. Richard A. Peterson. Nashville: University of Vanderbilt Press, S. 1-16.
Pichler, Michaela (2018). »Unzerfickbar: Klitclique im Porträt.« In: *The Gap*, https://thegap.at/unzerfickbar-klitclique-im-portraet/ (Zugriff: 10.1.2019, Version vom 8.6.2018).
Quinn, Eithne (2000). »Who's The Mack? The Performativity and Politics of the Pimp Figure in Gangsta Rap.« In: *Journal of American Studies* 34 (1), S. 115-136.
Rahman, Aminur (2013). »Women's Empowerment: Concept and Beyond.« In: *Global Journal of Human Social Science Sociology & Culture* 13 (6), S. 8-13.
Rappaport, Julian (1981). »In Praise of Paradox. A Social Policy of Empowerment over Prevention.« In: *American Journal of Community Psychology* 9 (1), S. 1-25.
Raymer, Miles. (2012). »Who Owns Trap?« In: *Chicago Reader*, http://www.chicagoreader.com/chicago/trap-rap-edm-flosstradamus-uz-jeffrees-lex-luger/Content?oid=7975249 (Zugriff: 5.12.2018, Version vom 20.11.2012).
Reimann, Christoph (2018). »Feministischer Cloudrap aus Wien. Sonja Eismann im Gespräch mit Christoph Reimann.« In: *Deutschlandfunk Kultur*, https://www.deutschlandfunkkultur.de/duo-klitclique-feministischer-cloudrap-aus-wien.2177.de.html?dram:article_id=419701 (Zugriff: 17.1.2019, Version vom 6.6.2018.).
Schachinger, Christian (2018). »Burschenschaft Hysteria: Als ›Hyäne Fischer‹ zum Song Contest.« In: *Der Standard*, www.derstandard.at/2000092582466/Burschenschaft-Hysteria-Als-Hyaene-Fischer-zum-Song-Contest (Zugriff: 15.1.2019, Version vom 28.11.2018).
Schmidt, Marie (2017). »Im goldenen Matriarchat.« In: *Zeit Online*, https://www.zeit.de/2017/14/burschenschaft-hysteria-wien-matriarchat-stefanie-sargnagel (Zugriff: 10.1.2019, Version vom 4.4.2017).
Solga, Heike / Berger, Peter A. / Powell, Justin (2009). »Soziale Ungleichheit – Kein Schnee von gestern! Eine Einführung.« In: *Soziale Ungleichheit. Klassische Texte zur Sozialstrukturanalyse*. Hg. v. Heike Solga, Peter A. Berger u. Justin Powell. Frankfurt/M. u. New York: Campus, S. 11-45.
Solnit, Rebecca (2012). »Men Still Explain Things to Me.« In: *The Nation*, https://www.thenation.com/article/men-still-explain-things-me/ (Zugriff: 13.6.2019, Version vom 20.8.2012).
Sterra, Marielle (2018). »Die Wiener Burschenschaft Hysteria fordert rechtsextreme Männerbünde heraus. Die österreichische Politikwissenschaftlerin Judith Goetz erklärt im Interview, wie das funktioniert.« In: *Missy*, https://missy-magazine.de/blog/2018/08/29/die-wiener-burschenschaft-hysteria-fordert-rechtsextreme-maennerbuende-heraus/ (Zugriff: 17.1.2019, Version vom 29.8.2018).
Tate, Greg (2003). *Everything but the Burden: What White People Take from Black Culture*. New York: Broadway Books.
Usborne, David (1993). »Wiggers just Wannabe Black: White Middle-class Kids are Adopting Black Street Style and Chilling out to Rap Music. David Usborne Reports from Washington.« In: *Independent*, https://www.independent.co.uk/news/world/wiggers-just-wannabe-black-white-middle-class-kids-are-adopting-black-street-style-and-chilling-out-1462591.html (Zugriff: 17.6.2019).
Walker, Angus (2016). »Behind the Beat: Lex Luger.« In: *HNHH*, http://www.hotnewhiphop.com/behind-the-beat-lex-luger-news.21695.html (Zugriff: 12.6.2019, Version vom 18.5.2016).
Weidinger, Bernhard (2015). ›Im nationalen Abwehrkampf der Grenzlanddeutschen‹.

Akademische Burschenschaften und Politik in Österreich nach 1945. Wien: Böhlau.
Wirth, Uwe (Hg.) (2002). *Performanz. Zwischen Sprachphilosophie und Kulturwissenschaften.* Frankfurt/M.: Suhrkamp.
Wutscher, Irmi (2016). »Weltweit gemeinsam menstruieren! 5 Dinge, die du über die Burschenschaft Hysteria wissen solltest.« In: *FM4*, https://fm4v3.orf.at/stories/1772083/index.html (Zugriff: 15.1.2019, Version vom 19.7.2016).
Zekri, Sonja (2018). »Mit Obersalzbergseligkeit zum ESC?« In: *Süddeutsche Zeitung*, http://www.sueddeutsche.de/kultur/hyaene-fischer-oesterreich-esc-eurovision1.4234595 (Zugriff: 17.1.2019, Version vom 30.11.2018).

Diskographie

Bushido (2010). *Zeiten Ändern Dich.* Ersguterjunge 08869-7640832-(9).
DJ Vadim (1999). *Friction / The Terrorist.* Ninja Tune ZEN12 79.
Klitclique (2018). *Schlecht im Rap gut im Bett.* Schlecht im Bett Records, http://www.klitclique.com/album-download/.

Audiovisuelle Quellen

Hyäne Fischer (2018). »Im Rausch der Zeit«, https://www.youtube.com/watch?v=cmo0BYGH9bc (Zugriff: 10.1.2019, veröffentlicht am 26.11.2018).
Klitclique (2016). »Der Feminist F€m1n1$t«, https://www.youtube.com/watch?v=7jrRGFHKygI (Zugriff: 17.12.2018, veröffentlicht am 23.9.2016).
Klitclique (2017). »M«, https://www.youtube.com/watch?v=7jrRGFHKygI (Zugriff: 19.12.2018, veröffentlicht am 11.12.2017).
Klitclique (2018). »Maria«, https://www.youtube.com/watch?v=7jrRGFHKygI (Zugriff: 12.12.2018, veröffentlicht am 30.6.2018).

Abstract

The female artists G-Udit and $chwanger, aka Klitclique, act as feminist rappers in Vienna's art and underground music scene. Founded in 2012, the hip-hop duo uses trap rap and a certain DIY ethic to reconstruct the »sounds of feminism«. In their performances the two artists utilize music, language, and props as responses to a male culture that continues to ignore, control, and irritate female sexuality. Embodying feminist goals, the duo plays with stereotypes in music and the conventions of representation. In this article, I discuss the image and effects of feminism in trap rap, the role of languages in existing conceptions of gender identities as well as the de-/construction of gender clichés by analyzing Klitclique's lyrics and performances. Since the duo's performances correspond to the clichés of masculinity prevalent in contemporary pop culture, I draw on work dealing with the role of women in hiphop. I begin my inquiry with a brief survey of the history of trap music. The central component of the article then analyzes Klitclique's subversive dealings with socially constructed differences and the resulting social inequalities by using a multidimensional close-reading combined with intersectional approaches in connection with Sara Ahmed's reflections on the term »disorientation«.

»NATÜRLICH NUR IRONISCH UND NUR SO NEBENBEI.«
TEILZEIT-SOLIDARITÄT, NEOSEXISMUS UND HUMOR IM INDIE, PUNK UND RAP

Katharina Alexi

> »Du verdammte Hure, das ist dein Lied
> Dein Lied ganz allein
> Das kannst du all deinen Freunden zeigen«
> *Kraftklub, Refrain »Dein Lied« (2017)*
>
> »Vielen Dank Jungs. Nach mehr als drei Jahren habe ich endlich den perfekten Song für meine Ex. Habe ich ihr gleich mal geschickt. 4min später wurde ich blockiert. Nun weiss sie endlich, was sie für ein dreckiges Stück Scheiße ist«[1]
> *Kraftklub-Fan zur Veröffentlichung von »Dein Lied«*

2017 filmte die Band Kraftklub acht Tage nach dem Internationalen Frauen(kampf)tag in einem mehrstündigen Livestream eine Baustelle. Den ganzen Tag konnten Zuschauer*innen beobachten, wie ein Bühnenbild zusammengesetzt wurde, gegen 21 Uhr am 16. März 2017 war es so weit: Begleitet vom Jungen Sinfonieorchester Berlin performten Kraftklub ihre neue Single. In roten Jacken ließen sie den riesigen Buchstaben K abbrennen und besangen, von Streichinstrumenten untermalt, die Figur einer Ex-Freundin im Song »Dein Lied« als »verdammte Hure«. Besonders männliche Journalisten stürzten sich affirmativ auf diese wohl angerichtete Inszenierung. In einem Artikel von *Spiegel Online* hieß es: »Kraftklub befreit sich mit ihrem neuen Album von Indie-Zwängen und Bedenken« (Borcholte 2017). Die Überschrift des Artikels lautete: »›Es hören auch Idioten Kraftklub‹« — ein Zitat des Sängers der Band, das wie eine Begründung klang, warum denn nun in einem Indie[2]-Song

---

1 Nutzer »Marcel Vosen«, www.facebook.com/kraftklub/posts/10155063639564754?comment_tracking=%7B%22tn%22%3A%220%22%7D.
2 Die Band selbst bezeichnet sich momentan als »Weich-Hart-Punk«, Erbacher und Nitzsche (2016) sprechen von Indie-Rap. Da sich viele der behandelten Musikbespiele in diesem Aufsatz durch Auftritte, Label-Veröffentlichungen, Bezüge aufeinander oder eben auch (ironische) Selbstverortung permanent zwischen den Genres Indie, Punk und Rap bewegen, insbesondere Kraftklub,

eine weibliche Figur als Hure bepöbelt werden müsse. Ein anderer Journalist textete euphorisch für *puls Musik*, das »Junge Programm des Bayrischen Rundfunks«: »Er hat ›Huuuuuuure‹ gesagt! [...] Was für ein Comeback für die Band aus Karl-Marx-Stadt« (Borgmann 2017).

Die folgenden Seiten widmen sich dem Song und seiner Veröffentlichung als Auftakt des dritten Albums der Band Kraftklub und weiteren musikalischen Beispielen.[3] Die Bearbeitung des Materials folgt methodologisch Philipp Mayrings (2003) Konzept der weiten Kontextanalyse, das hier über Songtexte hinausgehende Informationen einbezieht. Dies sind audiovisuelles Material wie Songs voriger Studioalben, Musikvideos und Video-Interviews mit den behandelten Künstlern sowie Kommentierungen, Musikrezensionen, Fanzine-Beiträge und Aufführungsorte bzw. soziale Räume (z.B. Konzerte, politische Demonstrationen).[4] Simon Obert konstatiert in der Klärung des Gegenstands der Popmusikanalyse, dass »Text und Kontext nicht zu trennen sind« (Obert 2012: 12) und sieht zugleich mit Verweisen auf das Vorhandensein historisch-soziologischer Zugänge in anderen wissenschaftlichen Disziplinen im »Aufgeben klanglicher Strukturen als zentrale[m] Forschungsgegenstand ein[en] Kompetenzverlust« (ebd.: 13), bevor er jedoch zu dem Schluss kommt: »Sofern anschlussfähige, diskursive, neuartige, produktiv weiter zu nutzende Einsichten in den Gegenstand das Resultat sind, ist jede noch so nah- oder abseitige Methode nicht nur angebracht, sondern auch wünschenswert« (ebd.: 16). Hier bilden (Kon-)Text und Sprache gegenstandsbezogen und forschungsinteressiert Ausgangspunkte, da bezüglich einer »postfeministischen« Rhetorik in populären Musiken Desiderate bestehen.

Angesprochen wird zweitens die ambivalente Tradition, in der ein frauenverachtendes Vokabular seit Ende der 1980er-Jahre in der populären deutschsprachigen Punkmusik immer wieder aufflackert und mit emanzipatorischen Inhalten kombiniert wird. Die Dethematisierung von Frauenrechten und das Ausklammern ihrer Bedrohung in/während Kritiken des Nationalismus bzw. Rechtsradikalismus in der deutschsprachigen Punk- und Indiemusik tritt zuletzt deutlicher denn je in Erscheinung, weshalb ich von anderseits getätigten solidarischen Bekundungen als einem nur zeitweise ausgeübten Engagement bzw. von *Teilzeit-Solidarität* spreche — und in Bezug auf die Effekte

---

ist die Suche nach einer einzigen Genrebezeichnung grundsätzlich irreführend. Indie kann hier als Kurzform für Indiepunkrap verstanden werden, die auf zentrale klanglich-ästhetische Merkmale verweist.

3   Den Herausgeber*innen und Reviewer*innen sei für wertvolle Anregungen zu diesem Artikel gedankt.
4   Materialauswahl und Vorgehen decken sich mit der Auffassung L.J. Müllers von populärer Musik als »Gesamtkomplex, der auch Diskurse, Konzerte, mediale Vermittlungen [...] Images usw. umfasst« (Müller 2018: 44).

einer neosexistischen Rhetorik für die Partizipation von (aufstrebenden) Musikerinnen an Musikszenen auch von Teilzeit-Kollegialität. Der von den Akteuren selbst als doppelbödiger Humor ausgelegte »Sexismus im Zitat« wird drittens mit dem Feststellen der Verwebungen von »Irony and Knowingness« bei Rosalind Gill (2012: 144f.) sowie einer Vorwegnahme und Verhinderung von Kritik durch Ironie nach Angela McRobbie (2004: 259) diskutiert. Einen weiteren Schwerpunkt bildet die ironische Sexualisierung, u.a. im Rap. Multidisziplinär beziehe ich Erkenntnisse der jüngeren (erweiterten) Intersektionalitätstheorie sowie der Sozialpsychologie ein. Als erweiterte Intersektionale Theorie werden vor allem die Arbeiten Ina Kerners verstanden: Kerner kritisiert einen Fokus entweder nur auf den Begriff Intersektionalität oder Interdependenz als eindimensional und unterscheidet insgesamt vier Modi des Rassismus-Sexismus-Verhältnisses — Ähnlichkeiten, Unterschiede, Kopplungen und Intersektionen. Sie operiert weiter mit dem Theorem der Intersektion und versteht es als Ausbau eines (nur) additiven triple-oppression-Ansatzes (Sexismus-Rassismus-Klassismus), der ambivalente Verschränkungen zum Beispiel zwischen Antirassismus und Sexismus bislang weitestgehend vernachlässigt habe (vgl. Kerner 2009a: 38ff.; 2009b: 312ff.). Tine Plesch hat zudem in ihrem Text »Frauen? Humor? Popmusik?« (2002) wesentliche Impulse für das Verständnis von (angeblicher) Humor(losigkeit) als Ordnungsstrategie gegeben. Insgesamt lassen sich schließlich der regulative, bedrängende Charakter dieser »maskierten Wiederholung« (Foucault 1970: 19) von Sexismus in den behandelten Musik(szen)en und ihre Konjunktur als Ausdrucksstrang und rhetorisches Mittel einer Feminismus-Invisibilisierung und -Schmähung verstehen. Tradierungsprozesse von Geschlechterhierarchien und Männlichkeitskonstruktionen im deutschsprachigen Punk und Indie erforschten (machtkritisch) zuletzt Martin Winter (2015), Nadine Sanitter (2015) und Yvonne Niekrenz (2019); parallel dazu beschäftigen sich seit Kurzem kultur- und musikwissenschaftliche Beiträge mit geschlechtsspezifischem Humor (vgl. Goeth 2016, Foka/Liliequist 2015, Kitts/Baxter-Moore 2019). An der Schnittstelle von Kulturwissenschaften, Popular Music Studies, feministischer Theorie und Kulturkritik unternimmt dieser Beitrag eine Zusammenführung der Themenstränge.

Diskografische Kontextualisierung des Songs »Dein Lied« — Der Begriff Hure als »Befreiung von Indie-Zwängen«?

Mit dem dritten Album *Keine Nacht für Niemand* dockten Kraftklub an eine pseudorebellische Rap-Kultur an, deren Authentizität sich immer noch aus der Abwertung von Frauen speist. Ein Album zuvor hatte sich die Band einer ganz anderen Ästhetik und Sprache bedient: Um die Veröffentlichung ihres zweiten Studioalbums anzukündigen, täuschten Kraftklub 2014 vor, eine neue Punkband mit dem Namen »In Schwarz« zu sein. Im Musikvideo zu dem Song »Hand in Hand« traten die angeblichen Bandmitglieder vermummt auf und bedienten sich eines linksradikalen Habitus. Der Name der Schein-Band entpuppte sich schließlich als Titel des zweiten Albums von Kraftklub und die »Band« im Video bestand aus Mitarbeiter*innen der Management-Agentur »Beat the Rich«. Eine dazugehörige Vinyl-Single erschien beim linken Label Audiolith. Inhaltlich ging es auf diesem vorigen Kraftklub-Album ironisch und gleichzeitig solidarisch zu. Im Song »Schüsse in die Luft« textete die Band 2014: »Und selbst wenn alles scheiße ist, du pleite bist und sonst nichts kannst / dann sei doch einfach stolz auf dein Land / Oder gib die Schuld ein paar anderen armen Schweinen / Hey wie wärs denn mit den Leuten im Asylbewerberheim«. Aufgegriffen wurden hier die zunehmenden Anschläge auf Asylunterkünfte in Deutschland, die sich von 2012 zu 2013 auf knapp 60 verdoppelten (vgl. Litschko 2014).[5] Der von einer resigniert klingenden Stimme vorgetragene Vorschlag rät keinesfalls, bereits verbal und physisch angegriffene Asylbewerber*innen noch weiter zu verletzen, sondern überspitzt das Unverständnis über das Ausbleiben jeglichen Solidargedankens. Dies wird vor allem daran deutlich, dass Asylbeweber*innen in einem (Ohn)Macht(s)gefüge als »arme Schweine« identifiziert werden. Zudem loten Kraftklub im Songtext das ambivalente Potential von Ironie in einer reaktionären Rhetorik aus: »Und ja natürlich nur ironisch und nur so nebenbei / Aber im Vergleich mit den Opfern da ist das eigene Leben schon geil«. Diese Beobachtungen gipfeln im Satz »Dein verkackter Kommentar war natürlich nur ein Spaß, alles klar«. Bis heute wird der Song häufig auf Demonstrationen gegen Rechtsradikalismus gespielt, unter anderem auf der Gegendemonstration zum sogenannten »Tag der deutschen Zukunft« der neonazistischen Szene im Juni 2015 in Neuruppin,

---

5 Die Zahlen verzehnfachten sich seitdem; das BKA listet diese Anschläge immer noch als »Kriminalität im Kontext von Zuwanderung«, siehe z.B. Bundeslagebild 2017.

Brandenburg, sowie auch von der Band selbst am 1. Mai 2018 bei einer Gegenveranstaltung zu einer rechten Demonstration in Chemnitz. Im Musikvideo zu »Schüsse in die Luft« greift die Band mit Bengalos als demonstrationstypischer Pyrotechnik und Vermummungsmasken ebenfalls eine linkspolitisierte Ästhetik auf.

Statements aus dem Promo-Zeitraum des Nachfolge-Albums von Kraftklub geben Aufschluss, wie es nach der ironischen Kommentierung der Selbstgerechtigkeit von Angriffen auf Asylbeweber*innen zu einem gänzlich anderen Gebrauch von Ironie auf dem dritten Album der Band kommt. Verballhornt der Titel des Albums *Keine Nacht für Niemand* bereits die politische Parole »Keine Macht für Niemand« der Ton Steine Scherben, erläutert Kraftklub-Sänger Felix Brummer (bürgerlich: Kummer) zum Text von »Dein Lied« geradezu pädagogisch ambitioniert:

»Dass Leute den Unterschied zwischen Realität und Fiktion – und auch gerade junge Leute – lernen müssen und den irgendwie erklären, das ist einfach so, ja. Da gehört so'n Song wie ›Dein Lied‹ sicherlich auch dazu, dass irgendjemand sagt: ›Ey, das ist ne fiktive Geschichte, das heißt nicht, dass du jetzt deine Exfreundin als Hure bezeichnen darfst‹. Das heißt es nun mal einfach nicht. Das heißt aber genauso […], dass du […] dir ein Werbeplakat angucken musst und weißt: Das ist nicht die Realität, die da dargestellt wird, das ist Quatsch, das ist Photoshop« (ebd.: 09:35).

Realität ist indes – auch wenn Kraftklub dies nicht thematisieren –, dass Frauen alltäglich als Huren beschimpft werden, besonders wenn sie Anmachen ausschlagen. Der Song »Dein Lied« selbst führte, wie schon am Beginn dieses Aufsatzes anhand eines Fan-Zitats und Schlagzeilen sichtbar, zu einer Anhäufung und gesteigerten Normalisierung von frauenverachtendem Vokabular in der Öffentlichkeit wie auch privaten Sphären. Das verdeutlicht auch ein Video-Interview mit Kraftklub, veröffentlicht am Tag nach dem Erscheinen des Songs auf YouTube. Hierin spricht ein Radiomoderator Brummer angeregt als »gottverdammte Hure« an (DasDing 2017: 02:25), um seinen eigenen Scherz anschließend selbst zu belachen. Weiter fragte der Journalist rhetorisch in Bezug auf den »recht derb[en] Song« (ebd.: 02:50): »Was sag ich denn den Ursulas, die sich jetzt hier melden und sagen ›Ey das geht gar nicht‹«? Brummer erwidert:

»Jaaaaa. Also ich wunder mich ja tatsächlich, dass ich hier überhaupt hier mit nem Radiosender telefoniere, der den Song spielt. Ich, ähm, also damit hätten wir jetzt nicht unbedingt gerechnet, dass der Song wirklich im Radio gespielt wird. Ansonsten... die Ursula, die hält das schon aus. Und äh den Kindern muss man dann mal die Ohren zuhalten« (ebd.: 02:55).[6]

Brummer macht in einem anderen Interview ironische Witze über die heutige Offenheit in Geschlechterbeziehungen, verglichen mit den 1930er-Jahren (vgl. DasDing 2017: 02:30). Insofern ist nicht von einer grundsätzlich fehlenden Sensibilisierung für Gleichberechtigungs-Diskurse auszugehen. Die Band betont, man fände die Bezeichnung Schlampe für Frauen und verkrustetes Rollendenken zwar »scheiße«, es sei aber »spannend, so ne Perspektive einzunehmen« (Brummer in Diffus 2017: 11:30).[7] Klassische Musikinstrumente wären ohnehin verstörender als ein »klassisch« sexistisches Vokabular: »Wir fanden es eher provozierend, Streicher einzusetzen«, so der Frontsänger (Brummer in Borcholte 2017).

Frauen/Rechte/Punk – Teilzeit-Solidarität und Indie-Zynismus

Die Vereinbarkeit einer antifaschistischen Attitüde mit der gleichzeitigen Abwertung und Sexualisierung von Frauen oder auch der Kommentierung ihres sexuellen Verhaltens ist nicht so neu, wie nach der Berichterstattung zum letzten Album von Kraftklub und der Selbsteinschätzung der Band vermutet werden könnte. In der deutschsprachigen Punkrockmusik gelingt sie seit Ende der 1980er-Jahre. Eines der wichtigsten musikalischen Schlaglichter gegen Neonazismus lieferten etwa 1993 Die Ärzte mit ihrem Song »Schrei nach Liebe«. Ein weniger bekanntes, doch bis heute live immer wieder von der Gruppe gespieltes Lied trägt den Titel »Tittenmaus«. Es interpretiert die reproduzierte sexistische Anrede ironisch als »goldene Worte« und legitimiert so das verbale Warmhalten und die konsumierbare Entkopplung einer abwertenden frauenbezogenen Sprache vom »richtigen«, primären Sexismus. Die punkige Reinszenierung stützt sich auf die gleiche Provokation, die auch

---

6 Der Moderator stimmt ihm anschließend engagiert zu, er hasse »clean versions«. Darauf Brummer singend: »Du verdammte Hupe – möp möp«. Das heitere Geplänkel der Gesprächspartner endet damit, dass Brummer das Publikum auffordert, ihm doch bei der Suche nach einer »gendertе[n] Version« aus Frauen-Perspektive zu helfen. »Was wäre denn das Äquivalent von Hure?« (ebd.), fragt er, als wüsste er nicht, dass so ein Begriff nicht existiert.

7 Im Gesang und Pathos erinnert der über lange Strecken in zornig-hoher Stimme gesprochene Song »Dein Lied« in Teilen an Falcos »Jeanny«, das Erfahrungen spezifisch sexualisierter Gewalt aus Täter-Perspektive suggerierte. Parallelen in der Inszenierung beider Lieder sowie ihrer öffentlichen Diskussion stellten auch die Journalist*innen Anne Waak (2017) und Boris Jordan (2017) fest.

»ernste Sexisten« anwenden, allerdings in einer anderen, weniger offenkundig aggressiven und sich umso harmloser gebenden Rhetorik. Sie schützt sich selbst mit der Suggestion vor Kritik, dass eine ernste Rezeption ja ebenso ausgeschlossen werden könne wie Punk-Musiker nicht sexistisch agieren würden. Das spielerische Reproduzieren bleibt dabei selbstredend ein Reproduzieren; an anders diskriminierenden Schimpfworten würde dies umso deutlicher werden. Aufrechterhalten wird auch eine stets auf Männer bezogene Zitierverwandschaft (vgl. Ahmed 2017) zu deren Äußerungen, indem sich nur soweit auf ihre Ekelhaftigkeit bezogen wird, als dass sie noch für den eigenen Song verwertbar bleibt. »Tittenmaus« als Prototyp des humorig-sexistischen Pop-Punk-Liedes erschien 1989, eröffnete 2002 die DVD des vielbeachteten Unplugged-Albums *Rock'n'Roll Realschule* und wurde zuletzt wieder Ende 2013 auf der Live-DVD *Die Nacht der Dämonen* veröffentlicht. Neben dem weiblichen Körper erhielt auch das Sexualverhalten von Frauen in abfälliger Sprache Eingang in die Texte von (überwiegend) männlichen Punkmusikern. Die Toten Hosen positionieren sich seit Jahrzehnten mit Songs wie »Willkommen in Deutschland« oder »Sascha... ein aufrechter Deutscher« kontinuierlich gegen einen erstarkenden Nationalismus. Im Lied »Frauen dieser Welt« lästern sie Anfang der 2000er aber auch ironisch über »spermageile Luder, die für Luxus alles tun«. Gleichzeitig machen sie sich subtil über feministische Kritik lustig: »Ich habe schon als junger Mensch begriffen / Dass Männer sehr viel Schaden anrichten / Damals habe ich mich für die Musik entschieden / Die ist gesellschaftlich nicht wichtig«. Als drittes Beispiel kann die Band Broilers angeführt werden, die 2011 in ihrem Patriotismus-kritischen Lied »Schwarz, Grau, Weiß« die rechte Radikalisierung in der deutschen Gesellschaft beschreibt (»ein steter Kampf um Ehre, Boden und Blut«), wobei ein Modus der Beobachtung zum Teil mit der ironischen Rezitation rechter Rhetorik verschmilzt (»Über das Wasser, da kamen Männer [...] Nahmen die Arbeit und dann die Frauen«). Das Lied bezieht an einer Stelle aber eindeutig Stellung: »Die Fahnen hoch, die Augen fest geschlossen / Schließ auch die Beine Mädchen, öffne ein Buch«. Zwei Jahre zuvor hatte die Rap-Gruppe K.I.Z. ihr Album *Sexismus gegen Rechts* veröffentlicht – womöglich eine Inspiration für diese Zeilen. Wie genau mit dem Unterbinden weiblicher Sexualität ein Rechtsruck verhindert werden solle, bleibt ähnlich offen und unklar wie die Frage, warum Kraftklub in Zeiten eines gesellschaftlichen Rechtsrucks, der auch, aber nicht in erster Linie von Frauen getragen wird und Frauenrechte bedroht, sich mit von Rassismus Betroffenen solidarisieren, Frauen zugleich aber auch als Hure in ihrem Song vorkommen lassen (oder, in »Schüsse in die Luft«, als klischeehaft meckernde Mutter, die den Protagonisten vom Demonstrieren abhält).

Der *Zeit Online*-Journalist Lars Weisbrod (2017) sinnierte als Reaktion auf Kraftklubs »Dein Lied« über eine »Remaskulinisierung« der »sanften Pop-Männer«. Es ist fraglich, ob Genres wie Punk oder Indie je von solchen Szenarien befreit waren. Szenekritiken an männlicher Dominanz im Punk (vgl. Kracher 2018, Grether/Grether 2017) stellen anderes fest. »Obwohl Punk mit seinem D.I.Y-Gestus von feministischen und queeren Bewegungen (Riot Grrrl, Ladyfest) aufgenommen und weiterentwickelt wird, trägt Punk nur wenig zur Gleichberechtigung der Geschlechter in der Popkultur bei« (2007: 269), resümierte auch Rosa Reitsamer. Martin Büsser sprach zudem Frauen ausschließende Szenarien als Alltagszustand in der Indie-Szene an, indem er auf den Musiker- und Rezipiententypus des sogenannten Indie-Schluffis hinwies[8]: »Der Indie-Schluffi ist [...] ist ›irgendwie links‹, [...] hat gerne eine feste Freundin, so richtig wohl fühlt er sich dann aber doch nur bei seinen Kumpels, die seinen Musikgeschmack teilen. [...] Er ist die öde Kehrseite der Postmoderne« (Büsser 2008: 185f.). Kraftklub distanzieren sich schon auf ihrem ersten Album *Mit K*, wie Eric Erbacher und Sina Nitzsche (2016: 447f.) dargelegt haben, im Song »Eure Mädchen« von der Haltung der Hamburger Schule: »Wir sind nicht Tocotronic und wir sind auch nicht Die Sterne / Wir sind so wie wir sind, klingen wie wir klingen / Auch wenn die Indiepolizeisirene blinkt«. Der Protest wird hier noch nicht mit dem seit Jahren rechtskonservativ vereinnahmten Begriff der Political Correctness geführt, mit dem sich die Band mittlerweile umgibt (vgl. Neumann 2018), aber bereits eine Widerständigkeit gegen (musik-)kulturelle Correctness behauptet und zugleich ein neues Zeitalter des Indie eingeläutet, das sich verabschiedet von sensiblen Schluffis: »Wir sind nicht so wie die anderen Jungs / Der große Hype ist vorbei / Eure Mädchen tanzen mit uns / Wir ham' nicht mehr 2001«. 2001 ist (auch) das erste volle Jahr des sogenannten Aufstands der Anständigen in der deutschen Zivilgesellschaft, initiiert nach einem Brandanschlag auf die Düsseldorfer Synagoge im Oktober 2000; es ist das Jahr, in dem Büsser reaktionäre Tendenzen der sogenannten Mitte als nur vermeintlich weniger extreme Erscheinungen problematisiert, was mit Blick auf das Gros der Berichterstattung zum Kraftklub-Song »Dein Lied« (wie auch den Song selbst) fortzusetzen ist. Hier schreibt

---

8 Dies tat er in einer »Kritik der ungehörten Platten« in Bezug auf das Album *Kapitulation* der Band Tocotronic. Wie in vielen (auch kurzen) Texten fasst Büsser zeitlich und soziokulturell spezifische Phänomene hier mit einer historisch-musiktheoretischen Perspektive und Kritik an Kulturindustrie. Den »Schluffi« begreift er als Reinkarnation des Romantikers und männliches Stereotyp, die Feststellung einer »jungensbündlerische[n] Aura mit dem Muff von Umkleidekabinen« (Büsser 2008: 186) dechiffriert den kulturellen Code der Schlaffheit und Nicht-Aggression auch als wenig vehement in Hinblick auf patriarchale Zustände und innegehaltene Positionen.

ein Autor des Berliner Blogs *Spreeblick* nun als empörte Replik: »Die Hure bist in diesem Fall du, Kraftklub« (Haeusler 2017). Weisbrods Artikel ist mit nur zwei Worten überschrieben: »Du Nutte« (Weisbrod 2017); in Anführungszeichen, versteht sich. Eine derartige Übernahme frauenfeindlicher Terminologie ließ sich in kritischen Besprechungen offensiv sexistischer Deutschrap-Alben nach 2000 in linksliberalen Medien nicht beobachten; die Effekte des Kraftklub-Songs »Dein Lied« sind einschlägig. Einwände zum unbedarften Zugriff auf den Begriff »Hure«, geäußert von der Sängerin Jennifer Weist, nahmen die Musiker ähnlich ernst wie der Moderator befürchtete Beschwerden seiner Hörerinnen (vgl. Brandstetter 2017). »Na die ganzen Feministenverbände, die steigen uns jetzt aufs Dach« (Jordan 2017), beklagt sich Felix Brummer vielmehr, interessanterweise verüble er seinen Fans die gleiche Kritik aber nicht und trennt somit auch implizit Feminist*innen von diesen (vgl. ebd.). Ein solches Othering macht feministische Akteur*innen nicht nur zur Zielscheibe, sondern schließt sie in einem größeren Kontext auch als Kollaborateur*innen gegen rechtsradikale Kräfte aus und grenzt Feminismus von in anderen Songs ausgedrückten antifaschistischen Haltungen ab.

Der neue selbstgewisse Männer-Indie der 2010er Jahre ist womöglich mit einer Aktualisierung von Büssers Terminologie greifbar. Schrieb dieser über die sogenannten Schluffis in Bezug auf Künstler wie Rezipienten noch: »Sie halten ihre Gleichgültigkeit für Opposition und leiden an einer Welt, die sie gar nicht ändern wollen, weil sie sonst nichts mehr zu leiden haben« (Büsser 2008: 187), ist am Beispiel von Kraftklub vielmehr der Typ des Indie-Zynikers auf dem Vormarsch. An die Stelle der Gleichgültigkeit tritt in Indie- und Punk-Musiken (und einem Teil ihrer Communities), die einen nahezu uneingeschränkten Ruf als (irgendwie) progressiv genießen, zunehmend ein Habitus des selektiven Nicht-ernst-nehmen-Müssens; statt des Leidens findet ein Beleidigen statt. Die Gleichgültigkeit ist nicht verschwunden, doch die Konfliktlinien der Opposition haben sich verschoben. So findet sich in Deutschland in einem Punk-Fanzine 2017 eine lange Abhandlung darüber, warum das größte Problem des modernen Feminismus der »Kampf gegen seine eigene Bedeutungslosigkeit« wäre (vgl. »Basti« 2017: 39). Solidaritätsbekundungen der Punk- und Indieszene zum 100-jährigen Jubiläum des Frauenwahlrechts 2018 oder Empörungen über die Erweiterung des Verbotes von Informationen zu Abtreibungen 2019 blieben in den sozialen Netzwerken gänzlich aus. Vielmehr häufen sich Ablenkungen in Diskussionen, sobald feministische Argumentation aufkommt, hin zu anderen angeblich viel betrachtenswerteren Aspekten.[9] Die

---

9 Siehe einige der vom Musikjournalisten Linus Volkmann angeregten Online-Diskussionen 2019, etwa vom 27.7.2019 in Facebook, https://www.facebook.com/photo.php?fbid=10213518342104532&set=a.3329112918243&type=3&theater.

arrogante Haltung, es bedürfe keiner ernsten Kritik mehr bei ja offensichtlich überholten sexistischen Äußerungen, ermöglicht es im gleichen Zuge, in dem eine distanzierte Beschäftigung als aus der Mode gekommen abgetan wird, beispielsweise Bilder von übergriffigen Männern als (Profil-)Fotos in ironischer Pose zu nutzen. Man finde Sexismus auch schlimm, wird so demonstriert, man wisse ganz genau, was diese Männer getan haben, aber ihre Taten bleiben ästhetisch konsumierbar und erhalten comic-hafte Züge. Personen werden zu Abbildern, deren fiktionalisierte Anteile den Diskurs dominieren; ein Sprechen über tatsächliche Taten ist nicht mehr vorgesehen. Das Selbstverständnis hierbei ist nicht mehr nur ein »Sich nicht kümmern«, sondern nimmt Züge einer hippen Konservierung und Verteidigung von Geschlechterhierarchien an, die bis zur mal subtilen, mal offenen Ablehnung feministischer Anliegen und ihrer aktuellen Akteur*innen reicht, stets aber auf einem Sprechen ohne sie, auf Ausblendung und Invisibilisierung fußt sowie der Auffassung von Kritik als optimierbarer Performance, mit der man(n) die überholten, überflüssigen Stimmen gekonnt ausstechen kann.

Die geringe Thematisierung der Lebenswirklichkeit von Frauen manifestiert sich neben der zu beobachtenden Konjunktur schlechter Scherze dabei schon lange in einem Verschweigen des Talents und der Erfolge von Punk- und Indie-Musikerinnen, in Bookings großer Festivals mit nur wenigen weiblichen »Ausnahmen«, in der Dethematisierung von (international bedrohten) Frauenrechten in Szene-Magazinen/Fanzines mit höheren Auflagen, aber auch in von Männern selten geschriebenen Indie- oder Punk-Hymnen gegen häusliche und sexuelle Gewalt. Nach einem solch ernüchternden bis ermüdenden Überblick ist Simon Reynolds' gegenwärtige nostalgische Würdigung auch des frühen Punk als »erwachsen, verantwortungsbewusst, einfühlsam und sozial engagiert« (Reynolds 2017: 10) um die Feststellung einer »No feminist future«-Punk-(und Indie)- Attitüde zu ergänzen und zu fragen, wann diese ihre Anfänge nahm. Schon 1977 schrieb Mark Perry, Herausgeber des Londoner Punk-Fanzines *Sniffin' Glue*, ironisch, er erlaube es sogar einer Frau, mitzuschreiben, und entschuldigt sich hierfür bei den Männern der Szene wörtlich wie auch mit einer Begründung (Perry/Baker 2009: o.A.). Zugleich dokumentiert die nächste Ausgabe #7 die besonderen Anforderungen an Frauen und Bewertungen ihres Auftretens, das von Anfang als weniger authentisch galt, in einem Interview. »Oh, you see her with her t-shirt carefully ripped between the tits«, ätzte darin der Don Letts, zeitweise Manager der berühmten weiblichen Punkband The Slits (Letts 1977, zit. n. Perry/Baker 2009: o.A.).

Sicher treffen die obigen Schilderungen gegenwärtig nicht auf alle im deutschsprachigen Raum rezipierten Punk-, Indie- oder Rapbands zu. So formuliert die russische »Circlepit-HipHop«-Gruppe Moscow Death Brigade, die häufig auf deutschen Punkfestivals und in Clubs auftritt, derzeit solidarische Signale und widmete auf ihrer letzten Platte *Boltcutter* (2018) gleich drei Titel Protagonistinnen. In den Songs »Anne Frank Army, Pt. II«, »Brother & Sisterhood« sowie »Rudegirl Warrior« zelebriert die Band Mädchen, Frauen und deren Rechte. Zudem greift die Gruppe feministische Slogans wie »No Means No« auf, verbreitet sie auf ihrem Merchandise, thematisiert also sexuelle Gewalt und spendet Geld an entsprechende Projekte. Anstecken konnten sie ihre deutschsprachigen Szenekollegen auf den Bühnen und in den Redaktionen mit ihrer Haltung aber nicht. Dabei betont María Cárdenas im Editorial eines Magazins der Rosa-Luxemburg-Stiftung:

»Der Wind weht scharf. Autoritarismus und Rechtsradikalismus gewinnen an Zustimmung. Aber auch der Feminismus ist zurück: Women's marches, Frauenstreiks, #MeToo, ›Ni Una Menos‹ und viele mehr. Ob in den USA, Polen, Spanien, Lateinamerika oder Deutschland – feministische Proteste bilden die einzige transnationale Bewegung, die einen sichtbaren Gegenpol zur Rechten und zum Neoliberalismus markiert« (Cárdenas 2018).

Während sie also darlegt, wie Feminist*innen sich international zu unübersehbaren Bündnissen gegen den gesellschaftlichen Rechtsruck zusammengeschlossen haben, existieren diese für viele männliche Protagonisten des deutschsprachigen Indie und Punk entweder gar nicht oder werden als verzichtbar ausgegeben – obwohl politische Missstände, soziale Bewegungen, die sie bekämpfen, und Betroffene regulär von diesen durchaus wahrgenommen werden. Für den weitgehend ausbleibenden und reaktionären Umgang in deutschsprachigen Punk- und Indie-Szenen mit Frauenrechten und Bewegungen/Akteur*innen, die sich für sie einsetzen, erscheinen mir Begriffe wie limitierte oder halbherzige bzw. Semi-Solidarität (oder auch partielle bzw. begrenzte Empathie) geeignet, da ein Solidar-Ethos gegenüber anderen Benachteiligten permanent in Songs, Statements oder auf Merchandise-Artikeln zum Ausdruck gebracht wird. Ich verwende im Folgenden den Begriff der Teilzeit-Solidarität, da er zugleich das ökonomische Machtgefälle mitfasst, das sich aus der Naturalisierung der Nicht-(Be-)Achtung von Frauen und Mädchen innerhalb von Musikszenekontexten lange aufbauen konnte und ergibt (z.B. erschwerter Zugang zu musikalischer Praxis, Reputation, Bookings, weniger Platten- und ggf. Ticketverkäufe usw.).

Just a (Sexist) Joke? Witze und ihre Effekte, vergleichend und intersektional betrachtet

Bei sexistischen Witzen wird von Musikkolleginnen, -rezipientinnen und anderen weiblichen Beteiligten wie dargelegt ein Erdulden erwartet, während sich die angesprochenen Bands und Szene-Akteure anständigerweise hüten, für rassistische Scherze ähnliche Gelassenheit zu fordern. Zu dieser Erwartungshaltung mit zweierlei Maß und der unterschiedlichen Wertung sexistischer und rassistischer Witze haben insbesondere Sozialpsycholog*innen in den letzten 20 Jahren Studien vorgelegt. Janet K. Swim et al. verglichen schon 1995 rassistische und sexistische Vorurteile, bevor Swim 1998 mit Charles Stangor den Band *Prejudice – The Target's Perspective* herausgab, in dem Marianne LaFrance und Julie A. Woodzicka die Reaktionen von Frauen auf sexistischen Humor in erschlossen. Thomas E. Ford forschte zu den Effekten sexistischen Humors (2000) und später spezifisch zur Vorurteile-freisetzenden Funktion sexistischen Humors (2008). Auf beide beziehen sich Woodzicka et al. 2015 in ihrem Aufsatz »It's Just a (Sexist) Joke: Comparing Reactions to Sexist versus Racist Communications«. Die Autor*innen stellen in zwei experimentellen Studien mit insgesamt 573 Teilnehmer*innen fest, dass sexistische Witze weniger problematisiert werden als rassistische. Zusätzlich wurde die Einschätzung von Witzen als sexistisch gegenüber rassistischen als deutlich unangemessener empfunden als die unspezifische Beschreibung »nicht lustig« (vgl. Woodzicka et. al. 2015: 304). Die Autor*innen kommen daher zu der Einschätzung: »humor might act as more of a justification for sexist jokes than racist jokes« (ebd.: 291) und stellen mit Ford die Funktionalität sexistischen Humors fest:

»A message couched in humor can be just as, or even more, harmful than a serious message. [...] exposure to sexist humor was associated with greater tolerance of a subsequently encountered sexist event. In addition, [...] exposure to sexist humor led to more discrimination against women than exposure to a serious sexist message« (ebd.).[10]

---

10 Ausgehend von einer feministischen Theorie, die Sprechakte kennt und Sprache selbst als Handlung begreift, bleibt die Aufteilung in *message* und *event* zu klären.

Die Konsequenz der Annahme einer geringeren Bedenklichkeit von sexistischem Humor gegenüber anders diskriminierenden Scherzen sei, dass Konfrontationen erschwert werden, da diese zwangsläufig als zu starke Erwiderung und damit als inadäquat eingestuft würden.[11]

Ina Kerner plädiert für ein breites Verständnis intersektionaler feministischer Kritik, welches Theorien einer Parallelisierung von Rassismus und Sexismus nicht verwirft, sondern Analogiebildung einerseits und Verflechtungen andererseits als einander nicht ausschließende Analysekategorien begreift (vgl. Kerner 2009b: 312). Sie bemerkt, dass bereits die »impliziten Referenzfiguren im Zusammenhang der Thematisierung von Rassismus meist Männer seien und die impliziten Referenzfiguren im Zusammenhang der Thematisierung von Sexismus« Frauen (ebd.).[12] Kerner bewertet einen »Antirassismus, der sexistische Effekte zeitigt« (ebd.: 361f.) als »tückische Strategie« (ebd.: 360) und stellt als inhärente Gemeinsamkeit mit feministischem Rassismus fest, dass beide Ideologien Verschränkungen der Diskriminierungsebenen Geschlecht und race ausblenden und jeweils Betroffenheit hierarchisieren (vgl. ebd.: 370). Sie merkt auch an, dass zunächst nur »andeutungsweise« (ebd.: 360) erste Impulse für eine Erforschung insbesondere des sexistischen Antirassismus erarbeitet sind. Hilfreich für das weitere Aufschlüsseln selektiv solidarischen, neosexistischen Gelächters in Musikszenen sind die Ironie und Witz forcierenden Analysen Angela McRobbies zu einer »postfeministischen« Vorwegnahme von Kritik wie auch die Ausführungen zu Irony und Knowingness bzw. »unpalatable sentiments in an ironized form« von Rosalind Gill (2012: 144). Der Begriff des Postfeminismus ist auf die behandelten Musiken und Szenen indes vorsichtig anzuwenden: Vielmehr ist hier gegenwärtig ein Feminismus zu verdrängen versuchender, blockierender Zustand feststellbar – *während* Frauen und feministische Akteur*innen im Indie und Punk immer sichtbarer werden, beispielsweise in Bands und Künstler*innen wie Schnipo Schranke, Deutsche Laichen, Ilgen-Nur, in Konzertkollektiven wie »böse und gemein«, eigenen popkulturellen Kanälen, z.B. (queer-)feministischen Magazinen (Missy Magazine, seit 2008) oder Fanzines (Okapi Riot!, Zank) und als in den Szenen z.T. beachtete Autorinnen und Comedians (Stefanie Sargnagel, Hazel Brugger).

---

11 Hinsichtlich der schwächenden Funktion von Humor bei Interventionen berufen Woodzicka et al. sich auf das »justification-suppression model« von Christian S. Crandall und Amy Eshleman (2003).

12 Kerner spezifiziert diese als meist »wei[ß], inländi[sch] oder anderweitig der Dominanzkultur zugerechne[t]« (ebd.).

Ironie und Wissen, Neosexismus und Selbstvergewisserung

In den feministischen Cultural Studies schlüsselten Forscher*innen parallel zu den angeführten empirisch und theoretisch erarbeiteten sozialwissenschaftlichen Analysen auf, wie Feminismus routinemäßig verunglimpft wird (vgl. McRobbie 2004: 258). McRobbie schätzt die Visibilisierungsstrategien dieser Depopularisierung bzw. eines »undoing feminism« als subtil ein. Mit Bezug auf die Veröffentlichungsgeschichte des Kraftklub-Songs liest es sich vorausschauend, dass sie 13 Jahre zuvor konstatiert: »At the same time [...] advertisement expects to provoke feminist condemnation as a means of generating publicity« (ebd.: 259). Gills Beschreibung der Funktionsweise einer solchen Rhetorik könnte auch über das zitierte Radio-Interview (»Was sag ich denn jetzt den Ursulas...«) geschrieben sein: »Frequently, criticisms are pre-empted by comments which suggest that the article's writer is expecting ›blundering rants‹ from the ›council of women‹« (2012: 145). McRobbie sprach bereits 2004 eine solche Verhinderung potentiellen Protests durch Ironie (vgl. McRobbie 2004: 259) an. In Anlehnung an beide sind die Rhetorik des Kraftklub-Songs und seine Begleit-Äußerungen kein singuläres Phänomen, sondern seitdem festzustellende mediale Strategien. »Chillingly misogynist« spezifiziert Gill diese 2012; »Wir wollten auch mal lässigere Songs schreibe, die langsamer oder groooviger sind« (o.A. 2017), erklären Kraftklub 2017, als sie den Begriff Hure in einer bisher ohne diesen auskommenden Musik etablieren – und nicht nur in Bezug auf Songwriting und musikalische Eigenschaften eine neue Entspanntheit demonstrieren.

    Gill und McRobbie identifizieren jeweils eine Cleverness (*knowingness*) bzw. (mit Ulrich Beck) eine Gewissheit (*certitude*), die mit ironisch-sexistischen Darstellungen einhergehe. Kraftklub kokettierten gleichzeitig aber auch demonstrativ mit dem eigenen Unwissen: »Dass das [Nutzen des Begriffs Hure, d. Verf.] auch inhaltlich so schockieren konnte, hatten wir gar nicht so auf dem Zettel« (Brandstetter 2017), kommentiert Sänger Brummer die angeblich unerwarteten Reaktionen auf die umfangreich inszenierte Single-Auskopplung. »In postfeminist media culture irony has become a way of ›having it both‹, of expressing sexist, homophobic or otherwise unpalatable sentiments in an ironized form, while claiming this was not actually ›meant‹«, merkt Gill (2012: 144) an. Nicht nur die Rehabilitierung eines entsprechenden Vokabulars, auch die beigefügte Quasi-Entschuldigung, mit der die Kritik anderer als eigentliches Skandal-erzeugendes Element ausgegeben wird, stilisiert und stabilisiert eine Repräsentation des Feminismus als überholt bei

Kraftklub, den berichtenden Journalisten und auch Fans, während Feminismus zugleich so gut wie nie explizit erwähnt, also auch »not actually mentioned« wird: Der Moderator im Radio-Interview zieht den alten Namen Ursula heran, es werden verklausulierend »Zwänge« ohne Akteur*innen angesprochen, die Band selbst vermeidet direkte Bezüge häufig. Gill kommt zu den gleichen Erkenntnissen wie die empirisch gestützte Sozialpsychologie (ohne jeweilige Bezüge aufeinander) und ergänzt, was die Effekte eines ironischen Sexismus anbelangt, eine diesem eingeschriebene Absicht: »In this context, critique becomes much more difficult — and this, it would seem, is precisely what is intended« (Gill 2012: 145).

Der Sexismus im Zitat bzw. funktioniert als »maskierte[] Wiederholung« (Foucault 1970: 19). Er zirkuliert als Gewimmel unheilvoller Kommentare in Bezug auf das Geschmähte, agiert aber auch selbstvergewissernd gegenüber dem vorgeblich Überwundenen, auf das sich »postfeministische« Argumentation ebenfalls implizit beruft. So beteuert der Sänger der Band Kraftklub mehrfach in Interviews, er fände »es komplett dumm, wenn Frauen als Schlampen bezeichnet werden« (Brummer in O.A. 2017) und legt einen fundamentalen Unterschied zwischen der schlimmen Beschimpfung Schlampe (als soziale Praxis) und der humorvollen Beschimpfung Hure (als Kunst) nahe. Humorvoller Sexismus im Zitat dürfe praktiziert werden, denn er wäre ja nicht (so) schlimm, da nicht ernst ausgeführt und zudem aus zweiter Hand, also nicht unüberlegt gebraucht. Das Verletzungspotential wäre geringer als bei »richtiger Frauen-Verachtung«, wodurch den Zielscheiben des Spotts zugleich noch die Schuld der Missinterpretation aufgebürdet wird — zu empfindlich, zu schwer von Begriff, zu humorlos wären bloß die, die nicht mitlachten. So schränkt gerade der zitatförmige Kommentar den Zufall des Diskurses ein, er »bleibt interne Prozedur« (Foucault 1970: 17) und verteilt die Rollen Sprechender und Hörender starr (vgl. ebd.: 27). Blockiert wird der Zutritt anderer zur selbstreferenziellen Diskursgesellschaft, verknappt sind die Subjekte und Handlungen. Kommentare begreift Michel Foucault in *Die Ordnung des Diskurses* letztlich als Überhang eines Primärtextes: »Viele Primärtexte verdunkeln sich und verschwinden und manchmal übernehmen Kommentare den ersten Platz. Aber wenn sich auch die Ansatzpunkte ändern, so bleibt doch die Funktion, das Prinzip der Abstufung tritt immer wieder in Kraft« (ebd.: 18). In Anlehnung auch hieran spreche ich von ironischem Sexismus als einem Sekundär- und Neosexismus, auf den sich die Sozialpsychologie schon in den 1990er-Jahren bezog (vgl. Tougas/Brown/Beaton 1995). Er schmäht Feminismus und Primär-Sexismus gleichermaßen.

Seit dem Erscheinen der Erkenntnisse von McRobbie und Gill lassen sich Verschiebungen inner- und außerhalb halb der Mauern[13] dieses Neosexismus bemerken.[14] Ironie bringe eine sichere Distanz zwischen sich selbst und Empfindungen/Ansichten, interpretiert Gill. Wenngleich sie einerseits »certain sentiments« anspricht, stellt sie jedoch grundlegend fest: »[B]eing passionate about *anything* or appearing in care *too much* seems to be uncool« (Gill 2012: 144, Herv. d. Verf.). Eine sichere Distanz zu eben bloß bestimmten Ansichten gelingt männlichen Indie- und Punk-Akteuren derzeit besonders gut in einer hochgradig emotionalisierten Phase der politisch-kulturellen Äußerungen und Selbstverortungen. Sich kümmern, empathisch sein, Verzweiflung zeigen wird von ihnen nicht grundsätzlich als »unmännlich« abgelehnt. Kraftklubs »Schüsse in die Luft« klingt weniger beschwingt als »Sascha... ein aufrechter Deutscher« und Felix Brummers Projekt »Kummer« prägt 2019 nicht nur namentlich die erste Solo-Single. 2017 zeigten sich in der Debatte um den Kraftklub-Song »Dein Lied« zudem keine massiven Generationen-Differenzen zwischen alten und jungen Frauen, wie McRobbie sie Anfang der 2000er noch ansprach (vgl. McRobbie 2004: 259). Rezipient*innen* als Publikum, Verstärkerinnen und Mitproduzentinnen medial vermittelter Produkte und Äußerungen nahm sie gewohnt besonders ernst: »The younger female viewer, along with her male counterparts, educated in irony and visually literate, is not made angry by such a repertoire« (McRobbie 2004: 259). Die kritische Begleitung durch Journalistinnen[15] (vgl. Irmschler 2017, Waak 2017) und auch eine Sängerin deuten auf eine gesunkene Akzeptanz gegenüber selbstvergewissern-

---

13 Das Bild ist Sara Ahmed entlehnt, der zufolge sich Mauern auch durch (unbedeutend erscheinende) Handlungen, Atmosphäre, Gesten konstituieren (vgl. Ahmed 2017: 274-277).
14 Auch in den Orten ihrer Materialisierung: Gill gab 2012 ein musikalisches Beispiel neben vielen nichtmusikalischen an, McRobbie 2004 gar keine. Beide bezogen sich vorrangig auf Filme, TV-Sendungen und Werbungen. Der Künstler Refpolk zeigte schon 2011 im kollaborativen Track »Einige meiner besten Freunde sind Männer« mit der Rapperin Sookee die Bandbreite neuer Akteure eines selbstsicher-lustigen »Postfeminismus« in Musik, Comedy, Hochschulen und Kulturpraxen auf: »Von KIZ über Mario Barth / Und linker Student bis zum Vatertag / Von ich mein' es halt so, deswegen darf ich das / Bis ich mein' es nicht so, deswegen darf ich das / Und der Mann von heute lacht seit neulich auch über sich selbst / Reflektiert und selbstironisch. Wow, was für ein Held! / Weiß bescheid, ganz souverän, so cool, alles im Griff / Und dieser Humor macht mich immun gegen Kritik«. Zu bezweifeln ist, dass der hier ironisch zitierte, von den angesprochenen Akteuren ständig suggerierte Selbstbezug im Spott seitdem überhaupt eingelöst worden ist.
15 2017 bezogen zur neosexistischen Rhetorik im Pop weder männliche Journalisten noch Musiker Stellung (ohne sexistische Sprache zu reproduzieren). Dies änderte sich im Sommer 2019 (vgl. Lührs 2019).

dem, ironischem Sexismus hin. Allerdings fehl(t)en in der Begleitung popkultureller neosexistischer Verschiebungen in der Musik vielmehr gleichermaßen ältere und sehr junge Stimmen. In der Tat muss die Frage weiterhin gestellt und ergründet werden, ob und wenn ja, warum Tausende Mädchen und junge Frauen kein Problem damit haben, dass ihnen auf der Bühne die frauenspezifische Ansprache Hure entgegenschallt. McRobbie erklärt dies mit dem Risiko, sich lächerlich zu machen (vgl. McRobbie 2004: 259). Ihre jüngeren Studien beziehen sich allerdings nicht auf inner(musik-)szenische Auseinandersetzungen. Mit weiteren hier vorgestellten Konzepten ließe sich Mitlachen auch als ambivalente Strategie der Raumeinnahme verstehen, die als *anticipated calming* fungiert. Das Belachen sexistischer Witze gibt das vorauseilende Versprechen, keinen Schaden in den Hierarchien anzurichten. Da eben die »postfeministischen« Protagonisten nicht (mehr) so cool agieren, finden sich möglicherweise verstärkt solche Strategien der vorweggenommenen Beruhigung. Zum anderen ist der Zugang zu Musikszenen, zum Beispiel als aktive Musikerinnen (nicht: Sängerinnen), zum Teil noch gar nicht gegeben bzw. erlangt. Es fehlt Raum sich auszuprobieren und es bedarf ambivalenter Mittel, überhaupt eine Beteiligung herzustellen. Marion Schulze hat in *Hardcore und Gender* das Paradox der »reduzierten Darstellung von Mädchensein« (Schulze 2015: 206) beschrieben, die Möglichkeiten beschränkt als auch erst eröffnet, zum Beispiel das Touren als Hardcore-Musikerin.

Ironische (Selbst-)Sexualisierung zwischen De- und Rekonstruktion in Musik und Kunst

Selbst wenn Geschlechter-Ungerechtigkeit anerkannt und angesprochen wird, was im links verorteten Rap männlicher Akteure häufiger der Fall ist als im Punk oder Indie, weisen diese Beiträge eine Aussparung männlicher Spott-Subjekte auf. So rappt der Künstler Danger Dan in seinem Song »Sand in die Augen« (2018) zwar die bemerkenswerten, da überaus solidarischen Zeilen: »Die Sprechstundenhilfe eine Frau, der Oberarzt ein Mann / Und so weiter, ganz egal wohin man sieht / Der Kindergartenleiter leitet, die Erzieherin erzieht.« Das Musikvideo bedient sich aber einer neotraditionellen Ästhetik und zeigt Tänzerinnen bewusst als stereotypisiert-sexualisierte Figuren. Nur im Abspann kommt eine der Frauen kurz nicht auf sexualisierte Weise vor, sondern raucht und rülpst. Hier inszeniert ein Musiker[16] immer noch Frauen, die

---

16 Das gesamte Filmteam siehe »Sand in die Augen«, www.youtube.com/watch?v=q1poIN_5x1s, ab 03:38. Regie führte Aron Krause, der für viele Indie-, Punk und Rapmusikvideos verantwortlich zeichnet.

mit ihrem Hintern durchs Bild wackeln und Autos waschen, jetzt aber wenigstens ironisch. Dabei hätte der Künstler leicht selbst diese Posen übernehmen können: In Fotografie-Projekten wie »In a Parallel Universe« von Eli Rezkallah ahmen Männer längst laszive Werbesprache nach, auch der Sänger der österreichischen Band Bilderbuch greift im Video zu »Bungalow« (2017) selbst zur Poledance-Stange. Danger Dans Song bleibt so — zumindest auf visueller Ebene — der Reproduktion von Geschlechterklischees näher als ihrer Dekonstruktion. Er kommentiert zwar das Gezeigte kritisch, die Worte entfalten ihre Geltung jedoch nicht, wenn Bildsprache sie monogeschlechtlich-neosexistisch überlagert und stark den Mustern eines Primär-Sexismus entspricht. Eine direkte Nachahmung überzeichneter Männlichkeit aus Rap-Videos (und dafür gäbe es ja genug Beispiele) verunmöglicht sich möglicherweise ebenfalls im Kontext von Erwartungshaltungen und befürchteten Konsequenzen. Gill nennt diese »outwardly rebutting charges of taking something (or worse still, oneself) too seriously« (2014: 144). Der Rapper selbst spricht im Song das Schweigen zur Erklärung von Geschlechterhierarchien an: »[M]an redet nicht darüber, denn man macht sich unbeliebt«. Auf Kritik von Rezipient*innen am Video ging er öffentlich nicht ein.

Eine ähnliche Bildsprache nutzte die Ska-Punk-Band Rantanplan 2012 im Musikvideo zu ihrem Lied »St. Pauli Perle«: Während der Text des Reggae-Songs Motive autonomer linker Polit-Praxis aufgreift — »Da drüben liegt ein Haufen Pflastersteine / Sind das etwa deine« —, gelingt die oberflächliche Verehrung des Stadtteils St. Paulis anhand des titelgebenden Szenegetränks durch das Bild zweier leicht bekleideter Frauen, die Sekt spritzen lassen und deren Hüften vom Sänger angefasst werden. Als er die Worte »auf meiner Seele prickeln hunderttausend Sterne« singt, blendet die Kamera die Gesichter der Frauen aus. Das Visualisierungsmuster gleicht in der Suggestion der Verfügbarkeit von Frauen der Bierwerbung der Marke *Astra*, und das Video rekurriert gleich auf zwei soziale Räume Hamburgs, die linkspolitisierte Kultur- und Wohngegend »Pauli« wie auch latent auf die Reeperbahn im Stadtteil mit ihrer Möglichkeit zum Sexkauf. Das nur geringfügig kommentierte YouTube-Video erhielt vier Kritiken und eine Verteidigung: »ey leute was regt ihr euch über die halbnackten mädels auf? die verarschen rapmusik also auch hiphop videos und was sind da immer drin? halbnackte mädels^^.«[17] Ironie, ob inszeniert oder gedeutet, eignet sich also wunderbar als Motor einer permanenten Rezitation sexistischer Bildpolitiken und Geschlechterdarstellungen. Die feinen Unterschiede ihres mal solidarischen, mal selbstvergewissernden Einsatzes sollten nun hinreichend dargelegt worden sein.

---

17 Siehe »St. Pauli Perle«, https://www.youtube.com/watch?v=Aary-eevWhk.

Humor und Ordnung, Kritik und Verderb

Das Ächten jeglicher (feministischen) Kritik als unentspannt, humorlos oder Spielverderb gelingt mit einer weiteren Form von überzeichneter Zitation. Wetterte die Punkband Amen 81 auf der Platte ... *Mit 3 PS* 2003 noch selbst gegen »Herrenbünde Männerriegen« und brüllte im Song »Tatütata« mit verzerrter Stimme »Punk soll wieder alles dürfen« — damals ein Seitenhieb auf dominantes gewaltvolles männliches Verhalten auf Konzerten, darunter auch sexuelle Übergriffe —, lassen die Musiker 2014 im Song »Anziehen anziehen« auf dem Album *Le Grand Tour De Passe-Passe* Frauen als hysterische Extremistinnen auftreten, die kein Konzert mehr ohne »Mollis und Stein[e]« gegen »Sexistenschweine« besuchen. Angespielt wird hier auf ein Konzert der Punkband Feine Sahne Fischfilet im AJZ Bielefeld 2013, bei dem der Drummer von zwei Personen aufgefordert wurde, ein Shirt anzuziehen. Nach kurzer Diskussion und der Verabredung, ein Ausziehen sei okay, wenn der Musiker »krass schwitzt«, war diese Intervention kein Problem mehr für die Band. Sie veröffentlichte ein Statement zur Klärung ihres Verständnisses gut ablaufender Konzerte, in dem es u.a. hieß: »Auf unseren Konzerten haben wir kein[en] Bock auf erbärmliches Rumgeprolle. Wer nen Harten schieben will und zuviel Testosteron inne hat, kann unseretwegen gerne mal nach Anklam fahren und dort die Muskeln spielen lassen. [...] Alles Andere empfinden wir nur als peinlich!«[18]

Trotz dieser »Deskandalisierung« seitens der Band lobte ein schlecht informierter Fanzine-Rezensent des Heftes *OX* den Amen 81-Song später wie folgt: »Auch der Humor kommt nicht zu kurz. Besonders gut gefällt der Text zum Song ›Anziehen anziehen‹. Nicht nur Feine Sahne Fischfilet werden es ihnen danken« (Parkinson 2015). Kollektiver feministischer Protest im Rahmen von Konzerten wird im Punksong als absurd dargestellt (»Wir alle fordern nun im Chor«) und ein Szenario heraufbeschworen, das ihn als maßlose Übertreibung lächerlich macht.[19] Das Lied kritisiert wörtlich, dass die Auseinandersetzung, auf die angespielt wird, vermeintlich nicht um »Reflexion und Einsicht« geführt worden wäre. Transportiert wird somit das lange gehegte Narrativ von Spießerinnen in Subkulturen qua ihres Geschlechts; Frauen blieben auf diese Weise auf alle Ewigkeit die feministischen Nörglerinnen und

---

18 Siehe www.facebook.com/feinesahnefischfilet/photos/a.159183567429745/712718192076277/?type=3&theater.
19 Die Konsequenz einer solchen Sicht wäre, Kritik von (weiblichen) Mitgliedern einer Konzertgruppe oder Besucher*innen einer selbstverwalteten Veranstaltung möge künftig bitte nur still, leise und jederzeit höflich erfolgen.

Zerstörerinnen, die »Yoko Onos«, wie schon Die Ärzte in »Yoko Ono« sangen oder But Alive in »Ich werde sie Yoko Ono« nennen, und gefährdeten neuerdings die Punkszene als eines der letzten Männer-Idylle besonders stark. Ein Beharren auf dem »Klischee der lustfeindlichen feministischen ›Spaßbremse‹« (Slaby 2016: 3) hat allerdings auch nur Bestand, wenn Humor mit Anpassung und der Akzeptanz von Unterordnung gleichgesetzt wird. Tine Plesch stellt dies 2002 in ihrem Text »Frauen? Humor? Popmusik?« in Zweifel, wenn sie rhetorisch fragt: »Wäre Humor das besinnungslose Akzeptieren der jeweiligen Humorvorgaben?« (Plesch 2013: 88). Die Frage, inwiefern das oft selbstreferenzielle Gelächter oder Lächerlichmachen der genannten, sich selbst als links verstehenden Bands, aber auch ihrer Rezipient*innen und weiterer Musikakteure bereits als Humor gilt, führt zwangsläufig zu der Frage nach verschiedenen Auffassungen und Definitionen von Humor. Journalist*innen hegten zumindest Zweifel an der Interpretierbarkeit des Kraftklub-Songs als ironisch oder satirisch und vermissen einen ironischen Bruch (vgl. Karnowsky 2017, »Emilia« 2017, Haeusler 2017). Letzterer gelingt möglicherweise deshalb nicht, da in dem und um den Witz herum keine Distanz zur überzeichneten Figur eingenommen wird, sondern vielmehr eine sichere Distanz zur impliziten Referenz, hier wie dargelegt häufig: Feminismus. Plesch bemerkte in ihrer Humor-Definition:

»Humor, da haben wir es, ist eben, wenn eine über sich selbst lachen kann. Denn in diesem Fall lacht ja auch die am besten, die zuletzt lacht. Und die lacht nicht pflichtschuldig über Witze, die sie nicht lustig findet, aus Angst, dass soziale Akzeptanz und erotischer Marktwert sinken könnten« (Plesch 2013: 90).

Das pflichtschuldige Lachen entspringt bei McRobbie (2004: 25) einem »risk of ridicule«, dem Widersprecher*innen sexistischer Witze grundsätzlich ausgesetzt sind. Während Plesch die Erwartungshaltung an Frauen problematisiert, fokussiert McRobbie also vielmehr die Konsequenzen dieser Haltung. Ich begreife beides als zentrale Elemente in der Untersuchung einer sexistischen Ironie und möchte mit Blick auf Ahmeds Figur der *feminist killjoy* zum einen eine produktiv gewendete Figur des Klischees feministische Spaßbremse ergänzen, »eine enge Verwandte« der humorlosen Feminist*in (Ahmed 2017: 314), die hämisches Gelächter nicht mehr bloß vernimmt, sondern offensiv verdirbt und insofern auch kein Risiko mehr scheut. Zum anderen verfügen beide Konzepte implizit über eine Komponente des geteilten Raums bzw. der Randstellung oder mindestens unbequemen Position in einer Gemeinschaft, die Deutungsmacht (über Humor) für sich beansprucht. Mit Foucault lässt sich diskurstheoretisch ein gänzlich fehlender Zugang zur Diskursgesellschaft untersuchen, den er wie aufgezeigt als »Verknappung der sprechenden Subjekte« (Foucault 2001: 26) charakterisiert. Die alte Frage aus der Diskursforschung — »Wer spricht?« — lautet hier: »Wer lacht?«. Das sich selbst abriegelnde Kollektiv hat einen Kontrollcharakter, seine Mitglieder bewahren Diskurse auf oder produzieren sie, »um sie in einem geschlossenen Raum zirkulieren zu lassen und sie nur nach bestimmten Regeln zu verteilen, so dass die Inhaber bei dieser Verteilung nicht enteignet werden« (ebd.: 27).

»Humor ist in unterschiedlichen Dimensionen genderisiert. [...] Humor in Text und Gespräch kann kulturelle Asymmetrien sowohl bestätigen als auch unterlaufen [...], er kann sexistisch sein [...], traditionellen Sexismus aber auch karikieren«, so die Linguistin Helga Kotthoff (2017: 148) mit Verweis auf Texte von Janet Holmes und Michael Mulkay. Ford (2008: 160-168) kennzeichnet sexistischen Humor explizit als »disparagement humor« und stellt mit Skepsis am Begriff des Befreiens fest: »Disparagement of women through humor ›freed‹ sexist participants from having to conform to the more general and more restrictive norms regarding discrimination against women« (ebd.: 168). Die Journalistin Anne Waak greift zu einem Vergleich, um das spielerisch-Unbedarfte der Provokation zu fassen: »Im Fall von Kraftklub, Von wegen Lisbeth und Faber[20] erinnert die neu entdeckte Lust am Schimpfwort ein wenig an kleine Kinder, die wissen, dass sie die bösen Worte nicht in den Mund nehmen dürfen, aber entdeckt haben, dass man die Eltern damit ärgern kann« (Waak 2017). Bezieht eine*r diese Überlegungen auf die implizite Referenz Feminismus oder auch nur abgeschwächt auf eine anständige Behandlung und Ansprache von Frauen, die als Projektions- und Provokationsfläche immer wieder in den genannten Beispielen dient, gerieren sich Punk wie Indie auf spezielle Weise als widerständig. Auch der Begriff der Subkultur nimmt merkwürdige Züge an, wenn ein dominanter Teil seiner Akteur*innen die (vermutete) »Mainstream-Kultur« Frauen-Wertschätzung angreift und als etabliertes Regelsystem infragestellt. Die Comedienne Hazel Brugger überspitzte

---

20 Im Juli 2019 veröffentlichte Faber das Musikvideo zu seinem Song »Das Boot ist voll« zunächst mit den Zeilen »Geh auf die Knie, wenn ich dir mein Schwanz zeig / Nimm ihn in den Volksmund«. Nach Kritik an dem Prinzip »Blowjob als Drohung« (Lührs 2019) und vertonter Vergewaltigungsfantasie ersetzte der Künstler die Zeilen mit der Bemerkung, eine »promotechnische Katastrophe« geradebiegen zu müssen und »weil er mit der Version nicht absolut zufrieden« sei. Der Song blieb im Anschluss (zunächst) noch in der Erstfassung u.a. im Streaming-Dienst Spotify erhalten. Fans schlugen vor, die ursprünglichen Zeilen einfach live zu singen und freuten sich über die (schon heruntergeladene) Erstfassung als eingesammelte Rarität. Die Rapperin Sookee konfrontierte Faber und bot ein Podiumsgespräch »zum Sexismus (gegen Rechts)« an. Siehe www.facebook.com/fabermusik, Posting vom 1.8. 2019 mit Kommentaren und www.facebook.com/Sookeeberlin, Posting vom 31.7.2019.

männlichen Humor zuletzt als einen mitunter bedürftigen, der sich nicht mit sozial verträglichem »nur Lustig-sein« begnügt, sondern ein Belacht-Werden und Aufmerksamkeit-Erhalten voraussetzt und einfordert. Ähnlich wies schon Plesch darauf hin, doch einmal zu fragen, wer das Über-sich-selbst-lachen »überhaupt von wem verlangt« (2013: 88). Es bleibt die Frage, ob der gestiegene Gebrauch eines unterschwellig aggressiven ironischen Witzes sich auch aus der Veränderung speist, dass Frauen unlängst Raum ergriffen haben. Dass Rassismus- oder Patriotismus-kritische Musik ohne Sexismus auskommt, zeigen Rapper*innen und Punker*innen wie Sookee feat. Spezial K (im Song »Spuck auf Rechts«), Ebow oder Deutsche Laichen, um nur einige zu nennen, die vermehrt in deutschsprachigen Fanzines und auf Festivals Beachtung finden — sodass innerhalb der deutschen Punk-, Rap- und Indieszene Umbrüche hin zu einem stereogeschlechtlichen Teilen von Präsenz auf Papier und Bühne zuungunsten dominant männlich besetzter Räume gestaltet werden.

Schlussbetrachtungen: »Und wer das überhaupt von wem verlangt«

»Die Ursula hält das schon aus«, sagt Kraftklub-Sänger Felix Brummer zum Wort Hure im Auftaktsong des dritten Albums 2017. Wie aufgezeigt wurde, unterschieden sich die Wahl des Vokabulars und auch der Modus der Ironie deutlich vom Vorgängeralbum der Band , speziell dem Song »Schüsse in die Luft«, in dem zwar ironisch vorgeschlagen wird, Asylbewerber*innen zu beschuldigen, die Rhetorik hier aber dazu diente, eindeutig kritisch auf deren Situation hinzuweisen, wobei die Band auch nicht auf rassistische Worte zurückgriff.

Das tückische, implizit mitklingende Argument, Frauen müssten die Bezeichnung Hure aushalten, weil sie emanzipiert sind, ist dabei kein neues. McRobbie beschrieb es schon 2004 als »postfeministische« Rhetorik, wobei nach wie vor zu fragen ist, ob das Gros der männlichen Akteure in Musikszenen wie Punk und Indie jemals im Feminismus angekommen ist oder dies als erstrebenswert erachtet. Neben dem Kokettieren mit sexistischer Rhetorik und Bildsprache finden sich derzeit zahlreiche Beispiele einer ernsthaft formulierten Ablehnung des Feminismus, darunter sowohl Versuche seiner Delegitimierung und Dramatisierung als auch das gänzliche Verschweigen seiner Anliegen. Die aufgezeigte ambivalente Kombination von emanzipatorisch-solidarischen Texten und sprachlich-audiovisuellen Rezitationen sexistischer Witze wird hier als Teilzeit-Solidarität und die gleichzeitige Schmähung eines originären Sexismus wie auch Feminismus als Neosexismus mit neuen Mitteln und Methoden begriffen. Frauen werden in vielen der vorgestellten Beispiele nicht als benachteiligte Gruppe wahrgenommen, stattdessen wird ihnen noch die Schuld auferlegt, dass Sexismus im Zitat nicht für alle spaßig ist. Bands und Journalisten attestieren Songs bzw. sich selbst Mut oder sprechen von »Befreiung«, mancher (Künstler) suggeriert in Hinblick auf den Gebrauch sexistischer Bilder sogar Solidarität. Komplementär zum Aspekt der Teilzeit-Solidarität finden sich jüngere empirische und theoretische Untersuchungen zu den Konsequenzen der unterschiedlichen Bewertung von rassistischen und sexistischen Witzen und einer Kombination von Sexismus und Antirassismus.

Die verbale oder visuelle sexistische Ironie (bzw. maskierte Wiederholung eines Primär-Sexismus) als rhetorisches Muster verteilt den Spott dabei nicht gerecht auf ihre Subjekte. Wäre Kraftklub ein feiner Spott über verletzte männliche Egos gelungen, hätten journalistische Headlines vermutlich eher geheißen: »Verkappte Männer kommen bei Kraftklub schlecht weg«, anstatt den Begriff Hure dankbar aufzugreifen. Gleichzeitig kokettierte die Band in Bezug auf den Song »Dein Lied« demonstrativ mit dem eigenen Unwissen, der eigenen Ahnungslosigkeit und dem, was sie anderen abverlangen – Feminist*innen müssten doch eigentlich schon viel cooler sein, was regen die sich denn noch so auf? Das von Gill und McRobbie aufgeworfene Spannungsfeld zwischen Wissen und demonstriertem Unwissen hat neben dem Narrativ des »erreichten Feminismus« noch einen zweiten impliziten Fixpunkt, den vermeintlich ja »überwundenen Sexismus«. So verharren die hier aufgeführten Akteure letztlich in der bloßen Selbstvergewisserung, schlauer zu sein als die, die sie bereitwillig zitieren, obwohl das niemandem außer ihnen selbst wichtig ist. Der moderne Dünkel männlicher Genialität spannt sich über Deutungen und Debatten wie eh und je. Es bedarf insbesondere akteur*innenbezogen weiterer Analysen, wobei auch die Frage nach der Verstärkung eines ironischen Sexismus durch die Rezipient*innen unerlässlich ist. Die Journalistin Paula Irmschler identifizierte im Artikel »Die Schlampe in der Popmusik« im Zuge der Veröffentlichung des Kraftklubs-Songs bei diesen spezielle Bedürfnisse: »Fans waren in den Kommentaren ganz angetan. Auch weil sie jetzt endlich mal wieder Hure sagen können. Eine Sehnsucht, die man so jetzt nicht unbedingt erahnt hätte« (Irmschler 2017). Aber sowohl ein (vermeidendes) Mitlachen aufgrund des Risikos der Lächerlichkeit (McRobbie) als auch ein (beruhigendes) Lachen als möglicherweise (erfolgsfokussierte) Strategie, um sich an Musikszenen zu beteiligen, in diesen bewegen und Erfahrungen sammeln zu können, sind im Blick zu behalten.

Ein vorsätzlich nachlässiger Humor, der Sexismus zitiert, kann indes bedrängende Bezüge haben – nicht nur wenn verletzte männliche Ex-Freunde ihn aufgreifen – und der Demokratisierung von (Geschlechter-)Verhältnissen gleichermaßen im Weg stehen wie rassistische Alltagszustände. Frauen werden aus antifaschistischen symbolischen Handlungen in der Popkultur ausgeklammert; es ist naheliegend, was dies für ihre Achtung im Aktivismus und für den Aktivismus selbst strukturell bedeutet, der Musik einsetzt, zum Beispiel auf Demonstrationen, sich auf sie bezieht und sich personell mit ihren Akteur*innen überschneidet. Vorerst bleibt es auch wenig problematisch, Frauen verbal oder visuell zu sexualisieren, nun eben unter dem »Vorbehalt« oder Disclaimer der Ironie. Die feinen Unterschiede im Gebrauch einer solidarischen gegenüber einer neosexistischen Ironie wurden aufgezeigt. Im behandelten Kontext ist Ironie ohne Herrschaftskritik Neo-Herrenwitz. Dabei bemängeln etwa Kraftklub die bequeme Position einer ironischen Pose durchaus selbst, außer wenn die eigene Attitüde Thema ist: Dann verteidigen sie sich und deuten sich selbst als Angegriffene. Die Selbststilisierung der eigenen Witzigkeit gelingt dabei auch durch die Erzählung, (feministische) Kritik wäre mit Humorlosigkeit und Spielverderb gleichsetzbar und Interventionen irrational − wobei eine solche Schmähung nicht vorgebracht wird, geht es um anderweitig diskriminierende Worte oder Witze und das Aufbegehren gegen sie. »When did ›harmless‹ and ›fun‹ become yoked together so powerfully?«, fragt Gill (2012: 144). Bereitwillig wird besonders im deutschsprachigen Indie augenzwinkernd Sexismus mit antifaschistischen Attitüden kombiniert, während rechtsradikale gesellschaftliche Kräfte massiv an Zulauf gewinnen. Indie soll (ironisch) alles dürfen, während Punk-Akteure Feminismus für bedeutungslos erklären und Rapper sexistische Videos möglichst exakt nachbauen. Aber warum eigentlich all das, und warum ausgerechnet jetzt? Und warum, erst recht im sogenannten subversiven Musikbetrieb, sollten Frauen und Feminist*innen es noch aushalten müssen, nur als Witz- oder Schmähfiguren vorzukommen, wenn sie auf Bühnen, in Musikmagazinen und als soziale Bewegungen zunehmend Präsenz, Achtung und Raum erlangen?

Literatur

Ahmed, Sara (2018). *Feministisch leben! Manifest für Spaßverderberinnen*. Münster: Unrast.
»Basti« (2017). »Geschichten aus der Gruft«. In: *Plastic Bomb* 98, S. 38-40.
Borcholte, Andreas (2017). »Neues Album der Indie-Rockband. ›Es hören auch Idioten Kraftklub‹«. In: *Spiegel Online*, www.spiegel.de/kultur/musik/kraftklub-neues-album-keine-nacht-fuer-niemand-eine-band-macht-sich-frei-a-1151105.html (Version vom 9.6.2017, Zugriff: 3.3.2019).
Borgmann, Malte (2017). »Interview mit Kraftklub. ›Unsere Ex-Freundinnen streiten sich darum, an wen der Song gerichtet sein könnte‹«. In: *puls Musik*, https://

www.br.de/puls/musik/aktuell/kraftklub-dein-lied-interview-100.html (Version vom 17.3.2017, Zugriff: 3.3.2019).

Bundeskriminalamt (2017). Bundeslagebild Kriminalität im Kontext von Zuwanderung, https://www.bka.de/SharedDocs/Downloads/DE/Publikationen/JahresberichteUndLagebilder/KriminalitaetImKontextVonZuwanderung/KriminalitaetImKontextVonZuwanderung_2017.html (Version vom 8.5.2018, Zugriff: 1.8.2019).

Brandstetter, Markus (2017). »Die Jennifer-Rostock-Sängerin hat sich furchtbar aufgeregt«. In: *laut.de*, https://www.laut.de/Kraftklub/Interviews/Die-Jennifer-Rostock-Saengerin-hat-sich-furchtbar-aufgeregt-12-07-2017-1469 (Version vom 12.7.2017, Zugriff: 3.3.2019).

Büsser, Martin (2001). *Wie klingt die Neue Mitte? Rechte und Reaktionäre Tendenzen in der Popmusik*. Mainz: Ventil.

Büsser, Martin (2008). »Kritik der ungehörten Platten: Tocotronic — Kapitulation«. In: *Music Is My Boyfriend. Texte 1990-2010*. Mainz: Ventil, S. 185-187.

Cárdenas, María (2018). »Editorial«. In: *Luxemburg. Gesellschaftsanalyse und linke Praxis* 2. Hg. v. Vorstand der Rosa Luxemburg Stiftung, www.rosalux.de/fileadmin/rls*uploads/pdfs/LUXEMBURG/LUX*1802*E-Paper.pdf (Version vom 17.9.2018, Zugriff: 3.3.2019).

Crandall, Christian S. / Eshleman, Amy (2003). »A Justification—Suppression Model of the Expression and Experience of Prejudice«. In: *Psychological Bulletin* 129 (3), S. 414-446.

DasDing (2017). »Felix von Kraftklub talkt mit Consi: ›Du gottverdammte Hupe!‹«, www.youtube.com/watch?v=REZhmtQG6hc (Version vom 17.3.2017, Zugriff: 3.3.2019.

Diffus (2017). »Kraftklub — Das Interview zu ›Keine Nacht für Niemand‹«, https://www.youtube.com/watch?v=XfRh1f4fvHY (Version vom 30.5.2017, Zugriff: 3.3.2019).

Erbacher, Eric / Nitsche, Sina (2016). »Performing the Double Rupture. Kraftklub, Popular Music and Post-Socialist Urban Identity in Chemnitz, Germany«. In: *International Journal of Cultural Studies* 20 (4), S. 437-455.

»Emilia« (2017). »Diskussion: Der neue Kraftklub Song ›Dein Lied‹«. In: *minutenmusik*, https://minutenmusik.de/news/diskussion-der-neue-kraftklub-song-dein-lied (Version vom 17.3.2017, Zugriff: 3.3.2019).

Ford, Thomas E. (2000). »Effects of Sexist Humor on Tolerance of Sexist Events«. In: *Personality and Social Psychology Bulletin* 26, S. 1094-1107.

Ford, Tomas E. (2008). »More than ›Just a Joke‹. The Prejudice-Releasing Function of Sexist Humor«. In: *Personality and Social Psychology Bulletin* 34, S. 159-170.

Foucault, Michel (2001 [1970]). *Die Ordnung des Diskurses*, Frankfurt/M.: Fischer.

Goeth, Maria (2016). *Musik und Humor. Strategien — Universalien — Grenzen*. Hildesheim, Zürich, New York: Georg Olms Verlag.

Gill, Rosalind (2012). »Postfeminist Media Culture. Elements of a Sensibility«. In: *The Gender and Media Reader*. Hg. v. Mary C. Kearney. New York u.a.: Routledge, S. 136-148.

Grether, Kerstin / Grether, Sandra (2017). »Punk, Sexismus, Political Correctness. Ein Kommentar von Doctorella zum The Dickies-Vorfall«. In: vice.com, https://www.vice.com/de/article/59p34k/punk-sexismus-political-correctness-ein-kommentar-von-doctorella-zum-the-dickies-vorfall (Version vom 6.7.2017, Zugriff: 3.3.2019).

Irmschler, Paula (2017). »Die Schlampe in der Popmusik«. In: *Kaput Mag*, https://kaput-mag.com/kolumne*de/die-schlampe-in-der-popmusik/ (Version vom 12.4.2017, Zugriff: 3.3.2019).

Jordan, Boris (2017). »Wir sind nicht mehr dreizehn«, https://fm4v3.orf.at/stories/1777883/index.html (Version vom 17.3.2017, Zugriff: 3.3.2019).

Karnowsky, Leonie (2017). »Im Video: Kraftklub stellen neuen Song ›Dein Lied‹ auf Facebook vor«. In: *Rolling Stone*, www.rollingstone.de/im-video-kraftklub-stellen-neuen-song-dein-lied-auf-facebook-vor-1214717/ (Version vom 17.3.2017, Zugriff: 3.3.2019).

Kerner, Ina (2009a). »Alles intersektional? Zum Verhältnis von Rassismus und Sexismus«. In: *Feministische Studien* 27, S. 36-50.

Kerner, Ina (2009b). *Differenzen und Macht. Zur Anatomie von Rassismus und Sexismus*. Frankfurt/M.: Campus.

Kotthoff, Helga (2017). »Humor und Geschlechterverhältnisse«. In: *Komik. Ein interdisziplinäres Handbuch*. Hg. v. Uwe Wirth. Stuttgart: J.B. Metzler, S. 147-159.

Kracher, Veronika (2018). »Ihr seid kein Stück besser. Vom Sexismus in der Punkszene«. In: *Ficko*, http://ficko-magazin.de/ihr-seid-kein-stueck-besser-vom-sexismus-der-punkszene/ (Version vom 20.2.2018, Zugriff: 3.3.2019).

LaFrance, Marianne / Swim, Janet K. (1998). »No Laughing Matter. Womens Verbal and Nonverbal Reactions to Sexist Humor«. In: *Prejudice. The Targets Perspective*. Hg. v. Janet K. Swim, Charles Stangor. San Diego u.a.: Academic Press, S. 62-78.

Litschko, Konrad (2014). »Der Volksmob rast«. In: *taz.de*, https://taz.de/Uebergriffe-auf-Asylunterkuenfte/!5047326/ (Version vom 2.3.2014, Zugriff: 3.3.2019).

Lührs, Henry (2019). »›Das Boot ist voll‹. Fabers Vergewaltigungsfantasien gegen Rechts«. In: testspiel.de, https://www.testspiel.de/das-boot-ist-voll-fabers-vergewaltigungsfantasien-gegen-rechts/353890/?fbclid=IwAR3APC6ZHHfF16R47hofiEmSssw0sAzjqSl3B6vNEbDjR8bdvDslZwuKuXk (editierte Version vom 31.7.2019, Zugriff: 2.8.2019).

Mayring, Philipp (2003). *Qualitative Inhaltsanalyse. Grundlagen und Techniken*. Weinheim: Beltz.

Müller, L.J. (2018). *Sound und Sexismus — Geschlecht im Klang populärer Musik. Eine feministisch-musiktheoretische Annäherung*. Hamburg: Marta Press

McRobbie, Angela (2004). »Post-Feminism and Popular Culture«. In: *Feminist Media Studies* 4 (3), S. 255-264.

Niekrenz, Yvonne (2019). »Boys in Black, Girls in Punk. Gender Performances in the Goth and Hardcore Punk scenes in Northern Germany«. In: *DIY Cultures and Underground Music Scenes*. Hg. v. Andy Bennett u. Paula Guerra. London: Routledge, S. 63-73.

Neumann, Olaf (2018). »Kraftklub: ›Politisch unkorrekt, aber authentisch‹«. In: frankenpost.de, https://www.frankenpost.de/leben/tipps/fp/tipps-fp/Kraftklub-Politisch-unkorrekt-aber-authentisch;art83578,5880271 (Version vom 5.2.2018, Zugriff: 3.3.2019).

O. A. (»tsch«, 2017). »Kraftklubs Felix Brummer. Wir wollten auch mal lässigere Songs schreiben«. In: *nordbuzz.de*, https://www.nordbuzz.de/lifestyle/musik/kraftklub-felix-brummer-interview-neuen-album-wir-wollten-auch-laessigere-songs-schreiben-8369473.html (Version vom 1.6.2017, Zugriff: 3.3.2019).

Obert, Simon (2012). »Komplexitäten und Reduktionen«. Zu einigen Prämissen der Popmusikanalyse. In: *Black Box Pop. Analysen populärer Musik*. Hg. v. Dietrich Helms u. Thomas Phleps. Bielefeld: transcript, S. 9-21.

Parkinson, Christoph (2015). »Amen 81. Le Grand Tour De Passe-Passe«. In: *Ox-Fanzine*, www.ox-fanzine.de/web/rev/95600/reviews.207.html (Version vom April/Mai 2015, Zugriff: 3.3.2019).

Perry, Mark/Baker, Danny (Hg.) (2009). *Sniffin' Glue... And Other Rock'n'Roll Habits*. London: Music Sales
Plesch, Tine (2013 [2002]). »Frauen? Humor? Popmusik?«. In: *Rebel Girl. Popkultur und Feminismus* Hg. v. Evi Herzing, Hans Plesch u. Jonas Engelmann. Mainz: Ventil, S. 86-115.
Reitsamer, Rosa (2007). »Road to Nowhere. Weiße Männlichkeitskonstruktionen im Rock und Pop«. In: *Hot Topic. Popfeminismus heute*. Hg. v. Sonja Eismann. Mainz: Ventil, S. 264-274.
Reynolds, Simon (2017). *Glitter Rock und Art Pop von den Siebzigern bis ins 21. Jahrhundert*. Mainz: Ventil.
Schulze, Marion (2015). *Hardcore und Gender. Soziologische Einblicke in eine globale Subkultur*. Bielefeld: transcript.
Slaby, Jan (2016). »Die Kraft des Zorns. Sara Ahmeds aktivistische Post-Phänomenologie«. In: *Dem Erleben auf der Spur. Feminismus und die Philosophie des Leibes*. Hg. v. Hilge Landweer u. Isabel Marcinski. Bielefeld: transcript, S. 279-302.
Swim, Janet K. et al. (1995). »Sexism and Racism. Old Fashioned and Modern Prejudices«. In: *Journal of Personality and Social Psychology* 68, S. 199-214.
Tougas, Francine et al. (1995). »Neosexism. Plus ça change, plus c'est pareil«. In: *Personality and Social Psychology Bulletin* 21, S. 842-849.
Waak, Anne (2017). »Wenn Abiturienten plötzlich wüten«. In: *Fluter*, https://www.fluter.de/frauenbeschimpfung-in-der-popkultur (Version vom 5.6.2017, Zugriff: 3.3.2019).
Weisbrod, Lars (2017). »›Du Nutte‹«. In: *Zeit Online*, www.zeit.de/2017/16/popmusik-maenner-macho-sprueche (Version vom 19.4.2017, Zugriff: 3.3.2019).
Winter, Martin (2015). »Männlichkeiten im Punkrock. Musikgenre als vergeschlechtlichte boundary work«. In: *Musik.Gender.Differenz. Intersektionale Perspektiven auf musikkulturelle Felder und Aktivitäten*. Hg. v. Rosa Reitsamer u. Katharina Liebsch. Münster: Westfälisches Dampfboot, S. 165-179.
Woodzicka, Julie A. et. al. (2015). »It's Just a (Sexist) Joke: Comparing Reactions to Sexist versus Racist Communications«. In: *Humor. International Journal of Humor Research* 28, S. 289-309.

Diskographie

Amen 81 (2003). »Tatütata«. Auf: *... Mit 3 PS*. Skuld Releases SKULD 066.
Amen 81 (2014). »Anziehen Anziehen«. Auf: *Le Grand Tour De Passe-Passe*. Twisted Chords TC 118.
Broilers (2011). »Schwarz, Grau, Weiß«. Auf: *Santa Muerte*. People Like You Records 4682292.
Danger Dan (2018). »Sand in die Augen«. Auf: *Reflexionen aus dem beschönigten Leben*. JKP 138.
Die Ärzte (1989). »Tittenmaus«. Auf: *Die Ärzte früher! Der Ausverkauf Geht Weiter*. EFA 04268-26.
Die Toten Hosen (2002). »Frauen dieser Welt«. Auf: *Reich und sexy II*. JKP 57.
Faber (2019). »Das Boot ist voll«. Vertigo Berlin, https://www.youtube.com/watch?v=hYA86AERXFw.
Kraftklub (2012). »Eure Mädchen«. Auf: *Mit K*. Vertigo 0602527784144.
Kraftklub (2014) »Schüsse in die Luft«. Auf: *In Schwarz*. Vertigo Berlin 0602537903818.

Kraftklub (2017). »Dein Lied«. Auf: *Keine Nacht für Niemand*. Vertigo Berlin 06025574778686.
Rantanplan (2010). »St. Pauli Perle«. Auf: *Unleashed*. Hamburg Allstyles B00405IPTO.
Sookee feat. Refpolk (2011). »Einige meiner besten Freunde sind Männer«. Auf: *Bitches Butches Dykes & Divas*. Springstoff CD-SOBB-0032.

Abstract

The fusion of sexism, humor, and popular music is not new, but remains mostly untouched by scholarship. In 2017, German indie band Kraftklub joined a pseudo rebellious culture primarily authenticified in its devaluation of women. They made the term »whore« socially acceptable in left-wing pop. One album prior, the band had employed an entirely different aesthetic and language. To announce their second studio album, Kraftklub 2014 assumed a new identity as an autonomous new punk band. The strategy to shift from masquerade to misogyny in anticipation of their third album remained unchallenged, on the contrary journalists and fans cheered and enjoyed the new ironic sexism. Indeed, a vocabulary that devaluates and sexualizes women has become traditional in German-language punk rock music since the late 1980s. Whereas Kraftklub and others criticize right-wing radical forces in regards to racism, they knowingly skip women's rights in a form of selective solidarity. This article uses context and discourse theoretical perspectives to examine the recorded ambivalent combination in indie, punk and rap music via song lyrics, music videos, discography, and comments. The coincidence and compatibility of antifascist attitudes and neosexism is understood as part-time solidarity and the presented humor as a regulatory strategy (Tine Plesch 2013). Reflections on humor consider (broader) intersectional feminist theory (Ina Kerner 2009), findings from popular music studies, cultural studies, linguistics as well as social psychology. Especially the entanglements of irony and knowingness identified by Rosalind Gill (2012) and a »postfeminist« certitude problematized by Angela McRobbie (2004) regarding films, TV and advertisements are applied to popular music and continued. Finally, the rise of a cocky male humor by »masked repetition« (Foucault 1970) and ironic sexualizations in German indie, punk, and rap — music scenes traditionally regarded as alternative and progressive — in the 2010s have to be understood as a mode of sidelining women's issues and feminism that contributes to disturb not only the democratization of gender relations.

HUMAN*. POSTHUMANISM AND THE DESTABILIZING OF IDENTITY CATEGORIES IN MUSIC VIDEOS

Katharina Rost

Although the word »human« is given a prominent position in the title of this chapter, I ought to point out at the start that the question of what this word signifies, what »human« actually is, goes beyond the scope of my reflections and I wish to leave an intentional blank space here. I have, however, added an asterisk to this word, a convention used in Trans* Activism to change language and integrate the multiplicity of identities subsumed under the umbrella term »trans«. I have borrowed this symbol to highlight certain aspects about what the word »human« might mean today, when contemporary science and technology as well as postmodern theories are questioning and set to redefine »the human«—or rather the privileged anthropocentric position it represents. These factors include technological research moving to the forefront of artificial intelligence, robots made to seemingly feel, speaking devices such as Siri, Bixby or Alexa, biotechnology and genetics, and academic discourse about cyborgs, cyberspace and more recently new materialisms and trans- and posthumanisms by authors such as Karen Barad, Jane Bennett, Rosi Braidotti, Patricia MacCormack, Cecilia Åsberg or Stacy Alaimo. By adding the asterisk, I wish to highlight the multiplicity, flexibility, and openness of a contemporary notion of humanness that currently seems to be in flux. Identity is strongly connected to humanness and, as the latter is questioned, the former also comes under scrutiny. Nadine Ehlers states that »in the new millennium, feminist theory might be said to have traveled toward postidentitarian models of inquiry« with a focus on »somatic life, affect, time, space, and materiality as organizing principles or concepts« (Ehlers 2016: 346). Intersectionality has become a major analytical tool and a perspective from which—based on Black Feminist Theory and especially on Kimberlé Crenshaw's influential writings—attention is paid to the »interlocking systems of power and oppression« (Cooper 2015: 1) and especially the interlocking of diverse forms of discrimination (as in sexism, racism, homophobia, ageism, ableism, etc.). It is connected to an understanding of identity that is based on certain categories or rather categorical ascriptions (such as gender, race, class, age, ethnicity, etc.). From a posthumanist, postidentitarian point of orientation, the concept of intersectionality might have to be modified slightly to correspond to the shift in perspective: it isn't so much the relations between categorical identity markers ascribed to humans alone that are relevant then, but the hierarchies between different species or life-forms and the power dynamics between the concepts of »the cultural«, »the technological«, and »the natural«. As Cecilia Åsberg has stated, the feminist-inspired posthumanist theory discusses »the shifting relationship between the human and the non-human (animal, machine, environment), natures and cultures, the popular and the scientific« (Åsberg 2013: 11). Even though Donna Haraway is critical of the term »post-human« (cf. Franklin 2017: 50), her Chthulucene proposition can be seen as related to the theory of posthumanism in a broader sense. In opposition to the »times called the Anthropocene and the Capitalocene«, Haraway describes the Chthulucene as »a kind of timeplace for learning to stay with the trouble of living and dying in response-ability on a damaged earth« (Haraway 2016: 2). Thinking of the present as the Chthulucene means to be conscious of the entanglement of creatures, materials and forces on Earth, and not to consider the existence of human beings as the foremost relevant aspect but to adopt an attitude of ecological and ethical consciousness that aims at a »companioning with« (cf. Franklin 2017:51) other species.

With these reflections in mind, it is interesting to take a look at contemporary popular music videos in order to see how the above-mentioned aspects manifest themselves within this art, which is centred around the persona and identity of a singer or band respectively. For this reason, the topic of posthumanism might be especially relevant to music videos, but it might also cause problems or at least questions of how to deal with the related questions, as it for example entails a de-centering of the human being. In my following thoughts on music videos, the terms »human« and »identity« will thus be looked at with regard to its boundaries and negation rather than from a standpoint of ontological determination. Music videos that can be seen as referring to the topic of posthumanism could therefore be analyzed in their taking part in the negotiation of sociocultural values (for example of biotechnology, genetic engineering, animal rights, sustainability and ecological consciousness) and in the development of a different and more adequate ethics.

The following paper is divided into three parts. Firstly, I will consider some theoretical approaches that are relevant for my investigation of posthumanism in music videos. I will then suggest a categorization of music videos based on these approaches. Finally, I will close the chapter with a more detailed discussion of selected music videos and concluding thoughts.

I. Theoretical Concepts

Three major concepts have been relevant to me while working on this topic: Sara Ahmed's (2010) notion of orientations that matter, Judith Butler's questioning of contemporary understandings of humanity and the value—or non-value—of certain lives and Rosi Braidotti's (2013) influential publications on posthumanism.

For Ahmed, orientation matters because the way we perceive the world gives rise to the way that this world appears to us (cf. Ahmed 2010: 235). It is the order by which some things stand out in the foreground and some recede into the background. Our orientation shapes our world, but it also shapes us.

»Orientations shape the corporeal substance of bodies and whatever occupies space. Orientations affect how subjects and objects materialize or come to take shape in the way that they do. The writer writes, and the labor of writing shapes the surface of the writer's body. The objects used for writing are shaped by the intention to write; ...« (ibid.).

Drawing on phenomenology, Ahmed states that such ordering takes place along the axes of proximity/distance, foreground/background in a spatial sense and the important aspect of foreground/background in a temporal sense (present and past respectively) (cf. ibid.: 240). From our family background, we »inherit the proximity of certain objects, as those things that are given to us within the family home. These objects are not only material: they may be values, capital, aspirations, projects, and styles« (ibid.: 248). According to Ahmed, it is this inheritance that also influences and even conditions the present and future directions of our upcoming orientations, »creating a loop between what is toward and behind« (ibid.). Consequently, we tend to notice the same things now and in the future that we were taught or asked to notice and find relevant in the past.

The question of human or non-human is a decisive one in the context of orientation versus disorientation, as it forms the basis of many evaluations and hierarchical classifications. This is relevant for my research, as it hints at the latent function of certain identity categories considered to be »normal«, so that it now becomes possible to evaluate other identities as »the Other«. This process is not based on given concepts but rather on culturally produced and legitimized ones that have a historical background - a temporal dimension, as Ahmed puts it. An individual standing before us now has thus been formed by »histories which shape an individual's arrival into the world« (Ahmed 2010: 240).

In contrast to hierarchy and order, »disorientation« manifests itself in »queer moments« (Ahmed 2006a: 544). Ahmed uses the term »queer« in two senses: on the one hand, she refers to non-heteronormative sexuality—orientation would mean sexual orientation in this context; on the other hand, she refers to a process of disordering, of confusing and causing nausea (ibid.). Queer moments can therefore take place whenever existing orders dissolve, clash, implode, melt down or break up. In her support of a »politics that involves disorientation« (ibid.: 569), she formulates strategies for how this kind of politics could be executed with one example being to render a familiar form strange or even uncanny, and to me this is one way of achieving disorientation through music videos. However, we generally have to think about a broader spectrum of potential disorientations that could emerge in music videos, for example through processes of spatial/physical/temporal deferral, through something going astray or someone getting lost, and even more so as processes of excrescence, extroversion, eversion, reversion, rotation, arbitrariness, randomness, and negation. These processes of disorientation need to be considered as potentially non-linear, disorderly, non-behaving, random, chaotic, and unpredictable.

I will now turn briefly to Butler's and Braidotti's texts as two further theoretical references for my thoughts on music videos. In her latest books, and especially in *Frames of War* (2009), Butler turns to the connection between »human« and »humanity«. As she stated 2009 in an interview:

> »… for that which is human to be human, it must be in relationship with that which is inhuman or non-human, and this is a differential operation of power. Humanness is produced and sustained in one form and is ›de-produced‹ and not sustained in other forms: the human being is a differentiating effect of power« (Butler in Angus 2009).

In this sense, it becomes clear that any understanding of humanness is a historically and culturally formed, changeable idea. As Butler emphasizes, humanness is a concept through which we can better understand and evaluate ourselves. In this context, certain criteria that are culturally determined as identity markers, such as gender, race, class, ethnicity, and ability, are of major importance. As Butler states in *Gender Trouble*: »Discrete genders are part of what ›humanizes‹ individuals within contemporary culture; indeed, we regularly punish those who fail to do their gender right« (Butler 1990: 139f.). In the above-mentioned interview, she adds: »In this way, whenever we question our gender we run the risk of losing our intelligibility, of being labelled ›monsters‹« (Butler 2009).

It is from a different perspective but with a nonetheless similar direction of argument that Braidotti outlines her understanding of posthumanism:

»The dialectics of otherness is the inner engine of humanist Man's power, who assigns difference on a hierarchical scale as a tool of governance. All other modes of embodiment are cast out of the subject position and they include anthropomorphic others: non-white, non-masculine, non-normal, non-young, non-healthy, disabled, malformed or enhanced peoples. ... All these ›others‹ are rendered as pejoration, pathologized and cast out of normality, on the side of anomaly, deviance, monstrosity and bestiality« (Braidotti 2013: 68).

For Braidotti, there is a central point in all of the diverse theories and images of the posthuman, which is »an assumption about the vital, self-organizing and yet non-naturalistic structure of living matter itself« (ibid.: 2). Philosophies dealing with the posthuman no longer divide the world into the two different spheres of nature and culture but consider it as a »nature-culture-continuum« (ibid.).

In reference to these theories, we might then ask »What is the posthuman in music videos and popular music?«—meaning how is the issue dealt with in the form, content, and sound of these artworks? In addition, I think we could transfer Braidotti's question about forms of subjectivity to the medium of music videos and ask: »What new forms of subjectivity are being depicted in music videos and through which images and representational strategies?« (cf. ibid.: 3). These will be the central questions that I will deal with in the following thoughts on music videos and the posthuman.

II. Categorization of Music Videos

In their study *Music Video and the Politics of Representation* (2011), Diane Railton and Paul Watson specify that there are two ways of working with music video and questions of genre: one is to take a set of genre-specific criteria and see if they can be found in a music video, and the other—the method that I have adopted here—is »to work outwards from the text [in this case the music videos; K.R.] and produce categories on the basis of the formal, stylistic and aesthetic evidence it provides« (ibid.: 43). Proceeding this way, I have developed the following catalogue of diverse categories and subcategories. The categories in the table are based on aspects of what I could perceive in a multitude of recent music videos and on themes that are relevant to the topic of posthumanism. In order to gain a relatively contemporary impression, I chose music videos that were mostly produced within the last ten years. The categories are based on the content of the music videos that were selected when their content could be read as questioning the central position of the human subject in Western philosophy—not merely for including robots, androids or cyborgs, but also by demonstrating an agency of nature, things, animals, organisms or matter and by rendering it impossible to identify or categorize these creatures and processes easily.

My selection and the following discussion of music video examples are focused mainly on the visual content of the music videos, which of course is closely related to the issue of sonic posthumanism as well as to the reflection of posthumanistic topics in music or through voice and sound. As Milla Tiainen emphasizes, »some recent exceptions notwithstanding ..., analyses of sonic performance—whether in music, sound or voice studies—are yet to engage with posthuman/ist (feminist) theories« (Tiainen 2018: 9). Research in this area to date has also primarily concentrated upon the voice (cf. Tiainen 2013, Brophy 2010). Since my interest in this paper is focused on the *representation of* posthumanism rather than on an aesthetic form or format that manifests itself *as* posthumanistic, the narrative, the figures and the imagery are at the center of the following thoughts and the following table.

Three things need to be pointed out in advance: firstly, this overview is not intended to be complete but rather an open collection that can be amended and modified on the basis of further research; secondly, the order in which the categories are listed is not significant—the diverse strategies are equal in value, and the following table is not supposed to map a specific hierarchy; and thirdly, the many overlaps and connections between the single categories should be kept at the back of one's mind. Most of the following music videos belong to multiple categories. The table is meant as an orientation and differentiation tool within this network of connections.

Music videos that depict:	Characteristic examples (selection):
1. Human hybrids, either:	
1a. Human/machine (cyborgs)	• Kehlani: »Nights Like This«, feat. Ty Dolla $ign, 2019, dir. Bo Mirhosseni • Sevdaliza: »Marilyn Monroe«, 2017, dir. Hirad Sab • Taylor Swift: »Ready For It«, 2017, dir. Joseph Kahn • The Chemical Brothers: »Sometimes I Feel So Deserted«, 2015, dir. Ninian Doff • Steve Aoki: »Neon Future«, feat. Luke Steele, 2015, dir. Mike Harris • Future & Miley Cyrus: »Real & True«, feat. Mr. Hudson, 2013, dir. Rankin • David Guetta: »Turn Me On«, feat. Nicki Minaj, 2012, dir. Sanji
1b. Human/animal (chimaera)	• Eddie Beatz: »Black Bird«, 2017, dir. Haonan Wang • Arca: »Reverie«, 2017, dir. Jesse Kanda • Klyne: »Lend Me Another Name«, 2016, dir. Alan Masferrer • Glass Animals: »Black Mambo«, 2014, dir. David Helman • Giraffage: »Tell Me«, 2014, dir. Adam Avilla • Goldfrapp: »Number 1«, 2005, dir. Dawn Shadforth
1c. Human/nature (trees, stones, water, earth, etc.)	• Preoccupations: »Compliance«, 2019, dir. Nicholas Brown and Evan Henderson • Keøma: »Gone«, 2016, dir. Dirk Rauscher • Mansionair: »Easier«, 2016, dir. Matthew Thorne, anim. Collider • Delorean »Crystal«, 2015, dir./anim. Joan Guasch • Howling: »Signs«, 2015, dir. RY X + Constantin Demner • Björk »Mutual Core«, 2012, dir. Andrew Thomas Huang
1d. Human/ organisms	• Arca: »Reverie«, 2017, dir. Jesse Kanda • Perfume Genius: »Die 4 You«, 2017, dir. Floria Sigismondi • Yeasayer: »Madder Red«, 2010, dir. Andreas Nilsson
1e. Human/other	• Pond: »Paint Me Silver«, 2017, dir./anim. Alejandro Miguel Justino Crawford • Arca: »Reverie«, 2017, dir. Jesse Kanda • Sevdaliza: »That Other Girl«, 2015, 3D-video, dir./anim. Pussykrew • Yeasayer: »I am Chemistry«, 2015, dir. New Media Limited • Katy Perry: »E.T.«, feat. Kanye West, 2011, dir. Floria Sigismondi

2. Animated ›humanized‹ machines, either:		
2a. Anthropomorphic puppets and androids	• Zedd & Katy Perry: »365«, 2019, dir. Warren Fu • The Chemical Brothers: »Free Yourself«, 2018, dir./anim. Dom&Nic • Jamiroquai: »Automaton«, 2017, dir. Charlie Lightening • Pond: »Paint Me Silver«, 2017, dir./anim. Alejandro Miguel Justino Crawford • Allie X: »Paper Love«, 2017, dir. Renata Raksha • Com Truise: »Propagation«, 2017, dir. Karrie Crouse and Will Joines • Dan Sultan: »Magnetic«, 2016, dir. Jonathan Chong, Dropbear • Max Cooper: »Trust«, feat. Kathrin DeBoer, 2016, dir./anim. R.C. Aksun • Broiler: »Money«, ft. Bekuh Boom, 2016, dir. Jarand Herdal • Katy Perry: »E.T.«, feat. Kanye West, 2011, dir. Floria Sigismondi	
2b. Other puppets, robots, automatons, machines, instruments, objects, etc.	• Editors: »Barricades«, 2019, dir. Hi Sim • Apparat: »Black Water«, 2011, dir. Ben Reed	
3. Encounters of any sort between humans and an imaginary/ unfamiliar species, either:		
3a. With figures from myths, fairy tales, legends, etc.	• Blockhead: »The Music Scene«, 2009, dir./anim. A. F. Schepperd	
3b. With machines, robots, automatons, etc.	• Massive Attack, Young Fathers: »Voodoo In My Blood«, 2016, dir. Ringan Ledwidge	
3c. With figures of an unknown species	• Reid Willis: »The Slow Knife«, 2013, dir. Fernando Lazzari • Austra: »Hurt Me Now«, 2013, dir. M Blash • Katy Perry: »E.T.«, feat. Kanye West, 2011, dir. Floria Sigismondi	
4. Distortion, either:		
4a. Of the human body (through masking techniques: masks, hats, patterns, tribal makeup, colours, etc.)	• Jonathan Bree: »You're So Cool«, 2018, dir. Benjamin Zambo • Pale: »Too Much«, 2012, dir. Jesse John Jenkins • Jon Hopkins: »Vessel (Four Tet Remix)«, 2010, dir. Bison • Daft Punk: multiple music videos • Lorn: »Until There Is No End«, 2010, dir. Bartosz Wojda	

4b. Of the human figure and the image (through digital technologies of morphing, dissolving, liquidation, deflation, doubling, series, etc.)	• The Chemical Brothers: »Gotta Keep On«, 2019, dir. Michel Gondry • James Blake: »I Need A Forest Fire«, feat. Bon Iver, 2016, dir. Matt Clark / United Visual Artists • Jon Hopkins: »Emerald Rush«, 2018, dir./anim. Robert Hunter und Elliot Dear • Róisín Murphy: »Jacuzzi Rollercoaster«, 2018, dir. Róisín Murphy • Massive Attack: »The Spoils«, 2016, dir. John Hillcoat • Keøma: »Gone«, 2016, dir. Dirk Rauscher • Mansionair: »Easier«, 2016, dir. Matthew Thorne • The Chemical Brothers: »C h e m i c a l«, 2016, dir./anim. Adam Smith, Marcus Lyall • The Chemical Brothers: »Wide Open«, 2016, dir./anim. Dom/Nic • Lorn: »Ghossts«, 2016, dir./anim. CRCR • Delorean »Crystal«, 2015, dir./anim. Joan Guasch • HNN: »Je pars«, 2014, dir./anim. Hugo Arcier • Björk: »Mutual Core«, 2012, dir. Andrew Thomas Huang • Max Cooper: »Micron«, 2012, dir./anim. Dmitry Zakharov • Home and Dry: »Ghosts are Dancing«, 2012, dir. Maxime Causeret and Gilles Deschaud
4c. Of »reality« or what is considered »reality«, if that »reality« is connected to the human subject and the subjective perception of the world (by breaking the rules of realism, for example gravity)	• Mano Le Tough: »Energy Flow« (in the DJ Koze Miles and More Remix), 2016, dir. Al Kennington & Dara O'Neill • Mark Pritchard: »Beautiful People«, feat. Thom Yorke, 2016, dir. Michał Marczak • Röyksopp: »Monument«, feat. Robyn, 2014, dir. Max Vitali • John Newman: »Out of my Head«, 2014, dir. Luc Janin • Keaton Henson: »You«, 2013, dir. William Williamson

5. The human as being lost in nature, lost in space, or becoming part of nature again, either showing:	
5a. Nature in its power and sublimeness (humans face or even get lost in vast nature, in space or under water)	• Mitski: »A Pearl«, 2019, dir. Saad Moosajee & Art Camp • Amistat: »Magnificence«, 2018, dir. Dean Raphael • Billie Eilish: »Lovely«, with Khalid, 2018, dir. Taylor Cohen • Ben Howard: »Nica Libres at Dusk«, 2018, dir. B.H. and Allan Wilson • Harry Styles: »Sign of the Times«, 2017, dir. Woodkid • DYAN – »Of Love«, 2017, dir. Sinziana Velicescu • London Grammar: »Big Picture«, 2017, dir. Sophie Muller • VÖK: »Waiting«, 2016, dir. Glashier • Röyksopp: »Monument«, feat. Robyn, 2014, dir. Max Vitali • Woodkid: »I Love You«, 2013, dir. Woodkid • The XX: »Chained«, 2012, dir. Young Replicant • Bon Iver: »Holocene«, 2011, dir. NABIL • The Chemical Brothers: »Snow«, 2010, dir. Adam Smith, Marcus Lyall • Röyksopp: »This Must Be It«, 2009, dir. Andreas Nilsson
5b. Nature taking back space from humans (and transforming humans into plants or stone)	• Preoccupations: »Compliance«, 2019, dir. Nicholas Brown and Evan Henderson James: »Dear John«, 2016, dir. Péter Vácz • Bear's Den: »Agape«, 2014, dir. Ed Sayers • Chet Faker: »Talk Is Cheap«, 2014, dir. Toby & Pete • Atoms For Peace: »Before Your Very Eyes«, 2013, dir. Andrew Thomas Huang
5c. A utopian fantasy world with unknown plants and living creatures (beyond the world constructed by humans)	• Jon Hopkins: »Emerald Rush«, 2018, dir./anim. Robert Hunter und Elliot Dear • Björk: »Utopia«, 2017, dir. Warren Du Preez and Nick Thornton Jones • Yuma: »Laya Snin«, 2016, dir. Kamiel Rongen • Empire Of The Sun: »High And Low«, 2016, dir./anim. Guto Terni, Vinicius Costa, Sam Mason/Roof Studio • OY: »Space Diaspora«, 2016, dir. Moritz Reichartz • Yeasayer: »I am Chemistry«, 2015, dir. New Media Limited • London Grammar: »Hey Now«, 2014, dir. Chris Ullens • Blockhead: »The Music Scene«, 2009, dir./anim. A. F. Schepperd

6. A postapocalyptic dystopian (fantasy) world in which the destruction seems to be linked to humankind	
	• Jon Hopkins: »Feel First Life«, 2018, dir./anim. Elliot Dear • Jon Hopkins: »Emerald Rush«, 2018, dir./anim. Robert Hunter and Elliot Dear • Forest Swords: »Crow«, 2018, dir. Liam Young • Julien Mier: »Sea of Decay«, 2016, dir. Kamiel Rongen • Moderat: »Reminder«, 2016, dir. Mate Steinforth/ 360°, anim. Pfadfinderei • Yeasayer: »I am Chemistry«, 2015, dir. New Media Limited
7. Abstract patterns, shapes and materials that consist of seemingly human or organic material	
	• Róisín Murphy: »Jacuzzi Rollercoaster«, 2018, dir. Róisín Murphy • Max Cooper: »Order from Chaos«, 2016, dir. Maxime Causeret • Julien Mier: »Sea of Decay«, 2016, dir. Kamiel Rongen • Max Cooper: »Seething«, 2014, dir./anim. Andy Lomas • Clark: »Winter Linn«, 2014, dir. Christopher Hewitt
8. Abstract patterns, shapes and materials in motion, seemingly alive or spirited or somehow activated by an unknown force	
	• Jamie xx: »All Under One Roof Raving«, 2015, dir./anim. Rose Pilkington • Clark: »Riff Through The Fog«, 2014, dir. Adoxo • Clark: »Superscope«, 2014, dir. Adoxo • Moderat: »No. 22«, 2009, dir./anim. Pfadfinderei

III. Reflections on the Categories

While some of the categories appear to be clearly connected to the subject—for example, categories 1 (hybrids), 2 (androids/robots), and 3 (encounters)—the relevance of other categories needs to be explained in more detail. I have chosen to add categories 4 (distortion), 5 (nature as powerful/autonomous; human lost in nature), 6 (postapocalypse), 7 (abstract shapes of seemingly organic materials), and 8 (abstract shapes, seemingly animated, without any relation to humankind). In one form or other they all thematize the limits of humankind, of human capacities and greatness, as necessary for the existence of this world. This refers to posthumanism as a critique of anthropocentrism and as a reflection on different ways of enacting and imagining »a more egalitarian relationship to nonhuman others« (Braidotti 2017: 10), motivated by an ethical and environmentally conscious attitude. Each category is aimed at a specific area that is related to posthumanism by de-centering the human subject; by questioning the stability, closeness, and superiority of the legitimate human subject's body and its formation as white, healthy, male, Western, heterosexual, etc., according to universalisms articulated in philosophy, psychology, and history (cf. Ehlers 2016: 352, 354); and by showing energies, processes, and events, as well as things, organisms, matter or »life« as active, animated, and in constant movement.

It is not my intention to say that my categories necessarily correspond to any intended messages of the artists. For example, the song »Agape« by Bear's Den deals with feelings of love, longing and fear—mostly fear of a sudden break-up and being left alone by the loved one. The music video shows the band (three men) in a landscape featuring rocks, an empty beach, the wide ocean, and a steep, green coastline in the background. The men increasingly sink into the sand until only their heads are showing and they are finally completely covered by the sand and waves. On the one hand, the band is conceptually using the metaphor of drowning or being buried to visually express the fear and inner pressure of the lyrical I; on the other hand, in addition to an interpretation based mainly on the lyrics, the music video could also be read as showing the men being overpowered by nature. My point here is that, even though the artists might be making statements or expressing emotions that seem to have no relevance at all to the topic of posthumanism, the metaphors and images they use may tell a different story.

In a similar sense, questions about humanity may not be key themes in Delorean's »Crystal«, as far as the artists are concerned, but the video nonetheless shows hybrid creatures with a human shape, made of stone or crystal, and I think that the depiction of humans made of stone can be interpreted by drawing a connection with the concept of posthumanism. In his article on Björk's album »Biophilia« (2012), Marek Susdorf talks about how feminist new materialism opens up the boundaries between human beings and things by considering »thinking« as a concept that not only pertains to human subjects but can also be ascribed to conceptual activities by materials like crystals (cf. Susdorf 2017: 122). These videos show anthropomorphic beings made of stone that evoke metaphorical expressions such as »turning to stone« or being »stone cold« in regard to human emotionality, but also many themes and questions regarding the relationship of humans to nature (with nature represented as floating stones, erupting volcanoes, and shifting tectonic planes).

There are many intersections between the categories, for example there are obviously similarities between categories 1a (hybrids: cyborgs), 2a (androids) and 2b (robots) as well as connections with 3 (encounters). The difference is that the cyborgs from 1a are still partly human, whereas androids and robots are not, and 3 is of particular interest, because the way that the encounters are depicted and narrated could give insight into how music videos might consider Haraway's »companioning with«. It is also sometimes difficult to draw the difference between categories 5c (utopian worlds) and 6 (dystopian worlds). The fantasy world in Jon Hopkins's »Emerald Rush« (2018), for instance, could be seen as either hostile or friendly, depending on the viewer's perspective. And the postapocalyptic world depicted in his video »Feel First Life« (2018) takes a dystopian perspective on human life, but the little blade of grass shown at the end of the video conveys an atmosphere of hope with regard to the rebirth of nature.

There seem to be connections between specific categories and musical genre. The music videos in my categories 4, 6, 7, and 8 (see table) tend to belong to the electronic music genre while the videos in categories 1 to 3 mostly belong to pop or rock. Categories 5 and 6 consist of a diverse range of music genres. One reason for this might be that electronic music videos tend to be more abstract, which corresponds to the abstractness of the categories, whereas categories 1 to 3 are mostly based on a narrative structure, which might work better for pop and rock songs. As Railton and Watson put it, »genre is a messy concept« (Railton/Watson 2011: 42). They divide music videos into four different types, regardless of their musical genre: (1) pseudo-documentary, which »deploys the aesthetics of documentary realism to portray the ›working life‹ of the band or artist« (ibid.: 49), often showing them performing live; (2) »art« music video, which functions as »a site of creative expression which variously works as an aesthetic complement to the song or vies with it for artistic consideration« (ibid.: 52); (3) narrative video, »defined by the fact that it tells a story« (ibid.: 55); and (4) staged performance videos, which »exploit a performance that is explicitly staged for the production of the video« (ibid.: 58). Regarding the table above, it can be observed that most of the music videos selected belong to »art« music videos. Some of them also have a narrative structure, so these would belong to the third category, narrative videos. A few depict musical performances set up especially for the video, in line with the fourth category, staged performance videos, but there were no pseudo-documentary videos showing the musicians »producing, recording and performing music« (ibid.: 52). The latter is not surprising, since the topic of posthumanism most often entails an absence of realism and thus the musicians do not appear in the videos as themselves.

One particular category differs from the others: category 4b (distortion through digital technologies) covers both content and form, and it is possible to find many overlaps with other categories, for example with categories 1a-e (diverse hybrids), since these unfamiliar creatures are mostly produced using techniques such as digital CGI animation and 3D mapping (scanning and animation). Whereas for the other categories, form is not of central relevance, category 4b mainly relies on the fact that digital technologies have been employed to create the imagery—and this connection is not a coincidence, as the topic of posthumanism tends to be connected to the possibilities of (digital) technology and can therefore also be dealt with through the specific form.

All of these complexities demonstrate that a music video will not often fit neatly into just one of these categories. While the table cannot fully represent the intricacies of the music videos mentioned, it does make those intersections clearer and emphasizes the relations between categories and the necessity of considering overlaps and simultaneities.

IV. Music Video Examples

For the final part of this chapter, I am going to turn to several music videos in order to specify their respective categories in detail. The main observation is that, beyond the most obvious categories (1, 2, 3a and 3b), there are many more ways in which the topic of posthumanism is dealt with in the context of music videos. In addition to the mere presence of cyborgs, androids and robots,[1] we see different kinds of beings, seemingly alive, yet not in any way familiar.

Most of the contemporary music videos portraying cyborgs and androids emphasize not only the autonomous character of these figures, but they also configure them as very »human-like«: they often possess anthropomorphic bodies and obviously have feelings, plus a sense of justice and a willingness to fight for their own or someone else's survival. In fact, cyborgs, androids and robots have a solid tradition within the history of music videos, as the human/machine figure was used prominently in the 1980s, for example by

---

[1] There are many music videos that depict cyborgs—a figure that is obviously relevant within the context of posthumanism, and primarily since Donna Haraway's prominent use of it in her feminist philosophy (cf. Haraway 1985). The important aspect is that cyborgs are hybrids, consisting of both human and mechanical elements. By contrast, robots are completely made of metal, even though their shape can be anthropomorphic, and it is this factor that distinguishes them from the group of cyborgs mentioned above.

Grace Jones in »Slave to the Rhythm« (1985), Herbie Hancock in »Rock It« (1983), or in Kraftwerk's televised performance »Die Roboter« (1978). Unsurprisingly, cyborgs, androids, and robots in music videos are largely similar in appearance to their typical representation in science fiction, as it is this genre—in literature and film—that has shaped the stereotypes of the mechanical Other.[2] Most of the music videos mentioned above are narrative in style: the cyborg figure is introduced as part of a storyline and consequently often given an evaluative dimension – the role of a hero or of a villain, for example. Nevertheless, the fact that music videos often tell narratives in a rather fragmented and surreal way (Railton/Watson 2011: 44), and despite these music videos apparently suggesting a certain narrative logic and clear understanding, it is mostly impossible to say whether the cyborg figure is actually intended to be good or evil. In The Chemical Brothers' »Sometimes I Feel So Deserted« (2015), for instance, the female-looking cyborg is being chased by a group of men and we cannot say for certain whether she is being pursued for any criminal or threatening actions on her part, or for no reason at all (maybe for the mere fact of her being a cyborg and therefore different or other, and thus can or should be chased and »killed«).

The music videos that I am going to take a closer look at in the following sections all depict an encounter between a human being with another creature: being with it, maybe having a relationship with or even becoming one with it. As far as my table of categories is concerned, they belong in categories 3 (encounters), either 1e (hybrid human/other) or 1b (hybrid human/animal). Strictly speaking, the music videos also fall into categories 4b (distortion of human body through digital technologies), 5b (nature taking back space/transforming humans) and maybe 6 (postapocalypse).

In Perfume Genius's »Die 4 You« (2017), directed by Floria Sigismondi, the singer Mike Hadreas is depicted as a dancer with a chair in a half-lit old theatre before we see who, or rather what, he is dancing to—something *Rolling Stone* magazine describes as »what looks like a mass of flesh« (Blistein 2017). At first sight, in the darkness of the corner, the object looks like a bunch of items lying on a chair, but on closer inspection it becomes clear that this must be something organic. The material depicted looks like white skin: the tissue has a typical skin color and it also has goose bumps, hair, and even little wounds, as if it had been cut in places.[3] In fact, it looks very soft, with

---

2   It should be noted that other genres, such as fantasy and horror, also influence the depiction of the posthuman to a certain degree.
3   The video credits list the sculpture as a work by Dutch artist Rosa Verloop (https://www.rosaverloop.com) who is known for creating sculptures out of nylon stockings.

its lumps and twisted arms, and vulnerable, with its wounds. Even though it appears to be skin, no familiar creature can be recognized—it is neither a human being nor a different but familiar species. The fact that its surface—but not its shape—seems human is confusing and disorientating. This bewilderment is intensified when an exposed part of the object's body resembles the nipple of a human breast, and we observe how the protagonist is dancing longingly towards it, directing his desire upon it and bringing his lips so close that they almost touch the body of the unfamiliar creature. Disorientation is heightened not only because is it impossible to categorize this supposedly living creature, but more so because this creature seems to be the dancer's object of desire. The music video thus questions and arguably queers—in Ahmed's sense of the term—notions of attractiveness and attraction, and it destabilizes the sociocultural hierarchies entailed in contemporary concepts of the body, of beauty, and of health.

The encounter with other species takes place in different ways in the music videos for Reid Willis's »The Slow Knife« (2013), directed by Fernando Lazzari, and for Klyne's »Lend Me Another Name« (2016), directed by Alan Masferrer. In these two videos, a human being—in both cases a young woman—meets another type of life form. In Reid Willis's »The Slow Knife«, a young Black woman walks through the woods, followed by a number of tiny objects floating in the air, swirling around her, possibly being animated by an unknown force coming from a huge floating spherical object. The woman seems astonished by the events, falling backwards onto the grassy ground with open eyes and mouth, her upper body in cramps as if she were being connected to—or obsessed by—the energy of the floating things, which now form a large anthropomorphic figure dancing next to her. In the end, the mysterious energy disappears, the loosely formed figure falls apart, and the woman looks straight at us with a few of the tiny objects attached tightly to her face. In Klyne's »Lend Me Another Name«, a young *white* woman covered in silver glitter is seen performing highly skilled gymnastic movements in, or on top of, dark water. At the start, she swallows a pill that seems to constantly grow inside of her, making her disgorge a thick white fluid. Cells develop into a white pulsating heart-like organism and increasingly take the shape of an octopus. When the woman's face is shown in a close-up, staring at us directly, her eyes have changed and now, strangely, resemble an octopus's eyes with white lenses and thin black pupils. Her skin is covered with differently sized red, orange, and violet dots. The final image is the wet white pulsating organism.

Both songs belong to the electronic music genre, both videos are set in a dreamlike, phantasmagorical setting, both song titles and lyrics refer to pain

(»The Slow Knife« or the line «all your words are like a bee sting« in »Lend Me Another Name«), both are musically rather slow and melancholic and possess a prominent rhythm, and both depict an encounter of a human being with another species. Not only do these humans meet other species, they also merge with them and become hybrids. Both videos depict the encounter as some form of occupation of the human being by the other species: in »The Slow Knife«, it is an occupation through energies, while in »Lend Me Another Name« the woman swallows a pink pill or egg and an animal then develops inside of her. »The Slow Knife« brings substance to life—it swirls around and moves closer so that a compact body of twisting matter forms itself out of this constant movement. In »Lend Me Another Name«, the imagery plays with disgust—mainly the viewers', since the woman disgorges some kind of thick white fluid as the creature is growing inside of her. The imagery seems to draw on the genre of science fiction films, especially David Fincher's *Alien 3* (1992), which shows something pushing against human skin from the inside and stretching it outwards. Explaining the origins of his idea for »Lend Me Another Name«, Masferrer says that he wanted »to create a narrative that explores the concept of changing identity« (Morby 2016), which links into the topic of posthumanism and disorientation. I would argue that the term »posthumanism« describes a process rather than anything stable. Acknowledging hybridity in this sense means becoming open to unfamiliar forms of dual or plural and unfamiliar identities. Posthuman beings cannot therefore be determined by notions of identity that rely on identity as a stable, continuous, and clear entity.

V. Final Observations: Orientating Ourselves

How would we orientate ourselves in the world if objects or identities could no longer be understood through any—or any familiar—categories? As Ahmed has mentioned in her phenomenological thoughts on orientation, the perspective we have on things will create the way the world appears to us, so how do we deal with situations and narratives that do not fit into any established category or order? And how do we separate the notion of orientation from an implicitly presumed and exclusive subject-related position and specific hierarchies associated with that anthropocentric perspective? What does orientation mean if the central position of the subject who adopts the perspective and creates the order, based on learnt criteria, is no longer the main or singular focus?

The above-mentioned music videos—more or less indirectly—deal with these questions and they offer various answers. The videos show or provoke disorientation in manifold ways. For example, it is not always possible to identify the creatures depicted clearly, so the usual schemes of knowing the world and being able to systematize it are unavailable. For example, an intersectional perspective focusing on social or cultural markers of identity would have no starting point when it comes to the description and analysis of the unfamiliar creature in Reid Willis' »The Slow Knife« and the other music videos of categories 1-4b. Furthermore, traditional concepts of the opposition between ›subject‹ and ›object‹, as well as of a closed body with definite boundaries, are being called into question. The bodies shown have no strict boundaries, as they tend to melt, mix, form hybrids, bleed or have various excrescences. Disorientation is evoked by making it impossible to determine who or what we are seeing as recipients of the music videos. If we take a look at the music videos in categories 4c, 5-8, it becomes clear that from a posthuman perspective the concept of intersectionality could be expanded to include non-human creatures and be shifted towards the dynamics of the (more or less hierarchical) *relations* between two or more creatures and also between human beings and the »Earth« (with all that belongs to it: animals, organisms, bacteria, minerals, soils, wind, oil, water, etc.). If we follow the thinking behind Braidotti's posthumanism and Barad's new materialism, the suggestion is that relationships between humans and their Other—be it nature, animals or machines—and the relationship of humans towards themselves need to be re-considered and ethically re-worked. With regard to Butler, we may want to think about whether the music videos might be considered artworks that provoke or even teach the viewers to rethink the implicit hierarchies within these relationships. In *Frames of War*, Butler speaks of the possibility of lives not qualifying »as lives« or not being »conceivable as lives with certain epistemological frames« (Butler 2009: 1). In doing so, she points to the hierarchy of values attached to the definitions of »human« and »Other«, or »valuable life« and »Other«. There is a vast number of music videos in which the »human« as such is somehow questioned, played with, made absurd and mixed with other species, thereby opening up the boundaries of the term. These works deal with the fundamental question of what it is that we consider »human« and what is excluded from this definition and is therefore moved into the sphere of the monstrous, the perverse and the deviant. From these observations, we can conclude that these music videos question the traditional understanding of identity, body, and familiarity/normality as entities, that they show all of these aspects in their fragility and openness and thus participate in the negotiation of a posthuman ethics.

Bibliography

Ahmed, Sara (2006a). »Orientations: Towards a Queer Phenomenology«. In: *GLQ – A Journal of Lesbian and Gay Studies* 12 (4), pp. 543-574.

Ahmed, Sara (2006b). *Queer Phenomenology. Orientations, Objects, Others.* Durham and London: Duke University Press.

Ahmed, Sara (2010). »Orientations Matter«. In: *New Materialisms: Ontology, Agency, and Politics.* Ed. by Diana H. Coole, Samantha Frost. Durham and London: Duke University Press, pp. 234-258.

Angus, Ian (2009). »Interview with Judith Butler: ›Gender Is Extramoral‹«. In: *Monthly Review Online*, May 16, https://mronline.org/2009/05/16/interview-with-judith-butler-gender-is-extramoral/, access: 14 August 2019.

Åsberg, Cecilia (2013). »The Timely Ethics of Posthumanist Gender Studies«. In: *Feministische Studien* 1, pp. 7-12.

Barad, Karen (2012). »Nature's queer performativity«. In: *Women, Gender and Research (Kvinder, Køn og Forskning)* 1-2 [Special Issue: Feminist Materialisms], pp. 25-53.

Blistein, Jon (2017). »Watch Perfume Genius' Elegant ›Die 4 You‹ Video«. In: *Rolling Stone.com*, May 9, https://www.rollingstone.com/music/music-news/watch-perfume-genius-elegant-die-4-you-video-128656/, access: 14 August 2019.

Brophy, Philip (2010). »Vocalizing the posthuman«. In: *Voice: Vocal Aesthetics in Digital Arts and Media.* Ed. by Norie Neumark, Ross Gibson and Theo van Leeuwen. Cambridge, MA: The MIT Press, pp. 361-382.

Butler, Judith (1990). *Gender Trouble. Feminism and the Subversion of Identity.* New York and London: Routledge.

Butler, Judith (2009). *Frames of War. When Is Life Grievable?* London and New York: Verso.

Braidotti, Rosi (2013). *The Posthuman.* Cambridge: Polity Press.

Braidotti, Rosi (2017). »Posthuman Critical Theory«. In: *Journal of Posthuman Studies* 1 (1), pp. 9-25.

Cooper, Brittney (2016). »Intersectionality«. In: *The Oxford Handbook of Feminist Theory.* Ed. by Lisa Disch and Mary Hawkesworth. New York: Oxford University Press, pp. 385-406.

Ehlers, Nadine (2016). »Identities«. In: *The Oxford Handbook of Feminist Theory.* Ed. by Lisa Disch and Mary Hawkesworth. New York: Oxford University Press, pp. 346-366.

Franklin, Sarah (2017). »Staying with the Manifesto: An Interview with Donna Haraway«. In: *Theory, Culture & Society* 34 (4), pp. 49-63.

Haraway, Donna (1985). »Manifesto for Cyborgs: Science, Technology, and Socialist Feminism in the 1980's«. In: *Socialist Review* 80, pp. 65-108.

Haraway, Donna (2016). *Staying with the Trouble. Making Kin in the Chthulucene.* Durham and London: Duke University Press.

Morby, Alice (2016). »Contortionist is controlled by an octopus in Klyne's Lend Me Another Name music video«. In: *Dezeen.com*, July 30, https://www.dezeen.com/2016/07/30/klyne-lend-me-another-name-music-video-alan-masferrer-contortionist-controlled-by-octopus/, access: 14 August 2019.

Railton, Diane / Paul Watson (2011). *Music Video and the Politics of Representation.* Edinburgh: Edinburgh University Press.

Susdorf, Marek (2017). »Björk's Biophilia. A Musical Introduction to Feminist New Materialism«. In: *Junctions: Graduate Journal of the Humanities*. 2 (2), pp. 113-125.
Tiainen, Milla (2013). »Revisiting the voice in media and as medium: New materialist propositions«. In: *NECSUS — European Journal of Media Studies* 1 (3), https://necsus-ejms.org/revisiting-the-voice-in-media-and-as-medium-new-materialist-propositions/, access: 19 June 2019.
Tiainen, Milla (2018). »Sonic Performance and Feminist Posthumanities: Democracy of Resonance and Machinic Sounds.« In: *A Feminist Companion to the Posthumanities*. Ed. by Cecilia Åsberg and Rosi Braidotti. Cham: Springer, pp. 103-115.

Abstract

Posthumanism has become a central topic in feminist and political thought as well as in the disciplines of ethics and philosophy. In this context, the central position of the human, in addition to the related hierarchies of species that result from such anthropocentric thinking, are investigated in this essay in order to develop a different view of the world as well as a more appropriate ethical attitude. The questions posed by such feminist, philosophical and ethical thinking are prevalent today: what does the word »human« mean and which hierarchies are associated with it? How is it possible to define the »human« in a way that differs from an anthropocentric worldview and respects other beings or other forms of aliveness? In this paper, I refer to a contemporary form of artwork that is distributed through digital and mass media, namely popular music videos, and examine the treatment of posthumanism within their form and content. In order to schematize the differences, I create an overview of the ways that popular music videos negotiate posthuman issues, giving a list of examples for each of the resulting categories. Three specific music videos are discussed in detail to illustrate the challenge of depicting posthuman issues through visual media as well as the socio-political potential that exists within this challenge, for example insofar as some music videos portray encounters with beings that transcend any familiar identity categories, and could thus lead to a liberation of the stereotypical ascription of identity markers.

HARDBASS: INTERSECTIONALITY, MUSIC, SOCIAL MEDIA, AND THE FAR-RIGHT ON THE EUROPEAN PERIPHERY

Ondřej Daniel

Dancing between the cars on the street, the dancers wear jogging trousers, trainers, and black hoodies from brands such as Lonsdale, Everlast, and Thor Steinar. Some of them are masked and hold smoke bombs. This is not a performance of ultras or hooligans before or after a football or ice hockey match. It is a »hardbass« video shot in the streets of the small Moravian town of Prostějov, some 60 kilometers northeast of Brno on the way to Ostrava and the Polish border (HardbassProstejov 2011). Hardbass dancers perform their »pump-up jump-up« dance on the streets of the sleepy and grey town in early spring on the main square, in the parking lot of a hypermarket, inside the local Tesco store, and on the premises of a downtown Asian fast food restaurant. A visibly shocked waiter stares at them in disbelief. Although many of the dancers look the part, they are not members of a violent street gang who have come to beat the waiter up for being Asian in this small, deprived postsocialist town—these are hardbass dancers. The music is hard and rhythmic, with Russian lyrics that to some may sound like military orders. One of the dilapidated buildings nearby with graffiti bearing the inscription »Anti-Antifa« might also strengthen confusion between this group and other violent street gangs.

In this chapter, I aim to discuss the phenomenon of hardbass, a distinct style of music and performance, which takes place in public spaces, both physical and virtual, and to place it on an intersection of several social categories. Most hardbass videos were produced and propagated by activists with links to far-right social movements mainly in Eastern Europe in the early 2010s. Hardbass began in Russia and became one of the rare cultural developments that, for various political, demographic, economic, and social reasons, may be seen through the lens of an East-to-West cultural transfer. Given the mass accessibility of audiovisual recording tools such as smartphones with built-in cameras, recordings of hardbass performances—typically

3-4-minute videos of masked dancers in public spaces promoting healthy lifestyles and anti-drug messages—have circulated on YouTube, Facebook and other online platforms, making them viral and replicable. Later, along with its mass diffusion, the style became depoliticized while keeping some of the features of earlier productions. My analysis seeks to illuminate the phenomenon of hardbass by placing it at the specific intersection of gender, age, race, class, and ability. The controversies that hardbass has provoked in mainstream media and within far-right social movements are thus interpreted in relation to the common frame of intersectionality and popular music (Berggren 2013).

In the scholarly press as well as in security reports, hardbass has not received sufficient attention, probably due to its relative ephemerality. Some exceptions are texts that appeared in the years when it was a relatively new phenomenon (Shekhovtsov 2012, Shekhovtsov/Jackson 2012, Smolík/Kajanová 2011, *Zpráva* 2012). A more nuanced analysis of the phenomenon, aiming to explore it with the relative benefit of hindsight and in a processual manner, has yet to be carried out. Musicologist Noriko Manabe (2017) briefly mentions hardbass in her overview of contemporary protest music. Her article discusses current forms of protest music and criticizes the view that music has become depoliticized after the triumphal victory of capitalism and liberal democracy at the end of the 1980s and beginning of the 1990s. Whereas it may be problematic to compare contemporary activist music to that of the three decades prior to the fall of state socialism, Manabe convincingly shows how changing production and distribution patterns together with the new means of predominantly online participation also enabled illiberal and reactionary movements to widely use music for promoting their political goals. Before successfully implanting their ideas in the political mainstream in many of these countries, new nationalisms in Eastern Europe (Götz et al. 2017) went hand in hand with social movements. In many of the EU15 countries, the catalyst of hate speech spread by marginal political actors trying to become mainstream was anti-Roma racism, which reoccurred in public space during the multi-layered crises starting in 2008. I argue that hardbass can be understood as a phenomenon of youth culture (Schwartz/Winkel 2016) based on social media and memes (Shifman 2013), preparing the terrain for right-wing ideas at the grassroots level.

Similar to hardbass itself, research on the phenomenon was carried out almost exclusively online and material was gathered in two waves—in summer 2011 and in late 2018. During the first part of the data collection, I aimed to map the totality of hardbass production and tried to analyze its temporal and spatial dissemination. The second part concentrated on the evaluation of the impact and different transformations that hardbass production has undergone within the given time frame. The sources for my analysis comprise audiovisual materials (30+ videos and hardbass tracks), online articles, and interviews (20+ items coming from mainstream media, football hooligans, media of far-right social movements as well as academic and security reports) accessed through YouTube and Google search engines as well as through the specialized online forums Hooligans.cz, Supporters.cz, and Kibice.net. Most of the material comes from Russia, Czech Republic, Slovakia, and Poland—contexts that have been relatively well-described in journalistic accounts about hardbass (Admin H. 2011, Крамар[1] 2011, Xaver 2011). To a lesser extent, I have based an impact analysis on secondary material originating from other countries (Sudimac 2012, Султаналиева 2011, Ingino 2016).

Hardbass is related to continental hardcore techno as it developed in the 1990s at the edges of Eurodance scenes in the Netherlands. Hardcore techno (and its Dutch version called gabber) was a dystopic, violent, fast, and heavy musical style that distanced itself from the funky influences of Detroit techno and »Second Summer of Love« acid house and rave. Fans of such musical acts as the Rotterdam Terror Corps and visitors of the Thunderdome music festival wore black clothes, and many had shaved heads, leading to questions concerning their far-right leanings (Rietveld 2018). The gabber scene also blossomed in post-Soviet countries—one of the biggest online archives of hardcore, speedcore, and gabber techno still operates under the Ukrainian domain *Gabber.od.ua*. In the meantime, other electronic music and dance subgenres, such as UK garage retro bassline and the French »tecktonic« dance style contributed to the birth of hardbass. A rather humoristic collective bearing the name Hard Bass, originally from Saint Petersburg but now operating in Moscow, are commonly understood as its founders. In 2010 Hard Bass released the viral song »Это школа колбасы« (»Eto Shkola Kolbasy,« This is the School of Partying). In it, the collective opposes drugs and promotes a lifestyle of sports and fashion while being heavily self-referential within the newly created hardbass culture of dancing in public spaces. For the sake of clarity, here I propose to label this ephemeral type of apolitical or rather pre-political hardbass as Phase 1. The connection with gabber was not only musical, as gabber was popular among football hooligans, many of whom were recruited by hardbass dancers. Unlike gabbers, who did not avoid alcohol, speed, MDMA, methamphetamines, and other drugs during their musical events, Russian hardbass fans and crews rejected drugs and related to »straight-edge«

---

1 In this chapter, I have left the original alphabet of my sources. If transliteration into the Latin alphabet is necessary, I use norm ISO 9.

(sXe) lifestyles. These positions, which originated in US hardcore punk scenes in the 1980s, were appropriated by some of the far-right social movements in the so-called national socialist »NS sXe« or racist »H8edge« at the turn of the 2000s.

In the same attempt by the far-right to modernize itself and abandon the outdated, violent image of the skinhead as a primary far-right actor, hardbass also became appropriated by political groups aiming to recruit new activists and empower the current ones. Politically engaged hardbass will be dealt with here as Phase 2. At the same time, it has to be stressed that during Phase 2 and even Phase 1, hardbass practice became politicized and began to bear political meaning. An example of this was a dance in public space that was meant dialogically to counteract *lezginka*, a typical Caucasian dance performed by people originating from Dagestan or Chechnya in the public space of large Russian cities. This dialogue between the Russian far-right and people from Caucasus tapped into the hostility of many ordinary Russians towards the non-Slavic citizens of the Russian Federation (Ziemer 2011) and was also reflected in some of the lyrics of Phase 2 hardbass. From March to June 2011, hardbass videos first reached Slovak, then Czech, and finally Polish online forums without necessarily transferring all meanings reserved to the Russian context. The change in the dominant direction of the West-to-East cultural transfer in Eastern Europe (Pilkington et al. 2002) is noteworthy, but should not be exaggerated, since East-to-East cultural transfer has also occurred before, in particular during Perestroika but also after the fall of state socialism, for example in Eurodance music scenes. In the Czech Republic and Slovakia, hardbass, together with graffiti and hip-hop, became one of the dividing lines between the traditionalist and the modernist elements of the far-right. While traditionalists relied on time-tested subcultural styles and practices, modernists accepted fashion, music, street art, and other mainstream lifestyle features. As Manabe (2017) briefly mentions, particular tactics of hardbass mimicked the anti-globalization social movement *Reclaim the Streets*. Similar to anti-globalization social movements, the modernized far-right also cultivated pan-European, if not global, alliances and references. The no-longer-existing Facebook page *CzechoSlovakia HardBass* thus promoted the self-declared »porn-fascist« lifestyle blog *Badabing* operating mainly in Italy. This blog, along with another predominantly Italian-French modernist far-right online project called *Zentropa*, distributed the first hardbass videos from Russia and Ukraine during the spring of 2011. Shortly after, videos from Bratislava (neviemjakemeno 2011) and Olomouc (SigmaHooligan 2011) were released.

Videos from post-Soviet Commonwealth of Independent States (CIS) countries and South-Eastern Europe show that hardbass shifted quite rapidly from far-right circles into the mainstream, and hardbass videos were even filmed by schoolchildren on their phones. In the summer of 2011, the viral spread of hardbass reached its peak among Russian schoolchildren. Whereas a de-politicization of hardbass can be detected in Poland by autumn 2011, hardbass in Poland, Slovakia, and the Czech Republic simultaneously maintained links with football hooligans and far-right social movements even beyond 2011, when the far-right groups in CIS had already abandoned its promotion. By the mid-2010s, a new generation of musicians in electronic dance music (EDM) such as Slovak DJ Blyatman began to appropriate the hardbass sound and style. In this new phase, which I describe here as Phase 3, musicians and performers mockingly adopted the street wear fashion of the earlier phases of hardbass. Through its spread and commercialization, the phenomenon became depoliticized while continuing to preserve strong links with the aestheticized Eastern European style along with simultaneous attempts to commodify local street culture in the fashion of the Russian streetwear designer Gosha Rubchinskiy or the music and visual production of the Estonian rapper Tommy Cash.

Research following the paradigm of intersectionality has often dealt with subjects that are quite different from hardbass. Pioneering works focused on gendered intersections (Shields 2008) and originally followed the epistemology of black feminism. Nevertheless, gender studies remain crucial research optics for hardbass, where elements of hegemonic masculinity (Connell/Messerschmidt 2005) can be observed in the employment of argotic language bearing strong heteronormative and masculinist meanings (Калугина 2007). As one statement attempting to defend hardbass on the Polish online forum *Kibice.net* against the claim that hardbass is another incarnation of the local pop-folk genre called »disco-polo« puts it: »What fucking disco-polo are you talking about?!!«.[2] Needless to say, disco polo was seen by Polish hardbass fans as being too »soft«, »gay« or »girly« in relation to their manly genre. As a masculine ritual, hardbass was also analyzed in one of the rare academic accounts of hardbass (Smolík/Kajanová 2011).

Hardbass aesthetics developed in masculine subcultures with ties to criminal groups. Research on these subcultures has a certain tradition in Russian academic literature (see e.g. Александров 2001). Its ties with violent forms of football fandom were briefly discussed above. As the research pub-

---

2   Orig.: »Jakie kur... disco-polo?!!« (Kibice.net 2011).

lished by Alexander Tarasov demonstrates, the masculine dimension of football hooliganism in Russia had close ties with racist violence (Тарасов 2010). One of the final elements in hardbass is that of far-right skinheads, a subculture upon which Phase 2 hardbass built heavily. Strong nesting among far-right skinheads in hegemonic masculinity is also confirmed by research published internationally (Garifzianova et al. 2010). From all these subcultural influences, hardbass performers in particular adopted certain body postures. These may valorize manly bodies strengthened through fitness and sports. In Russian hardbass videos with far-right inclinations (Phase 2), this is manifested, for example, in collective shirtless exercises in the snow.

In addition to skinheads and hooligans, the »gopnik« phenomenon (гопник, Bayer et al. 2005: 237) should also be placed in relation to hardbass. The healthy lifestyles that Phase 2 hardbass videos promoted clearly contradicted gopnik street styles, which lean towards alcohol and drugs (Pilkington et al. 2002: 123-125). There were, however, other strong links with gopniks, including the interest in masculine body postures in hardbass such as squatting, valorized in particular during Phase 3 (*Squatting Slavs*, 2018). Squatting or sitting on one's haunches can be understood as one of the body postures typical of Eastern European working- and lower-class males in public space. Together with football hooligans, gopniks also influenced hardbass with their preference of street wear and sportswear, reinforcing the overall masculine dimension of the style. Bearing in mind the critical lack of female participants present in hardbass performances, similar to many subcultural and activist contexts, masculinity indeed remains a highly important dimension in hardbass culture.

Hardbass developed in the context of the post-2008 fiscal, economic, and social crisis that eroded the unconditioned pro-European leanings in many of the post-socialist countries. This is true not only for Russia, which entered the post-post-Soviet period (Dziewańska 2013) with the establishment of an authoritative state based simultaneously on capitalism and conservative values, but also for several other Eastern European countries, including many of the EU 13 states. However, social and economic systems based on classes in these countries remained during the period of state socialism, and also (less surprisingly) during post-socialism (Cepić 2019), but differed from country to country. Class issues became increasingly thematized as generations began to fear that they would never achieve the living standards of their parents. With the development of »autonomous nationalism« in Germany or »fascism for the third millennium« in Italy, modern far-right extremists at the turn of the 2000s adopted anti-capitalist stances. In some cases, it could have been an intuitive and organic position for them. In general, however, and similar to the earlier alter-globalist movement it mimicked, far-right anti-capitalism was shallow and void of a complex understanding of class relations.

The spread of hardbass was enabled by the previously described modernization strategy of the Russian far-right. The sense of the political, social, and economic frustration of the Russian population has partially reversed the far-right in a conflict in which street fighters justified their obsession with violence by »defending the white race« against illegal migration and, last but not least, fighting drugs that allegedly weakened Russian youth and financed Caucasian mafias. During the second half of 2010, the Russian far-right witnessed a significant shift. In contrast to the earlier period, tactics of neo-Nazi, neo-fascist, and other anti-immigrant groups have changed. Far-right groups have dropped the previous practice of filming intimidating videos—in which they violently attacked defenseless migrants from Central Asia—seeking to modernize the movement with a new type of propaganda. Their efforts have also been aided by the growing sense of danger and victimization among Russians allegedly resulting from immigration from the northern Caucasus (Zakharov 2015). Beginning in the mid-2010s, Moscow not only saw public events in the form of protests against the opening of a mosque on Volga Boulevard or riots on Manezhnaya Square and related pogroms in the subway, but it also witnessed the first Phase 2 hardbass videos. The lyrics of one of the first Phase 2 hardbass songs stated: »Мы хард басс в ваш дом приносим / Один, четыре, восемь, восемь« (We are bringing hardbass to your home / One, four, eight, eight). These lyrics can only be decoded with the knowledge that the numbers represent a code (Miller-Idriss 2018: 54-59): 14 words (»We must secure the existence of our people and a future for white children)« and 88 (for »Heil Hitler«).

This may be surprising in a country that still celebrates the victory of its predecessor over Nazism and in a region that deeply suffered from Nazi atrocities. As media studies scholar Annikó Imre observes, however, racism in Eastern Europe is not only widespread, it is also largely denied:

»Eastern Europe may be the only, or last, region on earth where whiteness is seen as morally transparent—its alleged innocence preserved by a claim of exception to the history of imperialism. This racial exceptionalism, the East's function as an unapologetic reserve for unbridled—mostly unconscious—white supremacism, serves as a proof of Europeanness, a way to disavow the colonial hierarchy between Western and Eastern Europe and to make up for the region's long-standing economic and political inferiority« (Imre 2015: 105f.).

It may be tempting to contextualize hardbass in the so-called »white power« (WP) music genre (Corte/Edwards 2008, Dyck 2016, Futrell et al. 2006). This categorization, however, is not as self-evident as it might seem, since the debate about hardbass in the far-right oscillated between its appraisal (Gołębiowski 2011) and a critique linked to the WP movement's negative stance towards modernization, the latter of which was fairly represented in posts on *Hooligans.cz* and *Kibice.net*. In addition, a debate in the comments section of one of the articles about hardbass on the Slovak news portal *Aktuality.sk* presented both of the above-mentioned positions. As Hillary Pilkington notes in her seminal work about the English Defence League (EDL) being a model for many of the continental far-right groups of the 2010s: »The role music plays in the EDL is ... less about recruitment to an ideology than about creating an atmosphere, self-affirmation and community-building« (Pilkington 2016: 194). Contrasting earlier WP music, hardbass thus functioned in a new way: It was more accessible and less articulated in terms of race than previous music cultures of the far-right.

Using the example of the Czech Republic, reactions to Phase 2 hardbass by journalists were relatively strong and sometimes even created an atmosphere of moral panic. Besides the extremely critical English-language coverage for *Radio Praha* by Rob Cameron, there was also Jiří X. Doležal, a doyen of Czech investigative journalism specializing in neo-Nazism, who likened hardbass dancers to orangutans (Doležal 2011). Even the Czech regional press covered hardbass quite extensively. In summer 2011, *Prostějovské novinky* (Prostějov News) published several enthusiastic articles about the video »Hardbass Prostějov« described in the introduction of this study. These articles were later taken offline, and a reference to them could only be found in a short notice about the video being the most viral video ever shot in the town of Prostějov (Víte 2015). Other regional authors presented critical stances on hardbass. Anna Bortlíčková from the town of Ostrava, for example, wrote about »radicals rioting hardbass« (Bortlíčková, 2011). Moral panic about the far right influencing the youth was not limited to the Czech Republic. In Russia, several articles about hardbass were published in the press specialized for pedagogues. Because Phase 2 hardbass managed to reach very young listeners and dancers in the country, Russian teachers, in particular those capable of deciphering the code 1488 (ex. Подшивалова 2011), were preoccupied with the ideology behind the phenomenon. This, however, was not the only objection to hardbass in early autumn 2011. Several other authors, including Elena Shapka, limited their critique to aesthetic details and condemned the street culture as such:

»I did not know what hardbass was until I visited a discotheque for kids for the first time. This dance is driving anyone who is older than nine and younger than fifteen crazy. And it looks really funny, not to mention the sense/meaning of lyrics such as »Hey-hey-hey, this is hardbass, everybody wearing Adidas. Even guys dressed in Nike are listening to hardbass beats.« And so the dance of Russian gopniks rules the world! « (Шапка 2011).³

»Youngsters performing intrusive hardbass dances at school were also observed in Poland (Kowzan et al. 2014), and hardbass flash mobs consisting of schoolchildren were documented in Krakow in the autumn of 2011« (Redaktor 2011).

Hardbass entrepreneurs stemming from flash mobs during Phase 3 represented a clear exploitation of the image of the East. Following the example of sexploitation and Blaxploitation, I propose labelling this strategy »Eastploitation.« This development might have to do with a new generational attitude that was more distant and had no direct or negative experience with state socialism. For this reason, it cannot be considered nostalgic (i.e. longing for the *ancien régime*). In Eastploitation, the East is valorized as an aesthetic category in line with searching for forgotten »left-field« music, clothing and lifestyles. Eastploitation creates an (auto)orientalist fantasy that appropriates the street milieu and working-class artefacts and activities. In Eastploitation, orientalism is crucial. Easterners, or »Orientals«, can thus be considered either members of the nations located to the east (»nesting orientalism«, Bakić-Hayden 1995) or even the lower social classes of one's own ethnic group (»internal orientalism«, Buchowski 2006).

When writing about the Phase 3 hardbass collective Squatting Slavs in Tracksuits, the Czech liberal left-wing journalist Jan Bělíček orientalizes hardbass on several of these orientalist levels in their almost crystal-clear forms. Furthermore, Bělíček somehow naively presumes that Eastern Europe should still be offering something to Western Europe:

»Squatting Slavs in Tracksuits are of course a parody of Eastern European masculinity represented by Polish fashion fans, Balkan, Ukrainian and Russian street brawlers from the blocks of flats. All these groups have become the emblem of the worst that Asia's contaminated Slavs can offer to Europe« (Bělíček 2016).

Street wear fashion brands such as *Life of Boris* merchandised through *Weslaw Slav/King* online store (Weslaw 2018) or the collective of promoters

---

3   Orig.: »Я не знала, что такое хардбасс, пока первый раз не побывала на детской дискотеке. Этот танец сводит с ума всех, кто старше 9 и младше 15. И выглядит он очень забавно, не говоря уже о смысловой нагрузке песен: ›Раз-раз-раз, это хардбасс! Все в спортивках адидас. И на найке пацаны слушают хардбасс басы‹. В общем, танец русских ›гопников‹ покоряет мир!«

Hard Bass Cool have managed to capitalize upon all these negative references, turning them into a specific commodity targeting customers located on a clearly cut intersection of social categories analyzed above and visualized below.

	Gender	Race	Age	Class	Ability
Phase 1	mocked but hegemonic masculinity	mocked but important whiteness	relatively unimportant but focusing on youth	produced by entrepreneurs, received by transclass far-right activists	healthy lifestyle, anti-drugs
Phase 2	strong hegemonic masculinity	very important whiteness (less articulated than in WP music)	relatively unimportant but focusing on the youth, received by schoolchildren	Transclass	healthy lifestyle, anti-drugs
Phase 3	mocked but hegemonic masculinity	mocked but important whiteness	initially teenagers, then people in their 20s and 30s	produced by transclass schoolchildren, commodified by entrepreneurs, received by socially upscaled public	exploiting the sports lifestyle by streetwear but generally hedonistic

Figure 1: Intersections of hardbass

The interpretation of the actual development of hardbass music and style clearly needs to overstep the sum of the actual social categories used to contextualize the phenomenon. In its three different phases, hardbass crystalized and mutated into the forms analyzed in this chapter, not only according to the dynamics of gender, race, age, class, and ability but also regarding their actual intersections, which triggered the processes identified in this chapter. Given its topic and to the difference with the main body of literature focusing on intersection, the chapter does not focus how discrimination is produced according to the discussed intersecting categories. For producers and consumers of hardbass who have been predominantly recruited from the young heterosexual transclass white males, the discrimination as well as marginalization is at its best a mocked play of words. Further research on hardbass could thus tackle the issues how these different categories interact and possibly reinforce each other while producing regimes in which hardbass operates.

Yet, according to the different developments of hardbass's three phases, the actual intersections between these social categories shifted the centers of their gravity. Originating from an experiment by a group of comedians, hardbass was appropriated by far-right activist groups and became relatively popular among schoolchildren, ending up, again, in the hands of the professional culture industry. During its relatively short life cycle, not uncommon for contemporary artefacts of popular (sub-)cultural production, hardbass oscillated between functioning as a lifestyle pastime, on the one hand, and a carrier of political messages on the other. In the end, hardbass was gentrified as it ended up ultimately as a pastime for higher social classes that mockingly mimic the lower social classes' cultural artefacts and habitudes.

Bibliography

Admin H. (2011). »Historie ruského Hard Bassu.« In: *Hooligans.cz*«, http://www.hooligans.cz/domains/hooligans.cz/index.php/books/1059-historie-ruskeho-hard-bassu (access: 14 December 2018, version of 1 October 2011).

Aktuality.sk (2011). »Diskusia: Hardbass nie je o neonacistoch, tvrdia prívrženci zábavy ulice.« In: *Aktuality.sk*, https://www.aktuality.sk/diskusia/188174/hardbass-nie-je-o-neonacistoch-tvrdia-privrzenci-zabavy-ulice/1/ (access: 21 December 2018, version of 29 July 2016).

Александров, Юрий К. (2001). *Очерки криминальной субкультуры*. Москва: «Права человека».

Bakić-Hayden, Milica (1995). »Nesting Orientalisms: The Case of Former Yugoslavia.« In: *Slavic Review* 54 (4), pp. 917-931.

Bayer, Markus / Betsch, Michael / Zimny, Rafał (eds.) (2005). *Beiträge der Europäischen Slavistischen Linguistik (POLYSLAV)* 8. Munich: Otto Sagner.

Bělíček, Jan (2016). »Make Slavs Great Again.« In: *A2larm*, http://a2larm.cz/2016/07/make-slavs-great-again/ (access: 21 December 2018, version of 29 July 2016).

Berggren, Kalle (2013). »Degrees of Intersectionality. Male Rap Artists in Sweden Negotiating Class, Race and Gender.« In: *Culture Unbound* 5, pp. 189-211.

Bortlíčková, Anna (2011). »V ostravském shopping parku řádili radikálové hardbass.« In: *Novinky.cz*, https://www.novinky.cz/krimi/236643-v-ostravskem-shopping-parku-radili-radikalove-hardbass.html (access: 21 December 2018, version of 19 June 2011).

Buchowski, Michał (2006). »The Specter of Orientalism in Europe: From Exotic Other to Stigmatized Brother.« In: *Anthropological Quarterly* 79 (3), pp. 463-482.

Cameron, Rob (2011). »Hardbass: We will bring ›Heil Hitler‹ to your home.« In: *Radio Praha in English*, https://www.radio.cz/en/section/curraffrs/hardbass-we-will-bring-heil-hitler-to-your-home (access: 21 December 2018, version of 16 August 2011).

Cepić, Dražen (2019). *Class Cultures in Postsocialist Eastern Europe*. London and New York: Routledge.

Connell Raewyn W. / Messerschmidt, James W. (2005). »Hegemonic Masculinity: Rethinking the Concept.« In: *Gender and Society* 19 (6), pp. 829-859.

Corte, Ugo / Edwards, Bob (2008). »White Power music and the mobilization of racist social movements.« In: *Music and Arts in Action* 1 (1), pp. 4-20.

Doležal, Jiří X. (2011). »Hardbass: Takhle tančí orangutani!« In: *Reflex.cz* (access: 26 January 2019, version of 30 June 2011).

DJ Blyatman, https://www.facebook.com/pg/DJBlyatman/about/?ref=page_ internal (access: 21 December 2018).

Dyck, Kirsten (2016). *Reichsrock: The International Web of White-Power and Neo-Nazi Hate Music*. New Brunswick, NJ: Rutgers University Press.

Dziewańska, Marta (2013). *Post-post-Soviet? Art, Politics & Society in Russia at the Turn of the Decade*. Warsaw: Museum of Modern Art.

Futrell, Robert / Simi, Pete / Gottschalk, Simon (2006). »Understanding Music in Social Movements. The White Power Music Scene.« In: *The Sociological Quarterly* 47, pp. 275-304.

Gabber.od.ua, https://gabber.od.ua/ (access: 21 December 2018).

Garifzianova, Albina / Omel'chenko, Elena / Pilkington, Hilary (2010). *Russia's Skinheads: Exploring and Rethinking Subcultural Lives*. London and New York: Taylor & Francis.

Gołębiowski, Przemysław (2011). »Hardbass jest prawicowy!!!« In: *Konserwatyzm.pl*, https://konserwatyzm.pl/golebiowski-hardbass-jest-prawicowy/ (access: 14 December 2018, version of 18 June 2011).

Götz, Irene / Roth, Klaus / Spiritova, Marketa (eds.) (2017). *Neuer Nationalismus im östlichen Europa. Kulturwissenschaftliche Perspektiven*. Bielefeld: transcript.

Hardbas.ru, http://hardbas.ru/ (access: 14 January 2019)

Hard Bass Cool, https://www.facebook.com/official.hardbasscool/?ref=py_c (access: 21 December 2018)

HardbassProstejov (2011). »HARDBASS PROSTEJOV (5/2011).« In: *YouTube*, https://www.youtube.com/watch?v=ZJg-oiCMSt4 (access: 14 December 2018, version of 11 June 2011).

Hooligans.cz, http://hooligans.cz/ (access: 14 December 2018)

Imre, Annikó (2015). »Love to Hate: National Celebrity and Racial Intimacy on Reality TV in the New Europe.« In: *Television & New Media* 16 (2), pp. 103-130.

Ingino, Madeleine (2016). *Europe's New Generation of Nationalists: Understanding the Appeal of Contemporary Radical Nationalism for European Youth*. Undergraduate Honors Theses. Paper 1217. Boulder, CO: University of Colorado.

Калугина Евгения Н. (2007). »Концепты «мужчина» и «женщина» в субстандарте русского языка.« In: *Язык. Текст. Дискурс: Научный альманах Ставропольского отделения РАЛК*, edited by Геннадий Н. Манаенко. Ставрополь—Пятигорск: Изд-во ПГЛУ, pp. 112-118.

Kibice.net, https://www.kibice.net/ (access: 14 December 2018).

Kossakowski, Radosław (2015). »Where are the Hooligans? Dimensions of Football Fandom in Poland.« *International Review for the Sociology of Sport* 52 (6), pp. 1-19, DOI: 10.1177/1012690215612458.

Kowzan, Piotr / Zielińska, Małgorzata / Prusinowska, Magdalena (2014). »Intervention in lectures as a form of social movement pedagogy and a pedagogical method.« In: *Interface: a journal for and about social movements* 6 (1), pp. 297-326.

Крамар, Мария (2011). »Школа колбасы. Лезгинка — не класс, ровные парни танцуют хардбасс.« In: *Vice*, https://www.vice.com/ru/article/aegyy8/school-of-sousage (access: 14 December 2018, version of 21 October 2011).

Manabe, Noriko (2017). »The Unending History of Protest Music.« In: *Music & Politics* 11 (1), pp. 5-12, DOI: 10.3998/mp.9460447.0011.102.

Miller-Idriss, Cynthia (2018). *The Extreme Gone Mainstream Commercialization and Far Right Youth Culture in Germany.* Princeton, NJ: Princeton University Press.

neviemjakemeno (2011). »Hardbass Pressburg.« In: *YouTube*, https://www.youtube.com/watch?v=8Yl5PaRMr2g (access: 15 January 2019, version of 20 March 2011).

Pilkington, Hilary Anne / Omel'chenko, Elena / Flynn, Moya / Bliudina, Uliana (2012). *Looking West? Cultural Globalization and Russian Youth Cultures.* University Park, PA: Pennsylvania State University Press.

Pilkington, Hillary (2016). *Loud and proud. Passion and politics in the English Defence League.* Manchester, UK: Manchester University Press.

Подшивалова, Александра (2011). »Один, четыре, восемь, восемь.« *Вкурсе! Газета студии «Репортер» ДДТ «Юность»* 1 (18), р. 2.

Redaktor (2011). »Hard Bass w Krakowie, czyli jak spędzić wolny czas.« In: *Krakow, nasze miasto*, http://krakow.naszemiasto.pl/artykul/hard-bass-w-krakowie-czyli-jak-spedzic-wolny-czas-wideo,3175889,artgal,t,id,tm.html (access: 14 December 2018, version of 30 October 2011).

Rietveld, Hillegonda C. (2018). »Gabber Overdrive—Noise, Horror, and Acceleration.« In: *Turmoil—CTM Magazine* (January), unpaged, 6 pages, http://researchopen.lsbu.ac.uk/2323/1/Gabber%20Overdrive-RIETVELD-CTM%202018.pdf (access: 14 December 2018).

Шапка Елена (2011). »Лето — это маленькая жизнь.« In: *КАК Я ПРОВЕЛ ЭТИМ ЛЕТОМ, или Необыкновенные приключения лэтишников*, https://etu.ru/assets/files/university/elektrik/2011/06/12-3092/04_new.pdf (access: 14 December 2018, version of 1 September 2011).

Schwartz, Matthias / Winkel, Heike (eds.) (2016). *Eastern European Youth Cultures in a Global Context.* London: Palgrave Macmillan.

Shekhovtsov, Anton (2012). »European Far-Right Music and Its Enemies.« In: *Analyzing Fascist Discourse: European Fascism in Talk and Text*, edited by Ruth Wodak and John E. Richardson. London: Routledge, pp. 277-296.

Shekhovtsov, Anton / Jackson, Paul (eds.) (2012). *White Power Music—Scenes of Extreme Right Cultural Resistance. Mapping the Far-Right, Vol. 2.* Searchlight Magazine/Radicalism and New Media Research Group.

Shields, Stephanie A. (2008). »Gender: An Intersectionality Perspective.« In: *Sex Roles* 59. pp. 301-311, DOI: 10.1007/s11199-008-9501-8.

Shifman, Limor (2013). »Memes in a Digital World: Reconciling with a Conceptual Troublemaker.« In: *Journal of Computer-Mediated Communication* 18 (3), pp. 362-377, https://doi.org/10.1111/jcc4.12013.

SigmaHooligan (2011). »Hard bass attack Olomouc.« In: *YouTube*, https://www.youtube.com/watch?v=L4uwoE62iaE (access: 15 January 2019, version of 5 April 2011).

Smolík, Josef, Kajanová, Alena (2011). »Hardbass jako maskulinní rituál: uvedení do problematiky.« *Kontakt* 13 (4), pp. 470-477.

Squatting Slavs, https://www.instagram.com/squattingslavs/?hl=en (access: 21 December 2018).

Sudimac, Jovana (2012). *Love.* Thesis presented at Fakultet likovnih umetnosti, Univerzitet umetnosti u Beogradu.

Султаналиева, Чинара (2011). »Farewell Kiss to IT-Crowd.« In: *New Star*, https://www.auca.kg/uploads/Star_12.pdf (access: 14 December 2018, version of 20 April 2011).

Тарасов, Александр Николаевич (2010). *Субкультура футбольных фанатов в России и правый радикализм*. Москва: Центр «Панорама».

»Víte, jaké je nejsledovanější video z Prostějova? Hardbass!« In: *Prostějovské novinky*, http://pvnovinky.cz/tagy/hardbass (access: 14 December 2018, version of 1 June 2015).

Weslav, https://www.facebook.com/WESLAV13/?ref=py_c (access: 21 December 2018).

Xaver, Felix (2011). »To je škola rychty.« In: *A2* 16, https://www.advojka.cz/archiv/2011/16/to-je-skola-rychty (access: 14 December 2018, version of 3 August 2011).

Zakharov, Nikolay (2015). *Race and Racism in Russia*. Basingstoke: Palgrave Macmillan.

Ziemer, Ulrike (2011). »Minority youth, everyday racism and public spaces in contemporary Russia.« In: *European Journal of Cultural Studies* 14 (2), pp. 229-242, https://doi.org/10.1177/1367549410385182

Zpráva o extremismu a projevech rasismu a xenofobie na území České republiky v roce 2011, https://www.psp.cz/sqw/text/orig2.sqw?idd=96722 (access: 14 December 2018, version of 9 December 2012).

Abstract

In this chapter, I examine the phenomenon of »hardbass«, a distinct style of music and performance which takes place in both physical and virtual public spaces and has been produced and propagated mostly by people with links to far-right social movements in Eastern, Central-Eastern and Southeastern Europe since the beginning of the 2010s. Hardbass is one of the rare cultural developments of the last decade that may, for various political, demographic, economic and social reasons, be regarded as a result of an East-to-West cultural transfer. Given the mass accessibility of audiovisual recording tools such as smartphones, recordings of hardbass performances — typically 3-4 minute videos of masked dancers in public spaces promoting a pro-healthy lifestyle, anti-drugs message — have circulated on YouTube, Facebook and other online platforms, making them viral and easily replicable. Drawing on examples of DIY music videos shot and circulated between 2010 and 2012, my analysis seeks to contextualize these scenes in a processual understanding and at an intersection of their related social categories.

Von *weißen* Massais, Hexen und Löwinnen. Sexualisierungen afrikanischer Musiken in Erlebnisromanen deutschsprachiger Autorinnen

Nepomuk Riva

Die Autobiographie *Die weiße Massai* der Schweizer Autorin Corinne Hofmann aus dem Jahre 1998, in dem sie ihre Liebesgeschichte mit einem kenianischen Samburu-Krieger schildert, war ein Bestseller. Der gleichnamige Film aus dem Jahr 2005 von Hermine Huntgeburth erreichte ebenfalls ein Millionenpublikum und wurde mehrfach ausgezeichnet. Im Windschatten dieses Erfolgs etablierte sich innerhalb weniger Jahre ein populäres Genre von autobiographischen Berichten deutschsprachiger Autorinnen über ihre Ehen mit Männern in Afrika, wie etwa Ilona Maria Hilliges' *Die weiße Hexe. Meine Abenteuer in Afrika* (2000) oder Christina Hachfeld-Tapukais *Mit der Liebe einer Löwin. Wie ich die Frau eines Samburu-Kriegers wurde* (2004). Das deutsche Afrikabild wird maßgeblich durch die massenhafte Verbreitung dieser Publikationen bestimmt, die stets einen *weißen* Blick[1] auf afrikanische Kulturen bieten und deren Auflagen kein*e Autor*in aus Afrika im deutschsprachigen Raum nur annähernd erreichen kann (vgl. Riesz 2006). Die Aufmerksamkeit für diese Bücher mit ihren exotischen Darstellungen von afrikanischen Menschen und Kulturen wurde nicht geschwächt durch andere populäre autobiographische Berichte von geflüchteten afrikanischen Frauen, die recht drastisch die erfahrenen Unterdrückungen und Verletzungen in verschiedenen afrikanischen Gesellschaften darstellen (Dirie 1998, Hirsi Ali 2007). Komi Akpemado kommt

---

1 Um das gesellschaftspolitische Konzept hinter den Begriffen »Weiße« und »Schwarze« zu verdeutlichen, wird wie in der Rassismus-Forschung üblich der Begriff »*weiß*« durchgängig klein und kursiv geschrieben. Damit wird sowohl die Gruppe von Menschen markiert wie auch ihre normgebende Funktion und ihre Privilegien in den westlichen Gesellschaften (vgl. Sow 2015a). Der Begriff »Schwarz« wird durchgängig großgeschrieben, um auf die selbstgewählte Bezeichnung Schwarzer Menschen zu verweisen, die bestimmte gemeinsame Lebenserfahrungen in von *Weißen* dominierten Gesellschaften machen (vgl. Sow 2015b).

in seiner Analyse des Afrikabildes in deutscher Gegenwartsliteratur zu dem Schluss, Hofmanns Buch würde »eine klare Vorstellung über das Leben der Menschen in Kenia« vermitteln und wäre deswegen »informativ« (Akpemado 2013: 182). Elke Maurer belegt in ihrer Rezeptionsanalyse des Buches und des Filmes zu *Die weiße Massai* ebenso vorwiegend positive Reaktionen, die sogar bis in die deutsche bürgerliche Mittelschicht hineinreichen. Hier wird Hofmann für ihren Mut bewundert, aus Liebe heraus ein komfortables Leben in der Schweiz für ein unsicheres und entbehrungsreiches in Kenia aufzugeben. Ihr Aushalten schwieriger Situationen befördert die Hochachtung vor der Person sogar, obwohl die Ehe der Protagonistin letztlich scheitert (Maurer 2010: 192-197).

Polemische Kritik wurde jedoch ebenso laut geäußert, besonders von Personen mit Fachkenntnissen aus postkolonialen Studien, wie etwa von der afrodeutschen Künstlerin und Politaktivistin Noah Sow in ihrem Buch *Deutschland Schwarz Weiss. Der alltägliche Rassismus* (2009):

> Die ›weiße Massai‹ ist eine Frau, die ihren Trommelworkshop übertreiben, mit Sack und Pack in ein fremdes Land ziehen und in einer Kultur leben wollte, von der sie keine Ahnung hatte. […] [Wir] könnten […] alle viel herzlicher über die lustige Geschichte lachen, wenn dabei nicht jedes einzelne kolonialrassistische Klischee bis zur Neige ausgekostet würde. Das Buch verkauft sich, weil es sämtliche Vorurteile bedient. Edle Wilde. Vielweiberei. Staub und Dürre und nix zu duschen […]. So schreiben Frauen aus der Mitte *unserer* Gesellschaft, die Schwarze Männer offensichtlich für Haustiere, Sexspielzeug oder Plüschtiere halten. Worin die Anziehungskraft solcher Verbindungen besteht, muss man sich nicht wirklich fragen. Was man sich aber fragen sollte, ist, ob weiße Frauen ohne selbstkritische Reflexion ehrliche und gleichberechtigte Beziehungen zu Schwarzen Männern eingehen können« (Sow 2009: 217-220).

Die polarisierenden Reaktionen auf diese Bücher entstehen vor allem durch unterschiedliche Interpretationsrahmen. Werden die in Romanform verarbeiteten Erlebnisse nur als Liebesgeschichten westlicher Frauen gelesen, stellen die Protagonistinnen positive Charaktere dar, die selbstbewusst ihren Gefühlen und Überzeugungen folgen, um einen ungewöhnlichen Lebensweg zu beschreiten. In diesem Fall geben die Bücher intime Einblicke in ihr Privatleben und ihre Gefühlswelten. Wird allerdings der postkoloniale Kontext, in dem diese Geschichten stattfinden, mit in die Interpretation einbezogen, erhalten die Geschichten aufgrund der Verwendung historischer westlicher kolonialer und rassistischer Stereotype sowie der Reproduktion des zeitgenössischen deutschen Afrikabilds gänzlich andere Bedeutungen. Es geht in diesen Büchern eben nicht allein um einen feministischen Lebensentwurf, sondern um einen, der mit einem kolonial-rassistischen überlagert ist, ein Phänomen, auf das der rassismuskritische Feminismus seit Jahren verweist (vgl. Reiniger/ Torenz 2015). Wurden die exotistischen Phantasien *weißer* Protagonistinnen in der Literaturwissenschaft bereits kurz nach Erscheinen der Bücher behandelt und in Vergleich zu weniger populären und weniger einflussreichen Werken gesetzt (vgl. Göttsche 2003), ist die Rolle der Musik in diesen Werken bislang nicht untersucht worden. Gerade die Überschneidungen zwischen Konstruktionen von Gender-Rollen und Reproduktion kolonialrassistischer Vorstellungen werden durch Beschreibungen von Musik deutlich verstärkt. Bei den literarischen Texten handelt es sich keinesfalls um unreflektierte Tagebuchnotizen. Die Protagonistinnen suchen in einer jeweils fremden Umgebung und Gesellschaft nach Orientierung im Leben. Dabei verwenden die Autorinnen konstante Konzeptionen, wie die deutschsprachige Identität der Protagonistinnen und die jeweilige afrikanische Identität der Protagonisten beschrieben werden. Musik dient dabei als Marker, um bestimmte Orte, Emotionen und Charaktereigenschaften − und im besonderen sexuelle Identitäten − zu benennen und zu bewerten. Aufgrund der *weißen*, kolonialen und rassistisch geprägten Weltsicht der Autorinnen kommt es dabei zu einer Kategorisierung und moralischen Bewertung unterschiedlicher Musikstile.

Ich möchte im Folgenden anhand einer Textanalyse zeigen, in welchen Funktionen die Autorinnen Musik in den drei erwähnten Büchern übergreifend verwenden, um jeweils ihre inhaltlichen Aussagen zu untermauern.[2] Das bietet sich bei diesen Publikationen besonders an, da verschiedene Musiken und Tanzaufführungen mehrfach in sozialen Kontexten beschrieben werden und die Protagonistin in *Die weiße Hexe* sogar als Musikerin und Songwriterin tätig ist. Eine kritische Auseinandersetzung mit diesen literarischen Werken erscheint mir notwendig, da Berichte von Deutschen über exotische (Liebes-) Erlebnisse in postkolonialen Ländern weiterhin ein populäres Genre in Deutschland darstellen, wie etwa das Buch *Das Dschungelkind* von Sabine Kuegler (2005) und dessen gleichnamige Verfilmung von Roland Suso Richter aus dem Jahr 2011 oder das Buch *Wohin du auch gehst. Die Geschichte einer fast unmöglichen Liebe* von Benjamin Prüfer (2007) und dessen Verfilmung unter dem Titel *Same Same But Different* (2009) von Detlef Buck zeigen. Autobiographische Berichte *weißer* Frauen über Erlebnisse in Afrika sind

---

2   Der Soundtrack von Niki Reiser zu dem Film *Die weiße Massai* ist nicht Bestandteil dieser Untersuchung. Musikalisch besitzt er teilweise einen anderen Ansatz als die Musikbeschreibungen in Hofmanns Buch, präsentiert aber ebenso einen *weißen* Blick auf die Handlung, wie etwa durchgängig romantische Cello-Klänge bei den Liebesszenen. Ebenso nicht Bestandteil der Untersuchung sind die Fortsetzungen der autobiographischen Bücher sowie andere Romane der drei Autorinnen, da diese nicht den gleichen Erfolg hatten.

außerdem weiterhin Spitzenreiter. 2019 erscheint unter anderem ein neues Buch von *Sternendiebe*-Autorin Nicole Mtawa mit dem Titel *Besser als ein Traum. Mit Julie auf dem Weg in ein erfülltes Leben* über ihre Erlebnisse als alleinerziehende Mutter und Leiterin eines Kinderdorfes in Tansania.

Interethnische Beziehungen und Postkolonialismus

Die Herausforderungen interethnischer Beziehungen sind zunächst Forschungsgegenstand der Ethnologie (vgl. Thode-Arora 1999). Die besondere Konstellation von Schwarzen und *weißen* Ehepartnern wird dabei seit einiger Zeit untersucht (vgl. Englert 1995). Das Thema findet aber besonders in postkolonialen Forschungen Beachtung. Frantz Fanon beschäftigt sich in *Black Skin, White Masks* mit der Psyche Schwarzer Männer, die nach Europa übersiedeln, und ihrer Beziehung zu *weißen* Frauen (1952: 45-63), während Grada Kilomba in *Plantation Memories* die Psyche Schwarzer Frauen, die Beziehungen zu *weißen* Deutschen eingehen, analysiert (2013: 82-91). In Kilombas Untersuchungen wird auch Musik als Träger von rassistischen Einstellungen thematisiert (ebd.: 76-79). Die Intersektionalität von »Rasse«[3] und Sexualität in den USA thematisiert bell hooks mehrfach in *Yearning* (1990). Der seltene Fall von *weißen* Frauen, die sich für ein Eheleben mit einem Schwarzen Afrikaner in dessen kultureller und geographischer Lebensumgebung einlassen, ist allerdings bislang nur am Rande untersucht worden, wie etwa in Sonja Steffeks ethnologischer Arbeit *Schwarze Männer – Weiße Frauen* (2000) zur Wahrnehmung des Fremden innerhalb von Beziehungen. Dabei bietet die europäische Kolonialgeschichte historische Vorbilder für das Genre der hier untersuchten Bücher.

Die europäische Kolonisation von Großteilen Afrikas und Asiens im 19. Jahrhundert war im überwiegenden Teil Angelegenheit von Männern und wurde durch eine pseudowissenschaftliche Konstruktion von verschiedenen »Menschenrassen« legitimiert, die den *Weißen* stets die machtvolle Position zuschrieb. Als besondere Merkmale wurden der afrikanischen »Rasse« neben der dunklen Hautfarbe die krausen Haare, ein kindliches Temperament und ein mangelndes Zeitgefühl zugeschrieben (vgl. Arndt 2015). Frauen waren als Ehefrauen von Kolonialbeamten, Forschungsreisenden und Missionaren oder

---

3 Um auf die Konstruktion des Begriffes »Rasse« zu verweisen, der als biologische Kategorie bei Menschen nicht existiert, aber als gesellschaftspolitischer Begriff wirkmächtig ist, wird wie in der Rassismusforschung üblich der Begriff stets »Rasse« in Anführungszeichen gesetzt (vgl. Arndt 2015).

als unverheiratete Mitarbeiterinnen im medizinischen oder pädagogischen Bereich selbst in Siedlungskolonien in der Unterzahl. Dennoch gehörten sie zum festen Bestandteil des kolonial-rassistischen Systems. Ehen zwischen Europäern und Frauen anderer »Rassen« wurden zu Beginn des 20. Jahrhunderts von den Kolonialmächten verboten. Dies verhinderte jedoch keineswegs Prostitution, ein Mätressen-System und Vergewaltigungen von Einheimischen in den Kolonialgebieten (vgl. Mamozai 1982). Einzelne europäische Frauengestalten waren jedoch bereits zu dieser Zeit alleine reisend, forschend und arbeitend in Afrika und Asien unterwegs, wie etwa Mary Kingsley, Amelia Edwards oder Anna Leonowens (vgl. Keay 2009), deren Lebensgeschichte mehrere Elemente eint, die auch auf die Autorinnen der hier besprochenen Bücher zutreffen. Sie alle wollten dem europäischen Gesellschaftssystem mit seinem konformistischen Frauenbild oder aus gescheiterten Beziehungen entfliehen und waren bereit, sich dafür extrem einfachen und entbehrungsreichen Lebensumständen zu stellen. Sie wirkten in der Fremde vorwiegend im medizinischen oder pädagogischen Bereich und fassten ihre Erlebnisse in autobiographische Reiseberichte, deren Exotik und Abenteuerbeschreibungen in ihren Heimatländern Popularität erlangten (Leonowens 1870, Edwards 1877, Kingsley 1897). Liebesbeziehungen mit Menschen aus den Kolonialgebieten gingen sie allerdings nicht ein, auch wenn das die teilweise märchenhaft dramatisierten Lebenserinnerungen von Anna Leonowens im 1951 aufgeführte Musical *The King and I* von Richard Rodgers und Oscar Hammerstein sowie Verfilmungen des Stoffes von Walter Lang (1956) und Andy Tennant (1999) nahelegen. Die Sexualisierung der Fremden war dagegen in Reiseberichten in den sogenannten Orient ein fester Topos, besonders in Bezug auf die Institution des Harems, der sowohl von männlichen wie auch weiblichen Autor*innen gepflegt wurde (vgl. Hörner 2001, Stamm 2010).

Zu den literarisch einflussreichsten Schriftstellerinnen der afrikanischen Kolonialzeit gehört die dänische Autorin Tania Blixen, die in ihrem Buch *Afrika – dunkel lockender Kontinent* (1937) ihr selbstständiges Leben als Leiterin einer Kaffeeplantage im kolonialen Kenia beschreibt. Auf Motiven dieser Berichte entstand der Oscar®-prämierte Film *Out of Africa* (1987) von Sydney Pollack, der eine unglückliche außereheliche Liebesgeschichte zwischen *Weißen* in Kenia schildert und durch die mehrfache Thematisierung eines Grammophons, das klassische Musik abspielt, eine enge Verbindung zwischen Musik, afrikanischen Landschaften und Kulturen sowie Emotionen der Hauptdarsteller*innen herstellt.

Afrikanische Musiken erfuhren in der Kolonial- und Missionszeit durch vorwiegend männliche Autoren generell eine Abwertung. Sie wurden als »unzivilisiert«, »traditionell« und »wild« bezeichnet und wurden fast ausschließlich auf »Trommeln« und »Tanzen« reduziert (vgl. Agawu 2003). Die Einschätzungen waren neben rassistischen Weltansichten von Angst geprägt, wie etwa bei nächtlichen lautstarken Veranstaltungen. So entwickelte sich das Stereotyp des Afrikaners, der »willenlos« zu einem »Tier« wird, sobald er Trommelmusik hört, und enge Verbindungen von »sexuellen Ausschweifungen« im Zusammenhang mit musikalischen Festlichkeiten (vgl. Carl 2004). Sehr viel unvoreingenommener sind dagegen bspw. die Berichte von Blixen über afrikanische Musikaufführungen, die in ihrem Kapitel zu »Große Tänze« keinerlei erotische Aufladung besitzen (Blixen 1937: 103-111).

In Europa wandelte sich das seit dem Mittelalter zunächst von Faszination geprägte Bild des afrikanischen Fremden mit Beginn des transatlantischen Sklavenhandels in eine Abwertung von Menschen mit dunkler Hautfarbe, wie es Peter Martin in seinem Buch *Schwarze Teufel, edle Mohren* (1993) beschreibt. Mit Beginn des 20. Jahrhunderts entwickelte sich in Deutschland ein Mehrheitsrassismus gegenüber Afrikanern, besonders in Folge des Ersten Weltkrieges und dem Einsatz von Schwarzen Kolonialsoldaten in Europa in den Armeen der Entente. Kolonialrevisionistische politische Träume der Nationalsozialisten führten zu romantisierenden Exotenfilmen über die glorreiche deutsche koloniale Vergangenheit, in denen Musik- und Tanzszenen von Afrikaner*innen mit einer sexuellen Konnotation und Ästhetik aufgeladen wurden, wie etwa in dem Propagandafilm *Carl Peters* (1941) von Herbert Selpin. Ein exotisches Bild von fremden afrikanischen Landschaften und die Erotisierung von Afrikaner*innen blieb in den deutschsprachigen Gesellschaften auch in postkolonialen Zeiten erhalten, obwohl gleichzeitig Afrika medial als »Kontinent der Krisen« dargestellt wurde. Dazu trugen unter anderem maßgeblich Leni Riefenstahl mit ihren Aufnahmen der Nubier (1973) sowie die Exotisierung und Erotisierung des Fremden im deutschen Schlager bei (vgl. Lassen 1991). Aufführungen und Unterricht von westafrikanischen Trommlern in Deutschland führte seit den 1980er Jahren zur Entstehung einer vorwiegend weiblichen Trommelszene, in der die musikalischen Stereotype einer »naturverbundenen« und »ursprünglichen« afrikanischen Musik reproduziert wurden (Fürst/Grätschus 2003, Carl 2011).

Die im deutschsprachigen Raum sozialisierten Autorinnen der hier untersuchten Bücher stehen somit in einer Traditionslinie mit den historischen autobiographischen Reiseberichten aus Afrika von Frauen des 19. und beginnenden 20. Jahrhunderts, das sie mit dem zeitgenössischen deutschen Afrikabild kombinieren.

Das Genre des autobiographischen Afrika-Romans deutschsprachiger Autorinnen

Dass die drei hier besprochenen Bücher einen *weißen* Blick auf Afrika bieten, zeigt sich daran, dass die Narrative europäischen Erzählmustern folgen. Bei *Die weiße Massai* und *Mit der Liebe einer Löwin* handelt es sich um die Shakespeare'sche Othello-Handlung, deren Hauptpersonen geschlechtergespiegelt werden und die zudem räumlich von Europa nach Afrika gespiegelt wird. In beiden heiratet eine *weiße* Frau in eine durchweg Schwarze Gesellschaft hinein, in der sie ihre berufliche Selbstständigkeit behaupten will. Ihre Ehe scheitert aufgrund von Intrigen und Eifersucht, auch wenn es im Gegensatz zu der Vorlage am Ende nur zu einer endgültigen Trennung und nicht zu einer Katharsis mit Mord und Selbstmord kommt. In *Die weiße Massai* lernt eine Schweizerin im Pärchenurlaub in Kenia einen Samburu-Krieger (und keinen Massai!) kennen, für den sie ihr Leben in der Schweiz aufgibt. Die Ehe scheitert aufgrund ihres Wunsches nach beruflicher Unabhängigkeit, ihren Versuchen, die medizinische Situation im Dorf zu verändern und ihrem liberalen Umgang mit anderen Männern, der ihren Mann rasend vor Eifersucht werden lässt. Die Handlung von *Mit der Liebe einer Löwin. Wie ich die Frau eines Samburu-Kriegers wurde* spielt in derselben Umgebung. Als Sängerin und Songwriterin lernt die Protagonistin einen Samburu-Mann im touristischen Umfeld an der Küste kennen. Schnell gerät sie an ihre persönlichen Grenzen, als sie versucht, ein gemeinsames Leben mit ihm in der ländlichen Gesellschaft zu führen. Sie entflieht der Konfliktsituation und kehrt als Sängerin in den kenianischen Tourismusbereich zurück, wodurch ihre Ehe dauerhaft in die Brüche geht. Das Buch *Die weiße Hexe. Meine Abenteuer in Afrika* spielt in Nigeria, folgt jedoch in weiten Zügen der Dreiecksbeziehung des *Out of Africa*-Films. In dem Buch werden die Erlebnisse der Protagonistin mit zwei nigerianischen Männern in und außerhalb von Nigeria beschrieben. Den ersten lernt sie in Deutschland kennen, folgt ihm dann aber nach Nigeria, um einen Auto-Export-Handel, den ihr Vater gedankenlos mit ihm geschlossen hat, nicht platzen zu lassen. Wenig später trennt sie sich, um für einen reicheren Mann zu arbeiten, der sie mit Privatflugzeug und romantischen Safari-Reisen zu verführen weiß, bevor er beim Flugzeugunfall ums Leben kommt. Zusätzlich stimmt sie durch das Buch hindurch ein Loblied auf »Mutter Afrika« als »Wiege der Menschheit« (Hilliges 2000:11) an, verbunden mit Elementen einer weiblichen Gottheit, die den Zusammenhalt zwischen Frauen befördert (ebd.: 250-264).

Die Handlungen der drei Bücher besitzen darüber hinaus Gemeinsamkeiten, die die *weiße* Sichtweise auf afrikanische Kulturen verstärken. Alle finden in einer postkolonialen Umgebung statt. Zwei beginnen im Umfeld des kenianischen Tourismus, der seine Ursprünge in der kolonialen Eroberung und Inbesitznahme des Kontinents hat (Freese 2011). In die *Die weiße Hexe* ist der Grund für die Übersiedlung der Protagonistin nach Nigeria ein Handelsprojekt zwischen ihrem Vater und dem afrikanischen Ehemann, das letztlich einer postkolonialen Wirtschaftshierarchie folgt. Keine der Hauptpersonen hat sich zuvor mit afrikanischen Kulturen oder der Kolonialgeschichte beschäftigt. Sie prallen mit einer westlichen aufgeklärten Weltsicht unvorbereitet auf afrikanische Gesellschaften. Die Bücher belassen die Schwarzen in ihrem kulturellen Umfeld, meist sogar in einer ländlichen armen Umgebung, und erschaffen damit das Rousseau'sche Ideal eines *edlen Wilden* (vgl. Rousseau 2017).

In allen Büchern spielen Genderfragen eine zentrale Rolle. Im Zusammenleben zwischen Mann und Frau bestehen die Protagonistinnen darauf, ihre europäische Unabhängigkeit zu bewahren und verlangen ungeachtet der jeweiligen kulturellen Gebräuche eine monogame Beziehung. Dass sie dabei den Anforderungen der christlichen Mission zur Kolonialzeit folgen, ist ihnen, die als Atheistinnen oder nicht praktizierenden Christinnen dargestellt werden, nicht bewusst. In den Büchern werden außerdem explizit sexuelle Erfahrungen geschildert. Das beginnt damit, dass sie die Körperlichkeit ihrer Männer und anderer Afrikaner*innen mit einer für die Protagonistinnen überwältigenden Erotik versehen und damit einem Körperkult huldigen, der Leni Riefenstahls Nubier-Photographien (1973) und anderen kolonialen Inszenierungen von Afrikanern folgt (vgl. Theye 1991). Diese Imagination steht nur vordergründig im Gegensatz zu den ersten sexuellen Begegnungen mit den Männern, die die Europäerinnen zunächst als animalisch und rücksichtslos im Umgang beschreiben und die erst unter ihrer Einwirkung zu potentiell guten Liebhabern werden. Maurers Ausführungen zu diesem Thema mit relativierenden Vergleichen wie dem indischen Kamasutra oder ähnlichen Erfahrungen, die auch *Weiße* untereinander machen können (2010: 166-173), verdrängen den kolonialhistorischen und rassistischen Kontext, in dem diese Geschichten erzählt werden. Was hier beschrieben wird, ist eine körperliche Erziehung vom *Naturmenschen* zum *Zivilisierten*, was ebenfalls eine koloniale Grundhaltung der Europäer darstellt (vgl. Nnaemeka 2009).

Ihre Dramaturgie beziehen die Bücher aus der Frage, wie sich die Protagonistinnen in den jeweiligen Lebenssituationen in der ihnen fremden afrikanischen Lebensumgebung orientieren. Dabei geht es zum einen um die Orientierung im Raum, sei es in Gedanken nach Europa oder umgekehrt auch beim

Heimaturlaub in Gedanken nach Afrika, was sich auch klanglich äußert. Des Weiteren behandeln die Bücher die wechselhaften emotionalen Orientierungen der Protagonistinnen, bei denen verschiedene Musikstile Zuneigung oder Distanz zu ihrem Partner ausdrücken. Schließlich sind die Protagonistinnen gezwungen, sich in einer anderen Kultur und deren Wertesystem zu orientieren. Hier müssen sie einen Maßstab für ihr eigenes Reagieren und Handeln finden, das in Einklang mit ihren Bedürfnissen steht. Dabei beurteilen sie Musik nach moralischen Gesichtspunkten.

Musikalische Lebensorientierungen

Meiner Meinung nach besteht der Grundkonflikt, auf dem die Bücher aufgebaut sind, darin, dass die Hauptpersonen sich zwischen einem positiv und einem negativ bewerteten Charakterpol hin und her bewegen und keine stabile Orientierung in ihrer Persönlichkeit finden. Diese Pole sind jeweils mit einem bestimmten Musikrepertoire verbunden. Die europäische *weiße* Frau strebt positiv nach Selbstständigkeit, begibt sich allerdings mit der Ehe und Mutterschaft in eine negativ besetzte Abhängigkeit von ihrem Schwarzen Ehemann. Im Einklang mit ihren positiven selbstbestimmten Erfahrungen stehen dabei die afrikanische sogenannte traditionelle Musik, d.h. ländliche live Musik- und Tanzaufführungen, sowie Eigenkompositionen. Musikalische Zeichen der Abhängigkeit stellen dagegen alle Repertoires dar, die mit Familie- und Mutterschaft in Verbindung stehen sowie die Musik der eigenen europäischen Teenagerzeit, die eine verlorene Kindheit repräsentieren.

	Europäische *weiße* Frau		
»traditionelle« afrik. Musik, Tanz, Ritual, Eigenkomposition	»Selbstständige«	»Abhängige«	deutsche Kinderlieder, Weihnachtslieder, Teenager-Lieder

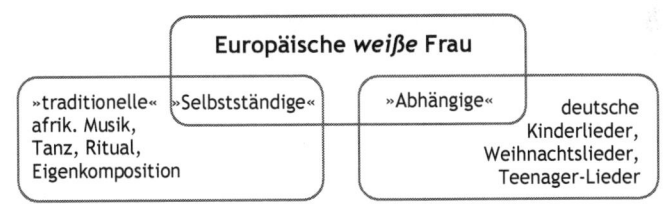

Abb. 1: Charakterpole der europäischen *weißen* Frau

Der afrikanische Schwarze Mann wird dagegen aus Sicht der *weißen* Protagonistinnen in einem anderen Spannungsfeld dargestellt. Positiv wird er wahrgenommen, wenn er dem Typ des *edlen Wilden* entspricht, zu dem die traditionelle afrikanische Musik mit Tanz und Ritual gehört. Als *Primitiver* gilt er dagegen, wenn er die Kontrolle über seine Gefühle verliert und unmoralisch handelt. Solche Szenen werden dann mit populärer afrikanischer Musik im urbanen Kontext von Diskotheken und Partys markiert.

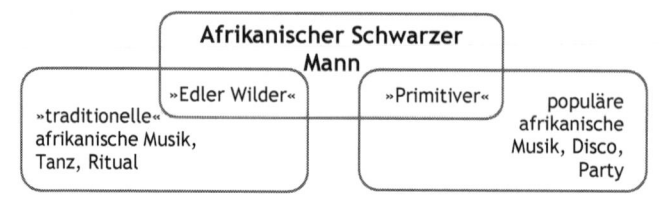

```
                          Afrikanischer Schwarzer
                                  Mann
                  »Edler Wilder«          »Primitiver«       populäre
»traditionelle«                                              afrikanische
afrikanische Musik,                                          Musik, Disco,
Tanz, Ritual                                                 Party
```

Abb. 2: Charakterpole des afrikanischen Schwarzen Mannes

Werden diese unterschiedlichen Charakterpole übereinander gelegt, erklärt sich, warum die Beziehungen zum Scheitern verurteilt sind: Die *weiße* Frau beurteilt sich aufgrund ihres kulturellen Hintergrundes selbst nur als Selbstständige positiv und sucht in ihrem afrikanischen Schwarzen Mann den edlen Wilden. Der Schwarze Mann dahingegen will durch seine Wahl einer europäischen *weißen* Ehefrau dem Bild des edlen Wilden entfliehen, wünscht sich aber zugleich seine Frau in der Rolle einer Abhängigen, wie es sein kultureller Kontext vorgibt. Die beiden finden aus diesem Grund keine gemeinsame Ebene, auf der sie eine dauerhafte Beziehung aufbauen können, und damit auch kein gemeinsam als positiv wahrgenommenes Musikrepertoire, wie die folgenden Beispiele zeigen.

Da die musikalische Sozialisation bei allen Autorinnen in Europa stattgefunden hat, ist wenig überraschend, dass ihre Protagonistinnen sich beim Musikhören an deutschsprachigem populärem Repertoire oder an Musik ihrer Jugend orientieren, wenn sie sich auf die eigene kulturelle Identität zurückbesinnen oder bei Konfliktsituationen in der afrikanischen Umgebung emotionale Stabilität suchen. Sehr charakteristisch dafür ist die Beschreibung der Reaktion nach einem Streit zwischen Corinne und Lketinga in *Die weiße Massai*:

»[Ich] [...] fühle mich ausgestoßen und einsam. Um meine Fassung nicht zu verlieren, krame ich meinen Kassettenrecorder hervor und höre deutsche Musik. Nach einiger Zeit steckt Lketinga seinen Kopf in die Hütte und schaut mich mißmutig an. ›Corinne, what's the problem? Why you hear this music? What's the meaning?‹ Oh Gott, wie soll ich ihm erklären, dass ich mich mißverstanden und ausgenützt fühle und Trost in der Musik suche? Er kann das nicht verstehen« (Hofmann 1998: 178f.).

In dieser Situation hilft das Musikhören der Protagonistin, der aktuellen Situation emotional zu entfliehen, führt jedoch keinesfalls zu einer Konfliktlösung mit ihrem Ehepartner, da ihm dieses Genre fremd bleibt. Eine ähnlich therapeutische Funktion erfüllt das Spielen der eigenen Musik für die Protagonistin in *Mit dem Herz einer Löwin*, das an die Rolle des Klavierspiels der Protagonistin in dem ebenso in einem exotischen Umfeld zur Kolonialzeit spielenden Musikfilm *The Piano* (1993) von Jane Campion erinnert:

»Ich bangte um meine geliebte Gitarre, die mir schon auf der ganzen Reise größte Schwierigkeiten bereitet hatte. [...] Sie war die einzige Extravaganz, die ich mir leistete, in allem anderen passte ich mich den Gegebenheiten an. Das Instrument war wie ein Freund für mich, eine Medizin, eine Therapie, um Freude, Trauer und Aufregung zu verarbeiten, indem ich meine Empfindungen beim Spielen und Singen herausließ. Nie ging es mir besser als unmittelbar nach dem Gitarrespielen« (Hachfeld-Tapukai 2004: 73).

Der Bezug zwischen vertrauter Musik und eigener Emotionalität führt folgerichtig dazu, dass die Autorinnen die Liebe zu afrikanischen Männern in musikalischen Metaphern fassen. Die Autorin von *Mit dem Herz einer Löwin* beschreibt die erwachende Liebe für den Samburu-Krieger mit einem inneren Rhythmusgefühl: »Und dann begann es in mir zu hämmern, fest und hart und rhythmisch: Lass mich dein Mann sein, bitte. Lass mich dein Mann sein, bitte« (Hachfeld-Tapukai 2004: 16). Aus diesem Gefühl heraus schreibt sie Liebeslieder, in denen sie ihren Geliebten und die exotische Umgebung romantisiert und dabei ausgerechnet das koloniale Stereotyp der *bedrohlichen afrikanischen Nacht* reproduziert.

> Die Palmen im Wind, mein Liebling,
> sie rascheln so hart.
> Ich spür deinen Blick, mein Liebling,
> deine Hände, so zart.
>
> Ich hab etwas Angst, mein Liebling,
> vor dem Tag, vor der Nacht,
> vor den Stimmen im Dunkeln, mein Liebling,
> vor dem Tag, der erwacht.
>
> Ich bin deine Frau, mein Liebling,
> für den Traum, für die Zeit,
> für den Lauf der Gestirne, mein Liebling,
> eine Ewigkeit. [...]
>
> (Hachfeld-Tapukai 2004: 23)

Die eigene Emotionalität und erotische Fantasien werden dabei in Kontrast zu einer sexuellen Aktivität ohne Liebesbeziehung gesetzt. So wirkt sich die entstehende Liebe in *Die weiße Hexe* musikalisch in der Protagonistin dadurch aus, dass das Herz »ein paar Takte schneller« (Hilliges 2000: 163) schlägt und sie sich an der »melodische[n] Stimme« ihres Geliebten berauscht (166). Die promiskuitive Sexualität von Afrikanern wird dagegen mit Ausdrücken einer animalischen Klangwelt beschrieben, wie etwa der Geschlechtsverkehr eines Nachbarn mit einer seiner zahlreichen Schwarzen Geliebten: »Wenn die beiden sich in dem hellhörigen Haus im Schlafzimmer vergnügten, quiekte Felicitas wie ein Schweinchen« (294, vgl. auch 298). Auch hier erhält die — wahrscheinlich humorvoll gedachte — Beschreibung durch den postkolonialen Kontext eine andere Bedeutung, denn es wird das koloniale Stereotyp des *animalischen* Verhaltens von Afrikanern reproduziert.

Da Heimaturlaube nur selten in den Büchern beschrieben werden, findet die umgekehrt emotional fantasierte Orientierung nach Afrika nur selten statt. Lediglich in der Phase, in der sich die Protagonistin von *Die weiße Massai* noch nicht entschieden hat, endgültig nach Kenia auszuwandern, hilft ihr emotional das Hören afrikanischer populärer Musik, zu der sie beim Kennenlernen ihres Geliebten in einem Nachtclub tanzte.

»Mein Geschäft betreibe ich weiterhin, aber mit weniger Engagement, weil ich ständig von Kenia träume. Ich besorge mir alles, was ich finden kann über dieses Land, auch dessen Musik. Von früh bis spät höre ich im Geschäft Suaheli-Songs. Meine Kunden merken natürlich, daß ich nicht mehr so aufmerksam bin, doch erzählen kann und mag ich nicht« (Hofmann 1998: 21).

Das deutschsprachige Repertoire an Weihnachts- und Kinder- oder Wiegenliedern, wird von den Autorinnen immer dann als eine Form traditioneller deutschsprachiger Musik zitiert, wenn sich ihre *weißen* Protagonistinnen in einer Mutterrolle befinden. Recht eindeutig benutzt die Autorin von *Die weiße Hexe* diese Technik bei der Beschreibung eines Weihnachtsabends in Deutschland. Das deutsche Idyll wird gezielt kontrastiv mit kolonialen Stereotypen von Afrikanern verbunden.

»Wir [Protagonistin als Mutter, ihre Kinder und Großeltern] waren gerade bei ›Stille Nacht, heilige Nacht‹, als es klingelte. Überrascht sahen wir uns an. Da sprang Janet schon hoch und lief zur Tür. Sekunden später hörte ich sie aufgeregt kreischen. ›Mama, komm schnell! Da ist ein schwarzer Weihnachtsmann!‹ Janet hätte ihren Vater auch nicht erkannt, wenn er sich keine rote Mütze mit einem weißen Bommel aufs schwarze Kraushaar gesetzt hätte. Da stand er nun, bepackt mit lauter glitzernden Geschenken und einem unschuldigen Grinsen im Gesicht. Janet klammerte sich ängstlich an mir fest und starrte den schwarzen Weihnachtsmann an, der zur Bescherung zu spät gekommen war« (Hilliges 2000: 23).

Hier wird der Vater der Kinder als »schwarz« mit »Kraushaar«, mit einem kindlichen »unschuldigen Grinsen« charakterisiert, der »zu spät« kommt. Die Reduzierung einer Person auf äußere Eigenschaften, die aus dem rassistischkolonialen Kontext entstammen, in Verbindung mit der Eigenschaft eines kindlichen und verantwortungslosen Verhaltens zeigt deutlich den *weißen* Blick, mit dem die Geschichte erzählt wird.

Dieses deutsche Liedrepertoire ist anscheinend sogar international verständlich, wie die Protagonistin in *Die weiße Massai* beim Singen von Kinder- bzw. Wiegenliedern im afrikanischen Dorf erfahren kann.

»Von diesem Tag an gehe ich immer an die verschiedenen Türen und singe meine drei Lieder, die ich noch aus der Schulzeit kenne. Ich bin überwältigt, wieviel Freude sie schon nach einigen Tagen empfinden, wenn sie mich erkennen und hören. Sogar das Wasserkopf-Baby hört auf zu wimmern, wenn ich ihm meine Lieder vorsinge. Endlich habe ich eine Aufgabe gefunden, bei der ich meine wiedergewonnene Lebensfreude weitergeben kann« (Hofmann 1998: 237).

Durch das Singen dieses Repertoires gelingt es den wenigen europäischen Frauen in der afrikanischen Umgebung, sich singend zu erkennen. Die Protagonistin in *Die weiße Hexe* identifiziert durch ein Kinderlied eine Nachbarin, die hinter einer hohen Mauer unerreichbar in einer Art Harem eingesperrt zu sein scheint.

»Mein Nachbar hatte 39 Freuden, mehr als ein Monat Tage. [...] Ein christlicher Harem, was es nicht alles gab! Und dann hörte ich bei einem meiner Erkundungsspaziergänge im Garten die schöne deutsche Volksweise ›Ein Männlein steht im Walde‹. Ich blieb stehen und lauschte. Eine Frauenstimme sang hell und melodisch. Und dann versuchte sich eine Kinderstimme an dem Lied, macht aus dem Männlein ein Mannlein. [...] So lernte ich Lisa kennen, eine damals 48-jährige Münchnerin« (Hilliges 2000: 151f.).

Diesen musikalischen Orientierungen steht in allen Büchern die Faszination der Protagonistinnen für *traditionelle afrikanischer Musik* gegenüber. Darunter verstehen sie dörfliche, gemeinschaftliche Musizier- und Tanzpraktiken, die mit vorkolonialen Traditionen der jeweiligen Volksgruppen in Verbindung stehen. Das Besondere an den Beschreibungen ist, dass diese Aufführungen immer erotisch und sexuell aufgeladen werden. Dabei können die Protagonistinnen in der passiven Beobachterrolle verharren, wie etwa in *Die weiße Massai* bei einer Festlichkeit für die Massai-Krieger, an der die Protagonistin nicht teilnehmen darf.

»Draußen ist es bereits stockdunkel, als ich ein grunzendes Geräusch vernehme. Es ist das typische Geräusch der Männer, wenn sie in erregtem Zustand sind, sei es bei Gefahr oder auch beim Sex. [...] Ich höre Stimmen, die immer lauter werden. Plötzlich ertönt ein Schrei, und sofort fallen mehrere Personen in eine Art Summen oder Gurren ein. Neugierig krieche ich hinaus und bin überrascht, wie viele Krieger und junge Mädchen vor unserer Hütte zum Tanz versammelt sind. [...] Mein Krieger sieht wunderbar aus. Er springt wie eine Feder höher und höher. Die langen Haare flattern bei jedem Sprung. Die nackten Oberkörper glänzen vor Schweiß. Man sieht alles nur undeutlich in der sternklaren Nacht, dafür spürt man förmlich die Erotik, die sich durch das stundenlange Tanzen verbreitet. [...] Die Mädchen suchen sich immer wieder andere Krieger aus, denen sie mit ihren nackten Brüsten und dem riesigen Halsschmuck entgegenwippen. [...] Von Eifersucht geplagt fühle ich mich deplatziert und ausgeschlossen« (Hofmann 1998: 141f.).

Die Protagonistin aus *Mit der Liebe einer Löwin* kann den Reizen solcher Aufführungen nicht widerstehen und folgt dem kolonialen Stereotyp von Afrikaner*innen, die willenlos werden, sobald Trommeln erklingen.

»Eine seltsame Stimmung überkam mich. Ich war hochgradig erregt. Das Singen, die rhythmischen Bewegungen, die Nähe und der Schweiß der Krieger und Frauen versetzten auch mich wie alle anderen Beteiligten in einen Rauschzustand. Mit einem Mal empfand ich es als natürliche Forderung und Erleichterung, mich einfach mitreißen und hineinfallen zu lassen in die unbekannte Welt« (Hachfeld-Tapukai 2004: 213f.).

Die sexuelle Aufladung erhalten die Szenen nicht nur durch den Tanz und die Präsenz von Männern, sondern auch wenn Frauen unter sich sind, wie Hilliges bei einem weiblichen Initiationsritus in die *Die weiße Hexe* schildert.

»Bis weit nach Mitternacht wurde zu Trommelmusik getanzt, gesungen, gegessen und auch reichlich Alkohol getrunken. Als eingefleischte Abstinenzlerin hielt ich mich an Wasser, das bräunlich aussah und wie immer eisenhaltig schmeckte. Der Alkohol löste die Zungen, und die Frauen erzählten sich endlos lange Geschichten. Viele handelten von Männern und Sexualität. Mit besonderer Ausführlichkeit widmeten sie sich männlichen Potenzproblemen, für die erstaunliche Lösungen angeboten wurden. Ifeoma [ihre beste Freundin] verschluckte sich öfters an ihrem Kichern« (Hilliges 2000: 259).

Die Wahrnehmung dieser Musik trägt in den Büchern maßgeblich zur Verstärkung der eigenen Gefühle der Protagonistinnen für ihre Geliebten und deren Kultur bei. Die Beschreibungen von leicht gekleideten und nackten Menschen, die animalischen Geräusche sowie das erdverbundene Tanzen imaginieren das Idealbild eines edlen Wilden. Dass die Frauen der ostafrikanischen Bücher ihre Männer im Umfeld touristischer kultureller Tanzveranstaltungen kennengelernt haben, bei denen solche Aufführungen für Touristen eigens inszeniert werden, thematisieren die Autorinnen nicht.

Die Faszination der Protagonistinnen gilt jedoch nicht uneingeschränkt jeder afrikanischen Musikpraxis. Populäre afrikanische Musikstile finden keineswegs durchgehend ihre Sympathie, obwohl sie ebenfalls erotisch und sexuell aufgeladen werden. Allerdings wird diese Musik nun mit moralisch verwerflichen Praktiken in Verbindung gebracht, wie etwa in *Die weiße Hexe*, wenn die Autorin das Verhalten ihres ersten afrikanischen Ehemanns beschreibt, als beide für eine Zeit in London lebten.

»Als ich am Abend eines solchen Tages heimkehrte, glaubte ich, die falsche Wohnung erwischt zu haben. [...] Mein Mann tanzte mit seinen Freunden zu lauter, reggaeartiger High-Life-Musik durchs Nebenzimmer. Ich bin nicht der Typ, der Szenen macht. Statt dessen schleppte ich John zum Eheberater, der uns zur Sexberatung ins Krankenhaus schickte. Nasenspray gegen Lungenentzündung, sozusagen« (Hilliges 2000: 21).

Diese Musik wird aber auch von den afrikanischen Partnern voreilig in einen unmoralischen Zusammenhang gestellt und dient als Grund für Eifersucht und eheliche Streitigkeiten. Obwohl oder gerade weil sich das Liebespaar in *Die weiße Massai* beim Tanz in einer »Bush-Baby-Disco« das erste Mal besser kennengelernt hat (Hofmann 1998:12f.), macht der Protagonist seiner Frau eine Szene, nachdem sie in seiner Abwesenheit eine Dorfdisco organisiert und durchgeführt hat.

»Die Disco ist wieder ein großer Erfolg. [...] Es ist herrlich, und alle tanzen zu der fröhlichen Kikuyu-Musik. Viele haben eigene Kassetten mitgebracht. Auch ich tanze seit mehr als zwei Jahren wieder einmal und fühle mich entspannt. [...] Im Kral trifft mich fast der Schlag. [...] Er beschimpft mich gräßlich und sieht wild aus. Ich kann sagen, was ich will, er glaubt mir nichts. [...] Als er mich eine Hure nennt, die es mit Kikuyus und sogar mit den Boys treibe, packe ich die nackte Napirai [ihre gemeinsame Tochter] in eine Decke und renne verzweifelt nach Hause. Langsam bekomme ich Angst vor meinem eigenen Mann« (Hofmann 1998: 255f.).

Auch der erste erfolgreiche Auftritt der Protagonistin mit afrikanischen Kollegen in einem kenianischen Hotel in *Mit der Liebe einer Löwin* führt zu einer ernsthaften Ehekrise.

»Ich sang völlig berauscht [...] Es wurde ein wundervoller Abend. Meine Kollegen gingen in der Musik auf, rissen sich gegenseitig mit, zogen mich hinein in die Wunderwelt der Töne und der Rhythmen, und ein beglückendes Gefühl von Freiheit, das aus dem tiefsten Innersten nach außen drängte, durchströmte mich. [...] Die Musik und ich, wir gehörten von jetzt an zusammen« (Hachfeld-Tapukai 2004: 296).

»»Verzeih, dass ich dich nicht gefragt habe‹, lenkte ich nach einiger Zeit ein. ›Aber ich war sicher, es wäre dir recht. Ich weiß doch, wie sehr du Musik magst. Ich bin gar nicht darauf gekommen, dass es dir nicht gefallen könnte, wenn ich mit der Band singe.‹ Lpetati brummte etwas in sich hinein. [...] Er zog ein paarmal seine Beine an und streckte sie wieder. ›Ich erlaube meiner Frau, mit der Band zu singen‹, brachte er dann heraus. [...] In Zukunft würde ich sehr vorsichtig sein müssen bei meinen Entscheidungen« (ebd.: 308f.).

Diese verschiedenen Lebensorientierungen der Protagonistinnen mit ihren entsprechenden musikalischen Repertoires stehen in den Büchern nicht nur fast unverbunden nebeneinander, sie erzeugen innerhalb der geschilderten Beziehungen auch keine Überschneidungen mit den jeweiligen Partnern. Es gibt kein Repertoire, das sie beide gleich schätzen und an dem sie gemeinsam partizipieren können. Beide Seiten zeigen auch keinerlei Interesse daran, das Repertoire des anderen nur annähernd verstehen zu wollen. Die Orientierungen führen letztlich in keine gemeinsame Richtung und das Scheitern der Beziehungen ist auch musikalisch unweigerlich angelegt.

Fazit

Wie die Analysen zeigen, verweisen die drei autobiographischen Afrikaromane deutschsprachiger Autorinnen auf Musik, wenn die Protagonistinnen nach Lebensorientierung in einer afrikanischen Umgebung suchen. Die Geschlechterrollen und sexuellen Identitäten, die auf diese Weise diskutiert werden, überlagern sich dabei durch den postkolonialen Kontext, in dem die Geschichten stehen, mit Zuschreibungen von Fremdheit und »Rasse«. In den Texten lassen sich dabei die Reproduktion kolonial-rassistischer Klischees nachweisen, bei denen die sogenannte traditionelle afrikanische Musik im Sinne der Musik der edlen Wilden als positiv-erotisch beschrieben wird, wohingegen populäre urbane Musiken in einem moralisch abwertenden Umfeld angesiedelt werden. Die Autorinnen treiben mit diesem Stilmittel den charakterlichen Zwiespalt ihrer Protagonistinnen auf die Spitze, die sich einerseits mit ihrer ungewöhnlichen Lebensentscheidung als besonders fortschrittlich und selbstständig exponieren möchten, zugleich aber eine Wertvorstellung gegenüber Musikkulturen mitbringen, die an das westliche konservative Bürgertum der Mitte des 20. Jahrhunderts mit seiner Ablehnung des Rock'n'Roll erinnert.

Das Konstruierte an der Verwendung afrikanischer Musik wird noch offensichtlicher, wenn es in Kontrast zu ethnographischen Untersuchungen der entsprechenden Musikkulturen gesetzt wird (Njogu 2008, Mutonya 2013, Okafor 2005, Omojola 2012). Die Autorinnen erwähnen weder populäre Musikformen im deutschsprachigen Bereich noch die Verortung ihrer Protagonistinnen innerhalb westlicher Musikszenen. Afrikanische migrantische Communities in Europa und deren Musikpraktiken sowie transkulturelle Übergänge werden nicht angesprochen. Das Bild, das die Autorinnen von den afrikanischen Gesellschaften präsentieren, ist zudem äußerst beschränkt. Weder werden urbane Musikszenen beschrieben, in denen es mit politischer Musik durchaus Bereiche abseits sexualisierter Tanzaufführungen geben würde, noch wird die mediale Verbreitung panafrikanischer populärer Musiken durch Radio oder Fernsehen erwähnt. Besonders überraschend ist, dass alle Autorinnen den Bereich der christlichen Musikpraxis in den Gemeinden und im populären medialen Musikbereich mit keinem Wort thematisieren. In den mehrheitlich christlichen Regionen, in denen diese Handlungen spielen, ist es faktisch unmöglich, dass die Protagonistinnen nicht in Kontakt damit gekommen sind. Diese beschränkte Auswahl von Musikpraktiken führt zu einer maximalen Kontrastdarstellung zwischen der europäischen Sozialisation der Protagonistinnen und den Orten in Afrika, die keinen Raum für Übergänge oder Vermischungen schafft. Die einzelne *weiße* Protagonistin sieht sich immer alleingestellt gegenüber einem afrikanischen Schwarzen Mann inklusive dessen Gesellschaft. In dieser Hinsicht unterscheiden sich diese Afrika-Romane grundsätzlich von anderen autobiographischen außereuropäischen Erlebnissen. Kuegler beschreibt beispielsweise die Musiken, die sie in ihrer Kindheit in West-Papua erlebt, nicht nur kritischer, sondern sie zeigt auch transkulturelle Übergänge an, wie etwa am Beispiel eines imitierten papuanischen Trauergesangs ihres Vaters (Kuegler 2005: 287f.).

Zudem thematisieren die Autorinnen einige kulturelle Erscheinungsformen nicht, die ihre Protagonistinnen in einem negativen Licht erscheinen lassen könnten. Dass in Kenia seit den 1970er Jahren ein weiblicher Sextourismus blüht und deswegen kulturelle Veranstaltungen mit Musik und Tanz in Anwesenheit von Europäerinnen immer der Prostitution verdächtig und Beziehungen zu kenianischen Männern dort leicht herzustellen sind, wird in den beiden Büchern aus dem kenianischen Kontext schlichtweg übergangen. Eine vergleichbare Situation beschreibt und reflektiert Prüfer (2007) in Bezug auf seine Erlebnisse mit einer kambodschanischen Frau sehr viel differenzierter. Realitätsnäher bearbeitet ebenso Ulrich Seidls pseudo-dokumentarischer Spielfilm *Paradies: Liebe* (2012) das Thema in Kenia.

Die Textanalyse der hier behandelten Romane auf musikalische Verweise hin zeigt letztlich, dass es sich bei den Werken weniger um Schilderungen von tatsächlichen Erlebnissen in Afrika handelt, sondern dass Selbstfindungsprozesse der Protagonistinnen beschrieben werden. Dass ausgerechnet diese Erzählungen in Deutschland die erfolgreichsten sind, zeigt, dass das deutsche Publikum weiterhin eher an einer Bestätigung des existierenden weißen Afrikabildes interessiert ist und weniger an einem Verständnis afrikanischer Kulturen oder an den Lebenswelten afrikanischer Autor*innen. Es verwundert aus diesem Grund nicht, wie gesellschaftlich wirkmächtig die mediale Berichterstattung über die sexuellen Übergriffe von »Nordafrikanern« in der Silvesternacht 2015 am Kölner Hauptbahnhof war. Hier wurden erneut die Stereotype von nächtlichen Feiern und unkontrollierter Sexualität in einen Zusammenhang mit Afrikanern gesetzt, kollektiv auf alle Geflüchteten ausgeweitet und als politische Motivation für eine restriktivere Asylpolitik verwendet.

Literatur

Agawu, Kofi (2003). *Representing African Music. Postcolonial Notes, Queries, Positions*. New York u.a.: Routledge.
Akpemado, Komi Edinam (2013). *Zur (Re)kontextualisierung des Afrikabildes in der deutschsprachigen Literatur*. Frankfurt/M.: Peter Lang.
Arndt, Susan (2015). »›Rasse‹.« In: *Wie Rassismus aus Wörtern spricht. (K)Erben des Kolonialismus im Wissensarchiv deutsche Sprache. Ein kritisches Nachschlagewerk*. Hg. v. Susan Arndt u. Nadja Ofuatey-Alazard Nadja. Münster: Unrast, S. 660-664.
Blixen, Tania (1937 [1954]). *Out of Africa* [dt.: *Afrika. Dunkel lockender Kontinent*]. Stuttgart: rororo.
Carl, Florian (2004). *Was bedeutet uns Afrika? Zur Darstellung afrikanischer Musik im deutschsprachigen Diskurs des 19. und frühen 20. Jahrhunderts*. Münster: LIT.
Florian Carl (2011). »The Representation and Performance of African Music in German Popular Culture.« In: *Yearbook for Traditional Music* 43, S. 198-223.
Dirie, Waris (1998). *Wüstenblume*. München: Schneekluth.
Edwards, Amelia Ann Blanford (1877). *A Thousand Miles up the Nile*. Cambridge: Cambridge University Press.
Englert, Annette (1995). »Die Liebe kommt mit der Zeit«. *Interkulturelles Zusammenleben am Beispiel deutsch-ghanaischer Ehen in der BRD*. Münster: LIT.
Fanon, Frantz (1952). Black Skin, White Masks. New York: Grove Press.
Fürst, Anneke / Grätschus, Esther (2003). *Afrikanisches Trommeln – Untersuchung der geschlechtsspezifischen Herangehensweise Lernender und der Didaktik/Methodik afrikanischer und europäischer Lehrender*. Oldenburg: unveröffentlichte Masterarbeit.
Freese, Anne (2011). »Tourismus.« In: *Wie Rassismus aus Wörtern spricht. (K)Erben des Kolonialismus im Wissensarchiv deutsche Sprache. Ein kritisches Nachschlagewerk*. Hg. v. Susan Arndt u. Nadja Ofuatey-Alazard Nadja. Münster: Unrast, S. 545-550.
Göttsche, Dirk (2003). »Zwischen Exotismus und Postkolonialismus: der Afrika-Diskurs in der deutschsprachigen Gegenwartsliteratur.« In: *Interkulturelle Texturen:*

Afrika und Deutschland im Reflexionsmedium der Literatur. Hg. v. M. Mustapha Diallo u. Dirk Göttsche. Bielefeld: Aisthesis, S. 161-244.

Hachfeld-Tapukai, Christina (2004). *Mit der Liebe einer Löwin. Wie ich die Frau eines Samburu-Kriegers wurde.* Köln: Bastei-Lübbe.

Hilliges, Ilona Maria (2000). *Die weiße Hexe. Meine Abenteuer in Afrika.* Berlin: Ullstein.

Hirsi Ali, Ayaan (2007). *Mein Leben, meine Freiheit. Die Autobiographie.* München: Piper.

hooks, bell (1990). *Yearning: Race, Gender, and Cultural Politics.* Boston: South End Press.

Hörner, Karin (2001). »Verborgene Körper — verborgene Schätze. Haremsfrauen im 18. und 19. Jahrhundert.« In: *Fremde Körper. Zur Konstruktion des Anderen in europäischen Diskursen.* Hg. v. Kersting Gernig. Berlin: dahlem university press, S. 177-207.

Keay, Julia (1989). *With Passport and Parasol.* London: BBC.

Kilomba, Grada (2013). *Plantation Memories. Episodes of Everyday Racism.* Münster: Unrast, S. 82-91.

Kingsley, Mary (1897 [2002]). *Travels in West Africa.* Washington: National Geographic Society.

Kuegler, Sabine (2005). *Das Dschungelkind.* München: Droemer Knaur.

Lassen, Hans P. (1991). »Schöner Fremder Mann. Das Bild des Fremden im deutschen Schlager.« In: *Menschenfresser Negerküsse ... Das Bild vom Fremden im deutschen Alltag.* Hg. v. Marie Lorbeer u. Beate Wild. Berlin: Elefanten Press, S. 142-145.

Leonowens, Anna Harriette (1870). *The English Governess at the Siamese court: Being Recollection of Six Years in the Royal Palace at Bangkok.* London: Trübner.

Mamozai, Martha (1982). *Herrenmenschen. Frauenleben im deutschen Kolonialismus.* Reinbek bei Hamburg: Rowohlt.

Martin, Peter (1993). *Schwarze Teufel, edle Mohren. Afrikaner in Bewußtsein und Geschichte der Deutschen.* Hamburg: Junius.

Maurer, Elke Regina (2010). *Fremdes im Blick, am Ort des Eigenen. Eine Rezeptionsanalyse von »Die weiße Massai«.* Herbolzheim: Centaurus.

Mtawa, Nicole (2009). *Sternendiebe. Mein Leben in Afrika.* München: Droemer Knaur.

Mtawa, Nicole (2019). *Besser als ein Traum. Mit Julie auf der Suche nach dem richtigen Leben.* München: Droemer Knaur.

Mutonya, Maina wa (2013). *The Politics of Everyday Life in Gikuyu Popular Music of Kenya (1990-2000).* Nairobi: Twaweza Communications.

Njogu, Kimani (2008). *Culture, Performance and Identity: Paths of Communication in Kenya.* Nairobi: Twaweza Communications.

Nnaemeka, Obioma (2009). »Bodies That Don't Matter: Black Bodies and the European Gaze.« In: *Mythen, Masken und Symbole. Kritische Weißseinsforschung in Deutschland.* Hg. v. Maureen Maisha Eggers, Grada Kilomba, Peggy Piesche u. Susan Arndt. Münster: Unrast, 90-104.

Okafor, Richard (2005). *Music in Nigerian Society.* Mgbowo: New Generation Books.

Omojola, Bode (2012). *Yorùbá Music in the Twentieth Century. Identity, Agency, and Performance Practice.* Woodbridge: University of Rochester Press.

Prüfer, Benjamin (2007). *Wohin du auch gehst. Die Geschichte einer fast unmöglichen Liebe.* Frankfurt/M.: Scherz.

Reiniger, Franziska / Torenz, Rona (2015). »Feminismus.« In: *Wie Rassismus aus Wörtern spricht. (K)Erben des Kolonialismus im Wissensarchiv deutsche Sprache. Ein*

kritisches Nachschlagewerk. Hg. v. Susan Arndt u. Nadja Ofuatey-Alazard. Münster: Unrast, S. 295-313.
Riefenstahl, Leni (1973). *Die Nuba — Menschen wie von einem anderen Stern*. München: List.
Riesz, János (2006). »Die ›unterbrochene Lektion‹. Deutsche Schwierigkeiten im Umgang mit afrikanischer Literatur.« In: *AfrikaBilder. Studien zu Rassismus in Deutschland*. Hg. v. Susan Arndt. Münster: Unrast, S. 162-174.
Rousseau, Jean-Jacques (2017 [1755]). *Abhandlung über den Ursprung und die Grundlagen der Ungleichheit unter den Menschen*. Stuttgart: Reclam.
Sow, Noah (2009). *Deutschland Schwarz-Weiß. Der alltägliche Rassismus*. München: Goldmann.
Sow, Noah (2015a). »weiß.« In: *Wie Rassismus aus Wörtern spricht. (K)Erben des Kolonialismus im Wissensarchiv deutsche Sprache*. Hg. v. Susan Arndt u. Nadja Ofuatey-Alazard Nadja. Münster: Unrast, S. 190-191.
Sow, Noah (2015b). »Schwarz. Ein kurzer vergleichender Begriffsratgeber für Weiße.« In: *Wie Rassismus aus Wörtern spricht. (K)Erben des Kolonialismus im Wissensarchiv deutsche Sprache*. Hg. v. Susan Arndt u. Nadja Ofuatey-Alazard Nadja. Münster: Unrast, S. 608-610.
Stamm, Ulrike (2010). *Der Orient der Frauen. Reiseberichte deutschsprachiger Autorinnen im frühen 19. Jahrhundert*. Köln u.a.: Böhlau.
Steffek, Sonja (2000). *Schwarze Männer — Weiße Frauen. Ethnologische Untersuchungen zur Wahrnehmung des Fremden in den Beziehungen zwischen afrikanischen Männern und österreichischen Frauen*. Münster: LIT.
Theye, Thomas (1991). »Sexualität und Photographie vor 100 Jahren.« In: *Menschenfresser, Negerküsse... Das Bild vom Fremden im deutschen Alltag*. Hg. v. Marie Lorbeer u. Beate Wild. Berlin: Elefanten Press, S. 46-49.
Thode-Arora, Hilke (1999). *Interethnische Ehen. Theoretische und methodische Grundlagen ihrer Erforschung*. Berlin u. Hamburg: Dietrich Reimer.

Abstract

The article analyzes descriptions of music in popular autobiographies by female German-speaking authors regarding their experiences in marriages with Africans in African countries, a literary genre that has become popular in Germany since the turn of the century. Following postcolonial theories and gender studies, this article analyzes the popular autobiographies by Corinne Hofmann (*Der weiße Massai*), Ilona Maria Hilliges (*Die weiße Hexe*), and Christina Hachfeld-Tapukais (*Mit der Liebe einer Löwin*), in order to show how all three authors use different musical styles as markers of imagined places, mixed emotions, and character traits. So-called *traditional African musics* are positively erotized and sexualized, whereas *popular African musics* are perceived as morally reprehensible. Their novels thus reproduce colonial, racial, and gender stereotypes, especially by using clichés of African musics propagated since the colonial period. Their descriptions of interethnic relationships do not support cultural exchange, but rather reinforce the hierarchy between cultures in their misuse of music.

MUSIKANALYSE ALS MEDIENDISPOSITIVANALYSE — PERSPEKTIVEN EINER NEUORIENTIERUNG FÜR DIE POPMUSIKFORSCHUNG

Steffen Just

Musikanalyse bildet heute eine feste Säule der Popmusikforschung. Besonders in jüngerer Zeit ist ein beachtlicher Zuwachs an Analysen jenes Repertoires zu verzeichnen, das traditionell nicht in den Zuständigkeitsbereich der (historischen) Musikwissenschaft fiel und dem lange Zeit überhaupt jeglicher Wert und jegliche Bedeutung abgesprochen wurde. Zahlreiche Sammelbände zur Popmusikanalyse sind inzwischen erschienen (Middleton 2000, Moore 2000, Spicer/Covach 2010, Helms/Phleps 2012, Appen et al. 2015, Burns/ Lacasse 2018, Scotto/Smith/Brackett 2019).

Dieser erfreuliche Trend ist Resultat einer länger währenden Auseinandersetzung um disziplinäre Anerkennung und Forschungsausrichtungen. Im Unterschied zur »klassischen Werkanalyse« musikphilologischer Prägung ist die Popmusikanalyse historisch mit einem grundlegenden Paradigmenwechsel in den Geistes-, Sozial- und Kulturwissenschaften verwoben. Die Geschichte dieses so genannten *Cultural Turns* soll hier einleitend kurz wiedergegeben werden, weil sie den Ausgangspunkt meiner Überlegungen darstellt: Die Cultural Studies begannen seit den 1970er Jahren wichtige Verbindungsfäden zwischen Kulturtheorien und Popmusikforschung zu ziehen. Populäre Musik wurde von den Cultural Studies als sinnstiftender Bestandteil von (Alltags-) Kultur und gesellschaftlichen Machtverhältnissen in den Blick genommen (Hebdige 1978, Willis 1981). Mit Blick auf die Aneignungsstrategien sozialer Akteur*innen wurden ferner das widerständige Potential, die Ambiguitäten und die Vieldeutigkeiten populärer Musikformen betont (Fiske 1989, Hall/ Jefferson 2003). Die Bedeutungen von Musik lagen für die Cultural Studies nicht in der Musik selbst, sondern ergaben sich durch Umgangsweisen (»signifying practices«) und waren kulturell wandelbar. Damit erteilten die Cultural Studies der Vorstellung eines autonomen Werks eine vehemente Absage und verorteten musikalische *Texte* in dynamischer Abhängigkeit zu bedeutungsstiftenden *Kontexten*. So war eine epistemologische Perspektive festgelegt, die die Popmusikforschung bis heute prägt und die — für den Zusammenhang dieses Aufsatzes wichtig — in Methoden der Popmusikanalyse

Einzug gehalten haben: Das Denken in musikalischen Texten und sozial-kulturellen Kontexten.

Grundsätzlich befürworte ich die von den Cultural Studies angeregte Öffnung der Popmusikforschung für Ansätze aus den Kultur-, Sozial- und Medienwissenschaften, da diese die Forschungszugänge zu populärer Musik bereichert haben. Die Verortung populärer Musikformen in sozial-kulturellen Zusammenhängen ist bei deren Erforschung unabdingbar. Dennoch möchte ich mit Blick auf das Feld musikwissenschaftlicher Popmusikanalyse grundlegende Problematiken des genannten Text-Kontext-Paradigmas ansprechen. Mit Hilfe des Begriffs des Mediendispositivs will ich Leerstellen zeitgenössischer Analyseverfahren benennen und Neuorientierungen anregen.

Absage an das »autonome Werk«: Keine Musikanalyse ohne Kontext

Beginnen möchte ich mit einer Bestandsaufnahme: Wo steht Popmusikanalyse heute? Wie und was wird analysiert? Auf welchen Denkmodellen bauen gegenwärtige Methoden der Musikanalyse auf?

Wie eingangs erwähnt erwuchs aus den Prämissen der Cultural Studies eine große Skepsis gegenüber Musikanalysen, weil diese unter Verdacht standen, eine bürgerliche Kunstideologie unkritisch zu reproduzieren. In der Tat waren die ersten, dezidiert popmusikanalytischen Arbeiten von Alec Wilder (1972) und Wilfrid Mellers (1973) in den frühen 1970er Jahren noch dem klassischen Werkparadigma und dem Glauben an die Genialität und die Innovationskraft einiger weniger weiß-männlicher Songwriter und Musiker verpflichtet. Dies änderte sich schon einige Jahre später und zwar auf fundamentale Weise: Von den Cultural Studies geprägte Popmusikforscher*innen distanzierten sich nun scharf von einer solchen autonomen Werk- und Genieästhetik, was zur Folge hatte, dass Popmusikforschung von den späten 1970ern bis in die frühen 1990er primär sozialwissenschaftlich, kulturtheoretisch oder ethnografisch orientiert war (Frith 1983, Wicke 1987, Weinstein 1991, Cohen 1991, Rose 1994, Thornton 1995). Musikanalysen kamen in diesen Arbeiten allenfalls am Rande vor.[1]

In den 1990er Jahren kam es schließlich zu einem erneuten Umdenken. Viele popmusikaffine Musikwissenschaftler*innen bemängelten, dass sich die Popmusikforschung bis dato nur ungenügend mit der Analyse musikalischer

---

1 Eine Ausnahme stellen die Arbeiten von Philip Tagg (2000 u. 2001) dar, der bereits in den späten 1970ern und frühen 1980ern versuchte, die Popmusikanalyse für kultursemiotische Theorien zu öffnen.

Strukturen befasst hatte. Forderungen nach popmusikspezifischen Analysezugängen wurden laut. Dabei wurden kulturwissenschaftliche Ansätze allerdings nicht komplett verworfen, sondern es wurde nun versucht, Musikanalyse in Bezug auf Ansätze der Cultural Studies produktiv zu machen. 1990 entwarf Richard Middleton in seinem Buch *Studying Popular Music* Modelle einer kulturwissenschaftlich gewendeten Musikanalyse. Darin analysierte er musikalische Strukturen eng geknüpft an Gesellschaftstheorien und kultursemiotische Perspektiven. Ein Jahr später nahm John Shepherd (1991) in *Music as Social Text* populäre Musikformen als Reproduktions- und Aushandlungsraum gesellschaftlicher (Macht-)Dynamiken in den Blick. Wie Middleton argumentierte auch Shepherd, dass musikalische Strukturen nicht einfach nur von sozialkulturellen Kontexten mit beliebigen Bedeutungen aufgeladen würden (wie es die Cultural Studies in ihrer radikalsten, »sozial-konstruktivistischen« Variante implizierten), sondern Bedeutungen im klanglichen Material selbst angelegt und deshalb zu analysieren seien (vgl. ebd.: 6f.). Vor diesem Hintergrund plädierten auch die Musikwissenschaftler Allan F. Moore (1993) und David Brackett (1995) für die Analyse musikalischer Texte.

Dieses Umdenken hatte zur Folge, dass Musikanalyse in der Popmusikforschung eine neugefundene Legitimation genoss. Ferner schien es nun durch die Einnahme einer Text-Kontext-Perspektive möglich, Musikanalyse mit den Prämissen der Cultural Studies zu versöhnen. Sowohl der Musik als auch den sozial-kulturellen Phänomenen *rund um* die Musik sollte so Rechnung getragen werden. Bis hinein in die Gegenwart bilden Untersuchungen musikalischer Strukturen und ihrer Kontexte für Popmusikforscher*innen zwei aufeinander zu beziehende Komplementärebenen. So wurden diverse Arbeiten vorgelegt, die mit Rückgriff auf kulturtheoretische (z.B. postkoloniale oder queertheoretische) Modelle analysieren, wie Identitäts- und Differenzkonstrukte im Hinblick auf *race, class, gender, sexuality* und *nationality* in den Klängen von Popsongs repräsentiert und neu ausgehandelt werden (vgl. Krims 2000, Hawkins 2002 u. 2016, Rappe 2010, Jarman-Ivens 2011, Ismaiel-Wendt 2011, James 2015, Pfleiderer et. al 2016, Müller 2018, Schiller 2018). Ohne die Berücksichtigung gesellschaftlicher und kultureller Einflussgrößen, so wird auch hier immer wieder insistiert, lässt sich keine Musikanalyse anstellen.

Text-Kontext-Modelle prägen die zeitgenössische Popmusikanalyse. Bernhard Steinbrecher überblickt viele jüngere Veröffentlichungen und fasst zusammen: »Es herrscht in der neueren Forschung ein gewisser Konsens, dass für aussagekräftige Analysen der Kontext der untersuchten Musik miteinbezogen werden muss und deskriptive Aussagen zum Klanggeschehen mit dessen Verstehenshorizonten zu verknüpfen sind« (Steinbrecher 2016: 11). Kaum noch behauptet eine jüngere Veröffentlichung eine Autonomie des musikalischen Werks. Und dennoch tendieren Text-Kontext-Modelle zu einer dichotomen Trennung zwischen *der* Musik und *außer*musikalischen Phänomenen. Auch wenn Autor*innen betonen, dass diese Trennung niemals fein säuberlich vollzogen werden könne und pragmatisch zu begründen sei (Obert 2012: 11), begegnen immer wieder Formulierungen wie »the sounds themselves« (Moore 2001: 1) oder »the music itself« (Brøvig-Hanssen/Danielsen 2016: 4), mit denen anscheinend doch recht klar umgrenzt werden soll, was als Essenz der Musik zu gelten habe.

Was aber genau meint die Popmusikanalyse, wenn sie trotz einer Absage an das autonome Werk von »Klängen an sich« spricht? Die überwältigende Mehrheit popmusikanalytischer Arbeiten zieht einzelne Songaufnahmen oder Tracks als zentrale Einheiten der *eigentlichen* Musikanalyse heran. In einer Aufnahme scheinen alle für die Analyse relevanten klanglichen Strukturen entfaltet und als Primärtext abgreifbar, was zu einer »methodische[n] Konzentration auf Tonträger« (Elflein 2010: 59) führt. Dabei wird die Songaufnahme als Objekt der Musikanalyse klar von ihren sozial-kulturellen Kontexten, ihren »äußeren« Bedingungen abgegrenzt (z.B. gesellschaftliche Diskurse, kulturelle Praktiken, mediale Imagekonstruktionen rund *um* die Musik). Dieses Ausschlussprinzip führt zu einem gängigen methodischen Zweischritt: Was nicht als Musik (eben als Song oder Track) zu identifizieren ist und folglich nicht mit Methoden der Musikanalyse untersucht werden kann, wird als Kontext betrachtet und mit Methoden der Sozial-, Medien- und Kulturwissenschaften erforscht und umgekehrt. Diese Dichotomie von Text und Kontext wird von einem hausgemachten epistemologischen Problem heimgesucht. Denn das, was Methoden der Popmusikanalyse unter großem Aufwand versuchen, produktiv aufeinander zu beziehen, wird *per definitionem* im Voraus als Unterschied hervorgebracht. Mit dem Sinnspruch, »You only have the problem of connecting music and society if you've separated them in the first place« (Walser 2000: 27), benannte Robert Walser bereits vor 20 Jahren diese epistemologische Crux, welche die Popmusikanalyse auch heute noch umtreibt.

Hier möchte ich ansetzen und zum Nachdenken über Neuorientierungen anregen. Um nicht missverstanden zu werden: Ich stimme mit der Grundforderung überein, dass die analytische Beschäftigung mit Klang eine der »Kernkompetenzen der Musikwissenschaft« (Appen/Doehring 2014: 219) bilden sollte. Es gehört zur Aufgabe der Musikwissenschaft, genuine Zugänge für die Analyse von Klang zu entwickeln. Ich behaupte aber, dass musikalische Klangstrukturen nicht hinreichend durch so genannte Primärtexte fixiert und analysiert werden können. Auch nicht vor dem Hintergrund eines inzwischen vielschichtig ausdifferenzierten musikanalytischen Instrumentariums, das sich den Modellen einer virtuellen »Sound Stage« (Lacasse 2000, Moylan 2012), einer mehrdimensionalen »Sound-Box« (Moore 2012: 29ff.) und vor allem computergestützten Darstellungs-, Mess- und Rechenverfahren (Zagorski-Thomas 2014, Pfleiderer et. al 2018, Brøvig-Hanssen/Danielsen 2016, Steinbrecher 2016) bedient, um spatiale Klang-Komponenten, Spektren, Timbres, Ornamentierungen und Aspekte der Mikrotonalität oder des Mikrotimings zu untersuchen. Ich gehe mit Peter Wicke (2008) davon aus, dass musikalischer Klang keine isolierbare oder messbare Gestalt hat, sondern in sozialen und medientechnischen Prozessen *materiell geformt* wird, weshalb die Trennung von Text und Kontext grundsätzlich zu überdenken ist. Daher liegt für mich eine Herausforderung der Popmusikanalyse nicht in der Verfeinerung von Methoden zu bestehenden Modellen, sondern im Nachdenken über alternative theoretische Zugänge.

Leerstellen der Musikanalyse: Medien und hörendes Subjekt

Die Popmusikanalyse hat zwei Leerstellen: Medien und das hörende Subjekt. Medien und Hörweisen werden in Text-Kontext-Modellen üblicherweise von den Primärtexten getrennt betrachtet und musikalischen Kontexten zugeordnet. Hörer*innen sind für sekundäre Bedeutungszuschreibungen, für die diskursive *Rezeption*, für *Lesarten* von Musikstücken zuständig und Medien fungieren als deren *Übermittler*.

Dieser Auffassung liegt ein fehlleitender Medienbegriff zu Grunde, mit dem Medien weitläufig als »Reproduktions-« oder »Wiedergabetechnologien« verstanden werden. Der Begriff »Wiedergabe« impliziert, dass Musik bereits vor ihrer technisch-medialen Erzeugung eine bestehende Form kennt (Papenburg 2012: 131f.). In einem solchen Verständnis bleiben Medien nur passive Container, Transport- und Distributionsvehikel für musikalische »Inhalte«. Doch technische Abspielgeräte schreiben sich in ihrer Eigenschaft als *Klangerzeuger* in konkrete Musikerfahrungen ein. Susanne Binas-Preisendörfer ist zu folgen, wenn sie betont: »Das was Medien übertragen, halten sie keineswegs invariant und stabil, sondern hinterlassen als apparative Erzeugungsprozeduren Spuren in Materialien und Bedeutung bildenden Praktiken« (Binas-Preisendörfer 2012: 93). Entsprechend sollten Medien als Klangkonstituenten in den Blick genommen werden. Technische Apparaturen wirken *in* musikalische Klangstrukuren hinein, sind mit ihnen verflochten und formen sie regelrecht. Peter Wicke bringt diese *Medienspezifik von Musik* mit folgender Formulierung auf den Punkt:

»Derselbe Song unter Kopfhörern zu Hause gehört, als Bestandteil einer 90minütigen Bühnenperformance erlebt oder aber im Club als Tanzvorlage genommen, ist nur dem Namen nach derselbe Song. Wird er beim Tanz von der Bassline her erschlossen, ergibt sich ein anders strukturiertes Gebilde als beispielsweise bei der subjektzentrierten ästhetischen Wahrnehmung unter Kopfhörern entlang des Wort-Ton-Verhältnisses« (Wicke 2003: 118).

Hier liegt das epistemologische Problem der Text-Kontext-Analyse auf der Hand: Wird ein Song auf dem Notenblatt oder ein Track im *Sonic Visualizer* untersucht, kann damit die Medienspezifik eines Clubs oder des heimischen Wohnzimmers nicht rekonstruiert werden. Die Analyse von Songaufnahmen reißt letztlich die Musik aus ihren konkreten »apparativen Erzeugungsprozeduren« heraus und isoliert sie als Primärtext, der medienspezifische Klangkonfigurationen nicht abbildet.

Zwar ist in jüngerer Zeit eine produktive Öffnung der Popmusikanalyse für Medientechnologien zu beobachten, allerdings betrifft das ausschließlich Aspekte der Musik-Produktion (Zak 2001, Zagorski-Thomas 2014, Brøvig-Hanssen/ Danielsen 2016, Brockhaus 2017). In der *Musicology of Record Production* gehen Autor*innen inzwischen verstärkt auf Produktionszusammenhänge von Tracks ein und sprechen damit auch den nicht-menschlichen Akteuren, den materialen Artefakten und Technologien des Recording-Studios, einen kreativen Anteil zu. Hier sind Medientechnologien nicht der Musik äußerlich, sondern als Teil musikalischer Strukturen und spezifischer Soundästhetiken mitgedacht. Diese produktive Öffnung ist jedoch einseitig und sollte auch auf Seiten der Hörtechnologien vorangetrieben werden.

Damit ist die zweite Leerstelle zeitgenössischer Popmusikanalysen angesprochen: Das hörende Subjekt bleibt in Bezug auf seine medienspezifisch konstituierte Hörposition ein stark vernachlässigtes Thema der Popmusikanalyse. Einige Arbeiten betonen zwar die kulturelle Bedingtheit von Hörzugängen und reflektieren diese in ihren Analysen, allerdings ohne dabei auf eine Medienspezifik einzugehen (Butler 2006: 16f., Moore 2012: 2f., Appen et al. 2015, Müller 2018: 76ff.). Die Frage, wie sich Hörer*innen Klänge in konkreten medialen Settings aneignen, kann die Analyse des Primärtextes nur spekulativ beantworten. Viele Arbeiten streifen Aspekte des medienspezifischen Hörens wenn überhaupt nur flüchtig und geben sich mit einer für unproblematisch befundenen idealisierten Hörweise zufrieden. Exemplarisch äußert sich dies im Artikel »Configuring the Sound-Box 1965-1972« von Ruth Dockwray und

Allan F. Moore (2010). In ihrer Analyse früher Stereophonie im Klangbild populärer Songs der späten 1960er und frühen 1970er Jahre reflektieren die beiden Musikwissenschaftler*innen zwar die Medienspezifik des Hörens, aber ohne dass sie daraus Konsequenzen für ihr methodisches Vorgehen ableiteten. Sie präferieren das »ideale« Analyse- und Hörsetting unter Kopfhörern, das jedoch nicht der Vielfalt an Hörsituationen entspricht:

»It is noted that listening through headphones does not fully represent the normative listening conditions of the mid to late 1960s, but the adoption of a uniform means of analytical listening does enable the comparison of like with like, with the greatest possible attention being paid to locational placement. Playback devices of the time were by no means uniform and varied from cabinet-style players to stereo system separates that were predominantly owned by audiophiles (Crabbe 1968). In many instances, the stereo image and panning techniques employed were lost on playback equipment, particularly if the stereo vinyl was played using a mono pick-up; therefore the stereophonic effects are best experienced when listening over headphones. Our methodology, in reflecting recent ways of experiencing music and concentrating on the use of headphones with portable devices such as mp3 players and iPods, is not subject to the same problems« (ebd.: 184).

Ihres Eingeständnisses zum Trotz befinden Dockwray und Moore für die Zwecke ihrer Analyse einen High Fidelity-Hörzugang für besonders geeignet. Die medienspezifischen Aspekte des Hörens werden bewusst ignoriert, weil die Analyse des Primärtextes *an sich* priorisiert wird. Dockwray und Moore kreieren zu Zwecken einer »standardisierten« Analyse von Songaufnahmen ein Hörsetting, das nur sehr bedingt Rückschlüsse auf alltägliche Musikpraktiken zulässt.

Die Analyse eines musikalischen Textes unter »Idealbedingungen«, wie sie hier versucht wird, gleicht einem Versuch im hermetisch abgeschlossenen Laborraum. Medienspezifische Hörweisen bleiben einer Analyse von Transkriptionen, Formverlaufstabellen und Spektrogrammen äußerlich. In der Musikpraxis machen Medien und Hörsituationen jedoch den entscheidenden Unterschied. Hier tun sich Fragen auf, zu denen sich Musikanalyse verhalten muss: Wie können wir die Bedeutungen, Wirkungen und Erfahrungen musikalischer Klänge in Bezug auf konkrete Hörsituationen und Medienpraktiken analysieren, in die sie im Alltag eingebettet sind? Wie lässt sich Musik in einer produktiven Verschränkung von Klangstrukturen, Medientechnik, Subjekt und Hören untersuchen, ohne diese Aspekte in einzelne Texte und Kontexte zu zerlegen? Mit dem Mediendispositiv möchte ich im Folgenden für ein Modell plädieren, das diese Bezüge in den Blick nimmt.

Zum Begriff Mediendispositiv

Einen Fokus auf das hörende Subjekt und Medientechnologien zu setzen, bedeutet in einem ersten Schritt das Feld der konventionellen Musikanalyse zu verlassen und das Denken in Texten und Kontexten aufzugeben. Die Aufgabe besteht darin, auf einem theoretisch-methodologischen Level ein neues Verständnis von Musikanalyse zu etablieren. Ich schlage vor, dies durch das Konzept des Dispositivs zu lösen, mit dem das Zusammenspiel von Klängen, technischen Apparaturen und den medial strukturierten Positionen der Hörer*innen in die Analyse einbezogen werden kann.

Anknüpfen möchte ich an den Medienwissenschaftler Rolf Großmann, der in seinen Aufsätzen immer wieder darauf hingewiesen hat, dass sich technische Geräte und Softwares durch ihre Materialitäten und Affordanzen in musikalische Klänge einschreiben (Großmann 2008a, 2008b u. 2013). Großmann bemüht in seinem kurzen, aber pointierten Manifest »Verschlafener Medienwandel. Das Dispositiv als musikwissenschaftliches Theoriemodell« explizit den Dispositivbegriff und regt damit an, den Zusammenhang zwischen der »Anordnung der Instrumente und Apparate, ihrem räumlichen und situativen Setting und dem darin agierenden Individuum« neu zu reflektieren (Großmann 2008a: 6). Der Begriff des Dispositivs etabliert eine Beobachtungsperspektive, die die dynamische Vernetzung dieser Elemente in den Blick bekommen möchte. Damit kann ein durch dieses Arrangement entfaltetes Machtgefüge, in der situativ das Musikhören stattfindet, beschrieben werden.

Großmann entwickelt seine Überlegungen in Anschluss an die Filmtheorie, in der sich der Dispositivbegriff bereits etabliert hat: Der Filmwissenschaftler Jean-Louis Baudry (1993 u. 1994) hat schon in den frühen 1970er Jahren die Filmwahrnehmung im Kino als ein Arrangement verschiedener Elemente beschrieben. Der Filmprojektor und der auf die Leinwand gerichtete Sitzplatz stiften im abgedunkelten Kinosaal für die oder den Betrachter*in das Filmerlebnis. Dieses Arrangement bestimmt »die Position des Betrachters zur Realität, wie sie durch die Kamera vorgegeben wird« (Großmann 2008a: 7). Das Auge sieht eine »vermeintliche Realität und diese so, wie sie von der Kamera aufgenommen wurde« (ebd.). Mit anderen Worten: Die Leinwand überträgt die von der Kamera eingefangene Welt und fixiert den Blick, den das Subjekt im Kinosaal einnehmen muss. Es wird durch die technischen Apparaturen des Kinos, den frontal ausgerichteten Sitz und die abgedunkelte Beleuchtung in eine ganz spezifische Position des Zuschauens versetzt, der es sich nicht ohne weiteres entziehen kann. Diese Perspektive plädiert also dafür, Filme nicht nur als semiotische und narrative Texte zu interpretieren, sondern das mediale Arrangement des Kinosaals — Filmprojektor, »Auge« der Kamera, Leinwand, Zuschauer*innenplatzierung, Raumambiente — als *konstitutiven Bestandteil* der Filmerfahrung mit in die Analyse von Filmen einzubeziehen.

Dieses Kinodispositiv wurde in den Medienwissenschaften vom Fernsehdispositiv unterschieden (vgl. im Überblick Hickethier 2007: 18ff.). Das Betrachten des Bildschirms im heimischen Wohnzimmer ist mit anderen räumlichen Anordnungen, anderen (beiläufigen) Beschäftigungsmöglichkeiten des fernsehenden Subjekts und letztlich auch mit anderen technischen Funktionen bzw. Affordanzen verbunden, wie z.b. der Möglichkeit des »Zappens« mit der Fernbedienung. Anders als beim Kino reizt und ermutigt der Fernsehapparat das Subjekt zu Eingriffen in das mediale Erlebnis und zur eigenen »Gestaltung« der Medieninhalte. Das Fernsehschauen findet in einem räumlichen Setting statt, in dem die Wahrnehmung nicht durch einen festen Platz vor einer überdimensionalen Leinwand in einem abgedunkelten Saal strukturiert wird. Menschliche und nicht-menschliche »Störenfriede« und diverse »herumliegende« Objekte im Wohnzimmer können das fernsehende Subjekt vorübergehend aus dem immersiven Bildschirmerlebnis herausreißen und die gebotenen Sendungen und Filme in den Hintergrund drängen. Bei Bedarf kann die Lautstärke geregelt oder das Gerät komplett abgeschaltet werden. Für Film- und TV-Zuschauer*innen ergibt sich eine je anders geartete Medienerfahrung, da ihnen durch das Dispositiv des Kinos und des Fernsehens eine konkrete Position des Zuschauens nahegelegt wird.

Das lässt sich auf die Medientechniken des Hörens übertragen: Mit der Theorie des Dispositivs ist es möglich, von einer idealisierten Hörweise Abstand zu nehmen und das Hören bzw. Hörpraktiken in Bezug auf konkrete Medien (von der Hi-Fi-Anlage über das Radiogerät bis hin zum Smartphone) zu rekonstruieren. Bedeutungszuschreibungen und Ästhetisierungen von musikalischen Klängen können so historisiert und an Mediendispositive gekoppelt werden. Damit würde die Musikanalyse einer anthropologischen und einer sozialen »Tatsache« gerecht: 1. Unser Hören ist keine Konstante unserer Biologie, sondern unsere Ohren sind kulturell und geschichtlich gewachsene Sinnesorgane, die nicht immer zu allen Zeiten auf die gleiche Art funktioniert haben; 2. Es gibt zudem verschiedene Klang-/Hörkulturen, die in zeitlicher Parallelität koexistieren. An dieser Stelle eröffnet sich für eine Musikanalyse als Mediendispositivanalyse ein produktiver Anschluss an Arbeiten aus den *Sound Studies*, die bereits mehrfach Kulturgeschichten von Hören und Klang in Bezug auf Speichermedien bzw. Soundformate — von der Wachswalze bis hin zur mp3 — rekonstruiert haben (Thompson 2002, Sterne 2003 u. 2012, Bull 2007, Milner 2009). Welche neuen Perspektiven sich durch eine Musikanalyse als Mediendispositivanalyse ergeben, möchte ich in den folgenden Abschnitten illustrieren.

Mediendispositive und Musikanalyse: Möglichkeiten einer Neuorientierung

1. Beispiel: Historische Mediendispositive

Aus Perspektive des Mediendispositivs wird Musikanalyse von den (Individual-) Stilen einflussreicher Bands, Musiker*innen und Produzent*innen entkoppelt. Historisch gesehen wird sich von einer Repertoire-, Genre- oder Stilgeschichte der populären Musik distanziert. Diese wird durch eine Technik- oder Mediengeschichte der populären Musik ergänzt. Techniken und Apparaturen prägen hier entscheidend die vielfältigen historischen Entwicklungsstadien und Bedeutungszusammenhänge der populären Musikformen.

In der Retrospektive fallen diverse medienspezifische Hörsituationen ins Auge. Im amerikanischen *Phonograph Parlor* der 1890er und frühen 1900er Jahre (Gitelmann 2006) wurde in den Pionierjahren der kommerziellen Tonträgernutzung Musik völlig anders »veranstaltet« und gehört als auf den Bühnen der damals boomenden Musiktheater (Snyder 1989). Das personalisierte, enträumlichte Hören von mittenlastigen Wachswalzen durch *Ear Tubes* unterschied sich beträchtlich vom kollektiven, verräumlichten Klangerlebnis im Vaudeville-Auditorium. In den 1930er Jahren fand der private wohnzimmerliche Musikgenuss vor allem durch das Radio statt (Millard 2005: 170ff.), während Shellack-Platten auf Grund der geringen Kaufkraft in den Jahren der Weltwirtschaftskrise mehrheitlich an öffentlichen Orten über Jukeboxes konsumiert wurden (Kenney 1999: 158ff.). In den Nachkriegsjahren wurde das neuartige »hochwertige« Hi-Fi-Erlebnis der Vinyl-LP-Kultur zum Privileg weißer Mittelklasse-Familienväter (Keightley 1996: Kap. 2), wohingegen das Hören mit mittenlastigen Transistorradios und Single-Schallplatten die Praxis jugendlicher Rock'n'Roll-Fans bildete (Douglas 1999: Kap. 9, Papenburg 2012: Kap. 2). Die aufkommenden Discotheken und Clubs der 1970er Jahre stifteten völlig andere Räume der Musikerfahrung als die zeitgleich ebenfalls aufkommenden diversen mobilen Hörtechnologien vom Walkman über den Discman bis hin zu mp3-Player und Smartphone, worauf ich weiter unten noch einmal zurückkommen werde.

Mit dieser Benennung verschiedener historischer Mediendispositive möchte ich darauf hinweisen, dass eine Rekonstruktion von Popmusikgeschichte nicht einfach nur den historischen Wandel im Song-Repertoire untersuchen sollte. Der Wandel der Hörtechnologien und Medien wäre ebenso in den Blick zu nehmen und er sollte produktiv zum Wandel des Repertoires in Bezug gesetzt werden. Aus Perspektive eines Mediendispositivs kann sehr genau analysiert werden, warum sich spezifische Repertoires und Klangästhetiken in einem bestimmten Medium durchsetzen. Im Folgenden werde ich vertiefen, wie ein Wandel der Mediendispositive um 1930 dazu führte, dass sich das Repertoire der US-amerikanischen Songschmiede der Tin Pan Alley vom anzüglich-schlüpfrigen oder auch klamaukhaften Ragtime-/Jazz-Song hin zur sanft swingenden Love Ballad verschob.

In den ersten Dekaden des 20. Jahrhunderts bildete das Musiktheater das Herzstück US-amerikanischer Popmusikunterhaltung. Vor dem Durchbruch der technischen Massenmedien Radio und Tonfilm in den späten 1920ern fand populäre Musik primär als Live-Entertainment statt. Die Tin Pan Alley belieferte das Vaudeville und andere Theaterformate mit Songs, in denen (mehrheitlich rassistisch) stereotyp überzeichnete Charaktere »wilde« Abenteuer durchlebten (Hamm 1997: Kap. 1 u. 2) und die von den Performer*innen auf der Bühne maskenspielerisch dargeboten wurden. Doppeldeutige Anspielungen auf Sex und ungehemmt oder frenetisch wirkende Tanzeinlagen zu Ragtime-Rhythmen waren in Musiktheatershows keine Seltenheit. Mikrofone und Beschallungsanlagen waren noch nicht entwickelt, sodass den Performer*innen technisch abverlangt wurde, ihre Stimmen mit großer Intensität, ohne elektronische Verstärkung in das Auditorium zu »shouten«. Intim oder erotisch wirkende Vokalstile waren in diesem Mediendispositiv nicht umzusetzen. So sah sich das Publikum stets exzentrisch anmutenden, rassistisch überformten Körpern und exotisierten Bühnendarbietungen gegenüber. Den Besucher*innen wurde ein aufregender und spektakulärer Ausbruch aus dem Alltag in eine heterotope Welt der Musiktheaterbühne versprochen.

Diese Entrückung vom Alltag machte aus dem Mediendispositiv Musiktheater einen Raum, in dem sich das zuschauende/zuhörende Subjekt einem ungehemmten Spannungsabbau hingeben konnte. Es konnte gesellschaftlich nicht-lebbaren Vergnügen frönen, das Anlitz und die Klänge »veranderter«[2] Welten und Körper bestaunen, über die dieses karnevaleske Spektakel transportiert wurde, wie die Kulturhistoriker*innen M. Alison Kibler (1999) und Andrew L. Erdman (2004) in ihren Studien zum Vaudeville nachgezeichnet haben. Kibler zeigt, wie »high brow«-Acts der bürgerlichen Konzert- und Opernbühnen beim Vaudeville-Publikum regelmäßig auf Ablehnung stießen, gar von der Bühne gepfiffen und immer wieder aus den Programmen gestrichen wurden. Die Versuche, das Vaudeville nach Maßgabe eines »gehobenen«

---

2   Hier im Sinne eines Neologismus für das postkoloniale »othering« verwendet (s. dazu Bonz 2014).

Konzerts zu gestalten, scheiterten an den Widerständen des Publikums, das in diesem Setting Spektakel und Nervenkitzel forderte. Damit standen die Darbietungen der Musiktheaterbühnen in vielerlei Hinsicht den weiß-bürgerlichen und protestantischen Normen der amerikanischen Kulturhegemonie diametral gegenüber. Die vielgestaltig rassifizierten und sexualisierten Bühnenkörper von Blackface Minstrels, »irischen« Song-Komiker*innen, schleiertanzenden Salomes und Cross Dresser*innen legten Verhaltensweisen an den Tag und brachten (freilich stark überzeichnete) Subjektentwürfe hervor, die den hegemonialen Subjektvorstellungen der weißen-bürgerlichen Gesellschaft als Kontrastfolie dienten.

Während der Besuch eines Musiktheaters den alltäglichen Raum ganz gezielt hinter sich ließ und populäre Songs so bis in die 1920er Jahre hinein primär in einer »aufregend anderen« Welt des Nervenkitzels, einer Komplementärsphäre des Alltags gehört wurden, fand das Hören mit dem Radiogerät, welches das Musiktheater in den Jahren um 1930 aus dem Zentrum der Popmusikkultur verdrängte, primär in Privathaushalten statt. Populäre Musik wurde mit dem Radio zum Bestandteil vertrauter Umgebungen und gestaltete als »akustische Möblierung« (Böhme 2013: 80) die Atmosphäre des heimischen Wohnzimmers. Das Radio war mit seinem Programmzyklus fest in Tagesabläufe integriert und rund um die Uhr einschaltbar. Die täglich oder wöchentlich wiederholten Radio-Sendungen begleiteten Hörer*innen nun durch ihre alltäglichen Routinen. Das hörende Subjekt wurde in ein sehr intimes und vertrautes Verhältnis zu den Stimmen aus dem Apparat gesetzt. Im Gegensatz zum Musiktheater war das Mediendispositiv Radio dazu in der Lage, Raum und Zeit des Alltags zu gestalten.

In diesem intim arrangierten Hörsetting wurde der Ruf nach beruhigenden Klängen und Stimmen und nach vorbildlichen »amerikanischen« Identifikationsfiguren laut (vgl. Cantril/Allport 1935: 20ff.). Die zwei nationalen Radio-Netzwerke der NBC und CBS reagierten mit einer Agenda familienfreundlicher Mittelklasse-Unterhaltung und behielten sich eine Zensur obszöner und anstößiger Inhalte vor. Der humoreske und mit Doppeldeutigkeiten gespickte Musiktheater-Song konnte und sollte in diesem Setting nicht mehr funktionieren und so setzte sich im Tin Pan Alley-Repertoire die Love Ballad durch. Songs handelten nun nicht mehr von den »wilden« Abenteuern rassistisch überzeichneter Charaktere, sondern besangen das »unstrittige« Thema romantischer Zweisamkeit. Diese Entwicklung koinzidierte mit der Einführung des Mikrofons, das die sanft gesäuselte Gesangsstilistik des so genannten Croonings erlaubte (Lockheart 2003, McCracken 2015). Das Crooning war für die romantischen Song-Themen viel geeigneter als das vehemente Musiktheater-Shouting und wurde für die Klangästhetik des Radio-Popsongs prägend.

Im rassistischen Mittelschichtsamerika und mit einer weißen Radioindustrie im Rücken führten diese Verschiebungen zur Vorherrschaft weißer Performer*innen und Bands, die in den Krisenjahren der *Depression* und während des Zweiten Weltkrieges den Sound des »demokratischen« Mediums repräsentieren und die ganze Nation zusammenschweißen sollten, wie Jennifer Lynn Stoever (2016: Kap. 5) in ihrer Studie *The Sonic Color Line* detailliert nachgezeichnet hat. Bis auf wenige Ausnahmen waren schwarze Performer*innen und Bands im marktbeherrschenden Network-Radio der NBC und CBS abwesend. Sich in den 1930ern und frühen 1940ern als Amerikaner*in über das Hören von Radioklängen als Teil einer »imagined community« (Anderson 1991) zu subjektivieren, bedeutete sich in einem sonischen Regime der »Whiteness« wiederzufinden.

Förderte das Mediendispositiv Musiktheater eine Klangkultur zu Tage, die durch Maskenspiel und »veranderte« Sounds und mithin »veranderter« Bühnenkörper erregen und erstaunen sollte, so etablierte das Mediendispositiv Radio eine Klangkultur, die der direkten (Re-)Präsentation hegemonialer Mittelschichts- und Familienwerte verpflichtet war und entsprechend eindeutig weiße (und gegenderte) Identifikationsfiguren — in Persona des locker-lässigen Crooners oder der auf Attraktivität getrimmten Swing-Vokalistin — in den Mittelpunkt rückte. Deutlich ist der Wandel des Repertoires und der ästhetischen Konventionen populärer Musik an den Wandel von Mediendispositiven gebunden, welche eben nicht als völlig neutrale oder machtfreie Klang- und Hörtechnologien erscheinen, sondern als Konstituenten historischer Gesellschafts-Formationen zu verstehen sind. Popmusikalische Klangästhetiken und Hörweisen sind über das netzartige Arrangement des Mediendispositivs direkt an soziale Hierarchien und Subjektordnungen geknüpft. Sie können als ein solches Geflecht untersucht werden, ohne dass in der Analyse zwischen Primärtexten und Kontexten unterschieden werden muss.

2. Beispiel: Mediendispositive und unterschiedliche Klang-/ Hörkulturen

Als Dispositive verstanden sind Medien und Technologien nicht einfach nur neutrale oder passive Vermittler von Musik. Mediendispositive formen die Klangwelten der populären Musikformen und schreiben sich in spezifische Ästhetiken und Hörpraktiken ein. Sie fördern unterschiedliche Klang- und Hörkulturen zu Tage.

Wie Jens Papenburg (2016) in seinem Aufsatz »Boomende Bässe der Disco- und Clubkultur« zeigt, wurde in den aufkommenden Clubs und Discotheken der 1970er Jahre Klang mit großem technischen Aufwand hergestellt. Da der

Disco-Besuch zu einem sehr körperlichen Erlebnis werden sollte, arbeiteten die Musikproduzent*innen und Club-Betreiber*innen gezielt daran, das Klangerlebnis auch taktil zu gestalten. Dafür wurden tiefe Frequenzen ganz bewusst überbetont. Die wuchtigen Bässe des Clubs sollten tief in die Magengegend fahren und die Tänzer*innen förmlich »berühren«. Der Ort des Clubs ist mit einer ganz spezifischen Musikerfahrung verbunden, die eine sonische Taktilität geradezu provozieren will. Es geht in diesem Mediendispositiv nicht um ein Musikhören im wortwörtlichen Sinne: Für die Musikerfahrung des Clubs wurde es wesentlich, Klänge intensiv über den Körper zu fühlen. Auch heute noch bilden taktile Klänge einen »zentralen Bestandteil der Ästhetik von Disco-, House- oder Techno« (ebd.: 195). Papenburg erläutert, wie sich in den Clubs und Discotheken der 1970er Jahre drei technische Komponenten herausbildeten, die das Basserlebnis weiter kultivieren sollten: 1. Lautsprecheranlagen wurden entworfen, die boomende Bässe erzeugen konnten und im Viereck aufgestellt wurden, um die Körper auf der Tanzfläche »rundum« zu beschallen und das Klangerleben zu intensivieren; 2. Für die Clubkultur wurden »boom boxes« mit Enhancing-Funktion entwickelt, die den abgespielten Platten noch mehr Bass hinzufügen konnten; 3. Speziell für den Gebrauch in Discotheken wurde die 12-inch Maxi-Single eingeführt, deren breiter geschnittene Plattenrillen Bässe deutlich besser darstellen konnten.

Um die Musik der Clubs und Discos hat sich ein Mediendispositv herausgebildet, das auch heute noch als »Bass-Kultur« höchst lebendig ist. Die Herausforderungen für die Musikanalyse formuliert Papenburg am Ende seines Aufsatzes wie folgt:

»Die boomenden Bässe der Disco- und Clubkultur lassen sich als produktiv musikanalytische Herausforderung begreifen. Sie insistieren, dass sowohl Technologien des Musikhörens als auch die Körperlichkeit der Hörenden in die Musikanalyse einzubeziehen sind. Zudem legen sie auch nahe, dass nicht nur ausgewählte einzelne Musikstücke oder die Arbeiten von Produzenten den Gegenstand der Analyse bilden müssen, sondern dass der Klang der Disco- und Clubkultur entscheidend durch Mastering-Ingenieure, Soundsystem-Designer und Technologien der Bassgestaltung mitbestimmt wurde und wird« (ebd.: 210).

Ohne explizit auf den Begriff zu rekurrieren, benennt Papenburg hier ein Dispositiv, das die Verzahnungen diverser Elemente in den Blick nimmt. Er unterbreitet den Vorschlag, musikalische Charakteristika des House- oder Techno-Tracks aus dieser Dynamik heraus zu analysieren, anstatt aus diesem Arrangement einen musikalischen Primärtext zu extrahieren und die medientechnischen Aspekte als Kontext zu behandeln.

Das Überbetonen der Bässe im Club hat mit einer Transparenz-Ästhetik des wohnzimmerlichen Hi-Fi-Erlebnisses nicht viel gemein. Es handelt sich um zwei voneinander distinkte, jedoch zeitlich parallel existierende Klang- und Hörkulturen. Hieraus lässt sich eine weitere Herausforderung für die Musikanalyse ableiten: Eine Analyse sollte der Spezifik von Klangerfahrungen in solchen Mediendispositiven gerecht werden und sich entsprechend sensibilisieren. Bei der Analyse von House- oder Techno-Tracks benötigen wir die »Ohren« und konsequenterweise auch die »Körpererfahrung« des Clubs. Eine »neutrale« Analyseposition, die House- und Techno-Tracks mit Hilfe geläufiger Transkriptionsverfahren und Spektrogramme untersucht, kann die angesprochenen kulturellen Bedeutungen von Club-Sounds nicht erfassen. Eine Musikanalyse als Mediendispositivanalyse würde den körperlich-affektiven Dimensionen von Musik gerecht, die in der klanglichen Materialität (dem »druckvollen« Blast eines Club-Sound Systems) stecken. Für gewöhnlich werden diese Aspekte in Musikanalysen zu Gunsten semantischer Interpretationen von Song-Inhalten stark vernachlässigt. Im Zuge des *Affective* und des *Material Turns* hat sich in den *Sound Studies* jüngst ein Diskurs um die Körperlichkeit und Affektivität von Bass-Kulturen entwickelt (Henriques 2009, Jasen 2016, Fink 2018), der auch schon erste Analysen von Clubsounds inspiriert hat (Garcia 2016). Diese Entwicklungen sollten vorangetrieben werden. Hier kann die Theorie des Mediendispositvs produktive Brücken zwischen *Sound Studies* und Musikanalyse schlagen.

Der Bass-Kultur des Clubs und der Hi-Fi-Kultur des Wohnzimmers kann eine dritte weit verbreitete Klang- und Hörkultur zur Seite gestellt werden: Die Klangwelten mobiler Hörtechnologien. Der Musikwissenschaftler Wayne Marshall (2014) hat die heute ubiquitären Hörpraktiken am Laptop oder am Mobiltelefon in den Blick genommen. Er nennt die Kultur mobiler Hörtechnologien im Kontrast zur Bass-Kultur des Clubs »Treble Culture«, so der Titel seines Essays. Wie die Bass-Kultur des Clubs und die Hi-Fi-Kultur des Wohnzimmers hat die Entwicklung mobiler Abspielgeräte eine distinkte Klangästhetik hervorgebracht, da das Hören hier in der Regel über mittenlastige Plastik-Speaker bzw. -Kopfhörer stattfindet. In diesem Hörerlebnis spielen weder Hi-Fi-Transparenz noch hyperintensiv-taktile Klangerfahrung von tiefen Frequenzen eine Rolle. An erster Stelle steht für mp3-Player- und Smartphone-User*innen die portable Verfügbarkeit von Klang (ebd.: 51). Ähnlich wie in den Bass-Kulturen des Clubs, allerdings mit einer ganz anderen Qualität, wird eine Überbetonung bestimmter Frequenzbereiche, die sich durch Bau- und Funktionsweise der Geräte und aus den kompatiblen Audioformaten dieses Mediendispositivs ergibt, akzeptiert und wertgeschätzt.

Marshall weist darauf hin, dass solche Treble-Kulturen kein völlig neues Phänomen darstellen, sondern eine längere Geschichte haben. Mit Blick auf die Klang- und Hörkulturen, die sich rund um mittenlastige Pop-Sounds ausgebildet haben, stellt er fest, dass mobile Abspielgeräte historisch mit einer »akustischen Verschmutzung« des öffentlichen Raumes und einer »Verrohung« des Musikgeschmacks in Verbindung gebracht werden (ebd.: 45ff.). Nicht ganz zufällig waren und sind mobile Hörtechnologien mit popmusikalischen Genres verflochten, die bei audiophilen Musikenthusiast*innen ein allgemeines Naserümpfen provozieren und in der Regel von unterprivilegierten sozialen Gruppen gehört wurden und werden. Schon in den 1950er und 1960er Jahren übten sich Teenager maßgeblich über das Hören der Klänge »minderwertiger« Popmusikgenres auf »minderwertigen« Abspielgeräten in ihrer generationellen Andersartigkeit zur »hochwertigen« Hi-Fi-Kultur ihrer Eltern. Über die Lo-Fi-Rocksounds des tragbaren Transistorradios trainierten sich Jugendliche der Nachkriegszeit die Lebensform Teenager ein. In den 1970er und 1980er Jahren bildeten Boom Boxes (auch unter dem unglücklichen Namen »Ghettoblaster« bekannt) einen wichtigen Bestandteil schwarzer und latinx HipHop-Kulturen prekärer Großstadtviertel. Diese portablen Geräte brachten eine Musikkultur hervor, die sich an öffentlichen Orten um ein ganzes Bündel musikbezogener Praktiken ausdifferenzierten, welche der Hörpraxis des privatisierten und kontemplativen Hi-Fi- oder Konzert-Genusses diametral entgegenstanden. In diese Reihe von Lo-Fi-Technologien ordnet Marshall auch die Treble-Kultur der portablen digitalen Abspielgeräte ein. Auf ipods und Mobiltelefonen erfreuten sich in den 2000er Jahren Genres wie Grime und UK Funky, welche stark mit »London's black underclass« (ebd.: 49) assoziiert sind, großer Beliebtheit. Wiederum sind es hier primär Jugendliche und junge Erwachsene, die in kleinen Gruppen oder aber auch alleine den öffentlichen Raum mit so genannten »Sodcasts« beschallen und als allgemeines Ärgernis gesehen werden.

Hi-Fi-, Bass- und Treble-Kulturen führen seit mehreren Dekaden eine Koexistenz in der Popmusikkultur. Diese Koexistenz ist keineswegs konfliktfrei und friedlich, sie geht mit kulturellen Spannungen einher. In den Klangwelten von Mediendispositiven manifestieren und reproduzieren sich soziale Machthierarchien. Die verschiedenen damit verbundenen Ästhetiken und Praktiken werden sich von bestimmten Hörer*innnen-Gruppen einverleibt, welche über diese Klangerfahrungen und die darum entstehenden Genres ihren Subjektstatus artikulieren und ihre soziale Position definieren. Mediendispositive konstituieren hörende Subjekte und vergesellschaftlichen diese zugleich.

Durch die Untersuchung von Klangstrukturen und den damit verbundenen sozialen Praktiken kann eine Musikanalyse als Mediendispositivanalyse Subjektivierungsprozesse in den Blick nehmen.

Die Unterschiede zwischen dem Transparenz-Ideal der Hi-Fi-Kultur, der Bass-Kultur des Clubs und der Treble-Kultur mobiler Hörtechnologien verdeutlichen, dass unsere Sinne nicht von Natur aus nach einer ganz bestimmten Klangerfahrung streben, dass unsere Ohren nicht auf eine einzige Art befriedigt werden können, sondern als kulturell und geschichtlich gewachsene Sinnesorgane eine erstaunliche Plastizität und Anpassungsfähigkeit haben. Popmusikanalyse hat diese Plastizität Ernst zu nehmen. Die Perspektive des Mediendispositivs ermöglicht einen solchen Zugang und bietet eine produktive Alternative zu bestehenden Analyse-Ansätzen.

Fazit

Mit dem Mediendispositiv lässt sich ein Netz aus Klang, technischen Apparaturen und hörenden Subjekten denken. Dies eröffnet der Musikanalyse neue Perspektiven. Eine Musikanalyse als Mediendispositivanalyse untersucht, wie historisch und kulturell spezifische Arrangements unterschiedliche Musikerfahrungen herstellen, indem sie Subjekte in ein Verhältnis zu klangerzeugenden Apparaturen setzt. Das Subjekt hört hier aus einer ganz bestimmten Position heraus, die als Teil der Klanganalyse rekonstruiert werden kann. Das Mediendispositiv strukturiert Musikerfahrungen und damit verbundene Bedeutungen. Es legt gewisse Hörweisen nahe, macht andere eher unwahrscheinlich und schließt wiederum andere aus. Ein Mediendispositiv ist als Machtgefüge zu verstehen, das gewisse Tendenzen im Musikerleben anbahnt, ohne den Hörer*innen dabei individuelle Aneignungsstrategien und Handlungsspielräume völlig abzusprechen. Die Beobachtungsperspektive, die mit dem Dispositivbegriff eingenommen werden kann, protokolliert also *strukturelle Tendenzen*, keine absoluten Determinationen des Hörens in spezifischen medialen Settings. Auch wenn eine solche Perspektive partikulare Hörzugänge nicht in den Blick nimmt, schließt sie Idiosynkrasien nicht kategorisch aus. Etwaige Eigensinnigkeiten und »widerständige Praktiken« könnten in Einzelstudien empirisch in Bezug auf Mediendispositive rekonstruiert werden (vgl. hierzu den Vorschlag von Lepa/Krotz/Hoklas 2014: 125ff.).

Mediendispositive richten das Erleben musikalischer Klänge in technischer Hinsicht für alle darin positionierten Subjekte auf eine ganz bestimmte Art und Weise zu. Die Körper, die etwa auf der Tanzfläche mit »boomenden« Bässen befeuert werden, sind alle ein und derselben Technologie ausgesetzt, die sie zu taktil empfindenden Club-Subjekten der Bass-Kultur macht. Die Tanzfläche schaltet damit aber nicht alle Subjektdispositionen völlig gleich, sie neutralisiert nicht jegliche Unterschiede. Auch auf der Tanzfläche bleiben gesellschaftliche Ordnungssysteme fraglos intakt. Insofern den Klangkonfigurationen, Techniken, Räumen und Hörweisen von Mediendispositiven soziale Hierarchien inhärent sind, sollten diese in die Musikanalyse einfließen. Wie ich versucht habe zu zeigen, können Musikanalysen aus Perspektive des Mediendispositivs an Untersuchungen von kulturellen Hegemonien und Diskursen angeschlossen werden.

Eine Musikanalyse als Mediendispositivanalyse kann epistemologische Leerstellen und konzeptuelle Schwächen einer Text-Kontext-Dichotomie umgehen. In einem Text-Kontext-Modell werden musikalische Strukturen auf darin enthaltene Gestaltungsmittel und Codes analysiert und dann in Bezug auf einen sozial-kulturellen *außer*musikalischen Kontext interpretiert. Als Material dient die konkrete Songaufnahme. Eine Musikanalyse als Mediendispositivanalyse hingegen lokalisiert musikalische Klänge nicht in einem fixierten Klangobjekt. Musikalische Klänge interessieren stattdessen als apparativ erzeugte Phänomene. Klang wird als Struktur aus heterogenen Einzelkomponenten konzipiert, welche in einem ästhetischen, technischen und sozialen Arrangement entfaltet sind. Musikalische Codes, die den Strukturen eines spezifischen Songs oder Tracks eingeschrieben sind, werden so im erweiterten Zusammenhang bedeutungsstiftender Klang- und Hörkulturen dechiffrierbar. Einzelnen Songs wird nicht ihr signifizierendes Potential und ihr »Eigenleben« abgesprochen, doch verabschiedet eine Musikanalyse als Mediendispositivanalyse die Vorstellung, dass ein Song eine historisch stabile und situationsunabhängige Bedeutung »in sich trägt«. Mit dem Mediendispositiv werden musikalische Bedeutungen und Erfahrungen radikal in Bezug auf Medientechnologien und Hörweisen untersucht und interpretiert.

Literatur

Appen, Ralf von / Doehring, André (2014). »Analyse Populärer Musik. Madonnas *Hung Up*«. In: *Populäre Musik. Geschichte — Kontexte — Forschungsperspektiven.* Hg. v. Ralf v. Appen, Nils Grosch u. Martin Pfleiderer. Laaber: Laaber, S. 219-240.
Appen, Ralf von / Doehring, André / Helms, Dietrich / Moore, Allan F. (Hg.) (2015). *Song Interpretation in 21st-Century Pop Music.* Farnham: Ashgate.
Anderson, Benedict (1991). *Imagined Communities. Reflections on the Origin and Spread of Nationalism.* London: Verso.
Baudry, Jean-Louis (1993 [1970]). »Ideologische Effekte erzeugt vom Basisapparat«. In: *Eikon. Internationale Zeitschrift für Photographie und Medienkunst* 5, S. 36-43.

Baudry, Jean-Louis (1994 [1975]). »Das Dispositiv. Metapsychologische Betrachtungen des Realitätseindrucks«. In: *Psyche* 48 (11), S. 1047-1074.

Binas-Preisendörfer, Susanne (2012). »Zur Bedeutung von Performativität und Medialität in der Produktion und Aneignung populärer Musikformen. Allgemeine und historische Einlassungen«. In: *Performativität und Medialität Populärer Kulturen. Theorien, Ästhetiken, Praktiken*. Hg. v. Marcus S. Kleiner u. Thomas Wilke. Wiesbaden: Springer, S. 93-106.

Böhme, Gernot (2013 [2006]). *Architektur und Atmosphäre*. München: Wilhelm Fink (2. Aufl.).

Brackett, David (1995). *Interpreting Popular Music*. Cambridge: Cambridge University Press.

Brockhaus, Immanuel (2017). *Kultsounds. Die prägenden Klänge der Popmusik, 1960-2014*. Bielefeld: transcript.

Bonz, Jochen (2014). »Othering und ›Kalita‹. Zwei Formen der Veranderung«. In: *Popular Orientalism(s). In Erinnerung an Edward Said als Musikkritiker. Onlinedossier des Web-Magazins Norient*. Hg. v. Johannes Ismaiel-Wendt, Theresa Beyer u. Thomas Burkhalter, http://norient.com/stories/popular-orientalisms-4/ (Version vom 31.5.2014, Zugriff: 4.6.2019).

Brøvig-Hanssen, Ragnhild / Danielsen, Anne (2016). *Digital Signatures. The Impact of Digitalization on Popular Music Sound*. Cambridge: MIT Press.

Bull, Michael (2007). *Sound Moves. iPod Culture and the Urban Experience*. London: Routledge.

Burns, Lori / Lacasse, Serge (Hg.) (2018). *The Pop Palimpsest. Intertextuality in Recorded Music*. Ann Arbor: University of Michigan Press.

Butler, Mark J. (2006). *Unlocking the Groove. Rhythm, Meter, and Musical Design in Electronic Dance Music*. Bloomington: Indiana University Press.

Cantril, Hadley / Allport, Gordon W. (1935). *The Psychology of Radio*. New York: Harper & Brothers.

Cohen, Sarah (1991). *Rock Culture in Liverpool. Popular Music in the Making*. Oxford: Clarendon.

Dockwray, Ruth / Moore, Allan F. (2010). »Configuring the Sound Box 1965-1972«. In: *Popular Music* 29 (2), S. 181-197.

Douglas, Susan J. (1999). *Listening In. Radio and the American Imagination, from Amos 'n' Andy and Edward R. Murrow to Wolfman Jack and Howard Stern*. New York: Times Books.

Elflein, Dietmar (2010). *Schwermetallanalysen. Die musikalische Sprache des Heavy Metal*. Bielefeld: transcript.

Erdman, Andrew L. (2004). *Blue Vaudeville. Sex, Morals and the Mass Marketing of Amusement, 1895-1915*. Jefferson: McFarland & Company.

Fink, Robert (2018). »Below 100 Hz. Bass Culture«. In: *The Relentless Pursuit of Tone. Timbre in Popular Music*. Hg. v. Robert Fink, Melinda Latour u. Zachary Wallmark. New York: Oxford University Press, S. 88-116.

Fiske, John (1989). *Understanding Popular Culture*. London: Unwin Hyman.

Frith, Simon (1983). *Sound Effects. Youth, Leisure, and the Politics of Rock*. London: Constable.

Garcia, Luis-Manuel (2016). »Beats, Flesh, and Grain. Sonic Tacility and Affect in Electronic Dance Music«. In: *Sound Studies* 1 (1), S. 59-76.

Gitelman, Lisa (2006). *Always Already New. Media, History, and the Data of Culture*. Cambridge: MIT Press.

Großmann, Rolf (2008a). »Verschlafener Medienwandel. Das Dispositiv als musikwissenschaftliches Theoriemodell«. In: *Positionen – Beiträge zur Neuen Musik 74*, S. 6-9.
Großmann, Rolf (2008b). »Die Geburt des Pop aus dem Geist der phonographischen Reproduktion«. In: *PopMusicology. Perspektiven der Popmusikwissenschaft*. Hg. v. Christian Bielefeldt, Udo Dahmen u. Rolf Großmann. Bielefeld: transcript, S. 119-134.
Großmann, Rolf (2013). »303, MPC, A/D«. In: *Performativität und Medialität Populärer Kulturen. Theorien, Ästhetiken, Praktiken*. Hg. v. Marcus S. Kleiner u. Thomas Wilke. Wiesbaden: Springer, 299-315.
Hall, Stuart / Jefferson, Tony (Hg.) (2003 [1976]). *Resistance Through Rituals. Youth Subcultures in Post-War Britain*. London: Routledge.
Hamm, Charles (1997). *Irving Berlin. Songs from the Melting Pot. The Formative Years 1907-1914*. New York: Oxford University Press.
Hawkins, Stan (2002). *Settling the Pop-Score. Pop Texts and Identity Politics*. Aldershot: Ashgate.
Hawkins, Stan (2016). *Queerness in Pop Music*. New York: Routledge.
Hebdige, Dick (1978). *Subculture. The Meaning of Style*. London: Routledge.
Helms, Dietrich / Phleps, Thomas (Hg.) (2012). *Black Box Pop. Analysen Populärer Musik* (= Beiträge zur Popularmusikforschung 38). Bielefeld: transcript.
Henriques, Julian (2009). *Sonic Bodies: Reggae Sound Systems, Performance Techniques, and Ways of Knowing*. New York: Continuum.
Hickethier, Knut (2007). *Film- und Fernsehanalyse*. Stuttgart: J.B. Metzler.
Ismaiel-Wendt, Johannes (2011). *tracks'n'treks. Populäre Musik und postkoloniale Analyse*. Münster: Unrast.
Jasen, Paul C. (2016). *Low End Theory. Bass, Bodies and the Materiality of Sonic Experience*. New York: Bloomsbury.
James, Robin (2015). *Resilience and Melancholy. Pop Music, Feminism, Neoliberalism*. Wincester: Zero Books.
Jarman-Ivens, Freya (2011). *Queer Voices. Technologies, Vocalities, and the Musical Flaw*. New York: Palgrave Macmillan.
Keightley, Keir (1996). *Frank Sinatra, Hi-Fi, and the Formations of Adult Culture. Gender, Technology, and Celebrity, 1948-1962*. Dissertation, Concordia University, Canada, https://spectrum.library.concordia.ca/221/1/NQ25911.pdf (Zugriff: 17.1.2019).
Kenney, William H. (1999). *Recorded Music in American Life. The Phonograph and Popular Memory, 1890-1945*. New York: Oxford University Press.
Kibler, M. Alison 1999. *Rank Ladies. Gender and Cultural Hierarchy in American Vaudeville*. Chapell Hill: University of North Carolina Press.
Krims, Adam (2000). *Rap Music and the Poetics of Identity*. Cambridge: Cambridge University Press.
Lacasse, Serge (2000). »*Listen to My Voice*«. *The Evocative Power of Vocal Staging in Recorded Rock Music and Other Forms of Vocal Expression*. Dissertation: University of Liverpool, https://www.researchgate.net/publication/35721252_ 'Listen_to_my_voice'_the_evocative_power_of_vocal_staging_in_recorded_rock_ music_and_other_forms_of_vocal_expression/download (Version vom 10.6.2015, Zugriff: 17.1.2019)
Lepa, Steffen / Krotz, Friedrich / Hoklas, Anne-Kathrin (2014). »Vom ›Medium‹ zum ›Mediendispositiv‹. Metatheoretische Überlegungen zur Integration von Situations- und Diskursperspektive bei der empirischen Analyse mediatisierter sozialer

Welten.« In: *Die Mediatisierung sozialer Welten. Synergien empirischer Forschung*. Hg. v. Friedrich Krotz, Cathrin Despotović u. Merle-Marie Kruse. Wiesbaden: Springer, S. 115-141.

Lockheart, Paula (2003). »A History of Early Microphone Singing, 1925-1939. American Mainstream Popular Singing at the Advent of Electronic Microphone Amplification«. In: *Popular Music and Society* 26 (3), S. 367-385.

Marshall, Wayne (2014). »Treble Culture«. In: *The Oxford Handbook of Mobile Music Studies*, Bd. 2. Hg. v. Sumanth Gopinath u. Jason Stanyek. New York: Oxford University Press, S. 43-76.

McCracken, Allison (2015). *Real Men Don't Sing. Crooning in American Culture*. Durham: Duke University Press.

Mellers, Wilfrid (1973). *Twilight of the Gods. The Beatles in Retrospect*. London: Faber.

Middleton, Richard (1990). *Studying Popular Music*. Milton Keynes: Open University Press.

Middleton, Richard (Hg.) (2000). *Reading Pop. Approaches to Textual Analysis in Popular Music*. Oxford: Oxford University Press.

Millard, Andre (2005) [1995]. *America on Record. A History of Recorded Sound*. Cambridge: Cambridge University Press (2. Aufl.).

Milner, Greg (2009). *Perfecting Sound Forever. The Story of Recorded Music*. London: Granta.

Moore, Allan F. (Hg.) (2000). *Analyzing Popular Music*. Cambridge: Cambridge University Press.

Moore, Allan F. (2001 [1993]). *Rock. The Primary Text. Developing a Musicology of Rock*. Aldershot: Ashgate (2. Aufl.).

Moore, Allan F. (2012). *Song Means. Analysing and Interpreting Recorded Popular Song*. Farnham: Ashgate.

Moylan, William (2012). »Considering Space in Recorded Music«. In: *The Art of Record Production. An Introductory Reader for a New Academic Field*. Hg. v. Simon Frith u. Simon Zagorski-Thomas. Farnham u. Burlington: Ashgate, S. 163-188.

Obert, Simon (2012). »Komplexität und Reduktion. Zu einigen Prämissen der Popmusikanalyse«. In: *Black Box Pop. Analysen Populärer Musik*. Hg. v. Dietrich Helms u. Thomas Phleps. Bielefeld: transcript, S. 9-23.

Papenburg, Jens G. (2012). *Hörgeräte. Technisierung der Wahrnehmung durch Rock- und Popmusik*. Dissertation: Humboldt-Universität zu Berlin, https://edoc.hu-berlin.de/handle/18452/17137 (Version vom 21.3.2012, Zugriff: 19.1.2019)

Papenburg, Jens G. (2016). »Boomende Bässe der Disco- und Clubkultur. Musikanalytische Herausforderungen durch taktile Klänge«. In: *Techno Studies*. Hg. v. Kim Feser u. Matthias Pasdzierny. Berlin: b books, S. 195-210.

Pfleiderer, Martin / Hähnel, Tilo / Horn, Katrin / Bielefeldt, Christian (Hg.) (2015). *Stimme, Kultur, Identität. Vokaler Ausdruck in der populären Musik der USA, 1900-1960*. Bielefeld: transcript.

Pfleiderer, Martin / Frieler, Klaus / Abeßer, Jakob / Zaddach, Wolf-Georg / Burkhart, Benjamin (Hg.) (2017). *Inside the Jazzomat. New Perspectives on Jazz Research*. Mainz: Schott.

Rappe, Michael (2010). *Under Construction. Kontextbezogene Analyse afroamerikanischer Musik*. Köln: Dohr.

Scotto, Ciro / Smith, Kenneth M. / Brackett, John L. (Hg.) (2019). *The Routledge Companion to Popular Music Analysis*. New York: Routledge.

Shepherd, John (1991). *Music as Social Text*. Cambridge: Polity Press.

Snyder, Ted (1989). *The Voice of the City. Vaudeville and Popular Culture in New York*. New York: Oxford University Press.
Spicer, Mark / Covach, John (Hg.) (2010). *Sounding Out Pop. Analytical Essays in Popular Music*. Ann Arbor: University of Michigan Press.
Steinbrecher, Bernhard (2016). *Das Klanggeschehen in populärer Musik. Perspektiven einer systematischen Analyse und Interpretation*. Köln: Böhlau.
Sterne, Jonathan (2003). *The Audible Past. Cultural Origins of Sound Reproduction*. Durham: Duke University Pres.
Sterne, Jonathan (2012). *MP3. The Meaning of a Format*. Durham: Duke University Press.
Stoever, Jennifer Lynn (2016). *The Sonic Color Line. Race & the Cultural Politics of Listening*. New York: New York University Press.
Tagg, Philip (2000 [1979]). *Kojak. 50 Seconds of Television Music. Toward the Analysis of Affect in Popular Music*. New York: Mass Media Music Scholars' Press.
Tagg, Philip (2001 [1981]). *Fernando the Flute. Analysis of Musical Meaning in an Abba Mega-Hit*. New York: Mass Media Music Scholars' Press.
Thompson, Emily (2002). *The Soundscape of Modernity. Architectural Acoustics and the Culture of Listening in America*. Cambridge: MIT Press.
Thornton, Sarah (1995). *Club Cultures. Music, Media and Subcultural Capital*. Cambridge: Blackwell.
Walser, Robert (2000). »Popular Music Analysis. Ten Apothegms and Four Instances«. In: *Analyzing Popular Music*. Hg. v. Allan F. Moore. Cambridge: Cambridge University Press, S. 16-38.
Weinstein, Deena (1991). *Heavy Metal. A Cultural Sociology*. New York: Lexington.
Wicke, Peter (1987). *Anatomie des Rock*. Leipzig: Dt. Verlag für Musik.
Wicke, Peter (2003). »Popmusik in der Analyse«. In: *Acta Musicologica* 73, S. 107-126.
Wicke, Peter (2008). »Das Sonische in der Musik«. In: *Das Sonische. Sounds zwischen Akustik und Ästhetik* (= PopScriptum 10), S. 1-21: https://www2.hu-berlin.de/fpm/popscrip/themen/pst10/pst10_wicke.pdf (Zugriff: 19.1.2018).
Wilder, Alec (1972). *American Popular Song. The Great Innovators, 1900-1950*. Oxford: Oxford University Press.
Willis, Paul (1981 [1978]). »*Profane Culture*«. *Rocker, Hippies und subversive Stile der Jugendkultur*. Frankfurt/M.: Syndikat.
Zagorski-Thomas, Simon (2014). *The Musicology of Record Production*. Cambridge: Cambridge University Press.
Zak, Albin J. (2001). *The Poetics of Rock. Cutting Tracks, Making Records*. Berkeley: University of California Press.

Abstract

Established methods of pop music analysis distinguish between musical texts and contexts. They usually employ a two-step model in which musical sounds and cultural contexts are analyzed separate from each other. I argue that this dichotomy is flawed because it fails to account for important aspects of media use and listening. Media technologies and listening practices are constitutive elements of pop music culture, but they did not find their way into epistemologies of music analysis. I therefore suggest that popular music should be analyzed as arrangements of heterogeneous elements or media »dispositifs" which define a specific listening situation. The media dispositif is useful in identifying interrelationships between technologies, listening practices, modes of subjectivity, and sonic configurations that unfold in particular times and social settings. It does not detach musical sounds from their contexts but rather analyses them as a grid of technological and cultural compounds. The essay closes with two examples: 1. I contrast two media dispositifs of the early twentieth century, US-American musical theater and radio and 2. I compare the bass cultures of disco and club sounds with the treble cultures of portable devices. In doing so, I demonstrate how the concept of the media dispositif is helpful in delineating historical trajectories and social differences of sound aesthetics and listening cultures.

PRAXISBEZOGENE JAZZ- UND POPMUSIK-STUDIENGÄNGE ALS ORIENTIERUNGSPUNKTE FÜR DIE POPULARMUSIKFORSCHUNG IN DEUTSCHLAND

Nico Thom

1. Einleitung

Wie gestaltet sich gegenwärtig das Verhältnis von Theorie und Praxis innerhalb der akademischen Jazz- und Popmusik-Ausbildung in Deutschland? Und: Wie könnte bzw. sollte sich dieses Verhältnis in der Lehre gestalten? Zudem: Welche Implikationen hat dies für die Forschung im Kontext der deutschen Popular Music Studies? Das sind die Ausgangsfragen dieses Beitrags, der auf einer umfangreichen empirischen Untersuchung zu praxisbezogenen Jazz- und Popmusik-Studiengängen aufbaut (vgl. Thom 2019), welche im Mittelteil kurz dargestellt wird.

Mit einem Blick auf die Website der Gesellschaft für Popularmusikforschung e.V. (GfPM) soll in die vielschichtige Thematik eingestiegen werden. Dort gibt es unter der Rubrik »MA-Studiengänge« eine (unvollständige) Auflistung von Studienangeboten in Deutschland, in denen die Erforschung populärer Musik eine zentrale Rolle spielt. Diese Studienangebote werden unterteilt in »MA-Studiengänge mit Profil in der Popularmusikforschung« und »Berufsorientierte MA-Studiengänge«.[1] Gemeint sind damit einerseits theoriebezogene (Master-)Studiengänge, die wissenschaftlich ausgerichtet sind, und andererseits angewandte (Master-)Studiengänge, die bestimmte nicht-akademische Berufsfelder bedienen (vor allem Musikjournalismus und Musikwirtschaft).

Die theoriebezogenen Studiengänge firmieren in der Regel unter der Bezeichnung Musikwissenschaft und haben nur einen Schwerpunkt bzw. ein Profil unter vielen in der Popularmusikforschung; so z.B. die beiden Studiengänge »Musikwissenschaft, Vertiefungsrichtung: Populäre Musik« (Humboldt-Universität zu Berlin) und »Musikwissenschaft, Studienprofil: Geschichte des Jazz

---

1 http://www.popularmusikforschung.de/mastudiengaenge.html (Zugriff: 27.1.2019).

und der populären Musik« (Hochschule für Musik »Franz Liszt« Weimar/ Friedrich-Schiller-Universität Jena).[2] Fakt ist jedoch, dass Pop(ular)musikforschung in Deutschland vor allem in anderen akademischen Disziplinen stattfindet und von diesen entsprechende Lehrangebote gemacht werden:

»Bei der Durchsicht der Angebote fällt auf, dass die Popmusikforschung sich keineswegs nur auf herkömmliche musikwissenschaftliche Fragestellungen stützt, sondern stark interdisziplinär arbeitet und organisiert ist. Von Beginn an wurde sie auch von Vertreterinnen und Vertretern der Musikpädagogik, Volkskunde, Soziologie, Geschichts-, Literatur-, Kultur-, Kommunikations- und Medienwissenschaft und anderer Disziplinen getragen« (Appen/Grosch/ Pfleiderer 2014: 7f.).

Abgesehen von der Musikpädagogik wird in diesen Fächern der praktischen Beschäftigung mit populärer Musik kaum Bedeutung beigemessen. Vielmehr wird populäre Musik zu einem Gegenstand gemacht, an dem Theorien und Modelle ausprobiert werden, die abseits der tradierten Musikforschung entstanden sind. Zwar gibt es eine Tendenz, die Praxen populärer Musikstile im Detail zu beschreiben, dies geschieht jedoch zuvorderst aus der Perspektive von Außenstehenden, d.h. nicht aus der professionellen Sicht von praktizierenden Musiker*innen. Wenn es musikpraktische Erfahrungen aufseiten der Lehrenden bzw. Forschenden in diesen Fächern gibt, so sind diese zumeist auf dem Niveau von Hobby-Musiker*innen bzw. semiprofessionellen Akteur* innen angesiedelt. Derartige Erfahrungen werden allerdings nicht zur notwendigen Voraussetzung erklärt, um sich lehrend und forschend mit populärer Musik auseinandersetzen zu dürfen. Mitunter sind es sogar musikalische Laien, die ihre gesamte akademische Laufbahn der Popmusik widmen. Ihre Expertise speist sich aus der zum Teil jahrzehntelangen Beschäftigung mit den Artefakten populärer Musik (Tonträger, Bücher, Filme etc.). Daran ist prinzipiell nichts auszusetzen. Der Umstand macht lediglich deutlich, dass – zumindest in Deutschland – die interdisziplinäre Popularmusikforschung und die dazugehörige akademische Ausbildung eine ausgeprägte Theorielastigkeit bzw. Praxisferne aufweist. Selbst die musikwissenschaftlichen Studiengänge mit einem Popmusik-Profil setzen üblicherweise vor allem auf die Vermittlung von theoretischen Inhalten und sparen Möglichkeiten (zur Vertiefung) von musikpraktischen Erfahrungen weitgehend aus.[3]

---

2 https://www.musikundmedien.hu-berlin.de/de/musikwissenschaft/pop/lehre/ lehrangebot-1/lehrangebot bzw. https://www.hfm-weimar.de/index.php?id=663 (Zugriff: 27.1.2019).
3 In den entsprechenden Curricula findet man zwar vereinzelt verpflichtende Lehrveranstaltungen mit quasi-praktischem Musikbezug, so z.B. die obligatorische *Einführung in die Musiktheorie*. Allerdings fehlen normalerweise Lehrangebote

»Berufsorientierte MA-Studiengänge«, von denen auf der GfPM-Website ebenfalls die Rede ist (siehe oben), betonen demgegenüber die Anwendbarkeit ihrer auf Popmusik bezogenen Inhalte. Gemeint sind in erster Linie Themen, die für bestimmte Medien bzw. technische Formate besonders relevant sind und speziell für diese aufbereitet werden. Solche Studienangebote fokussieren auf bestehende Berufsfelder und stellen ihren Absolvent*innen eine Beschäftigung auf dem Arbeitsmarkt in Aussicht, die außerhalb des akademischen Betriebs liegt. Anvisierte Betätigungsfelder sind der (Musik-)Journalismus und das Verlagswesen bzw. die musikbezogene Medienarbeit im weitesten Sinne. Darüber hinaus wird für die Musikwirtschaft im engeren Sinne ausgebildet, also für Labels, Veranstaltungs- und Vermittlungsagenturen. Obschon diese Studiengänge praktische Bezüge zu populärer Musik erkennen lassen, geht es ihnen weniger um die Produktion von populärer Musik als vielmehr um die Distribution und Rezeption derselben. Nur am Rande werden mediale Aspekte der Musikproduktion berührt, bspw. im Rahmen von Einführungen in die Studiotechnik oder durch basale Übungen zum Umgang mit Musikinstrumenten bzw. -software. Festzuhalten ist, dass Popmusik-Studiengänge mit einer solchen Berufsorientierung in Deutschland sehr selten sind. Als Beispiele können Populäre Musik und Medien (Universität Paderborn)[4] sowie Musikbusiness (Popakademie Baden-Württemberg in Mannheim)[5] angeführt werden.

Keine Erwähnung auf der Website der GfPM finden musikpädagogische Studiengänge, die für das Lehramt Musik ausbilden und einen Schwerpunkt in der Popularmusik haben. Gerade von diesen Studiengängen wäre jedoch ein erhöhter Anteil an genuiner Musikpraxis zu erwarten. Hier deuten sich latente Formen der disziplinären Diskriminierung und Hierarchisierung an, die tief verwurzelt sind in der Geschichte der deutschen Musikforschung.

---

in einem künstlerischen Hauptfach (Instrumental/Vokal/Songwriting bzw. Musikproduktion), geschweige denn reguläre Angebote von künstlerischen Nebenfächern (z.B. Zweit-Instrument, Ensemble, Chor oder Big Band).

4 https://kw.uni-paderborn.de/fach-musik/studium/populaere-musik-und-medien/ (Zugriff: 27.1.2019).

5 https://www.popakademie.de/de/studium/musikbusiness-ba/facts/ (Zugriff: 27.1.2019).

2. Diskriminierung und Hierarchisierung innerhalb der deutschen Musikforschung

In Deutschland ist die Separierung von akademischer Musikpraxis und -theorie stark ausgeprägt. Diese Tatsache geht vor allem auf die Etablierung theorielastiger bzw. wissenschaftlicher Teildisziplinen zurück, welche seit Ende des 19. Jahrhundert nur noch selten unter dem einheitsbildenden Begriff Musikforschung zusammengefasst werden.

Heutzutage ist mit dem Terminus Musikforschung vor allem eine Zeitschrift verknüpft, die interessanterweise als Organ eines bestimmten Faches fungiert. Auf der Website der Gesellschaft für Musikforschung heißt es dazu: »Die Musikforschung ist das wichtigste Forum der Musikwissenschaft in Deutschland«.[6] Neben der Musikwissenschaft wird durchaus auch die Musiktheorie der Musikforschung (im weiteren Sinne) zugeordnet, gleichwohl die deutsche Zeitschrift Musiktheorie auf der Website ihres Verlags als das »innovative Forum für Musikwissenschaft«[7] deklariert wird. Kurzum: Seit den einflussreichen wissenschaftstheoretischen Entwürfen von Guido Adler (1885) und Hugo Riemann (1908) wird — in Deutschland — die Musiktheorie unter Musikwissenschaft subsummiert bzw. als musikanalytische Teildisziplin derselben angesehen. Ungeachtet ihrer »inhaltlichen Überschneidungen mit der Musikwissenschaft« ist aber auch von der »disziplinären Eigenständigkeit der Musiktheorie« die Rede und von ihrem »Ort zwischen Wissenschaft, Pädagogik und künstlerischer Praxis« (Sprick 2013: 130).

Die eigenartige Relation der Musiktheorie zur künstlerischen Praxis im Rahmen pädagogischer Vermittlung wird im folgenden Zitat näher ausgeführt:

»›Praxis‹ meint die künstlerische Interpretation wie auch das eigene Tun im Theorieunterricht: komponieren, improvisieren, singen, spielen, hören. Etliche Hochschulen (Augsburg, Essen, Köln, Lübeck, Rostock, Trossingen, Würzburg, Dresden ebenso) verweisen auf den Praxisbezug von ›Theorie‹ oder drücken ihre Überzeugung aus, dass in Musiktheorie der ›praktische Anteil mindestens so groß sein soll wie der theoretische‹ (Marco De Cillis, Köln), was schon für Satzübungen gilt, die ›zum Klingen gebracht werden sollen‹ statt abstrakt auf dem Papier zu stehen (Oliver Korte, Lübeck)« (Kühn 2010: 54f.).

Deshalb lassen sich eigenständige Lehrstühle und Studiengänge für Musiktheorie (und Gehörbildung!) in der Regel nur an Musikhochschulen finden, wo der

---

6 https://www.musikforschung.de/index.php/zeitschrift-die-musikforschung/204 -die-musikforschung (Zugriff: 27.1.2019).

7 http://www.laaber-verlag.wslv.de/index.php?m=0&n=5&ID_Liste=94 (Zugriff: 27.1.2019).

Bezug zur künstlerischen Musikpraxis per definitionem weitaus höher ist als an Universitäten und Fachhochschulen. Zwar gibt es auch an Universitäten und Fachhochschulen Musiktheoretiker*innen, diese fungieren hier allerdings als ›Zuarbeiter*innen‹ für musikwissenschaftliche oder musikpädagogische Studiengänge und kommen nur sehr selten über den Status eines*r künstlerischen bzw. wissenschaftlichen Angestellten hinaus; sprich: sie erhalten keine (›ordentlichen‹) Professuren. Paradoxerweise ist der Zugang zu einer ›vollwertigen‹ Professur für Musiktheorie an einer Musikhochschule oftmals daran geknüpft, dass die Kandidatin bzw. der Kandidat mit einem musiktheoretischen Thema im Fach Musikwissenschaft an einer Universität promoviert wurde.[8]

»Nun gilt die Beziehung zwischen Musikpädagogik und Musiktheorie vielen als nicht weniger schwierig als die zwischen Musiktheorie und Musikwissenschaft« (Rohringer 2011: 10), wobei hier mit Musikpädagogik »primär der Bereich der sogenannten Schulmusik« (ebd.: 9) gemeint ist. Eine Umfrage zur ›Musiktheorie in der Musikpädagogik‹ bzw. zu ihrem Stellenwert in der Lehramtsausbildung zeigt, dass sie durchaus als wichtiges Beifach gesehen wird, aber eben nur als begleitende Hilfswissenschaft für angehende Musiklehrer*innen (Rohringer 2011: 15-42). Verena Weidner (2015) hat das komplizierte Verhältnis von Musiktheorie und -pädagogik herausgearbeitet und festgestellt, dass die beiden Disziplinen in unterschiedlicher Weise auf die sozialen Systeme Wissenschaft, Erziehung und Kunst (Bezug zu Niklas Luhmann) ausgerichtet sind. Dadurch unterscheiden sie sich teilweise auch im Hinblick auf ihr Verständnis von Theorie und Praxis.

Schließlich ist die Beziehung der Musikpädagogik zur Musikwissenschaft noch anzusprechen. Auch in diesem Verhältnis gibt es Tendenzen der Diskriminierung und Hierarchisierung, die sich unter anderem an Fragen der Theorie/Praxis-Relation festmachen lassen. Kurz gesagt geht es vor allem darum, wieviel Musikgeschichte im Rahmen des Lehramtsstudiums und später im Schulunterricht vermittelt werden soll. Nimmt die Sensibilisierung für musikhistorische bzw. soziokulturelle Zusammenhänge womöglich zu viel Zeit in Anspruch und geht somit zulasten des praktischen Musizierens?

»Aus musikpädagogischer Sicht gehört die Musikwissenschaft als ›Sachwissenschaft der Musikdidaktik‹ (Abel-Struth, 1982, S. 177) zu den wichtigsten Bezugsdisziplinen, so dass die Musikpädagogik ›ohne die Musikwissenschaft

---

[8] Allerdings kann selbst bei Erfüllung dieser Voraussetzung noch der kuriose Fall eintreten, dass der angestrebte Lehrstuhl letztlich an eine*n Mitbewerber*in geht, die oder der das Fach Komposition studiert hat, also im engeren Sinne künstlerisch-praktisch ausgebildet ist.

nicht lebensfähig‹ ist (Edler, Helms & Hopf, 1987, S. 7)« (Zitate im Zitat bei Oberhaus/Unseld 2016: 7).

Auch wenn niemand ernsthaft eine Hierarchie der drei Fächer erstellen würde, so ist für die Entwicklung in Deutschland zumindest unstrittig, dass die Musikwissenschaft zuerst den Rang einer selbständigen wissenschaftlichen Disziplin erlangt hat. Die Musikpädagogik – verstanden als die Lehramtsausbildung im Fach Musik – kann allerdings für sich beanspruchen, zum gegenwärtigen Zeitpunkt die meisten Lehrstühle und Institute in Deutschland zu stellen. Könnte das mit ihrem ausgeprägten Praxisbezug (Musikmachen an allgemeinbildenden Schulen) zu tun haben? Die Musiktheorie scheint sich im Direktvergleich am wenigsten als eigenständige Wissenschaftsdisziplin etabliert zu haben, nichtsdestotrotz ist ihr Status als unverzichtbares ›Neben‹-Fach innerhalb der hochschulischen Musikausbildung gesichert, während sich die Musikwissenschaft zunehmend einem wissenschaftspolitischen Rechtfertigungsdruck ausgesetzt sieht und an akademischem Einfluss verliert (Lütteken 2007: 15f.). Könnten die Ausgewogenheit von Theorie und Praxis innerhalb der Musiktheorie sowie die einseitige Theoriebezogenheit in der Musikwissenschaft dafür ursächlich sein?

Im aktuellen Wettbewerb der deutschen Hochschulen um Budgets und Fördermittel gewinnt die Frage nach der Berufs(feld)orientierung von tradierter Musikforschung (Musikwissenschaft, Musiktheorie und Musikpädagogik) an Dringlichkeit. Der politische Druck (Stichworte: Employability, Third Mission oder Community Science) und die Verständnislosigkeit breiter Bevölkerungsteile (Stichworte: Elfenbeinturm-Wissenschaft, Fake Science oder ›Welches Instrument spielst Du?‹) wird aller Voraussicht nach zunehmen. Das könnte auch negative Auswirkungen auf die noch relativ junge (interdisziplinäre) Popularmusikforschung in Deutschland haben.

3. Kann man damit Geld verdienen? Oder: Die Berufsorientierung von Popularmusikforschung

Würde man die berechtigte Frage, ob man als Popmusikforscher*in in Deutschland Arbeit finden und damit den eigenen Lebensunterhalt bestreiten kann, ohne zu zögern mit ›Ja‹ beantworten? Präziser: Wie viele Alumni, die im Rahmen ihres Studiums einen Schwerpunkt auf Popularmusikforschung gelegt haben, haben eine thematisch entsprechende Anstellung in der Wissenschaft gefunden (z.B. Mitarbeit in drittmittelfinanzierten Forschungsprojekten oder Promotionsstellen mit Bezug zur Popmusik)? Und wie viele Alumni konnten eine Tätigkeit in Wirtschaftsbereichen aufnehmen, die auf Popmusik bezogen sind? Bedauerlicherweise gibt es dazu keine offiziellen Statistiken.[9] Vermutlich haben popmusikaffine Institute mit den dazugehörigen Lehrstühlen und Studiengängen wenig Interesse an solchen Daten, denn sie würden die faktischen Arbeitsmarktchancen ihrer Alumni schonungslos offenlegen.

Im Grunde genommen, so müsste man ehrlich antworten, gibt es kaum adäquate Stellen, weder befristet noch unbefristet, weder in der Wissenschaft (Lehre und Forschung) noch in der Musikwirtschaft oder im Musikjournalismus. Auf der anderen Seite werden Semester für Semester bzw. Jahr für Jahr neue Popmusikforscher*innen ausgebildet und anschließend dem ›freien‹ Markt überlassen. Allein in Deutschland müssten es mittlerweile Hunderte, wenn nicht Tausende sein, die ein Studium mit dem Schwerpunkt Popularmusik abgeschlossen haben. Wo sind diese hoffnungsvollen jungen Menschen beruflich untergekommen? Hat ihnen ihre vorrangig wissenschaftliche Ausbildung – finanziell betrachtet – etwas genützt? Zugespitzt formuliert: Können sie nach mehrjährigem Studium von dem, was ihnen beigebracht wurde, wirklich leben?

Es ist nicht schicklich, solche Fragen zu stellen. Vorwürfe von Nestbeschmutzung, pessimistischer Haltung, neoliberaler Einstellung oder Naivität liegen nahe. Immerhin handelt es sich doch um volljährige bzw. erwachsene Personen, die ein Studium mit Popmusik-Ausrichtung aufnehmen. Sie sollten sich dessen bewusst sein, dass mit einem wissenschaftlichen Studium, das auf theoretische Inhalte fokussiert, generell keine Jobgarantie verbunden ist. Wenn sie auf praktische Tätigkeiten im Feld der Popmusik Lust haben, sollten sie ein ›reguläres‹ Musikstudium absolvieren, d.h. ein für Popmusik relevantes Instrument (E-Gitarre, E-Bass, Schlagzeug etc.) oder Pop-Gesang studieren. Alternativ dazu könnten sie Songwriting, Jazzkomposition oder Music Production studieren. So oder so ähnlich könnten potentielle Repliken lauten, die das Festhalten an einer grundsätzlich theoriebasierten Studienausrichtung verteidigen. Nur: Wäre das nicht zynisch und verantwortungslos? Kann es den Studiengangsverantwortlichen egal sein, was mit den Absolvent*innen geschieht? Sollten sie nicht Sorge dafür tragen, dass zumindest die Mehrheit ihrer Studierenden eine realistische Aussicht auf Arbeit hat?

---

9 Eine Quasi-Ausnahme stammt von Weber/Olbertz (2008), die eine Bachelor-Absolventen-Befragung zum Paderborner Studiengang *Populäre Musik und Medien* online veröffentlicht haben. Siehe https://d-nb.info/1035820951/34 (Zugriff: 27.1.2019). Allerdings wurde in dieser Untersuchung unmittelbar nach dem Studienabschluss befragt und nicht, wie bei genuinen Alumni-Befragungen üblich, einige Jahre nach dem Abschluss des Studiums. Deshalb enthält die Studie keine Angaben zur faktischen Arbeitssituation, sondern nur Angaben zur erwünschten bzw. angestrebten beruflichen Tätigkeit.

Die Studiengangsveranwortlichen selbst haben im Normalfall eine wissenschaftliche Sozialisation erfahren, d.h. ihr Selbstverständnis ist das eines Forschers bzw. einer Forscherin.[10] Zentrale ›akademische Währung‹ ist die Forschungsreputation.

»Als Quellen der Forschungsreputation werden vor allem die individuellen Forschungsaktivitäten, insbesondere Publikationsproduktivität bzw. Anzahl referierter Publikationen, die Häufigkeit der Zitierungen und die Platzierung ehemaliger Doktoranden auf dem Arbeitsmarkt genannt« (Brenzikofer/Staffelbach 2003: 188).

Daher kann es nicht verwundern, dass eines ihrer Hauptanliegen darin besteht, wissenschaftlichen Nachwuchs zu generieren – und natürlich inhaltliche, akademische Diskussionen zu führen. Umso mehr Promovierende desto besser, denn nur sehr wenige von denen wiederum können selbst zu Lehrstuhlinhaber*innen mit Popmusik-Schwerpunkt werden und somit zu ›Finishern‹ im unerbittlichen akademischen Marathon. Für Gedanken über den außerhochschulischen Arbeits(musik)markt bleibt da wenig Raum.

4. Studie zu den Curricula von praxisbezogenen Jazz- und Popmusik-Studiengängen in Deutschland

Bislang war die Rede von Studiengängen, die theoriezentriert ausbilden. Nun sollen – in konziser Form – Studiengänge bzw. deren Curricula (Studien- und Prüfungsordnungen, Modulhandbücher sowie Studienverlaufspläne) präsentiert werden, welche die musikalische Praxis in den Mittelpunkt stellen.

Der Autor dieses Textes hat im Sommersemester 2017 (April bis September) eine empirische Vollerhebung durchgeführt zu den online verfügbaren Curricula von praxisbezogenen Jazz- und Popmusik-Studiengängen in Deutschland. Die Ergebnisse sind in Buchform veröffentlicht worden (vgl. Thom 2019). Untersucht wurden alle Hochschularten (Musikhochschule, Universität, Fachhochschule und Akademie). Es wurde Ausschau gehalten nach sogenannten künstlerischen sowie künstlerisch-pädagogischen Bachelor- und Master-Studiengängen. Mithilfe einer Inhaltsanalyse nach Philipp Mayring (2015) wurde eine inhaltliche Strukturierung bzw. Zusammenfassung der Curricula vorgenommen. Genauer gesagt handelte es sich um eine deduktive,

---

10 In der Regel nur zweitrangig ist die eigene und fremde Wahrnehmung als professionell Lehrende*r bzw. ›Hochschullehrer*in‹ im wörtlichen Sinne – mit allen Rechten und Pflichten. Man spricht in diesem Zusammenhang auch von Lehrreputation (vgl. Brenzikofer/Staffelbach 2003).

theorie-/kategoriengeleitete Dokumentenanalyse, bei der einige der sozialen Systeme, die der Soziologe und Systemtheoretiker Niklas Luhmann beschrieben hat (Luhmann 1984), als Kategorien dienten: Kunst (Luhmann 1995), Erziehung (Luhmann 2002), Wissenschaft (Luhmann 1990), Wirtschaft (Luhmann 1988), Recht (Luhmann 1993), Gesundheit (Luhmann 1990), Massenmedien (Luhmann 1996) und Politik (Luhmann 2000). Luhmanns soziologische Systemtheorie gilt als eine der wirkmächtigsten Beschreibungen der gesellschaftlichen Gegenwart. Sie macht deutlich, dass sich soziale Bereiche herausgebildet haben, die weitgehend unabhängig voneinander operieren und unser Denken und Handeln vorstrukturieren. Diese sozialen Bereiche, die Luhmann soziale Systeme nennt, scheinen auch in den Curricula der untersuchten Studiengänge auf.

Insgesamt konnten 49 künstlerische Jazz- und Popmusik-Studiengänge (22 Bachelor und 27 Master) an 21 deutschen Hochschulen ausfindig gemacht werden. Außerdem wurden 24 künstlerisch-pädagogische Jazz- und Popmusik-Studiengänge (14 Bachelor und 10 Master) an 15 deutschen Hochschulen gefunden. In Summe wurden also 73 Studiengänge bzw. deren Curricula untersucht.

Die erstaunlich hohe Anzahl von praxisbezogenen Studiengängen kommt zustande, weil manche Hochschulen neben einem künstlerischen Hauptfach Instrumental/Vokal auch ein künstlerisches Hauptfach Komposition/Songwriting/Producing anbieten. So kann es bspw. sein, dass eine Hochschule sowohl einen künstlerischen Bachelor mit dem Hauptfach Jazz-Instrumental/-Vokal als auch einen künstlerischen Bachelor mit Hauptfach Jazzkomposition anbietet – und dann auch noch die entsprechenden konsekutiven Master-Studiengänge. In einigen wenigen Fällen gibt es zudem die gleichen Studiengänge sogar noch einmal mit einer dezidiert künstlerisch-pädagogischen Ausrichtung, d.h. mit eigenständigen Curricula. Das bedeutet, dass an einer einzigen Hochschule mitunter mehr als vier Studiengänge mit dem Schwerpunkt Jazz und/oder Popmusik gezählt werden können. Sehr interessant ist, dass viele Studiengänge Jazz und Popmusik in Kombination vermitteln.

Damit ist die Kategorie Kunst berührt, d.h. die künstlerisch-praktischen Inhalte der Studiengänge werden in den Blick genommen. Bei genauer Betrachtung der Curricula zeigt sich, dass dem Jazz als Musikstil Vorrang eingeräumt wird. In fast allen Studiengängen wird im künstlerischen Hauptfach, das den Löwenanteil des Studiums ausmacht (im Durchschnitt mehr als zwei Drittel!), auf eine umfassende Vermittlung von jazzspezifischen Spiel- und Ausdrucksweisen Wert gelegt. Dabei wird besonders Bezug genommen auf sog. Standards bzw. auf Jazzrepertoire. Die Studierenden müssen sich im

Laufe ihres Studiums bis zu hundert Stücke aneignen. Bei den Hauptfachprüfungen werden sie dann gebeten, aus einer langen Liste von Standards zwei oder drei Stücke ad hoc vorzuspielen — in einer möglichst originellen (Re-)Interpretation. Um dies tun zu können, werden ihnen diverse Improvisationstechniken bzw. -modelle vermittelt, die zum Teil auch aus anderen Musikarten entlehnt sind (z.B. Neue oder Außereuropäische Musik).

Überhaupt ist das Spektrum der im grundständigen Studium praktizierten Substile des Jazz und der populären (sowie der klassischen) Musik sehr breit. Hier eine Auflistung, die konkrete Stilbezeichnungen aus den Curricula zusammenführt:

»Blues, [...], Swing & Bebop-Stilistiken«, »Latin Jazz, traditioneller u. Modern Jazz, [...], Motown, [...], Fusion«, »Rock- und Popmusik, [...] Songwriting-Stile«, »Samba, Salsa, [...] Stücke der klassischen Literatur (Barock bis Romantik)«, »traditionelle Música popular der spanisch-sprachigen Karibik und aus Brasilien«, »New Orleans Jazz, [...], Rhythm & Blues, [...], Hardbop und Modal Jazz«, »moderne Stilrichtungen der Populären Musik von Punk bis Funk, [...] über HipHop zu Weltmusik«, »Musical oder Chanson«, »Neue Musik« und »Theatermusik« (vgl. Thom 2019: 45f.).

Im künstlerischen Hauptfach findet vor allem Einzelunterricht am Instrument bzw. mit der Stimme statt. Die Studierenden werden aber auch kontinuierlich darin trainiert, mit ihren Kommiliton*innen zusammenzuspielen (vom Duo bis zur Big Band bzw. zum Chor). In den sogenannten künstlerischen Nebenfächern geht es darum, zusätzliche Instrumente (Zweit- oder Drittinstrument) sowie das obligatorische Pflichtfach Klavier zu erlernen bzw. zu vertiefen. Zu den Nebenfächern werden bspw. auch das Arrangieren, das Komponieren und die Gehörbildung gezählt. Sowohl im künstlerischen Hauptfach als auch in den künstlerischen Nebenfächern liegt der Fokus auf der Entwicklung einer klar erkennbaren individuellen Künstlerpersönlichkeit, die in erster Linie musikpraktisch herausgearbeitet wird, d.h. das ›Handwerk‹ steht im Vordergrund.

In die Kategorie Erziehung fallen alle Studieninhalte, bei denen es um die Befähigung zum Unterrichten geht, also um die gezielte Weitergabe von musikpraktischem Wissen an Dritte. Selbstverständlich sind solche pädagogischen Studieninhalte vor allem in den künstlerisch-pädagogischen Studiengängen Thema. Allerdings kommen sie teilweise auch in den ›rein‹ künstlerischen Studiengängen zum Tragen, wenngleich in geringerem Umfang. Die in den Modulbeschreibungen verwendeten Begrifflichkeiten sind uneinheitlich. Sie lassen sich jedoch durch folgende Unterkategorien zusammenfassen: 1) Allgemeine (Musik-)Pädagogik bzw. Musikvermittlung, 2) (Musik-)Psychologische Grundlagen, 3) Instrumental-/Gesangspädagogik bzw. Fachdidaktik, 4) Elementare Musikpädagogik bzw. Konzertpädagogik, 5) Ensemble- bzw.

Gruppenleitung, 6) Hospitationen bzw. Praktika/Lehrproben, 7) Hochschuldidaktik und 8) Medienpädagogik.

Im Kern geht es um fachdidaktische bzw. instrumentenspezifische Pädagogik-Inhalte, welche an die Studierenden weitergegeben werden. Diese sollen basale Lehrmethoden einüben, um nach Beendigung ihres Studiums entweder an einer staatlichen oder privaten Musikschule unterrichten zu können. Für die meisten Absolvent*innen wird das Unterrichten nämlich zu einer notwendigen Tätigkeit, um regelmäßige Einkünfte zu erzielen.

Bei der Untersuchung der Curricula von praxisorientierten Jazz- und Popmusik-Studiengängen wurden auch einige Lehrinhalte aufgefunden, die der Kategorie Wissenschaft zuzuordnen sind. In den entsprechenden (Teil-)Modulen werden theoretische Inhalte vornehmlich im Rahmen der beiden akademischen Fächer Musikwissenschaft und Musiktheorie vermittelt. Wie weiter oben bereits angedeutet, gibt es vereinzelt auch erziehungswissenschaftliche bzw. musikpädagogische Fragestellungen, die verhandelt werden, gleichwohl diese eher am Instrument ›gelöst‹ bzw. besprochen werden (= haptisch-orale Fachdidaktik) und weniger über die in der Wissenschaft übliche Arbeit mit Texten. Die musikwissenschaftlichen Angebote sind mehrheitlich historisch ausgerichtet und haben fast immer einführenden Charakter, d.h. es geht im engeren Sinne um die Geschichte des Jazz und der populären Musik in Form von Überblicksvorlesungen oder Hörseminaren. Musiktheoretisches ›Handwerk‹ wird in Lehrveranstaltungen vermittelt, in denen es um die Analysen von kanonisierten Stücken geht und wo musikalische Strukturen im Detail beleuchtet werden (= Werkanalyse). Darüber hinaus gibt es grundlegende Einführungsveranstaltungen in das wissenschaftliche Arbeiten (Recherchieren, Schreiben und Zitieren).

Die Curricula dieser empirischen Studie zeigen allesamt eine Tendenz, bestimmte Zieldimensionen des jeweiligen Studiengangs nicht deutlich genug herauszuarbeiten. An einigen Stellen werden Begriffe verwendet, die etwas grob markieren bzw. zusammenfassen, was eigentlich differenzierter beschrieben werden könnte. Gemeint sind Sammelbezeichnungen für Modulgruppen oder Module wie Professionalisierung, Berufspraxis oder Berufskunde. Dahinter verbergen sich Teil-Module bzw. einzelne Lehrveranstaltungen mit Bezügen zu weiteren gesellschaftlichen Teilsystemen – neben den bereits umrissenen Systemen Kunst, Erziehung und Wissenschaft.

Einige dieser Teil-Module bzw. Lehrveranstaltungen können zu Luhmanns Kategorie Wirtschaft gezählt werden. Verhandelt werden ökonomische Themen mit Bezügen zur Popmusik und zum Jazz, die unter Schlagworten wie Wirtschaft, Markt, Business oder Management zusammengefasst werden. Das sind Beispiele für Titel von Lehr-/Lerneinheiten aus den Curricula: »Musikwirtschaftliches Praktikum«, »Music Business«, »Musikmarktanalyse«, »Businessplanung«, »Projekt Musikmanagement«, »Selbstmanagement für Musiker« (vgl. ebd.: 72).

In bestimmten Teil-Modulen bzw. Lehrveranstaltungen kommen Themen zur Sprache, die man eindeutig in der Kategorie Recht verorten kann. Es handelt sich um juristische Angebote wie »Rechtsgrundlagen, Urheberrecht« und »Vertrags-, Arbeits-, Sozialrecht«, »Grundlagen des Musikrechts«, »Recht«, »Musikrecht« sowie »Berufskunde/Rechtsfragen/Selbstmanagement« (vgl. ebd.: 75).

Auch (musik-)medizinische bzw. gesundheitsbezogene Inhalte sind Bestandteile der Curricula. Sie gehören in die Kategorie Gesundheit. Beispiele für relevante Teil-Module bzw. Lehrveranstaltungen sind »Phoniatrik (Stimmphysiologie)« und »Physioprophylaxe«, »Vorlesung Musikphysiologie«, »Sensomotorische Aspekte des Übens und Lernens«, »Sängerische Körperschulung«, »Einführung in Musikphysiologie und -medizin«, »Wahlpflicht Körperarbeit/Übetechnik«, »Musikermedizin« sowie »Musikergesundheit« (vgl. ebd.: 77).

(Musik-)Medien und journalistische bzw. massenmediale Studieninhalte sind relativ präsent in den Curricula der praxisbezogenen Jazz- und Popmusik-Studiengänge. Sie fallen mehr oder weniger direkt in Luhmanns Kategorie der Massenmedien. Allerdings werden Medien in den Curricula weniger im Sinne Luhmanns verhandelt – d.h. nicht als journalistische Massenmedien, die weltweit Nachrichten verbreiten –, sondern vielmehr als technische Musikmedien im Sinne eines zeitgenössischen Instrumentariums. Entsprechende Teil-Module bzw. Lehrveranstaltungen sind »Homerecording« und »Beschallung/Bühnensound«, »Musikproduktion (Computer + Studio)«, »Einführung in die musikelektronischen Medien« sowie »Bild & Ton«, »Grundlagenseminar Computermusiknotation« und »Sounddesign Film/Video«, »Digitales Sounddesign«, »Basiskurs Musik und Technik«, »Musik am Computer«, »Computer als Instrument« sowie »Tonstudio/Akustik« (vgl. ebd.: 79).

Nichtsdestotrotz gibt es Verweise auf journalistische Kommunikationsformen in den Curricula, die Luhmanns Begriff von Massenmedien im engeren Sinne entsprechen. Hierunter fallen Teil-Module bzw. Lehrveranstaltungen wie »Medienmanagement« und »Journalistik«, »Presse« sowie »Rundfunk- und Onlinemedien« oder »Medienkompetenz« (vgl. ebd.).

Zur Kategorie Politik finden sich – wenn überhaupt – nur indirekte Verweise in den Curricula. Musikpolitische Machtfragen – z.B. bzgl. der Akkreditierung von Jazz- und Popmusik-Studiengängen – werden in der Regel außerhalb der Hochschulen auf Landes-/Bundesebene verhandelt. Allerdings da, wo Themen der Popularmusik- sowie der Medien- und Kulturforschung im

Sinne der Cultural Studies in den Curricula verankert sind, deuten sich politische Fragestellungen bzw. Problematisierungen von gesellschaftlichen Machtverhältnissen an, welche im Kontext von Jazz- und Popmusik verhandelt werden. Entsprechende Teil-Module bzw. Lehrveranstaltungen sind »Einführung Popularmusikforschung«, »Einführung in die Kulturwissenschaften«, »Kulturgeschichte Jazz«, »Grundlagen der Medieninhaltsforschung« sowie »Jazz-Pop-Kultur«. Genaueres lässt sich den Modulbeschreibungen leider nicht entnehmen. Mitunter geht es in Lehrveranstaltungen mit allgemeinem Berufsfeldbezug um gesellschaftspolitische Machtfragen, so bspw. bei der »Berufskunde« um »Berufsverbände und Gewerkschaft« (vgl. ebd.: 83). Allerdings: Im Vergleich zu anderen gesellschaftlichen Themenfeldern spiegelt sich die Politik in den Curricula kaum wider – weder theoretisch, noch angewandt-praktisch.

5. Empirische Ästhetik, Expert*innen-Interviews und Künstlerische Forschung

Ganz anders in der deutschen Popularmusikforschung. Hier gibt es das Primat einer kulturwissenschaftlichen Perspektive. Die alltagspolitische Brille der Cultural Studies (Devise: ›Auch das Alltägliche bzw. Populäre ist politisch!‹) ist vorherrschend und die Dominanz von identitätsbezogenen Themenkomplexen wie Geschlecht, Sexualität, Ethnizität und Nationalität ist offenkundig. Die »akademische Beschäftigung mit populärer Musik zeigt, dass sie vorwiegend in einem kulturwissenschaftlichen Rahmen gedacht wird. [...] Ein Effekt davon ist indes, dass mitunter historische, musikstrukturelle oder klanglich-ästhetische Dimensionen populärer Musik weniger bedacht werden« (Appen/Doehring 2018: 7). Doch um genau diese Dimensionen geht es vor allem in der Jazz- und Popmusik-Praxis bzw. in den entsprechenden Studiengängen. An dieser Stelle wird die Kluft zwischen Theorie und Praxis geradezu greifbar. Es gilt daher, eine Brücke zu schlagen und beide Herangehensweisen bzw. Beschäftigungsformen näher zusammenzuführen. Eventuell könnte die Ästhetik als verbindendes Element fungieren. Denn:

»Eines der Probleme, mit dem sich die Popmusicology seit ihren Anfängen herumschlägt, ist paradoxerweise die ungeklärte Relevanz von Popmusik als Musik. Während in den 1970er und 1980er Jahren Studien im Sog des Birminghamer Subkulturparadigmas mit dazu beitrugen, Popmusik als Gegenstand der Geistes- und Kulturwissenschaften zu etablieren, rieben sich Forscher, die sich für Bauweise und Mittel der Soundtexturen selbst interessierten, an der Frage auf, was denn das ästhetisch Interessante des Pop sei und mit welchen analytischen Werkzeugen es angemessen beschrieben werden könnte. […] Allerdings harrt die Frage nach den Begründungszusammenhängen ästhetischer Urteile über populäre Musik bis heute der Antworten, mit denen die kulturalistische Schlagseite der Popmusicology auch nur annähernd wieder ins Lot zu bringen wäre« (Bielefeldt/Dahmen/Großmann 2008: 7f.).

Ästhetik soll hier jedoch nicht ausschließlich als philosophische (Musik-) Ästhetik verstanden werden, vielmehr könnte eine empirische Ästhetik – im Sinne von Aisthesis bzw. sinnlicher Wahrnehmung – der Schlüssel zu einem neuen Verständnis von populärer Musik sein, welche danach fragt, »was wem warum und unter welchen Bedingungen ästhetisch gefällt« (Max-Planck-Instituts für empirische Ästhetik).[11] Ein Beispiel für eine derartige Ästhetik von populärer Musik liefert Dirk Stederoth, der über auditive Evidenz bzw. das sinnliche Verstehen in der Musik schreibt:

> »Jedoch ist sinnliches Verstehen in Form des Vernehmens von auditiver Evidenz auch auf leiblicher Ebene möglich, was sich insbesondere am Begriff und Phänomen des Groove zeigen lässt. Dass Groove als ein zentraler Bestandteil von Mainstreampop gelten kann, wurde bereits an anderer Stelle dargelegt […]. Für den hier gestellten Problemkontext ist es allerdings wichtig, dass sich Groove im unmittelbaren Etablieren von Körperbewegungen zeigt, die vom Tippen des Fußes, dem Schwelgen bei einer Ballade bis zum ekstatischen Tanzen reichen können. Stellt sich hingegen keinerlei spontane Bewegung beim Zuhörer einer Pop-Performance ein, so gibt es für dieses Phänomen zunächst nur zwei plausible Erklärungen: Entweder ist die Pop-Band nicht fähig, Groove in der Musik zu etablieren, oder aber der Zuhörer spricht nicht auf die spezifische Grooveform an, die ihm dargeboten wird. Die erste Erklärung betrifft somit mehr die Produzentenseite und die zweite eher die des Rezipienten« (Stederoth 2018: 241f.).

Popularmusikforschung in Deutschland hat eine Tendenz, die ästhetische Relevanz von populärer Musik maßgeblich aufseiten der Rezipient*innen zu verorten und mehr oder weniger direkt zu erklären, dass jede Form von Popmusik prinzipiell gleich wichtig und wertig ist, so lange sie nur rezipiert wird, d.h. kognitiv-assoziativ verarbeitet und/oder sinnlich-körperlich ausgelebt. Es stellt sich allerdings die Frage, ob die Produzent*innen populärer Musik bzw. die ausführenden Musiker*innen das genauso sehen. Vielleicht haben diese eine durchaus eindeutige Meinungsrichtung, d.h. eventuell sehen sie bestimmte Musikstile als besonders wertvoll an. Bei der Analyse der Curricula von praxisorientierten Jazz- und Popmusik-Studiengängen drängt sich jeden-

---

11 https://www.aesthetics.mpg.de/institut/fragen-und-ziele.html (Zugriff: 27.1.2019).

falls der Verdacht auf, dass Jazz als Meta-Stilistik ein solches Ansehen genießen könnte. Warum sonst ist Jazz so grundlegend verankert in den meisten praktischen Studiengängen, auch in den vermeintlich ›reinen‹ Popmusik-Curricula.

Hier nun könnte eine ausgiebige empirisch-ästhetische Analyse ansetzen. Diese könnte von einem Expert*innen-Paradigma ausgehen. Je versierter ein*e Musiker*in ist bzw. je mehr Stilistiken populärer Musik er oder sie aktiv (re-)produzieren kann, desto professioneller im Sinne von musikalisch verständig ist sie oder er. Ob dieses musikalische Verständnis verbalisiert werden kann, ist sekundär. Relevant ist nur, dass etwas musikpraktisch erschaffen oder nachgeahmt bzw. eine wiedererkennbare Stilkopie erstellt werden kann.

Nimmt man die Expertise von professionellen Jazz- und Popmusiker*innen ernst, die über einen langen Zeitraum durch gezielte Übungen musikalische Fertigkeiten erworben und somit einen genuinen Expertisierungsprozess (vgl. Lehmann/Oerter 2011) durchlaufen haben, dann bieten sich Möglichkeiten, diese Expert*innen für die Forschung gewinnbringend einzusetzen. Das kann auf zwei Arten geschehen: 1) Man kann sie befragen, d.h. ihr praktisches bzw. implizites Wissen (vgl. Neuweg 2015) verschriftlichen und somit in den wissenschaftlichen Diskurs hineinholen. 2) Alternativ dazu kann man versuchen, sie zu befähigen, ihr implizites Wissen selbst explizit zu machen, indem man sie zu künstlerisch Forschenden (Artistic Researchers) ausbildet.

Beide Varianten werden in Ansätzen schon genutzt. Es gibt vereinzelte Studien, die auf Expert*innen-Interviews aufbauen (z.B. Noglik/Lindner 1978 oder Marx 2018)[12] und es gibt einige wenige Studien, die von in der Praxis verwurzelten Jazz- und Popmusik-Expert*innen angefertigt werden und sich im konzeptionellen Umfeld von Artistic Research, Practice-Based Research oder Popular Music Education bewegen (z.B. Burke/Onsman 2017 oder Smith/Moir/Brennan/Rambarran/ Kirkman 2017). Leider sind solche Forschungs- bzw. Ausbildungsaktivitäten in Deutschland bislang sehr selten.

6. Jazzforschung und Hochschul-Didaktik/-Forschung/-Management

Ebenfalls selten in Deutschland sind Forschungs- bzw. Ausbildungsaktivitäten, die an die angelsächsische Tradition der Jazz Studies anknüpfen. Jazzforschung und Popularmusikforschung werden hierzulande weitgehend getrennt voneinander betrieben, sowohl personell als auch institutionell. So ist es

---

12 Nicht selten gibt es dabei einen journalistischen Hintergrund bei den Autor*innen.

bspw. auffällig, dass auf der letzten Tagung der Gesellschaft für Popularmusikforschung e.V. (GfPM) 2018 in Oldenburg, deren Ergebnisse im vorliegenden Tagungsband festgehalten sind, außer diesem Beitrag keine weiteren Vorträge bzw. Texte Jazz thematisiert haben. Dabei kann Jazzmusik durchaus als Mutter-Genre für alle möglichen Arten von populärer Musik gesehen werden, war doch der Swing der 1920-1940er Jahre ein maßgebender Vorläufer von moderner Unterhaltungs- bzw. Tanzmusik, sowohl in den USA als auch in Deutschland (vgl. Lange 1966).

Kann es sein, dass die deutsche Jazzforschung ein Schattendasein fristet, weil sie voraussetzungs-reich ist? Werden von Jazzforscher*innen womöglich ausgeprägtere musikpraktische und -analytische Kenntnisse erwartet als von Popmusikforscher*innen? Ist es unter Umständen schwieriger ein Jazz-Solo zu beschreiben als eine Pop-Performance?

Zum Nachdenken regt die Tatsache an, dass an deutschen Musikhochschulen wesentlich mehr Jazzmusiker*innen angestellt sind als Popmusiker*innen. Zwar gibt es dazu keine offiziellen Statistiken, aber eine Durchsicht der Lebensläufe von entsprechenden Lehrbeauftragten und Professores ist aufschlussreich. Dieser Umstand könnte erklären, warum Jazz in den Curricula von praxisbezogenen Studiengängen mehr Raum einnimmt als Popmusik. Dahinter könnte die Idee stehen, dass Absolvent*innen dieser Studiengänge, die in die Lage versetzt worden sind, Jazz zu spielen, dadurch quasi automatisch auch Popmusik spielen können. Der umgekehrte Fall scheint hingegen in vielen Fällen ausgeschlossen zu werden. Vermutlich wird Jazzmusiker*innen generell ein tiefergehendes Verständnis von Musik sowie eine besonders elaborierte Beherrschung ihres jeweiligen Instrumentes unterstellt. Die Praxis der Popmusik scheint diese Annahmen zu bestätigen, denn in den Studio- und Live-Bands etablierter Popstars kommen nicht selten ausgebildete Jazzmusiker*innen zum Einsatz. Berühmtes internationales Beispiel dafür ist Sting, in dessen Studio- und Live-Bands renommierte Jazzmusiker agieren (z.B. Branford Marsalis oder Vinnie Colaiuta). In Deutschland könnte man bspw. die Band Disko Nr. 1 von Jan Delay anführen, in der ebenfalls gestandene Jazzmusiker mitwirken (z.B. Jost Nickel oder Philipp Kacza).

Deutsche Musikhochschulen wären also ein interessanter Gegenstand für die Popularmusik-forschung. Zum einen ließen sich Untersuchungen anstellen zur Hochschuldidaktik in Jazz- und Popmusik-Studiengängen, um etwas über fachdidaktische Paradigmen sowie spezifische Lehr- und Lernmethoden in Erfahrung zu bringen. Dabei würde man auf den organisationalen Kontext stoßen und könnte Studien anfertigen zur Organisation Musikhochschule und zur Bedeutung der Jazz- und Popmusik-Ausbildung innerhalb der deutschen Hochschullandschaft. So würde man eine musik-bezogene Hochschulforschung am

Beispiel von Jazz und Popmusik etablieren, die es in Deutschland aktuell noch nicht gibt. Diese könnte wiederum zur Voraussetzung werden für eine Professionalisierung des Hochschulmanagements bzw. der akademischen Selbstverwaltung in der Jazz- und Popmusikausbildung. Insbesondere die Studiengangsentwicklung könnte mit empirischen Daten unterfüttert und dadurch wissenschaftlich angeregt werden. Auf diese Weise kämen Theorie und Praxis wieder näher zusammen und könnten sich gegenseitig befruchten.

7. Zusammenfassung

Ausgehend von der übergeordneten Frage, wie sich gegenwärtig das Verhältnis von Theorie und Praxis innerhalb der akademischen Jazz- und Popmusik-Ausbildung in Deutschland gestaltet, wurde gezeigt, dass ein Teil der deutschen Popularmusikforschung und die korrespondierende Lehre eng an die musikwissenschaftliche, d.h. theoretische Beschäftigung mit Musik anknüpft und damit den etwas praktischer ausgerichteten Fächern Musiktheorie und Musikpädagogik untergeordnete Rollen zuweist.

Diese disziplinäre Diskriminierung (Theorie vor Praxis) bzw. Hierarchisierung (Musikwissenschaft vor Musiktheorie und Musiktheorie vor Musikpädagogik) hat ihre historischen Wurzeln in der Geschichte der deutschen Musikforschung (Adler und Riemann). Paradoxerweise stellt sich heutzutage die Verteilung von Lehrstühlen und Instituten in Deutschland diametral entgegengesetzt dar, d.h. gesellschaftlich und politisch wird der Praxis vor der Theorie Vorrang eingeräumt und die quantitative Rangfolge lautet deshalb Musikpädagogik (Platz 1), Musiktheorie (Platz 2) und Musikwissenschaft (Platz 3).

Vor diesem Hintergrund wurde die Frage nach der Berufsorientierung von Popularmusikforschung aufgeworfen und auf die rhetorische Fragestellung zugespitzt, ob man als Popmusikforscher*in in Deutschland überhaupt Geld verdienen kann. Es wurde angedeutet, dass die Verantwortung für das Verhältnis von wissenschaftlicher Forschung zu angewandter außerhochschulischer Berufspraxis bei den Studiengangsverantwortlichen liegt. Deren wissenschaftliche Sozialisation führt jedoch in der Regel zu einer Fokussierung auf Forschungsreputation, die sich auf die Lehre bzw. Studiengangsgestaltung auswirkt. Daher wurde der Frage nachgegangen, wie sich das Verhältnis von Theorie und Praxis in der Lehre ausgeglichener gestalten könnte.

Zur Orientierung wurde nun eine umfangreiche empirische Studie zu den Curricula von praxisbezogenen Jazz- und Popmusik-Studiengängen vorgestellt, die vom Autor dieses Beitrags im Jahr 2017 durchgeführt worden ist und alle Hochschularten in Deutschland einbezogen hat. Methodisch betrachtet ist eine kategoriengeleitete Strukturierung der Daten vorgenommen worden. Einige soziale Systeme, die Niklas Luhmann beschrieben hat, wurden als Kategorien verwendet. Was die quantitative Verteilung der praktischen und theoretischen Lehrinhalte in den praxisbezogenen Jazz- und Popmusik-Studiengängen angeht, so sind praktische Angebote deutlich in der Überzahl – wie zu erwarten war. Den mit Abstand größten Anteil macht die künstlerische Musikpraxis im Hauptfach sowie in den künstlerischen Nebenfächern aus (= Kunst), gefolgt von der musikpädagogischen Praxis (= Erziehung), die natürlich insbesondere in den künstlerisch-pädagogischen Jazz- und Popmusik-Studiengängen eine tragende Rolle spielt und dort vor allem instrumentale und vokale Fachdidaktik meint. Demgegenüber sind genuin theoretische Lehrinhalte (= Wissenschaft) klar in der Minderheit; hierunter fallen musikhistorische und musikanalytische Themen, die von den Fächern Musikwissenschaft und Musiktheorie bereitgestellt werden. Der in den Curricula zumeist diffus umschriebene Bereich der Professionalisierung, Berufspraxis oder Berufskunde lässt sich analytisch in weitere gesellschaftliche Teil-Systeme zerlegen. Die meisten der berufspraktischen Lehrinhalte sind auf ökonomische Zusammenhänge (= Wirtschaft) ausgerichtet. Hinzu kommen vereinzelt juristische Angebote (= Recht), die ebenfalls sehr angewandt unterrichtet werden. Medizinische Fragestellungen werden im Zusammenhang mit Krankheitsprävention verhandelt (= Gesundheit). Hierbei geht es vornehmlich um vorbeugende Maßnahmen zur Erhaltung der körperlichen Gesundheit, aber auch die psychische Gesundheit wird thematisiert. Die Anwendbarkeit steht wiederum im Vordergrund. Relativ viel Raum wird dem praktischen Umgang mit technischen Musik-Medien bzw. Instrumenten eingeräumt, in einem erweiterten Sinne geht es mitunter auch um angewandte mediale Aspekte aus dem musikjournalistischen Bereich (= Massenmedien). Konkrete Machtverhältnisse im Jazz- und Popmusikkontext (= Politik) spielen nahezu keine Rolle; sie werden nur indirekt gestreift in kulturhistorischen Überblicksveranstaltungen, welche jedoch sehr selten angeboten werden.

Kontrastierend wurde jetzt herausgestellt, dass Popularmusikforschung in Deutschland vor allem außerhalb der tradierten Musikforschung stattfindet und nicht selten von musikpraktischen Laien bzw. Musikliebhabern betrieben wird. Diese interessieren sich in erster Linie für die Anwendung von Theorien und Modellen, bei denen es um identitätsbezogene Themenkomplexe wie Geschlecht, Sexualität, Ethnizität und Nationalität geht, welche auf ihre gesellschaftlichen Machtkonstellationen hin untersucht werden. Das alltagspolitische bzw. kulturwissenschaftliche Paradigma der Cultural Studies wirkt hierbei nachhaltig – und zwar in der Forschung und Lehre.

Schließlich wurde sich der Frage gewidmet, welche Implikationen der Vergleich von praxisbezogenen und wissenschaftlichen Jazz- und Popmusik-Studiengängen für die Forschung im Kontext der deutschen Popular Music Studies hat. Es wurde vorgeschlagen, vermehrt die Idee einer empirischen Ästhetik zu verfolgen und dabei insbesondere die Methode des Expert*innen-Interviews (mit Jazz- und Popmusiker*innen) zu nutzen. Außerdem sollte Künstlerische Forschung (Artistic Research, Practice-Based Research, Popular Music Education) betrieben und im akademischen Umfeld etabliert werden.

Aussichtsreich erscheint es zudem, mehr Jazzforschung durchzuführen, um der einseitigen Ausrichtung der deutschen Popularmusikforschung auf Stilistiken der Popmusik ein Stück weit entgegenzuwirken. Immerhin sind Jazz und Popmusik, historisch betrachtet, eng verwandt. Orientierung könnten hierfür die deutschen Musikhochschulen bieten, die als Orte der professionellen Musikpraxis Jazz und Popmusik einerseits engführen, andererseits der Jazzmusik — zumindest in quantitativer Hinsicht — den Vorrang geben. Eventuell lassen sich von dieser Beobachtung Schlüsse ableiten in Bezug auf die musikpraktische Expertise, die für das Spielen von Jazz und Popmusik jeweils notwendig ist. Vielleicht kann man daraus wiederum ableiten, wie viel musikpraktisches Know-How für eine elaborierte Popularmusikforschung (inklusive einer Jazzforschung) vonnöten wäre. In jedem Falle sollten zukünftig auch Aspekte der Hochschuldidaktik, Hochschulforschung sowie des Hochschulmanagements (Stichworte: akademische Selbstverwaltung und Studiengangsgestaltung) in die deutsche Popularmusikforschung einfließen, welche — zumindest momentan noch — hauptsächlich an Universitäten stattfindet und von Forscher*innen betrieben wird, die in der Regel über wenige musikpraktische Erfahrungen verfügen.

Literatur

Abel-Struth, Sigrid (1982). »Musiklernen und Musiklehren — Schlüsselbegriffe einer wissenschaftlichen Musikpädagogik.« In: *Musik in der Schule?* Hg. v. Herrmann-Josef Kaiser. Wilhelmshaven: Noetzel, S. 169-189.

Adler, Guido (1885). »Umfang, Methode und Ziel der Musikwissenschaft.« In: *Vierteljahresschrift für Musikwissenschaft* 1, S. 5-20.

Appen, Ralf von / Grosch, Nils / Pfleiderer, Martin (2014). »Einführung: Populäre Musik und Popmusikforschung. Zur Konzeption.« In: *Populäre Musik. Geschichte — Kontexte — Forschungsperspektiven* (= Kompendien Musik 14). Hg. v. dens. Laaber: Laaber, S. 7-14.

Appen, Ralf von/ Doehring, André (2018). »Editorial.« In: *Pop weiter denken. Neue Anstöße aus Jazz Studies, Philosophie, Musiktheorie und Geschichte* (= Beiträge zur Popularmusikforschung 44). Hg. v. dens. Bielefeld: transcript, S. 7-9.

Bielefeldt, Christian / Dahmen, Udo / Großmann, Rolf (2008). »Einleitung.« In: *Pop-Musicology. Perspektiven der Popmusikwissenschaft.* Hg. v. dens. Bielefeld: transcript, S. 7-16.

Brenzikofer, Barbara / Staffelbach, Bruno (2003). »Reputation von Professoren als Führungsmittel in Universitäten.« In: *Hochschulreform in Europa — konkret. Österreichs Universitäten auf dem Weg vom Gesetz zur Realität.* Hg. v. Stefan Titscher u. Sigurd Höllinger. Opladen: VS Verlag für Sozialwissenschaften, S. 183-208.

Burke, Robert / Onsman, Andrys (Hg.) (2017). *Perspectives on Artistic Research in Music.* Lanham: Lexington Books.

Edler, Armfried / Helms, Siegmund / Hopf, Helmuth (Hg.) (1987). *Musikpädagogik und Musikwissenschaft.* Wilhelmshaven: Noetzel.

Kühn, Clemens (2010). »Musiktheorie lehren. Zu einer Umfrage an den deutschen Musikhochschulen.« In: *Zeitschrift der Gesellschaft für Musiktheorie* 7 (1), S. 11-60.

Lange, Horst H. (1966). *Jazz in Deutschland.* Berlin: Colloquium.

Lehmann, Andreas C. / Oerter, Rolf (2011). »Lernen, Übung und Expertisierung.« In: *Musikpsychologie. Das neue Handbuch.* Hg. v. Herbert Bruhn, Reinhard Kopiez u. Andreas C. Lehmann. Reinbek b. Hamburg: Rowohlt, S. 105-128.

Luhmann, Niklas (1984). *Soziale Systeme. Grundriß einer allgemeinen Theorie.* Frankfurt/M.: Suhrkamp.

Luhmann, Niklas (1988). *Die Wirtschaft der Gesellschaft.* Frankfurt/M.: Suhrkamp.

Luhmann, Niklas (1990). »Der medizinische Code.« In: Ders., *Soziologische Aufklärung, Konstruktivistische Perspektiven.* Opladen: Westdeutscher Verlag, S. 183-195.

Luhmann, Niklas (1990). *Die Wissenschaft der Gesellschaft.* Frankfurt/M.: Suhrkamp.

Luhmann, Niklas (1993). *Das Recht der Gesellschaft.* Frankfurt/M.: Suhrkamp.

Luhmann, Niklas (1995). *Die Kunst der Gesellschaft.* Frankfurt/M.: Suhrkamp.

Luhmann, Niklas (1996). *Die Realität der Massenmedien.* Opladen: Westdeutscher Verlag (2. erw. Aufl.).

Luhmann, Niklas (2000). *Die Politik der Gesellschaft.* Hg. v. André Kieserling. Frankfurt/M.: Suhrkamp.

Luhmann, Niklas (2002). *Das Erziehungssystem der Gesellschaft.* Hg. v. Dieter Lenzen. Frankfurt/M.: Suhrkamp.

Lütteken, Laurenz (Hg.) (2007). *Musikwissenschaft. Eine Positionsbestimmung.* Kassel: Bärenreiter.
Mayring, Philipp (2015). *Qualitative Inhaltsanalyse. Grundlagen und Techniken.* Weinheim u. Basel: Beltz (12. überarb. Aufl.).
Marx, Tobias (2018). »Thüringer Musikszene — Probleme und Potentiale.« In: *Beiträge zur Jahrestagung der Gesellschaft für Musikforschung in Kassel 2017. Das Populäre in der Musik und das Musikverlagswesen.* Hg. v. Anette van Dyck-Hemming u. Jan Hemming. Wiesbaden: Springer VS, S. 167-176.
Neuweg, Georg Hans (2015). *Das Schweigen der Könner. Gesammelte Schriften zum impliziten Wissen.* Münster: Waxmann.
Noglik, Bert / Lindner, Heinz-Jürgen (1978). *Jazz im Gespräch.* Berlin: Verlag Neue Musik.
Oberhaus, Lars / Unseld, Melanie (2016). »Musikpädagogik der Musikgeschichte. Eine Einleitung.« In: *Musikpädagogik der Musikgeschichte. Schnittstellen und Wechselverhältnisse zwischen Historischer Musikwissenschaft und Musikpädagogik.* Hg. v. dens. Münster: Waxmann.
Riemann, Hugo (1908). *Grundriß der Musikwissenschaft.* Leipzig: Quelle & Meyer.
Rohringer, Stefan (2011). »Editorial.« In: *Zeitschrift der Gesellschaft für Musiktheorie* 8 (1), S. 9-13.
Rohringer, Stefan (2011). »Umfrage zur Musiktheorie in der Musikpädagogik.« In: *Zeitschrift der Gesellschaft für Musiktheorie* 8 (1), S. 15-42.
Sprick, Jan Philipp (2013). »Musikwissenschaft und Musiktheorie.« In: *Historische Musikwissenschaft. Grundlagen und Perspektiven.* Hg. v. Michele Calella u. Nikolaus Urbanek. Stuttgart u. Weimar: Metzler, S. 130-146.
Stederoth, Dirk (2018). »Auditive Evidenz. Zum sinnlichen Verstehen in der Musik.« In: *Pop weiter denken. Neue Anstöße aus Jazz Studies, Philosophie, Musiktheorie und Geschichte* (= Beiträge zur Popularmusikforschung 44). Hg. v. Ralf von Appen u. André Doehring. Bielefeld: transcript, S. 229-244.
Thom, Nico (2019). *Gebannte Freiheit? Die Curricula von praxisorientierten Jazz- und Popmusik-Studiengängen in Deutschland.* Hamburg: Verlag Dr. Kovač.
Weber, Bernhard / Olbertz, Franziska (2008). *Studiengang ›Populäre Musik und Medien‹. Universität Paderborn. BA-Absolventen-Befragung. 2005/2007. Eine vergleichende Zusammenfassung.* Leipzig u. Frankfurt/M.: Deutsche Nationalbibliothek, https://d-nb.info/1035820951/34 (Zugriff: 27.1.2019).
Weidner, Verena (2015). *Musikpädagogik und Musiktheorie. Systemtheoretische Beobachtungen einer problematischen Beziehung* (= Perspektiven musikpädagogischer Forschung 3). Münster: Waxmann.

Abstract

This paper deals with the unbalanced theory-practice relationship within contemporary popular music studies in Germany. Both instruction and research are dominated by a preoccupation with theoretical perspectives, leaving more practical aspects broadly excluded. One reason for this is German scholarship's historical separation of music into musicology, music theory, and music pedagogy, since the late 19th century. A discrimination and hierarchization of these three has led to a traditional ranking with musicology first, music theory second, and music pedagogy in last place amongst the academic disciplines giving credence to the motto: the more theory, the better. Another justification for the oblivion of musical practice since the late 20th century has been the predominance of the Anglo-Saxon interdisciplinary cultural studies with its strong emphasis on — mainly political — theories and models from outside musical scholarship. Hence, the question of career orientation arises for students of popular music studies in Germany. How can one make a living without practical music training? Inside and outside academia, there are hardly any opportunities. In contrast, the paper gives an insight into practice-orientated jazz and pop music study programs in Germany, where practical training — in its widest sense — is the priority. The curriculum of these programs is more polyvalent and aims to secure future employment. Three more aspects are discussed in this paper: the chances of establishing empirical aesthetics and artistic research within German popular music studies as well as the integration of genuine jazz studies.

DIE ERFINDUNG DES ROCKKONZERTS IN DER PROVINZ. EIN PRAXEOLOGISCHER BLICK AUF DAS SOESTER »KARUSSELL DER JUGEND« 1959-1971

Peter Klose

1. Einleitung

Auf das Thema dieses Artikels bin ich erstmals mehr oder minder zufällig während der Arbeit an meinem Dissertationsprojekt gestoßen. Ich wollte die Entwicklung der Rockmusikszene in Soest rekonstruieren und habe dazu in den Archiven der Stadt nach Dokumenten zu populärer Musik seit den 1950er Jahren gesucht, in der Erwartung, ab den 1960er Jahren Spuren von Amateurbeatbands und einer aufkeimenden Musikszene zu finden. Ich habe nur Weniges zu Beatbands gefunden, dafür aber zahlreiche Quellen zum »Karussell der Jugend«, einer regelmäßigen Reihe von Jugendtanzveranstaltungen anlässlich der Soester Allerheiligenkirmes. Deren Entwicklung von 1959 bis 1971 erlaubt einen interessanten Blick auf die Entwicklung von Praktiken der Rezeption populärer Musik in Live-Kontexten vor und nach dem Durchbruch der Beatles, und zwar gerade nicht in einem großstädtischen Ballungsraum, sondern in einer Kleinstadt in der westfälischen Provinz.[1]

Tia DeNora (2000: 1) bezeichnet die Analyse kultureller Texte zum Zweck einer auf der jeweiligen Lesart basierenden Rekonstruktion des Zusammenhangs zwischen Gesellschaft und Musik als »grand tradition«. Für die populäre Musik Deutschlands hat das etwa zuletzt Melanie Schiller (2018) an mehreren Beispielen ausführlich unternommen. Die vorliegende Studie fügt sich im Gegensatz dazu in die »little tradition« (DeNora 2000: 5) ein: Es geht darum aufzuzeigen, wie der Zusammenhang zwischen Gesellschaft und Musik in konkreten Ereignissen und Praktiken artikuliert wird, wie also ganz bestimmte Menschen populäre Musik durch ihre *doings* und *sayings* in ihrem Alltag als

---

1 Mein Dank gilt daher dem Stadtarchiv und dem Kreisarchiv Soest, besonders Frau Pusch und Frau Zwitzers, für ihre Unterstützung bei meinen Recherchen sowie Rebecca Meinke für ihre Hilfe beim Sichten und Durcharbeiten der umfangreichen Akten.

bedeutsam einfließen lassen (vgl. auch Grossberg 2010: 114ff., 146f., 152). DeNora (2000: 5) nennt als Vertreter dieser Forschungsrichtung z.B. Paul Willis und Simon Frith.

Im Sinne von Tony Kirschners »materialist ethnography« bedeutet diese »little tradition« auch, eine bestimmte Perspektive einzunehmen: (Spätestens) sobald die Ebene der konkreten Artikulationen in den Blick genommen wird, schauen Forscher*innen nicht von einer raumzeitlich herausgehobenen Position auf ihren Gegenstand, sondern von ihrem metaphorischen wie wörtlich zu verstehenden Standpunkt aus (vgl. Kirschner 1999: 260f.) – sie haben also eine deutliche Orientierung hinsichtlich ihres Forschungsgegenstands. Diese Perspektivität des Forschens gilt nicht nur für aktuelle, sondern genauso für historische Phänomene.

Die Perspektivität bedeutet aber gerade keine Reduktion auf lokale Spezifika. Im Sinne der Situationsanalyse Adele Clarkes gilt: »The conditions of the situation are in the situation« (Clarke 2010: 71). Für die Produktion und Rezeption populärer Musik bedeutet dies, dass es keine lokale Entwicklung gibt, die nicht in einem globalen Kontext steht und dessen Spuren nachweisbar in sich trägt (vgl. Kirschner 1999: 255f.; Klein/Friedrich 2003: 89). Umgekehrt muss auch eine Untersuchung des Globalen an dessen konkret situierten Artikulationen ansetzen; auch eine Kulturanalyse in der »grand tradition« muss ihre Thesen in ihren situativen Auswirkungen nachweisen können, um nicht bloße Behauptung zu bleiben (vgl. DeNora 2005: 2).

Ich werde also im Folgenden Formen der Live-Darbietung von populärer Musik im Karussell der Jugend untersuchen, um damit auch Erkenntnisse über die Entwicklung der Rezeption populärer Musik in der BRD der 1960er Jahre zu fundieren. Auch wenn Einzelergebnisse dieser Untersuchung nicht ohne Weiteres zu verallgemeinern sind, sind sie aufgrund der glokalen Verflechtung von Produktion und Rezeption populärer Musik nicht singulär. Ich gehe dabei von Grundannahmen der soziologischen Praxistheorie aus. Diese erscheint geeignet, bisherige eher bedeutungsorientierte Ansätze der Popularmusikforschung zu erweitern, weil sie die Sensibilität für die materiellen, performativen und situativen Dimensionen kultureller Formen erhöht.

2. Praxeologie und die Erforschung der historischen Entwicklung populärer Musik

»The fundamental nature and meaning of music lie not in objects, not in musical works at all, but in action, in what people do« (Small 1998: 8).

Meine Forschungsperspektive ist die der soziologischen Praxistheorie, wie sie derzeit u.a. von Andreas Reckwitz (2003, 2016), Theodore Schatzki (1996, 2002, 2014) und Frank Hillebrandt (2014, 2018) vertreten wird. Zu den wichtigen Vordenkern auf dem Wege zum »Bündel von Analyseansätzen« (Reckwitz 2003: 282), das die Praxistheorie heute bildet, zählt u.a. Pierre Bourdieu (2015). Im Feld der Musik sind verwandte Denkansätze z.B. bei Kurt Blaukopf (2010) sowie Christopher Small (1994, 1998) zu finden, von dem das einleitende Zitat stammt. Welchen spezifischen Beitrag kann Praxeologie nun zur Betrachtung gerade auch historischer Phänomene in der populären Musik leisten?

Die stark von den Cultural Studies und der Soziologie beeinflusste Forschung zur Popularmusik ab den 1970er Jahren[2] knüpft nicht an hermeneutische Ansätze einer historischen Musikwissenschaft an, sondern verlagert ihren Schwerpunkt auf die Rezipient*innen und ihren Umgang mit Musik. Dabei wird die Musik zum Text im semiotischen Sinne, dessen Lesart zur Basis für Homologien zwischen Musik und Lebensbedingungen und -weisen der Hörer*innen wird (vgl. Willis 1981: 238f.). Gleichzeitig ist die Musik aber auch eng mit weiteren materiellen Bedeutungsträgern, besonders z.B. spezifischen Modestilen, verflochten (vgl. ebd. sowie Hebdige 1979: 114f.). Erst im Zusammenspiel all dieser Faktoren lassen sich demnach kulturelle Formen, die um die populäre Musik herum neu entstehen, verstehen. Dem eher statischen Bedeutungsbegriff einer rein semiotischen Perspektive setzt Lawrence Grossberg (2010) mit dem Begriff der Artikulation die Aufrechterhaltung der Bedeutungen durch das alltägliche Tätigsein verschiedener Akteur*innen in konkreten Kontexten entgegen (ebd.: 60-68; vgl. aber auch den Begriff der »signifying practice« bei Hebdige 1979: 117-119). Grossberg kann — auch in seinem Gebrauch des Praxisbegriffs — als Bindeglied zwischen Cultural Studies und Praxistheorie angesehen werden.

---

2 Die Entwicklung der Popular Music Studies kann in diesem Rahmen selbstverständlich nur grob und auszugsweise skizziert werden; die zitierten Autoren sollen nicht auf die genannten Aspekte verkürzt werden, sondern werden herangezogen, um eine letztlich umfangreichere und komplexere Entwicklung zu illustrieren.

Diesen bedeutungsorientierten Ansätzen ist allerdings gemeinsam, dass die Bedeutungen im Mentalen der menschlichen Akteur*innen verortet werden. Deren Umgang z.B. mit den modischen Ausdrucksformen einer bestimmten Subkultur bleibt primär von intentionalen Erwägungen geprägt. Steve Jones (1992) erweitert den Begriff der »Rock Formation« auch auf die zahlreichen technischen Innovationen, die in die Neuerfindung kultureller Formen in der populären Musik involviert sind (vgl. auch Cutler 1991). Das Aktionspotential bleibt demnach aber in den Händen der Menschen, die mit den musikalischen, technischen, modischen und anderen Artefakten wie mit Werkzeugen umgehen. Der Einfluss etwa von Aufzeichnungstechnologien liegt in der Ermöglichung und gleichzeitigen Beeinträchtigung eines im Idealfall störungsfrei gedachten Kommunikationsprozesses: »music technology affects the content of music during its creation as well as its consumption« (Jones 1992: 7).

Besonders der Sinnbegriff der Praxeologie kann insofern zur Popularmusikforschung in zwei Aspekten entscheidende Neuerungen hinzufügen: Erstens durch die Implizitheit des praktischen Sinns. Im Kern einer praxeologischen Perspektive auf Musik steht ein performativer Begriff von Musik als sozialer Praxis. Eine Praxis ist dabei als ein geordnetes Bündel von *doings* und *sayings* zu verstehen; das heißt, sie wird durch die Partizipanden performativ konstituiert (Schatzki 2002: 71 u. 73). Die Grundlage dafür ist ein implizites Verständnis der jeweiligen kollektiv geteilten Praxis, das nicht propositional zu fassen ist (Schatzki 1996: 92f.). Affekte und potentielle Zielvorstellungen sind ebenfalls der Praxis zuzurechnen und sind ebenso kollektiv getragenes implizites Wissen um diese (vgl. Schatzki 2002: 77ff.).[3] Das heißt insbesondere, dass individuelle Sinnzuweisungen und Intentionen im Regelfall nicht der Ausgangspunkt, sondern Ergebnis der Partizipation an einer Praxis sind. So erweitert die Praxeologie den Blick auf musikbezogenes Handeln auf eine Weise, die nicht für jedes Tun einen reflexiv zugänglichen und propositional zu formulierenden Grund in den Handelnden voraussetzt, sondern Sinn in kollektiv getragener Praxis verortet.

Zweitens kommt materiellen Artefakten in praxistheoretischer Perspektive eine eigenständigere Rolle nicht nur als Träger von Sinn, sondern auch

---

3   Willis (1981: 236) nimmt zwar primär soziale Gruppen als Akteure in den Blick und betont auch, dass Homologien nicht zwangsläufig bewussten Prozessen entspringen — er arbeitet aber dahingehend die Beziehungen zwischen den Individuen und der jeweiligen Gruppe sowie die Differenz bewusster und nichtbewusster Sinnerzeugung nicht genauer aus.

als Ausgangs- und Kristallisationspunkt für Praxisvollzüge zu. Durch ihre jeweilige Affordanz[4] ermöglichen sie, ja verleiten sie gar zu bestimmten Praxisvollzügen, verhindern oder erschweren dagegen andere (Schatzki 2002: 106; Hillebrandt 2014: 82). Ihnen wird damit jene *agency*, also in etwa: das Potential, eine treibende, auslösende Kraft zu sein, zugeschrieben, die Grossberg als noch primär von menschlichen Akteur*innen getragen beschreibt (vgl. Grossberg 2010: 123f.).[5]

In der Regel stehen in der soziologischen Forschung Praxen der Gegenwart im Fokus. Auch in Bezug auf aktuelle Praxen populärer Musik gibt es inzwischen Ansätze, sich praxistheoretisch etwa mit Jazz (Müller 2017) oder mit der Rolle von Artefakten beim Beatmaking (Ahlers/Wernicke 2018) zu befassen. Schatzki (2002) und Hillebrandt (2018) zeigen aber, wie eine praxeologische Perspektive auch auf historische Praxen anwendbar ist, die nicht mehr teilnehmend beobachtet, sondern nur noch auf Grundlage von Quellen rekonstruiert werden können.

Praxistheoretisch erscheinen historische Entwicklungen der populären Musik dann nicht mehr als Summe der Intentionen und Anstrengungen vieler menschlicher Akteur*innen. Sie werden aber auch nicht als von materiellen Gegebenheiten determiniert aufgefasst. Stattdessen tritt die Kontingenz der Entwicklung deutlicher hervor (vgl. Klose 2019: 206). Dies widerspricht andererseits aber nicht prinzipiell ihrer wahrgenommenen Kontinuität, weil sämtliche Artikulationen in konkreten Situationen vom kollektiv geteilten Wissen getragen werden und damit auf historisch gewachsener Praxis basieren.

Den vorliegenden Artikel verstehe ich nicht im strengen Sinn als praxistheoretische Studie; eher könnte man von einem praxeologisch informierten Blick auf die Geschichte der populären Musik in der BRD der 1960er Jahre sprechen. Es gehen aber folgende Grundannahmen aus der Praxistheorie ein, die meinen Blick prägen und die ich für gewinnbringend für die Popularmusikforschung halte:

- Die spezifischen Ausprägungen von Praktiken sind nicht funktional oder strukturell determiniert (vgl. Hillebrandt 2014: 110). Für eine musikalische Praxis wie die des (Rock-)Konzerts heißt das: Aus der funktionalen

---

4 Mit Affordanz wird die in der Struktur liegende Eigenschaft von Artefakten bezeichnet, Menschen eine bestimmte Gebrauchsweise nahezulegen, wie z.B. Sitzgelegenheiten so geformt sind, dass sie zum Sitzen einladen; vgl. DeNora 2000: 38-40.

5 In dieser Hinsicht gehen von der Akteur-Netzwerk-Theorie Bruno Latours (2014) viele Impulse für praxistheoretischen Ansätze aus; einige Autoren allerdings, wie etwa Schatzki, stellen deren Symmetrie zwischen menschlichen und nichtmenschlichen Aktanten (vgl. ebd.: 121-135) einen »residual humanism« entgegen (Schatzki 2002: 116).

Bestimmung der Idee, einem Publikum Musik darzubieten, erklärt sich nicht die Form, die diese Praxis annimmt. Die *doings* und *sayings*, die wir als einem Konzert zugehörig verstehen, resultieren nicht zwangsläufig aus der Absicht, anderen Menschen etwas vorzuspielen.

- Stattdessen können sich Praktiken nur in Verkettung und durch Formation entwickeln und dauerhaft etablieren (vgl. ebd.: 115). Für Rockkonzerte heißt das: Für die Formen, in denen die in den 1960er Jahren neu auftretende Musik des Beat dargeboten wird, muss es Vorläufer geben, an die angeknüpft wird und die im Hinblick auf die neue Musik umgestaltet werden. Jugendtanzveranstaltungen, wie es sie schon in den 1950er Jahren gibt, gehören im Feld populärer Musik in Deutschland zu diesen Vorläufern.
- Außerdem greifen verschiedene Praktiken ineinander und tragen dazu bei, dass sich eine Praxisform wie das Rockkonzert dauerhaft etablieren kann. Small bezeichnet diese musikbezogenen *doings* mit seinem umfassend gemeinten Neologismus »*musicking*«; Hillebrandt benutzt den auch von Grossberg verwendeten Terminus der »Formation« (vgl. Grossberg 2010: 131f.; Hillebrandt 2018: 75ff.; Hillebrandt 2014: 103ff.).
- Praktiken sind stets körperlich-materiell verankert; sie sind Arrangements von Körpern und Dingen (vgl. ebd.: 111). Sowohl die Performanz der partizipierenden Körper wie auch die Affordanzen der assoziierten Dinge und Artefakte tragen gleichermaßen zur Praxis bei. Bei Konzerten muss also die räumlich-materielle Anordnung der Menschen im Verhältnis zu Stühlen, Bühnen, Verstärkeranlagen, Tanzflächen und zahlreichen weiteren Artefakten mit in den Blick genommen werden. Die konkreten Praktiken sind darüber hinaus in den körperlich zu verstehenden *doings* der Teilnehmer*innen zu suchen — auch Zuhören ist aus praxistheoretischer Perspektive kein rein körperlos-geistiges Phänomen. Erst im Zusammenspiel dieser materiellen Elemente ist die Praxis als ereignishaftes Vollzugsgeschehen zu greifen.

Mein Interesse bei den folgenden Ausführungen liegt darin, wie sich im Zuge des Auftretens des neuen Musikstils Beat auch neue Formen der Darbietung und Rezeption herausbilden bzw. alte Formen sich verändern. Ich verstehe dabei besonders den durch die Erfolge der Beatles ausgelösten Boom populärer Musik als Grundstein der Rockmusik im heutigen Sinne, in Abgrenzung zu früheren Formen populärer Musik wie Jazz, Formen von Schlager bzw. Tanzmusik der 1950er Jahre und auch zum Rock'n'Roll.

3. Das Karussell der Jugend: Daten, Fakten und Ereignisse

Soest ist eine westfälische Kleinstadt, ca. 40 km östlich von Dortmund am Hellweg, einer alten Handelsstraße, gelegen. Die protestantisch geprägte Stadt gehörte ehemals der Hanse an und ist im Zweiten Weltkrieg von Zerstörungen weitgehend verschont geblieben, weshalb bis heute ein sehr großer Altstadtkern mit umfangreicher historischer Bausubstanz erhalten geblieben ist. Die Soester Allerheiligenkirmes, die jedes Jahr fünf Tage lang vom ersten Mittwoch nach Allerheiligen an stattfindet, geht auf ein 1338 erstmals urkundlich erwähntes Kirchweihfest zurück und wird heute als »größte Altstadtkirmes Europas« (Wirtschaft und Marketing Soest GmbH 2018) beworben.

Neben dem Kirmesrummel aus Fahrgeschäften und sonstigen Attraktionen ist die Soester Allerheiligenkirmes – ganz typisch für ein Volksfest – ein soziales Ereignis, bei dem auch Alkohol in erheblichen Mengen konsumiert wird. Zum Schutz der Jugend beschließt der Kreisjugendpfleger Rudolf Hilger daher 1958, auf der Kirmes ein Angebot zu schaffen, um die Jugendlichen von Kneipenbesuch und Alkoholkonsum fernzuhalten.

»1958: Zeit der Halbstarkenkrawalle, Schlägerei zwischen rivalisierenden Gruppen, Messerstecherei. Ein Junge wurde erstochen – so damals in Schwerte, am Rand des Ruhrgebietes. Aber auch im westfälischen Soest hätte so etwas passieren können. Doch bevor es so weit kommt, dachte sich der damalige Kreisjugendpfleger Rudolf Hilger, sollte man etwas für die Jugend tun. Das dachten damals sicherlich viele. Doch – und das ist schon seltener – in Soest wurde etwas getan: Das ›Karussell der Jugend‹ wurde etabliert. Seit 1959 dreht es sich einmal im Jahr vier Tage lang während der Allerheiligenkirmes« (Walter Keßler, Kolping Blatt Nov. 1967, Kreisarchiv Soest, Akte Altkreis 6200).

Im Jahr 1959 wird unter dem Namen »Karussell der Jugend« (im Weiteren: KdJ) erstmals ein Zelt auf der Kirmes errichtet, in dem während der Kirmes bei alkoholfreien Getränken ein Programm angeboten wird (vgl. Unverricht 1964). Anfänglich hat dies den Charakter einer Jugendtanzveranstaltung mit buntem Unterhaltungsprogramm. Auf die Wandlungen des KdJ in den späteren Jahren soll im weiteren Verlauf noch näher eingegangen werden. Das KdJ entwickelt sich zum Erfolgsmodell, das Mitte der 1960er Jahre jährlich über 4000 Menschen anzieht (vgl. Kreisarchiv Soest, Akte Altkreis SO/9335). Der Nachfolger Rudolf Hilgers als Kreisjugendpfleger, Klaus Suter, führt – unterstützt vom Stadtjugendpfleger Paul Bolley – das KdJ ab 1964 fort. Das Modell wird zum Vorbild auch für andere Kommunen, die mit Delegationen anreisen, um sich vom KdJ für die eigene Jugendpflege anregen zu lassen.

1970 findet – nach 1965 zum zweiten Mal – eine Kooperation mit dem WDR statt. Der Sender überträgt ein Konzert der Gruppen Kraftwerk und Can live vom KdJ. Im Anschluss an das KdJ 1971 streicht die Kreisverwaltung allerdings die Mittel für die Veranstaltung des Folgejahres, weil es Vorwürfe gibt, dass nach Abbau des Zeltes zahlreiche Schnapsflaschen gefunden worden seien, dass während des KdJ von einer der beteiligten Bands Hasch geraucht worden sei sowie dass ein nicht als jugendfördernd zu bezeichnender Film gezeigt worden sei. Kreisjugendpfleger Suter bemüht sich zwar, die Vorwürfe zu entkräften, bleibt aber in puncto Fortbestehen des KdJ ohne Erfolg (Kreisarchiv Soest, Akte Altkreis SO/9335).

Im Jahr 1972 findet im Blauen Saal des Rathauses Soest unter dem Titel »Sound-Center« eine mehrtägige Veranstaltungsreihe mit Jazz, Blues, Beat und progressiver Musik statt. Pro Abend spielen dabei zwei Bands; der Charakter ist eher der einer Konzertreihe als der des vormaligen KdJ. Der letzte Abend ist dabei übrigens eine »Diskothek« (Kreisarchiv Soest Akte Ea 7053). Ein KdJ für das Jahr 1973 wird zwar noch in Ansätzen geplant, aber letztlich nicht mehr umgesetzt.

4. Einzelaspekte des KdJ aus praxeologischer Perspektive

4.1 Zwischen Tanzmusik und konzertanten Einlagen

Im Folgenden gehe ich auf einige Aspekte ein, die Aufschluss über Praxen im Rahmen einer Live-Musik-Veranstaltung der 1960er Jahre geben können. Praxis meint dabei ein ganzes Bündel von *doings* und *sayings*, z.B. des Zuhörens, Tanzens und Musizierens, aber auch Gestaltens eines Programms auf Seiten der Ausrichter*innen einer solchen Veranstaltung, in diesem Fall also des Kreisjugendpflegers.

Das KdJ startet im Jahr 1959 als Jugendtanzveranstaltung mit buntem Programm an fünf Tagen von Mittwoch bis Sonntag, d.h. vom ersten bis zum letzten Kirmestag. Schon ab dem folgenden Jahr wird das KdJ auf vier Tage verkürzt. Neben zwei expliziten Tanzkapellen – dem Jugendtanzorchester Castrop-Rauxel und der Tanzband des Düsseldorfer Tanzlehrers Gerd Kaechele – sind insgesamt vier Jazzbands engagiert. Mit dem Spiritual Studio ist außerdem auch beim ersten KdJ eine Besetzung dabei, die das Spektrum um afroamerikanische Musik jenseits von Jazz erweitert.

Neben den musikalischen Acts ist 1959 wie in den kommenden Jahren ein teils nicht-musikalisches Unterhaltungsprogramm zentraler Bestandteil des

KdJ: Es gibt Vorführungen von zwei Ballettschulen und zwei professionellen Tanzpaaren, außerdem einen Wettbewerb für Nachwuchsmodeschöpferinnen mit Modenschau und eine Kabarettgruppe von der Folkwang Universität der Künste in Essen.

In das Prinzip der Abwechslung von Tanzmusik und Einlagen zum Zuschauen fügt sich auch die Musik: Die Jazzbands und das Spiritual Studio sind in diesem Sinne Darbietungen und wechseln sich mit den Tanzkapellen ab. In den folgenden Jahren wird sich eine Aufteilung herauskristallisieren, bei der ein oder zwei Abende von einer expliziten Tanzkapelle bestritten werden und andere Abende von einer Jazzband, die aber zu diesem Zweck ihr Programm in einen Teil mit Tanzmusik und einen Teil mit konzertant[6] gespieltem Jazz zum Zuhören aufteilt.

Abb. 1: Ausschnitt aus dem Programm des *Karussells der Jugend* 1965, Kreisarchiv Soest, Akte Altkreis SO/6200

Abb. 1 zeigt ein typisches Beispiel aus dem Programm von 1965. Die typographische Gestaltung ist in jedem Jahr verschieden. Die in den Text eingebetteten launigen Formulierungen sind dagegen ein wiederkehrendes Stilmerkmal in den KdJ-Programmbroschüren.

---

6 Der Begriff »konzertant« sei hier vorerst nur provisorisch verwendet. Ob die Art und Weise, populärer Musik in Live-Kontexten zuzuhören, in den 1960er Jahren dem entspricht, was man mit dem Begriff »Konzert« konnotiert, möchte ich nicht voraussetzen. Stattdessen wäre das eher das Ziel eines genaueren Blicks auf die Praktiken von Live-Musik in der Zeit.

Die Düsseldorfer Jazzband Feetwarmers (die erste Gruppe von Klaus Doldinger; 1959, 1960, 1961 und 1963), die Hamburger Old Merry Tale Jazzband (1962, 1964, 1966) und Hawe Schneider und die Spree City Stompers (1961-1965) sind Gruppen, die in den Jahren 1959-1966 mehrmals für das KdJ engagiert werden, ähnlich wie auch die Tanzbands. Dagegen treten die anderen Musikgruppen, die eher konzertante Einlagen bieten, meist nur einmal im KdJ auf.

Ab dem Jahr 1966 übernehmen die Aufgabe, gleichzeitig Tanzmusik und konzertante Einlagen zu liefern, zunehmend Gruppen, die auch als Beat-Bands fungieren: die Valendras (1966, 1967 und 1969) und die Raimondos (1968-1970), beide[7] aus Hamburg, sowie die New Sound Seekers aus dem benachbarten Werl (1969-1971).

Jazz bedeutet im KdJ bis ins Jahr 1971 hinein fast ausschließlich New Orleans- oder Dixieland-Jazz. Das Siggi Gerhardt Swingtett (1960) stellt im Prinzip schon eine Ausnahme dar. Interessant ist, dass aber durchweg konsequent am Jazz festgehalten wird, auch wenn Kreisjugendpfleger Suter im Jahr 1966 schon mit Hilfe von Fragebögen die Präferenzen der Jugendlichen erfragt und sich nur 2,4 % für Jazz aussprechen (vgl. Kreisarchiv Soest, Akte Altkreis SO/6963). Erst 1971 kommt er endgültig zum dem Schluss, dass New Orleans-Jazz im Hinblick auf Jugendliche nicht mehr zeitgemäß sei (vgl. Kreisarchiv Soest, Akte Altkreis SO/6982).

4.2 Gleichzeitigkeit des Ungleichzeitigen – Präsenz verschiedener Musikstile im KdJ

Damit ist schon die Frage nach der Verteilung verschiedener Musikstile im KdJ angedeutet. Dazu ein Diagramm (Tab. 1), das eine Zuordnung der Bands auf der Grundlage der Programme bzw. Pressemitteilungen von 1959 bis 1971 darstellt. Die Übernahme der zeitgenössischen Kategorisierungen erlaubt keine direkten Rückschlüsse auf die jeweilige Musik, sondern spiegelt den damaligen Begriffsgebrauch wider. Inwieweit aber z.B. die unter Beat bzw. Pop aufgeführte Musik aus damaliger oder auch aus heutiger Sicht als musikalisch verschiedenen Stilen zugehörig wahrgenommen wird, lässt sich aus den vorliegenden Quellen nur unzureichend rekonstruieren.

---

7 Genauer gesagt stellen Valendras und Raimondos vermutlich eine in den 1960er Jahren auftretende Zwischenstufe zwischen Beat-Band und Tanzband dar: Beide um das Jahr 1960 herum gegründet, bedienen sie in kleiner Besetzung Tanzmusik für Standardtänze und Beat gleichermaßen. Die Valendras werden hinsichtlich ihres gemischten Repertoires gelobt; die Raimondos werden ab 1968 unter dem Begriff »Pop« angekündigt (vgl. Kreisarchiv Soest, Akten Altkreis SO/6962 und SO/6200).

Jahr	Jazz	Skiffle	Folk	Beat	Pop	progressiv	Tanzkapelle	sonstige Stile	sonstige Einlagen
1959	4						2	1 (Spirituals)	5
1960	3	1					1		5
1961	2	8					2		7
1962	4	3					1	1 (Blues)	6
1963	5	10					1	1 (Blues und Twist)	4
1964	3						2	2 (Blues; Bänkelsänger)	5
1965	1		5	2			2	1 (Volks-/Stimmungssänger)	3
1966	4		3	2			1*		2
1967	1		3	4			2		8
1968	1		2	3	2			2 (Insterburg & Co. und der Sänger Walter Hedemann mit »Songs«)	5
1969	1	1	3**	2	3			2 (zweimal Soul)	3
1970	1		3	3	1	2	1	1 (Soul)	
1971	1		2	1	4***	4			3

* Die Cornely-Singers sind als Tanzkapelle aufgeführt.
** Im Programm wird Reinhard Mey als Chanson-Sänger bezeichnet.
*** Unter »Pop« werden auch Kin Ping Meh im Programm aufgeführt, auch wenn sie unter »progressiv« treffender eingeordnet wären.

Tab. 1: Stilistische Zuordnungen der Bands im KdJ 1959-1971

Im Jahr 1960 tritt erstmals eine Skiffle-Gruppe im KdJ auf; für die kommenden Jahre bis 1963 ist dies ein fester Programmpunkt. In den Jahren 1961 und 1963 werden Skiffle-Wettbewerbe mit einmal vier und einmal zehn Bands ausgetragen.

Bandwettbewerbe sind eine in den 1950er und 60er Jahren fest etablierte Form: Klaus Doldinger z.B. gewinnt mit den Feetwarmers 1960 beim Amateur-Jazzwettbewerb in Düsseldorf; in den 1960er Jahren sind Beat-Wettbewerbe weit verbreitet (z.B. im Starclub in Hamburg ab 1963 oder in der Vestlandhalle in Recklinghausen ab 1964; 1966 auch im benachbarten Bad Sassendorf). Solche Wettbewerbe haben mehrere Facetten:

Wettbewerbe bieten (in der populären Musik) auch Amateuren eine Plattform, sich auf der Bühne zu erproben. Gleichzeitig tragen Praktiken von Wettbewerben aber auch dazu bei, die Kategorie »Amateur« zu formen.

Mit dem Wettbewerbscharakter, der ja gerade in der Suche nach den »Besten« besteht, erhalten »schlechte« Bands eine feste Rolle im Programm.

Die Programmgestaltung wird also tolerant gegenüber Qualitätsunterschieden der beteiligten Bands.

Das heißt, gerade da, wo ein Angebot an Bands knapp ist oder umgekehrt die Nachfrage nach den existierenden Bands sehr hoch ist, kann ein Wettbewerb helfen, das Programm zu füllen, weil auch Bands engagiert werden können bzw. sich melden können, die die Qualitätsstandards sonst nicht erfüllen würden. Insofern können Wettbewerbe zur mittelfristigen Herausbildung einer Bandszene beitragen, weil sie die Einstiegshürden senken.

Aus Veranstaltersicht erlauben Wettbewerbe daher eine finanziell günstige Gestaltung eines längeren Programms, weil Aussicht auf eine Auszeichnung es ermöglicht, Bands für wenig oder keine Gage zu engagieren.

Bandwettbewerbe betonen außerdem den Aspekt der Darbietung: Das Publikum möchte (im günstigsten Fall) die Auswahl der »besten« Band mit- und nachvollziehen und tritt in einen Diskurs auf Grundlage ästhetischer Kriterien ein. Das begünstigt also eine konzentriert hörende gegenüber einer zerstreut hörenden oder funktional vom Tanzen bestimmten Haltung gegenüber der Musik. Damit haben Wettbewerbe historisch möglicherweise auch zur Herausbildung von konzertanten Formen in der populären Musik beigetragen.

Bemerkenswert am Skiffle-Wettbewerb im KdJ ist allerdings die Abwesenheit von lokalen Teilnehmer*innen: Von den teilnehmenden Bands der Wettbewerbe kommen mehrere aus Berlin, weitere aus Essen (eine Skiffle-Band namens Railway-Skifflers), Dortmund und Bochum.

Das zeugt zum einen von einer großen Mobilität der Skiffle-Szene trotz des expliziten Amateurcharakters gerade dieser Musik. Hier zeigt sich, dass schon in den 1960er Jahren die strikte Dichotomie von Amateur und Profi nicht durchzuhalten ist. Kirschner spricht von einem »success continuum«, auf dem sich Bands bewegen. Ein wichtiger Faktor ist dabei die Mobilität im räumlichen wie auch im textuellen Sinne, d.h. mittels der Vielfalt der Erscheinungsformen von populärer Musik vom Live-Auftritt bis zur veröffentlichten Aufnahme (Kirschner 1999: 249). Auch wenn aus den Dokumenten zum KdJ hervorgeht, dass in den frühen 1960er Jahren die Mitglieder der meisten engagierten Bands neben der Musik anderen Berufen bzw. einer Ausbildung nachgehen, sind auch diese im strengen Sinne nicht-professionellen Musiker*innen sehr mobil.

Zum anderen scheint die nähere Umgebung Soests in den 1960er Jahren möglicherweise keine Amateurszene zu besitzen, die groß genug gewesen wäre, um in nennenswerter Zahl bei einem Wettbewerb vertreten zu sein. Diesen Eindruck stützt auch der Blick auf die Herkunft aller Bands.

4.3 Räumliche Mobilität von Bands als Merkmal der Live-Rezeption populärer Musik in den 1960er Jahren

Die folgende Tabelle 2 zeigt die Herkunft der Bands, die beim KdJ auftreten, zusammengefasst über die Jahre 1959 bis 1971. Mehrfach auftretende Bands sind dabei nur einmal gezählt:

Herkunft	Anzahl	Bemerkungen
Düsseldorf	10	davon 6 im Jahr 1959
Hamburg	10	
Berlin	9	
München	6	
Mannheim	4	davon 2 Bands mit der Sängerin Joy Fleming
Köln	4	
Ruhrgebiet	14	Essen (3), Bochum (3), Dortmund (2) sowie Mülheim, Castrop-Rauxel, Hagen, Hamm, Kamen und Recklinghausen (jeweils 1)
Frankfurt	2	
Kiel	2	
Soest	1	
Werl	1	
weitere Städte	13	Neuss, Münster, Coesfeld, Kassel, Göttingen, Oldenburg, Kellenhusen, Oberemmel, Hannover, Braunschweig, Iserlohn, Hameln, Heidelberg (jeweils 1)
international:		
Niederlande	3	Amsterdam, Hilversum, Enschede (jeweils 1)
Großbritannien	2	Princeton, Glasgow (jeweils 1)
Belgien	1	Brüssel (1) ist als Herkunftsort von Hanns Dieter Hüsch genannt
Dänemark	1	
Jugoslawien	1	Zagreb
Australien	1	
nicht genannt	10	

Tab. 2: Herkunft der Bands im KdJ 1959-1971

Auffällig ist zum einen, dass lediglich eine Band (die als Jazz- und Bluesband firmierende Ragamuffins Washboard Band, 1962) Soest zugeordnet werden kann. Der Kreisjugendpfleger engagiert deutschlandweit Bands – Hamburg, Berlin, München und Düsseldorf sind die wichtigsten Orte. Das nähere Umfeld, d.h. die Soester Börde und das Münsterland, ist lediglich durch die Nachbarstadt Werl repräsentiert. Das Ruhrgebiet, das 40 km westlich von Soest anfängt, ist zwar als Ballungsraum mit 14 Bands vertreten; der Anteil der einzelnen Städte ist allerdings vergleichsweise klein. Gerade die Beat-Hochburg Recklinghausen ist z.B. nur mit einer Band vertreten.

Die große Zahl von Düsseldorfer Bands in den Anfangsjahren hat vermutlich mit der Vermittlung von Bands durch den Düsseldorfer Tanzlehrer Gerd Kaechele zu tun; die Jazzbands der ersten drei Jahre stammen außerdem aus dem Umfeld der Feetwarmers. Später wird dann Hamburg Düsseldorf als wichtigster Herkunftsort von Bands ablösen.

1965 treten mit Chris and His Toplight (Kassel) und John O'Hara and His Playboys die ersten Beatbands im KdJ auf. Bemerkenswert ist auch hier, dass es sich weder um Bands aus der direkten Umgebung noch um eine der inzwischen schon zahlreichen Beatbands etwa aus dem Ruhrgebiet handelt, sondern u.a. um eine internationale Gruppe aus dem Mutterland des Beat. John O'Hara ist im gleichen Jahr auch der erst zweite internationale Act, den Kurt Oster für seine Beat-Festivals in der Vestlandhalle in Recklinghausen engagiert (vgl. Husslein 1999a: 72). Oster ist ebenfalls Jugendpfleger und kommt etwa zeitgleich mit seinem Soester Kollegen zu dem Schluss, dass es seine pädagogischen Aufgaben erfordern, Angebote um die neue Musik Beat zu schaffen. Damit bewirkt er, dass Recklinghausen zur maßgeblichen Beat-Hochburg des Ruhrgebiets wird (vgl. ebd.: 70-74).

Von 1965 an bleibt Beat ein fester Bestandteil des KdJ. Die in den Folgejahren am häufigsten engagierten Bands — die Valendras und die Raimondos aus Hamburg — zeugen von dem Vorsprung, den Hamburg zeitlich und infrastrukturell für Beat und Pop schon seit Anfang der 1960er Jahre hat. Clayson (1997: 82ff) schreibt von den deutschlandweiten Tourneen der britischen Beat-Bands, die in Hamburg residieren. Soest profitiert aber offensichtlich mehr von der Szene, die sich in der Hafenstadt im Umfeld der Clubs aus deutschen Musiker*innen rekrutiert.

Nach Frederic and the Rangers, einer Recklinghäuser Band, sind dann die New Sound Seekers aus Werl die einzige Beat-Band, die aus der Nähe, wenn auch nicht direkt aus Soest, kommt. Bis in die 1970er Jahre hinein bleibt die Band in Werl, Soest und Umgebung erfolgreich. In Soest selbst scheint es ansonsten keine lebhafte Beatszene gegeben zu haben; ich habe in den Archiven lediglich von zwei Bands, The Jumps und The Rogues, Spuren gefunden.

4.4 Stilbezeichnungen und ästhetische Wertungen

Die New Sound Seekers werden ab 1969 mit den Begriffen Pop, Beat und Soul angekündigt. Die erstmalige Nennung bestimmter Stilbegriffe in Programm und Pressetexten zwischen 1959 und 1971 stellt folgendes Diagramm (Abb. 2) dar:

Erstmalige Nennung von Stilbezeichnungen

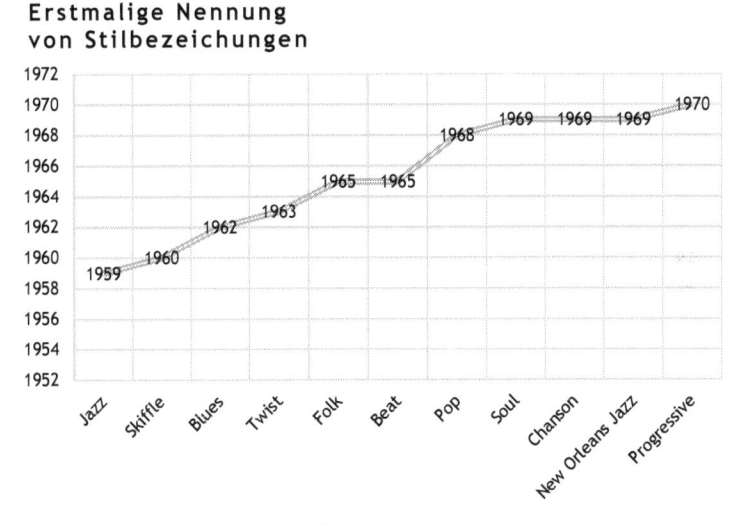

1959	Jazz
1960	Skiffle
1962	Blues
1963	Twist
1965	Folk
1965	Beat
1968	Pop
1969	Soul
1969	Chanson
1969	New Orleans Jazz
1970	Progressive

Abb. 2: Erstmalige Nennung von Stilbezeichnungen

Der Begriff Folk wird trotz der Nähe der darunter subsumierten Musik zu Skiffle, Blues und Spirituals erstmals 1965 explizit benutzt. Die damit einhergehende Etablierung von Folk im Programm beruht nicht zuletzt auf pädagogischen Intentionen: Aus den Korrespondenzen des Kreisjugendpflegers geht hervor, dass die Ernsthaftigkeit von Folk auch ein Gegengewicht zur kommerziellen Jugendmusik Beat bilden soll (vgl. Kreisarchiv Soest, Akte Altkreis SO/6962). 1968 zitiert die *Westfalenpost* in einem Bericht über Suters Vorbereitungen zum KdJ 1969 den Kreisjugendpfleger: »Aber das soll kein Beatschuppen werden« (*Westfalenpost* 28.9.1968; Kreisarchiv Soest Akte Altkreis SO 5334). In den Jahren 1965 bis 1970 stellt das Engagement von Folk-Musiker*innen wie Aviva Semadar, Perry Friedman, Martha Morris, John Pearse, Hedy West, Brian und Phyllis Mooney, Colin Wilkie und Shirley Hart — also zumeist aus dem englischsprachigen Raum[8] — demnach auch den Versuch dar,

---

8 Perry Friedman wird in der Programmankündigung »Kanada/Berlin« zugeordnet.

die Jugendlichen durch die Veranstaltungsreihe an eine als wertvoll erachtete Musik heranzuführen. Die City Preachers aus Hamburg sowie deutschsprachige Chanson-Sänger bzw. Liedermacher wie Franz Josef Degenhardt (1965), Reinhard Mey (1969), Horst-Steffen Sommer (1970) und Lothar von Versen (1971) repräsentieren die deutsch(sprachig)e Folk- und Liedermacherszene, wie sie sich verstärkt seit dem ersten Burg Waldeck-Festival 1964 gebildet hat.

Dass die Integration von Beat eher ein Zugeständnis an die Jugendlichen als sein eigenes Anliegen ist, darin unterscheidet sich der Soester Kreisjugendpfleger auch von Kurt Oster, dem Recklinghäuser Kreisjugendpfleger. Oster bekundet im Zusammenhang mit seinen Beat-Programmen (ab 1964) ausdrücklich, dass er in dieser Musik ein Potential sieht:

»Ich bin sehr froh darüber, daß ich mich vor Jahren schon mit dem Beat beschäftigt habe, und wenn Sie mich fragen, was ich davon halte, was aus dem Beat wird, kann ich Ihnen nur sagen, daß der Beat sich verändern wird, vielleicht kultivieren wird, daß er zu einer festen Einrichtung wird, die die Jugend im weitesten Umfange auch in vielleicht möglicherweise veränderter Form zur Folklore hin, das wäre denkbar, doch immer begeistern wird!« (Kurt Oster 1966, zit. nach Husslein 1999a: 72).

Mit dem Auftreten progressiver Bands verschieben sich die Präferenzen der Jugendlichen und damit auch die Wahrnehmung des Beat, den Suter zuvor noch als vermeintlich zweifelhafte Jugendmusik beargwöhnt hat. Ein Journalist der Tageszeitung *Westfalenpost* urteilt 1970: »Doch die Musik der ›Raimondos‹ fand bei den Jugendlichen keinen großen Beifall. Konservative Klänge sind schließlich nicht ›in‹, und da die ›Kraftwerk‹ am Freitag progressiven Sound demonstriert hatten, wollte man natürlich mehr davon hören« (*Westfalenpost* 10.11.1970, Kreisarchiv Soest Akte Altkreis 5334). Das heißt: In nur wenigen Jahren repräsentieren Beat- bzw. Pop-Bands den musikalischen Mainstream und lösen die vorherigen dominanten Tanzkapellen ab – entsprechend wandelt sich auch die Wahrnehmung der Jugendlichen, was sich in ihrem Rezeptionsverhalten niederschlägt.

4.5 Zuhören statt Tanzen – Praktiken der Rezeption im Wandel

Trotz allen Einbezugs von Beat, Folk und progressiver Musik bleibt das KdJ der Idee des bunten Abends bis zuletzt genauso verhaftet wie der Grundanlage als Tanzveranstaltung. Ab 1969 lassen sich Veränderungen im Verhalten der Jugendlichen beobachten, die den Kreisjugendpfleger zum Nachdenken über das Konzept bringen. In einem Brief des Jahres 1968 schon schildert der Fotograf Manfred Bauer Suter seine Einschätzungen und Beobachtungen:

»Darum folgende Vorschläge:
Umgestaltung des Zeltes:
a) Wenig Tische, viel freier Platz zum Herumstehen.
b) Lange umlaufende Bänke oder Stühle, in Reihen zusammengeschraubt
c) Tanzfläche vergrößern, nicht mehr so breit, dafür etwas länger, evtl. zweite kleine Tanzfläche im hinteren Teil des Zeltes. Es gibt immer einige sehr gute Tanzpaare, die auf der dichtgedrängten Fläche nicht zum Zuge kommen. Die kleine extra Fläche wäre ihre Domäne [...]
d) Teile des Zeltbodens etwa einen halben Meter erhöhen [...] Wer sitzen will, der kann; wer stehen will[,] hat Platz dazu und wer trinken will[,] geht zur Theke. So wird es schon seit Langem in den großen Jugend-Lokalen gemacht und das Volk fühlt sich wohl«
(Brief Manfred Bauers an Klaus Suter vom 25.11.1968. Kreisarchiv Soest Akte Altkreis 6200).

Abb. 3: Blick ins Zelt, Fotograf: Manfred Bauer (1966), Kreisarchiv Soest, Bestand F1: 101612

Die grundsätzliche Anordnung im Zelt entspricht mindestens bis zum Jahr 1968 nach wie vor dem, was man in Festzelten bei Volksfesten vorfindet: Tischreihen zum Sitzen, Konsumieren von Erfrischungen und Anschauen der Einlagen im Programm sowie eine Tanzfläche – d.h. die räumlich-materielle Anordnung sieht auch einen bestimmten Wechsel von Aktivitäten vor (vgl. Abb. 3). Ab 1969 wird beobachtet, dass Jugendliche die Tanzfläche einer Umnutzung unterziehen: Sie nehmen ihre Jacken, legen sie auf die Tanzfläche und setzen sich darauf, um der Musik nur zuzuhören, statt dazu zu tanzen.

»Mit Pop-Musik, einer humoristischen Jongleurshow, Soul, Parodie und Beat-Imitation ging es am Sonntag in die letzte Runde im Karussell der Jugend. Bereits ab 16 Uhr spielten die ›Raimondos‹ aus Hamburg zum Tanz. Doch getanzt wurde im Großen Jugendzelt sehr wenig, vielmehr wurde die Tanzfläche als Sitzgelegenheit benutzt. Besonders vor der Bühne breitete man Jacken und Mäntel aus und ließ sich darauf nieder« (*Westfalenpost* 10.11.1970, Kreisarchiv Soest Akte Altkreis 5334).

Bemerkenswert ist daran, dass – in Anknüpfung an den Titel – neue Praktiken des Umgangs mit populärer Musik im Live-Kontext von den Rezipient*innen erfunden werden und eben nicht von der Veranstalterseite. Der durch die Veranstaltung vorgegebene räumlich-materielle Rahmen wird kreativ genutzt, und eine neue Form der konzertanten Rezeption von populärer Musik wird etabliert.

Um den Wandel dieser körperlich-materiellen Seite der Praktiken von Rezipient*innen im KdJ zu untersuchen, bietet sich methodisch der Blick auf die zahlreichen im Kreisarchiv befindlichen Fotodokumente an. Rudolf Hilger hat – der Datierung der Bilder im Kreisarchiv nach zu urteilen – ab 1961 regelmäßig den Fotografen Manfred Bauer zur Dokumentation der Veranstaltung engagiert.

Ein auf 1964 datiertes Foto (Abb. 4) ist von der Bühne herab ins Publikum aufgenommen. Man sieht drei junge Musiker an Saxophon bzw. Orgel in Rückansicht. Der Rand der Bühne ist mit Blumengestecken dekoriert, wie es etwa in Schützenfestzelten üblich ist. Das Publikum drängt sich bis dicht vor die Bühne, ist aber nicht einheitlich zur Bühne hin ausgerichtet, sondern orientiert sich teilweise in Paaren tanzend in ganz verschiedene Richtungen. Unmittelbar vor der Bühne dreht ein junger Mann z.B. den Musikern den Rücken zu. Im Hintergrund sieht man allerdings auch zwei junge Männer, die sich – vermutlich um besser sehen zu können – eine erhöhte Position gesucht haben und ihre Aufmerksamkeit auf die Bühne richten.

Auch eine Nahaufnahme von der Tanzfläche (ebenfalls datiert 1964, Abb. 5) dokumentiert dieses Nebeneinander von Tanzpaaren, die sich nicht zur Bühne hin orientieren, und einzelnen zur Bühne blickenden Zuhörer*innen. Zu sehen sind zwei Tanzpaare, ein drittes ist am linken Bildrand in Ansätzen zu erkennen. Hinter den Paaren sind zwei weibliche und ein männlicher Jugendlicher mit gleicher Blickrichtung zu sehen. Der junge Mann neigt den Kopf zusätzlich so, als müsse er an einem Hindernis vorbeischauen.

DIE ERFINDUNG DES ROCKKONZERTS IN DER PROVINZ

Abb. 4: Drei Musiker und Publikum, Fotograf: Manfred Bauer (ca. 1964), Kreisarchiv Soest, Bestand F1: 101484

Abb. 5: Tanzpaare, Fotograf: Manfred Bauer (1964), Kreisarchiv Soest, Bestand F1: 101597

Ein Bild der Skiffle Band Lucky Girls aus dem Jahr 1963[9] (Abb. 6) ist ebenfalls von der Bühne herab fotografiert und zeigt die Band in Rückansicht. Das Publikum steht geschlossen zur Bühne hin ausgerichtet; es sind keine Tanzpaare

---

9   Das Kreisarchiv datiert dieses Foto auf ca. 1965, was den dokumentierten Programmen nach falsch sein muss.

zu erkennen. Die erste Reihe steht mehrere Meter vom Bühnenrand entfernt, sodass die Tanzfläche frei bleibt.

Abb. 6: Lucky Girls und Publikum, Fotograf: Manfred Bauer (datiert 1965), Kreisarchiv Soest, Bestand F1: 101703

Abb. 7: New Sound Seekers und Publikum, Fotograf: Günter H. Peters (1971), Kreisarchiv Soest, Bestand F1: 101783

Das im o.g. Zitat benannte Phänomen von auf ihren Jacken sitzenden Jugendlichen ist schließlich ebenfalls dokumentiert: Beim Auftritt der New Sound Seekers 1971 (Abb. 7) blickt man am Gitarristen und am Bassisten der Band vorbei auf die Tanzfläche. Vorne sitzen Jugendliche wie beschrieben auf der Tanzfläche; dahinter sitzen einige Zuhörer*innen auf Stühlen, während noch weiter hinten ein Teil des Publikums steht. Dies verweist auf den Wandel der Rezeptionspraktiken weg vom Paartanz zur Musik hin zum reinen Hören.

Abb. 8: Tanzende Jugendliche, Fotograf: Günter H. Peters (1970), Kreisarchiv Soest, Bestand F1: 101759

Auf einem Foto von 1970 (Abb. 8) sieht man Jugendliche möglicherweise in einer Gruppe, aber gleichzeitig einzeln für sich tanzen. Erkennbar sind Praktiken wie das Vor- und Zurückwerfen des Kopfes und das Neigen des Oberkörpers, die heute noch Tanzbewegungen besonders zu härterer Rockmusik prägen. Es zeichnet sich der Wandel weg von einer sozialen Praxis des gemeinsamen Tanzes von Mann und Frau als Form der ritualisierten Kontaktaufnahme und -pflege hin zu einer Praxis des gemeinsamen Musikhörens von Individuen ab. Der Körper ist dabei einerseits Ausdrucksmittel, andererseits Mittel zur Intensivierung des eigenen Hörerlebnisses.

Einzelne Fotos, z.B. vom Auftritt der Folk-Sängerin Aviva Semadar aus dem Jahr 1965, zeigen allerdings auch eine Komplettbestuhlung des Zeltes –

von Seiten des Veranstalters lässt dies auf eine Unterscheidung zwischen Programmpunkten als Darbietung bzw. Tanzvergnügen schließen. Dass Folk dabei zu den Programmpunkten gehört, die für aufmerksames Zuhören gedacht sind, unterstreicht die Auffassung dieser Musik als ernsthaft und wertvoll.

Die vom WDR mitgeschnittenen Konzerte der Gruppen Kraftwerk und Can[10] zeigen ein vorwiegend aufmerksam zuhörendes Publikum der beiden progressiven Bands. Nur einzelne Zuhörer*innen tanzen ausgiebiger, die meisten Jugendlichen beschränken sich auf ein Mitwippen des Oberkörpers und Mitklatschen mit dem Beat der Musik. Der Schritt zum Rockkonzert als Praxis im heutigen Sinn scheint hier vollzogen, auch wenn nicht ausgeschlossen werden kann, dass die Rahmenbedingungen einer Live-Übertragung das Verhalten im konkreten Fall mitprägen.

Die hier anhand einiger Beispiele skizzierte Entwicklung müsste in einer größer angelegten ikonographischen Studie zum Verhalten von Rezipient*innen in ganz Deutschland während der 1960er Jahre vertieft werden. Aus dem vorliegenden Material lässt sich etwa nicht schließen, ob es spezifische Ereignisse gibt, die einen sprunghaften Wandel bedingen, oder ob es sich um einen graduellen Prozess von der Tanzveranstaltung hin zur Darbietung von Rockmusik für ein primär zuhörendes Publikum handelt.

5. Das KdJ im Kontext von Live-Darbietungen populärer Musik zwischen 1958 und 1970

Wie ordnet sich das KdJ in den Kontext von Live-Darbietungen populärer Musik der Zeit ein? Der massive Erfolg der Beatles und der Rolling Stones ab 1962/63 beruht in erster Linie auf medialer Vermittlung durch Schallplatten und Rundfunk. Die Rolling Stones sind erst 1965 in Deutschland live zu hören. Die Beatles kehren im Rahmen der *Bravo Beatles Blitztournée* erst 1966 wieder nach Deutschland zurück (vgl. Conrad 2016a: 57), also vier Jahre nach der Veröffentlichung von »Love Me Do« und ihrem letzten Auftritt im Star Club, dessen auf Hamburg begrenzte lokale Reichweite sich von ihren Konzerten als internationale Stars unterscheidet.

Der Rock'n'Roll — als Vorläufer des Beat — wird in den 1950er Jahren ebenfalls vorwiegend medial vermittelt rezipiert. Dabei spielt das Kino die zentrale Rolle: Die sogenannten Rock'n'Roll-Krawalle etwa 1956 in Dortmund finden im Anschluss an Vorführungen des Films *Rock Around the Clock* statt (vgl. von Wensierski 1985: 104ff.). Der erste Auftritt Bill Haleys, dessen Musik

---

10 Online s. https://youtu.be/YF1B4smQL7s sowie https://youtu.be/7zhdNviS0Vs (beide zuletzt aufgerufen am 25.1.2019).

durch diesen sowie den zwei Jahre älteren Film *Blackboard Jungle* [*Saat der Gewalt*] in der BRD bekannt geworden ist, findet 1958 in der Grugahalle in Essen statt (vgl. Farin 2006: 19).

Das heißt, dass die maßgeblichen Vertreter*innen der neuen Musikrichtung Beat bis 1965 in der BRD gar nicht und auch danach zumindest außerhalb der Großstädte nur in Ausnahmefällen für Jugendliche live zu erleben sind. Die Grugahalle ist in den 1960er Jahren dabei der zentrale Spielort im Ruhrgebiet, auch z.B. für die Rolling Stones 1965 und die Beatles 1966 (Conrad 2016a: 57). Anders sieht die Situation in Hamburg aus: Kaiserkeller, Indra, Top Ten und (ab 1962) der Star Club spielen eine entscheidende Rolle bei der Herausbildung des britischen Beat. Die Beatles sind nur eine der zahlreichen britischen Bands, die im Vergnügungs- und Rotlichtbezirk St. Pauli dem Pionier Tony Sheridan folgen und – zumindest bis zur Schließung des Star Clubs am 31.12.1969 – Rock'n'Roll, Beat und Soul live erlebbar machen (vgl. Clayson 1997, Beckmann/Martens 1980). Die teils langjährig in Deutschland spielenden Bands erreichen – nicht zuletzt aus genau diesem Grund – nicht den Bekanntheitsgrad der Akteur*innen der British Invasion (z.B. Beatles, Rolling Stones, Animals), erfreuen sich aber in Deutschland im weiteren Verlauf der 1960er Jahre großer Beliebtheit (z.B. Dave Dee, Dozy, Beaky, Mick and Tich, die Stammgäste im Beat Club, in der *Bravo* und in den deutschen Charts sind, vgl. Clayson 1997: 228). Die in Hamburg ansässigen britischen Bands touren aber auch durch Deutschland (vgl. ebd.: 82ff.), nicht zuletzt durch die Filialen, die Manfred Weißleder von seinem bald legendären Star Club eröffnet (Beckmann/Martens 1980: 150f). Hamburg spielt – wie sich in der Statistik der Herkunft der Bands im KdJ widerspiegelt – auch für den Soester Kreisjugendpfleger eine wichtige Rolle als Lieferant von (Beat-)Bands.

1968 finden die Internationalen Essener Songtage statt. Als Ereignis nach dem Monterey Pop Festival von 1967, aber vor dem Woodstock Festival 1969 gelegen, zeugen sie von einer Eigenständigkeit der Entwicklung hin zum Rockfestival in Deutschland, die sich auch im Programm widerspiegelt. Neben der deutschen Liedermacherszene aus der Tradition des seit 1964 existierenden Burg Waldeck-Festivals und amerikanischen Underground-Bands wie The Fugs und Frank Zappa & The Mothers of Invention treten hier auch erste Vertreter*innen der später als Krautrock bezeichneten progressiven Musik auf (vgl. Conrad 2016b: 62f sowie Husslein 1999b).

Der Soester Kreisjugendpfleger Klaus Suter reist 1968 zu den Essener Songtagen, um nach Musiker*innen für das KdJ zu suchen (vgl. *Westfalenpost* vom 28.09.1968, Kreisarchiv Soest Akte Altkreis SO/5334, sowie einen Vermerk in Akte Altkreis SO/6962) – und tatsächlich weisen die Programme der beiden Veranstaltungen mehrere Überschneidungen auf: Franz Josef Degenhardt, Colin Wilkie und Shirley Hart, Rick Abao und die City Preachers. Dies und die zunehmende Präsenz progressiver Bands beim KdJ verstärken den Eindruck, dass der Kreisjugendpfleger neben seinen ursprünglich pädagogischen Tätigkeiten zunehmend auch die Rolle eines Konzertveranstalters einnimmt. Bei seinen in dieser Rolle getroffenen Entscheidungen vermischen sich dementsprechend pädagogische mit wirtschaftlichen und ästhetischen Motiven.

6. Fazit: Das KdJ und die praxeologische Erforschung populärer Musik im Deutschland der 1960er Jahre

Bei der Betrachtung des KdJ fallen vier Aspekte besonders auf, die es bei der Rekonstruktion und Erforschung der rockmusikalischen Entwicklung in Deutschland genauer zu beachten lohnt.

Es zeigt sich erstens eine bemerkenswerte Gleichzeitigkeit des Ungleichzeitigen: Dem im internationalen Vergleich langen Festhalten an den Musikstilen (New Orleans-)Jazz und Skiffle steht eine schnelle Reaktion auf die neu auftretenden Phänomene Beat und Folk gegenüber. Mit der Verpflichtung der relativ jungen Bands Can und Kraftwerk als progressive Bands im Jahr 1970 betritt das KdJ sogar Neuland, insofern deren Musik zu diesem Zeitpunkt noch nicht den späteren Bekanntheitsgrad besessen haben kann. Eine strikt diachrone Sicht auf Popmusikgeschichte ist – ähnlich wie Elijah Wald (2009: 199) es für die USA konstatiert – verfehlt: So wie die Teenager der 1950er Jahre in den USA gleichzeitig Elvis, Chuck Berry, Frank Sinatra, Connie Francis und Perry Como gehört haben, so stehen in Deutschland bei den Jugendlichen Jazz, Beat und progressive Klänge (und vermutlich auch Schlager) mitunter selbstverständlich nebeneinander.

Der Wandel der Praxisform Konzert vollzieht sich zweitens primär auf den Impuls der Hörer*innen hin: Das Modell des Jugendtanzabends mit buntem Programm beginnt sich in Richtung des »Rockkonzerts« zu verändern, weil sich die körperlich-materiellen Praktiken der Jugendlichen im Umgang mit Musik wandeln. In diesem Kontext wäre es vielversprechend, auf breiter Basis Bilddokumente von Musikveranstaltungen der 1960er Jahre auf die Veränderung solcher körperlich-materieller Praktiken hin zu untersuchen.

Der Wandel in der Praxis der Rezeption von live gespielter Musik ist drittens aber auch im Kontext der medialen Vermittlung zu sehen. Deutsche

Beat-Bands gelten im Allgemeinen als Epigonen, deren mangelnde Eigenständigkeit eine weiter reichende Rezeption dieser Musik verhindert. Erst mit dem progressiven Krautrock, heißt es, entstehe eine genuin deutsche Popmusik (vgl. z.B. Schröder 1980: 17 u. 21; Büsser 2013: 51 u. 53). Möglicherweise spiegelt sich in den Wandlungen der Praktiken von Jugendtanzveranstaltungen zu Rockkonzerten ein sich verändernder Anspruch an die Musik: Während den Jugendlichen bis in die zweite Hälfte der 1960er Jahre hinein die Unverfügbarkeit des Live-Erlebnisses der von Schallplatten bekannten britischen Beat-Bands klar ist, erfüllen die deutschen Beat-Bands andere Ansprüche bezüglich eines sozial eingebetteten gemeinsamen Erlebens einer präferierten Musik, für die aber die Originalität des Materials zweitrangig ist. Erst Ende der 1960er Jahre kommt mit den progressiven Bands die Idee einer originellen, schöpferischen Rockband in Deutschland an. Dies erfordert dann andere Formen der Rezeption auch im Live-Kontext, weil es nun mitunter um eine Musik geht, die man gar nicht von Platte kennt. Das konzentrierte, auf die Musik gerichtete Zuhören ist eine der neuen Ästhetik angemessene Praktik.

Viertens: Die Rolle kommunaler Jugendarbeit wie in Soest oder in Recklinghausen verdient noch eingehendere Betrachtung. Die Infrastruktur, die von den Kreisjugendpflegern geschaffen wird, ermöglicht erst die Entstehung einer nennenswerten deutschen Bandszene. Alle neuartigen Sounds, die Ende der 1960er Jahre aufkommen, haben darin ihre materielle Basis. Die Blütezeit von Beat in Hamburg Anfang der 1960er Jahre, die durch den großen kommerziellen Vergnügungssektor der Stadt bedingt ist, kann also u.a. getragen von der mit pädagogischer Absicht eingerichteten Pop-Infrastruktur auf die provinzielle Landschaft Deutschlands abstrahlen. Kommunale Jugendeinrichtungen haben sich überdies teilweise über die Jahrzehnte hinweg so sehr als Spielorte für Popmusik professionalisiert, dass sie – wie z.B. das Freizeitzentrum West in Dortmund – gar nicht mehr primär andere Aufgaben der Jugendpflege wahrnehmen. Es ist dabei aber zu prüfen, inwiefern die Realität eines von drei bzw. vier Besatzungsmächten teils sehr unterschiedlich geprägten Landes zu regionalen Unterschieden führt. Im US-amerikanisch geprägten Süddeutschland stellt sich die Entwicklung möglicherweise ganz anders dar.

Die genannten vier Aspekte illustrieren auch, dass die am Beispiel des KdJ erprobte praxeologische Herangehensweise an eine historische Episode für die Erforschung populärer Musik neue Methoden jenseits textueller Analyse einerseits und Rekonstruktion auf Grundlage qualitativ-empirischer Verfahren erschließt. Partizipation an Musik als sozialer Praxis geschieht auf Grundlage des implizit erlernten und kollektiv geteilten praktischen Verständnisses etwa darüber, was eine Musikveranstaltung ist und wie in einem solchen Rahmen adäquat agiert wird. Kommen nun neue Faktoren ins Spiel wie der neue Sound des Beat, neue Praxisformen wie die der Beat-Band und neue Praktiken des Zuhörens, so lassen sich graduelle wie auch plötzliche Veränderungen in den körperlich-materiellen Anordnungen in Bild-, Ton- und Textdokumenten situativ nachweisen.

Intentionen und Sinndeutungen, wie sie von Teilnehmer*innen etwa durch Interviewverfahren erfragt werden, stellen demgegenüber eine sekundäre Schicht dar und sind praxistheoretisch im Allgemeinen vielmehr als Effekte der Partizipation denn als Ursache der beobachteten bzw. erfragten Praxisvollzüge zu deuten (vgl. Reckwitz 2003: 296).

Ein praxeologischer Blick auf die Geschichte der populären Musik stellt also einen mittleren Weg dar: Entwicklungen werden weder mentalistisch auf Ideen, Intentionen oder Bedeutungszuweisungen einzelner Akteur*innen verkürzt, noch wird die Zwangsläufigkeit einer deterministischen Struktur oder einer Tendenz des Materiellen behauptet. Stattdessen werden Dynamik und Regelmäßigkeiten (Hillebrandt 2014: 116; vgl. auch Reckwitz 2003: 294) der sozialen Praxis nachgezeichnet. Erst das Zusammenspiel aller situativ relevanten Faktoren führt dazu, dass die Dinge sich so ereignen und wir als Beobachter*innen dann Zeugen davon werden können. Für die populäre Musik illustriert dies vielleicht nichts so gut wie die Tatsache, dass es trotz aller Erfolgsmodelle nicht die ultimative Hit-Formel gibt. Der nächste Chartbreaker, der nächste Trend bleibt letztlich immer unberechenbar und überraschend.

Literatur

Ahlers, Michael / Wernicke, Carsten (2018). *Midakuk. Musikalische Interface-Designs: Augmentierte Kreativität und Konnektivität.* Verfügbar unter: https://www.leuphana.de/midakuk/midakuk.html (Zugriff: 30.12.2018).
Bauer, Manfred (1997). *Bananen für Josephine.* Neckarsulm: Druckhaus Horch.
Beckmann, Dieter / Martens, Klaus (1980). *Star-Club.* Reinbek b. Hamburg: Rowohlt.
Blaukopf, Kurt (2010). »Musikpraxis als Gegenstand der Soziologie.« In: *Was ist Musiksoziologie? Ausgewählte Texte.* Hg. v. Michael Parzer. Frankfurt/M.: Peter Lang, S. 89-106.
Bourdieu, Pierre (2015). *Praktische Vernunft: Zur Theorie des Handelns.* Frankfurt/M.: Suhrkamp.
Büsser, Martin (2013). *On the Wild Side. Die wahre Geschichte der Popmusik.* Mainz: Ventil.
Clarke, Adele C. (2010). *Situational Analysis. Grounded Theory After the Postmodern Turn.* Thousand Oaks: Sage.
Clayson, Alan (1997). *Hamburg. The Cradle of British Rock.* London: Sanctuary.
Conrad, Vera (2016a). »The Beat goes on. Beatbands im deutschen Industrierevier.« In: *Rock und Pop im Pott. 60 Jahre Musik im Ruhrgebiet.* Hg. v. Theo Grütter. Essen: Klartext, S. 44-57.

Conrad, Vera (2016b). »Leben, Kämpfen, Solidarisieren. Musik und Politik.« In: *Rock und Pop im Pott. 60 Jahre Musik im Ruhrgebiet*. Hg. v. Theo Grütter. Essen: Klartext, S. 58-71.

Cutler, Chris (1991 [1982]). »Necessity and Choice in Musical Forms, Concerning Musical and Technical Means and Political Needs.« In: Ders., *File Under Popular*. London: ReR Megacorp, S. 19-38.

DeNora, Tia (2000). *Music in Everyday Life*. Cambridge: Cambridge University Press.

Farin, Klaus (2006). *Jugendkulturen in Deutschland. 1950-1989*. Bonn: Bundeszentrale für politische Bildung.

Grossberg, Lawrence (2010 [1992]). *We gotta get out of this place. Rock, die Konservativen und die Postmoderne*. Wien: Löcker.

Hebdige, Dick (1979). *Subculture: The Meaning of Style*. London: Methuen.

Hillebrandt, Frank. (2014). *Soziologische Praxistheorien: Eine Einführung. Soziologische Theorie*. Wiesbaden: Springer VS.

Hillebrandt, Frank. (2018). »Rock und Pop als Praxis«. In: *Kultur — Interdisziplinäre Zugänge*. Hg. v. Hubertus Busche, Thomas Heinze, Frank Hillebrandt u. Franka Schäfer. Wiesbaden: Springer VS, S. 63-79.

Husslein, Uwe (1999a). »Beat! Beat! Beat! Pop in den Prä-Apo-Tagen.« In: *»Tief im Westen...« Rock und Pop in NRW*. Hg. v. Christine Flender, Uwe Husslein u. Ansgar Jerrentrup. Köln: Emons, S. 66-75.

Husslein, Uwe (1999b). »Von Kaisern und Kosmischen Kurieren. Die Ersten Internationalen Essener Song Tage 1968.« In: *»Tief im Westen...« Rock und Pop in NRW*. Hg. v. Christine Flender, Uwe Husslein u. Ansgar Jerrentrup. Köln: Emons, S. 76-89.

Jones, Steve (1992). *Rock Formation. Music, Technology and Mass Communication*. Newbury Park: Sage.

Kirschner, Tony (1996). »Studying Rock. Towards a Materialist Ethnography of Rock.« In: *Mapping the Beat. Popular Music and Contemporary Theory*. Hg. v. Thomas Swiss, John Sloop u. Andrew Herman. Malden, Oxford: Blackwell, S. 247-268.

Klein, Gabriele / Friedrich, Malte (2003). *Is this real? Die Kultur des HipHop*. Frankfurt/M.: Suhrkamp.

Klose, Peter (2019). »Mapping the Welle. Potentiale von Musikanalyse als Artefaktanalyse im Rahmen praxeologischer Studien zu populärer Musik am Beispiel von Extrabreit.« In: *Die Praxis der Popmusik. Soziologische Perspektiven*. Hg. v. Anna Daniel u. Frank Hillebrandt. Wiesbaden: Springer VS. S. 197-230.

Latour, B. (2014). *Eine neue Soziologie für eine neue Gesellschaft*. Berlin: Suhrkamp (3. Aufl.).

Müller, Christian (2017). *Doing Jazz. Zur Konstitution einer kulturellen Praxis*. Weilerswist: Velbrück Wissenschaft.

Reckwitz, Andreas (2003). »Grundelemente einer Theorie sozialer Praktiken: Eine sozialtheoretische Perspektive.« In: *Zeitschrift für Soziologie* 32 (4), S. 282-301.

Reckwitz, Andreas (2016). *Kreativität und soziale Praxis: Studien zur Sozial- und Gesellschaftstheorie*. Bielefeld: transcript.

Schatzki, Theodore R. (1996). *Social Practices: A Wittgensteinian Approach to Human Activity and the Social*. Cambridge: Cambridge University Press.

Schatzki, Theodore R. (2002). *The Site of the Social: A Philosophical Account of the Constitution of Social Life and Change*. University Park: Pennsylvania State University Press.

Schatzki, Theodore R. (2014). »Art Bundles.« In: *Artistic Practices. Social Interactions and Cultural Dynamics*. Hg. v. Tasos Zembylas. London u. New York: Routledge, S. 17-31.

Schiller, Melanie (2018). *Soundtracking Germany: Popular Music and National Identity*. London: Rowman & Littlefield.
Schröder, Rainer M. (1980). *Rock Made in Germany. Die Entwicklung der deutschen Rockmusik*. München: Heyne.
Small, Christopher (1994). *Music of the Common Tongue*. London: Calder.
Small, Christopher (1998). *Musicking. The Meanings of Performing and Listening*. Middletown: Wesleyan University Press.
Unverricht, Erich (1964). »Karussell der Jugend.« In: *Heimatkalender des Kreises Soest* 37, S. 79f.
Wald, Elijah (2009). *How the Beatles Destroyed Rock'n'Roll. An Alternative History of American Popular Music*. Oxford u. New York: Oxford University Press.
Wensierski, Hans-Jürgen von (1965). »Die anderen nannten uns Halbstarke. Jugendsubkultur in den 50er Jahren.« In: »*Die Elvis-Tolle, die hatte ich mir unauffällig wachsen lassen.« Lebensgeschichte und jugendliche Alltagskultur in den fünfziger Jahren*. Hg. v. Hans-Hermann Krüger. Opladen: Leske + Budrich, S. 103-128.
Willis, Paul (1981). »*Profane Culture*«. *Rocker, Hippies: Subversive Stile der Jugendkultur*. Frankfurt/M.: Syndikat.
Wirtschaft und Marketing Soest GmbH (2018). *681. Allerheiligenkirmes Soest*. https://www.allerheiligenkirmes.de (Zugriff: 13.11.2018).

Archivquellen

Kreisarchiv Soest: Akten Altkreis SO/5334, SO/5355, SO/6200, SO/6582, SO/6946, SO/6962, SO/6963, SO/6964, SO/9335.
Stadtarchiv Soest: Akte Ea 7480.

Abstract

This article reconstructs changing listening practices in live-settings of popular music in 1960s West Germany. Drawing on archival sources of the »Karussell der Jugend« or »Merry-go-round of Youth« — a music and variety program hosted by the community youth worker at the Westphalian town of Soest's annual kermesses from 1959 until 1971 — a praxeological view is taken of the event's gradual transition from a youth dance to a rock concert-like setting: The inclusion of contemporary stylistic developments in otherwise traditionally-minded programming, the spatial mobility of amateur and semi-professional musicians, and the adolescent audience's creative repurposing of the material setting for listening rather than dancing are analyzed as constitutive factors in the process. Finally, the article also discusses the applicability of a theoretical framework based on sociological practice theory for a study of both contemporary scenes and practices as well as historical phenomena within popular music.

SUCHTGENESE UND SELBSTKONZEPTE: ZUM POTENTIAL BIOGRAPHISCHER FALLREKONSTRUKTIONEN FÜR DIE POPULAR MUSIC STUDIES

Melanie Ptatscheck

Einleitung

»Musik und Drogen — Das gehört zusammen wie Pommes und Mayo«, schreibt der Journalist André Bosse in seinem Artikel »Lebende Leichen« (2015), in dem er sich mit dem *Warum* von Drogenabhängigkeit unter Musiker*innen beschäftigt. Getreu dem Motto »Sex & Drugs & Rock'n'Roll« scheint der Konsum von Drogen geradezu prototypisch zum Lifestyle vieler Musiker*innen und ihrem Umfeld zu gehören — so auch Barry Spunt (2014: 65) aus soziologischer Perspektive: »Since the beginning of rock music, the media has been filled with endless stories of rock star indulgence. [...] Connections are not hard to find — groupies, fans, music industry personnel.« Eine ähnliche Verbindung hebt auch Jörg Fachner hervor. Obwohl populäre Musik und Drogen dem Autor zufolge vor allem seit dem legendären Musikfestival in Woodstock miteinander in Verbindung gebracht werden, sei dieses Phänomen keines, das erst mit den 1960er Jahren in Erscheinung getreten ist (vgl. Fachner 2007, 2008, 2010). Und auch Andrew Blake stellt heraus, dass Drogen in musikalischen Praktiken weltweit und zu allen Zeiten immer wieder eine Rolle gespielt haben:

»From the role of the ›reefer‹ [joint; MP] in early twentieth century jazz and blues, to the centrality of amphetamines and hallucinogens for dance music at the close of the century and beyond, there has been an intimate relationship between drug consumption and music« (Blake 2007: 103).[1]

Rainer Holm-Hadulla (2014) geht davon aus, dass Jazz- und Popmusiker*innen mehr Alkohol und Drogen konsumieren als die durchschnittliche Bevölkerung.

---

1 Sicherlich ließen sich hierzu auch Anhaltspunkte ergänzen, die weiter in der Geschichte zurückreichen und sich nicht nur auf den Bereich der populären Musik beziehen. Da sich dieser Beitrag jedoch schwerpunktmäßig auf populäre Musik seit dem 20. Jahrhundert bezieht, gehe ich darauf nicht weiter ein.

Tatsächlich wird diese Behauptung von einer aktuellen Umfrage der Music Industry Research Association (MIRA 2018) mit 1227 Musiker*innen verschiedener Genres in den USA bestätigt: Die Befragten konsumierten 5-mal häufiger Kokain, 6,5-mal häufiger Ecstasy, 13,5-mal häufiger LSD, 3,5-mal häufiger Methamphetamine und 2,8-mal häufiger Heroin oder andere Opiate. Auch wenn der Konsum der letztgenannten Gruppierung die vergleichsweise geringste Abweichung zum durchschnittlichen Konsum der US-amerikanischen Bevölkerung aufweist, scheint gerade der Gebrauch dieser Substanzen eine zentrale Rolle für Musiker*innen verschiedener Genres und Musikkulturen eingenommen zu haben. Egal ob im Bebop, Grunge oder Alternative Rock – es fällt auf, dass es immer wieder Vertreter*innen des Typus ›Junkie‹ waren bzw. noch immer sind, die zu Weltstars und Ikonen werden.[2] Doch warum ist ausgerechnet der Konsum von Opiaten so populär (gewesen)? Warum wurden bzw. werden Musiker*innen von diesen Drogen süchtig?

Auffällig ist, dass diese und ähnliche Fragen vor allem aus einem journalistischen Blickwinkel thematisiert werden. Obwohl die Drogenabhängigkeit von Musiker*innen und damit verbundene Exzesse und Skandale bis hin zum Drogentod immer wieder im Blickpunkt der Öffentlichkeit stehen, wird insbesondere das Phänomen der Heroinabhängigkeit in musikbezogener Forschung vergleichsweise selten diskutiert. Zwar werden sozialgeschichtliche Hintergründe erfragt und Faktoren benannt, die den Konsum von Heroin bedingen (siehe z.B. Mezzrow/Wolfe 1946; Shapiro 1998), dennoch liegt bis auf wenige Ausnahmen (z.B. Winick 1959-60, 1961; Spunt 2014) kein empirisches Material vor, das über diese Betrachtungen hinausgeht.

In Anbetracht dieses Desiderats stelle ich in diesem Beitrag einen Forschungsansatz vor, welcher der von Bosse eingangs formulierten Frage nach dem *Warum* nachgeht und damit den Versuch leistet, einen Ansatz zur Annäherung an das Phänomen Heroinabhängigkeit unter Musiker*innen zu liefern. Neben (musikspezifischen) Faktoren, die in die Sucht führten, wird am Beispiel von ehemals heroinabhängigen Musikern[3] in Los Angeles danach gefragt, welche Vorstellungen diese Musiker von sich selbst als Musiker haben und welchen Einfluss die Drogenabhängigkeit auf diese Vorstellungen und den damit verbundenen (musikalischen) Werdegang nimmt.

---

2 Für eine kulturhistorische Kontextualisierung des Phänomens »Populäre Musik und Heroin« siehe Ptatscheck (2019a und 2019b). Dort wird nicht nur auf die jeweils spezifischen Bedeutungen des Heroinkonsums in unterschiedlichen popkulturellen (Musik-)Szenen eingegangen, sondern auch der aktuelle Stand internationaler Arbeiten zum Thema aufgegriffen.

3 Auch wenn im Zuge der Datenerhebung ausschließlich männliche Studienteilnehmer gefunden werden konnten, bezieht der gewählte Ansatz grundsätzlich alle Geschlechter ein.

Auf Grundlage dieses Forschungsinteresses wurde ein theoretischer Zugang zunächst im Rahmen der Sucht- und Selbstkonzeptforschung gesucht. In diesem Kontext erwiesen sich die Konstrukte Suchtgenese und Selbstkonzept als Orientierungspunkte zur Annäherung an das benannte Phänomen — eine Verbindung, die bis auf vereinzelte und durchaus veraltete Studien (z.B. Hunter et al. 1978; Kunz et al. 1985; Fieldman et al. 1995) bislang nur selten stattgefunden hat. Es fällt grundsätzlich auf, dass bei der Wahl methodischer Verfahren innerhalb der Ursachenforschung von Sucht als auch zur Erhebung von selbstbezogenen Informationen — nicht ausschließlich (z.B. Klein 1997; Schuppener 2005), aber vornehmlich (s. Mummendey 2006) — auf standardisierte Messverfahren zurückgegriffen und damit eine die Quantifizierung von Daten beabsichtigt wird. Da die hier thematisierte Studie jedoch auf die subjektive Sichtweise von Einzelfällen und damit nicht auf eine repräsentative Darstellung abzielt, wurde auf Grundlage narrativ-biographischer Interviews ein biographiezentrierter Ansatz im Kontext interpretativer Sozialforschung gewählt, der die Rekonstruktion von Lebensgeschichten individueller Musiker*innen in den Fokus setzt. Die Verwendung narrativer Verfahren ist sicherlich nicht neu für die Erforschung populärer Musik(kulturen); in musikbezogenen Ethnographien gehören sie geradezu zum Standard. Mit der Wahl der biographischen Fallrekonstruktion nach Rosenthal (2014) wurde jedoch ein methodisches Vorgehen herangezogen, das erstmalig in den Popular Music Studies angewendet wird und mit dessen Hilfe zum ersten Mal Lebenswege von heroinabhängigen Musikern individuell nachgezeichnet und damit verbundene Erfahrungswelten und Handlungsweisen nachvollziehbar gemacht werden.

Im Folgenden wird zunächst die Herleitung des methodischen Verfahrens skizziert und eine damit verbundene ethnographische Haltung begründet. Auf Grundlage exemplarischer Ergebnisse werden abschließend der Erkenntnisgewinn dieser Studie und damit das Potential narrativer Selbsterzählungen aufgezeigt sowie daraus resultierende Überlegungen für weitere Forschungsarbeiten diskutiert.

Suchtgenese und Selbstkonzepte

Ein zentraler Beweggrund zum Konsum von Drogen ist »das Erleben einer ›anderen‹ als der wahrgenommenen Welt« (Egger 2006: 23). Durch die Annahme, dass sich durch den Gebrauch psychoaktiver Substanzen wie Heroin[4] (innere

---

4   Heroin wirkt i.d.R. beruhigend, entspannend und schmerzlösend, gleichzeitig bewusstseinsmindernd und euphorisierend.

und äußere) belastende Anforderungen und Konflikte lösen ließen, werden diese von ihren Konsument*innen oft dazu eingesetzt, die individuell wahrgenommene Realität zu beschönigen oder zu verdrängen. Problematisch wird diese Realitätsflucht, wenn sie nicht mehr aus eigenem Antrieb entsteht, sondern sich verselbstständigt. Die Sehnsucht nach einer »besseren« oder »heilen Welt« und damit verbundene transzendente Erfahrungen scheinen zwar vorübergehende Glücksmomente zu erzeugen; die romantisierende »Illusion einer heilen Welt« (ebd.) impliziert jedoch auch das »unauflösbare Problem der Gleichzeitigkeit von Unabhängigkeit und Abhängigkeit« (ebd.). Der Weg in die Sucht lässt sich somit als »eine Bewegung aus der persönlichen Freiheit in die Unfreiheit der süchtigen Abhängigkeit« (Bochnik 1987) verstehen, mit dem selbstzerstörerisches Verhalten und im äußersten Fall sogar der Tod einhergehen können – wie jüngst der Tod durch Überdosis des Rappers Mac Miller (†2018) verdeutlichte.

Die Ursachen der Suchtentstehung sind vielfältig und können nicht auf nur *einen* Umstand zurückgeführt werden. Vielmehr handelt es sich bei Suchterkrankungen um einen multifaktoriellen Ursachenkomplex und damit um ein komplexes Wechselspiel biologischer, psychologischer, physiologischer und soziokultureller Bedingungszusammenhänge. Interdisziplinäre Zugänge (z.B. Neurobiologie, Anthropologie, Psychoanalyse, Devianzforschung und Lerntheorie) sind in diesem Forschungsfeld folglich unumgänglich. Auffällig ist dennoch, dass trotz der vielfältigen Ansätze innerhalb der Suchtforschung bislang nur wenige qualitative Arbeiten vorliegen (darunter Brachet 2003), die Grundlagenwissen zur Entstehung, also dem *Warum* von Drogenabhängigkeit liefern, sodass Heroinsucht generell, und nicht nur auf Musiker*innen-Biographien bezogen, bis heute vergleichsweise wenig empirisch erforscht ist.

Als wesentliche Grundannahme meiner Studie wird Heroinsucht als Teil bzw. im Kontext einer gesamten Lebensgeschichte angesehen, welche den individuellen Vorstellungen der Betroffenen über sich selbst – sogenannten *Selbstkonzepten* – zugrunde liegt. Wird schließlich in Anlehnung an Annemarie Laskowski (2000: 9) davon ausgegangen, dass diese Vorstellungen Einfluss auf ihre Handlungskonstitutionen ausüben, so könnte hierin auch eine Antwort darauf zu finden sein, warum Menschen süchtig werden. Um jedoch das Erleben und Verhalten eines Menschen nachvollziehen zu können, muss man auch seine Gedankenwelt kennenlernen (vgl. Schachinger 2005: 134). Theorien im Zuge der Selbst- bzw. Selbstkonzeptforschung liefern hierzu verschiedene Anhaltspunkte, an denen sich bei der Erforschung der Entstehung von Heroinabhängigkeit orientiert werden kann. Dabei erschwert die Vielfalt der verschiedenen disziplinären Ansätze die Überschaubarkeit des Forschungsgegenstandes und die Einordnung neuer Befunde in vorliegende Modelle. Dennoch lassen sich einige Merkmale, wie sie Lina Hammel (2011) in ihrer Arbeit zu Selbstkonzepten von Musiklehrer*innen zusammenfassend darstellt, ausmachen, die Selbstkonzepte weitgehend übereinstimmend zugeschrieben werden und im Folgenden als Grundlage empirischer Datenerhebung dienen sollen. Selbstkonzepte gelten demnach als

»bereichsspezifisch strukturiert, relativ stabil mit situations-spezifischen Ausprägungen, wirken handlungs- und wahrnehmungsleitend und werden vom Individuum auf der Basis eigener Erfahrungen konstituiert, bei der andere Individuen eine bedeutende Rolle spielen« (ebd.: 82).

In Anlehnung an Maria Spychiger (2007) können Selbstkonzepte als »Korrelat akkumulierter [...] Erfahrungen, anhand deren eine Person sich in diesem Lebensbereich selbst wahrnimmt und einschätzt und worauf sie rekurriert, wenn sie sich diesbezüglich beschreibt« (ebd.: 14) aufgefasst werden. Bereichsspezifische Selbstkonzepte entstehen folglich im Zusammenspiel individueller Faktoren im Laufe des Lebens einer Person. Den Ausgangspunkt dieser Arbeit bilden in erster Linie zwei potentielle Faktoren (und insbesondere ihr Zusammenspiel), die zur Entwicklung und Veränderung von Selbstkonzepten beitragen können: der Einfluss von Heroinabhängigkeit und der Einfluss individueller musikbezogener Erfahrungen. Auf dieser Grundlage wird die Beschäftigung mit Selbstkonzepten als ein aktiver Prozess der Auseinandersetzung zwischen einem Individuum und seiner Umwelt angesehen, der zu »einem immer wieder anders organisierten Verhältnis von Ich und Welt wird« (Fuhrer et al. 2000: 55). Die Entwicklung von Selbstkonzepten wird damit als ein »lebenslanger Prozess verstehbar, in dessen Verlauf diese Grenzen zwischen Innen und Aussen immer wieder neu gezogen, d.h. (re-)organisiert« (ebd.) werden.

Selbstäußerungen stellen hierbei einen zentralen Zugang zum Selbstkonzept einer Person dar:

»Um den Menschen und sein Verhalten wissenschaftlich erfassen zu können, muss die subjektive Lebenswelt beobachtet, beschrieben und verstanden werden und dies gilt selbstverständlich auch für objektive Realitäten, die [...] durch subjektive Wirklichkeitsauffassungen, d.h. Wahrnehmungen erfasst werden [können]« (Zoglowek 1995: 26).

Selbstkonzepte sind also über die vom Individuum gemachten Aussagen erschließbar. Wird in Anlehnung an Spychiger (2017, 2007) davon ausgegangen, dass Selbstkonzepte auf Selbstwahrnehmung basierende Selbstrepräsentationen, -beschreibungen, -einschätzungen oder -bewertungen sind und Elke Schachinger (2005) zufolge »die Summe aller selbstbezogenen Informationen« (ebd.: 136) umfassen, so impliziert das Wissen um die eigene Person all das, was ein Individuum über sich denkt, in Bezug auf sich fühlt und mit dem es seine eigene Lebensgeschichte erzählt. Das Selbstkonzept soll im Folgenden in Anlehnung an Jan Hemming (2003) nicht nur als »individuelles narratives Wissen«, sondern in erster Linie als »die Geschichte, die ma[n] sich permanent selbst erzählt« (ebd.: 91) verstanden werden.

Mit Bezug auf Ansätze der narrativen Psychologie geht Kraus (1999) davon aus, dass Menschen ihre alltägliche Interaktion und die Organisation von Erlebtem narrativ betreiben: »Insofern handelt es sich bei der Narration nicht um einen Lebenslauf, den man [...] schreibt und fortschreibt, sondern um einen grundlegenden Modus der sozialen Konstruktion von Wirklichkeit«. Narrationen seien folglich in soziales Handeln eingebettet, machten vergangene Ereignisse sozial sichtbar und dienten dazu, die Erwartungen zukünftiger Ereignisse zu begründen. Je nachdem, mit wem interagiert wird und welches Selbstbild präsentiert werden soll, erhält die Selbsterzählung unterschiedliche Färbungen, sodass Elemente auch ausgelassen oder besonders betont werden können. Die Selbstgeschichte ist somit als ein ›work in progress‹ aufzufassen, dessen Teile sich immer wieder verändern, je nachdem, wie die Zuhörerschaft darauf reagiert, und je nachdem, wie aktuelles Erleben integriert wird (vgl. Kraus 1999, 2000). Wenn soziale Wirklichkeit also über die Rekonstruktion kommunikativer Prozesse erkannt werden kann, und Selbsterinnerungen einen Zugang zu selbstbezogenen Informationen eines Individuums verschaffen, und diese wiederum durch Kommunikation – in diesem Fall durch den Akt des Erzählens – überhaupt erst erzeugt werden, so können Narrationen eine Schlüsselfunktion zur Rekonstruktion von Selbstkonzepten darstellen.

Nicht nur Selbstkonzepte an sich, sondern insbesondere die Frage nach Veränderungen dieser in Verbindung mit der Suchtkarriere heroinabhängiger Musiker*innen erscheinen zur Annäherung an das zu erforschende Phänomen als zentral. Erst im *Wandlungsprozess*, so auch Marotzki (2010), beginne eine Person, sich Fragen an sich und seine Welt zu stellen. Konkret soll im Folgenden also insbesondere der Frage nachgegangen werden, durch welche individuellen Erfahrungen und Bedürfnisse die Formung und Veränderung bzw. der Wandel von Selbstkonzepten der jeweiligen Person beeinflusst wird. Als aufschlussreich erscheinen hierbei insbesondere solche Erlebnisse, in denen bisher Gewohntes unterbrochen und Vertrautes irritiert wird (vgl. Schulze 2006). In Bezug auf das Forschungsvorhaben bedeutet das, zu erfragen, wo genau im Lebenslauf heroinabhängiger Musiker*innen (auch in Bezug auf das soziale und kulturelle Umfeld) Erfahrungen von Brüchen und Einbrüchen, Diskrepanzen und Konflikten, Unerwartetem und Überraschendem gemacht wurden. Welche Auswirkungen haben sie auf das Selbstkonzept der jeweiligen Person? Und wie lassen sie sich anhand von Narrationen identifizieren?

Zum methodischen Forschungsdesign

Obwohl die Erforschung von Selbstkonzepten v.a. in psychologischen Kontexten stattfindet, wird das Konstrukt Selbstkonzept auch vermehrt in musikbezogenen (hier vordergründig musikpädagogischen) Forschungsarbeiten zum Untersuchungsgegenstand (siehe u.a. Spychiger 2017, 2013, 2007; Hemming 2002, 2003). Diese setzen sich insbesondere mit den Fragen auseinander, inwiefern ein *musikalisches* Selbstkonzept die Leistung steuert bzw. beeinflusst und welche Selbstrepräsentationen musikalische Konzepte im Hinblick auf musikalische Fähigkeiten aufzeigen. Hierbei werden zwei Punkte deutlich, die bedeutenden Einfluss auf die vorliegende Arbeit haben. Zum einen ist anzumerken, dass zwischen verschiedenen Untersuchungsgegenständen unterschieden werden muss: Der oftmals verwendete Begriff des *musikalischen Selbstkonzepts* ist nicht mit dem *Selbstkonzept ›Musiker sein‹* gleichzusetzen, welchem in dieser Arbeit nachgegangen werden soll. Während ersteres sich insbesondere auf musikalische Fähigkeiten und Kompetenzen bezieht, wird in letzterem das Selbstkonzept einer Person im Hinblick auf dessen Selbstvorstellung ›Musiker zu sein‹ in einem größeren Zusammenhang betrachtet, der nicht nur musikbezogene Komponenten beinhaltet.

Die meisten musikbezogenen Studien zum Selbstkonzept arbeiten mit Messinstrumenten, die zur Operationalisierung von Selbstkonzepten zwar hilfreich erscheinen, jedoch nicht in der Lage sind, die subjektive Sichtweise der Studienteilnehmer*innen und ihre damit verbundenen individuellen *Konstruktionen von Wirklichkeit* zu erheben – was sie auch nicht beabsichtigen (z.B. Pfeiffer 2007, Bastian 2000). Bei der Erfassung von Kognitionen über die eigene Person ist jedoch gerade die Berücksichtigung der Subjektivität zentral. Folgernd – und auf den vorangegangenen theoretischen Überlegungen basierend – erscheint ein qualitativer Forschungsansatz dem Gegenstand subjektiver Sichtweisen als angemessen. Die Forschungsfragen zielen dabei weniger auf die allgemeine Betrachtung und Einschätzung heroinabhängiger Musiker*innen, sondern auf den konkreten Einzelfall, auf die subjektive Sicht des Individuums, welches es innerhalb seiner Gesamtbiographie und durch das Wissen um sich selbst zu erforschen gilt.

Mit der Wahl eines Ansatzes, der die individuelle Biographie in Bezug auf die Entstehung von Heroinabhängigkeit zum Gegenstand interpretativer Analyse macht, wird schließlich eine Perspektive aufgegriffen, die vor allem in sozialwissenschaftlichen Auseinandersetzungen zum Tragen kommt. Um sich den Selbstvorstellungen heroinabhängiger Musiker*innen zu nähern, wird eine prozesshafte und ganzheitliche Lebenslaufperspektive mit Ansätzen interpretativer Sozialforschung im Kontext von Biographieforschung verbunden. Insbesondere zielt das methodische Vorgehen darauf ab, über Selbsterzählungen individueller Studienteilnehmer*innen einen Zugang zur subjektgebundenen Wirklichkeit von Individuen herzustellen und sich damit verbunden den Konzeptionen ihrer Selbstvorstellungen anzunähern. Da sich diese Vorstellungen sowohl auf die Vergangenheit als auch auf die Gegenwart und Zukunft beziehen können, setzt dies ein Erhebungs- und Auswertungsverfahren voraus, anhand dessen die verschiedenen zeit- und situationsbezogenen Selbstrepräsentationen retrospektiv rekonstruiert werden können.

Als rekonstruierende Methode zur Erhebung selbstbezogener Daten eignet sich folglich ein Interviewverfahren wie das von Fritz Schütze (1983, 1987) entwickelte narrativ-biographische Interview, welches es ermöglicht, Erzählungen zu generieren und damit narratives Wissen hervorzubringen. Mit der Technik des narrativen Interviews wurde eine offene Interviewform konzipiert, die nicht dem sonst üblichen Frage- und Antwortschema folgt, sondern den Befragten die Ausgestaltung des Interviews im Hinblick auf Thematik und Verlauf weitgehend selbst überlässt. Anstatt die erzählende Person in distanzierter Weise zu seinem Handlungsgeschehen zu befragen, soll sie dazu gebracht werden, vergangenes Geschehen so wieder zu erleben, dass Erinnerungen daran möglichst umfassend in einer Erzählung reproduziert werden (vgl. Küsters 2009: 21). Ebenso bietet dieses Interviewverfahren den Teilnehmenden Raum zur Gestaltung ihrer Erzählungen. Dies ist insofern von Vorteil, da sich die Bedeutung einzelner Phasen der Lebensgeschichte – sowohl im damaligen Erleben als auch in der gegenwärtigen Präsentation – insbesondere im *Wie* ihrer Positionierung innerhalb der biographischen Darstellung rekonstruieren lässt und somit davon abhängt, wie die Erzählenden ihre Präsentation gestalten, worüber sie erzählen, argumentieren. Wie Erzählungen präsentiert werden, gibt schließlich Aufschluss darüber, wie biographische Selbstwahrnehmungen strukturiert sind und welche Bedeutung bestimmte Lebenserfahrungen für die Erzählenden haben (vgl. Fischer-Rosenthal 1997: 143). Zum Verständnis von Aussagen der Handelnden über bestimmte Themenbereiche und Erlebnisse der Vergangenheit setzt Gabriele Rosenthal ebenso voraus, dass der Gesamtlebenslauf des gegenwärtigen Lebens einer Interpretation unterzogen werden müsse. Um diesen Ansprüchen gerecht zu werden, entwickelte Rosenthal das Verfahren der *biographischen Fallrekonstruktion*, in welchem sie Elemente der Methodologie des narrativen Interviews, der Text- und Erzählanalyse mit Auswertungsprinzipien der Objektiven

Hermeneutik und der Gestalttheorie verbindet (s. Rosenthal 1995, 2014). Diese Methodik zeichnet sich durch ein mehrschrittiges Analyseverfahren aus, welches von der Analyse der biographischen Daten über die Text- und thematische Feldanalyse, die Rekonstruktion der Fallgeschichte im Hinblick auf das erlebte Leben, die Feinanalyse bis hin zur Kontrastierung der erzählten und erlebten Lebensgeschichte reicht. Gerade letzterem Punkt, insbesondere der Differenz und Interdependenz zwischen erzählter Lebensgeschichte (life story) und der erlebten Lebensgeschichte (life history), kommt hierbei besondere Aufmerksamkeit zu. Das Verfahren stellt nicht nur die Deutungen der untersuchten Personen in der Gegenwart in den Fokus, sondern gibt einen Einblick in die Genese und die sequentielle Gestalt der Lebensgeschichten sowie die Rekonstruktion von Handlungsabläufen in der Vergangenheit und des damaligen Lebens, aus denen sich vergangene Deutungsmuster ableiten lassen. Ziel des Verfahrens ist es, sowohl die Gegenwartsperspektive als auch die Perspektiven des Handelnden in der Vergangenheit zu rekonstruieren, um schließlich biographische Narrative — im Sinne von Selbstkonzepten — greifbar zu machen.

Zur Studie

»Junkies sprechen nicht mit Nicht-Junkies« ist eine Auffassung aktiver und ehemaliger Heroinkonsument*innen, die mir im Laufe meines Aufenthaltes im Feld immer wieder entgegengebracht wurde. Wer sich dem Phänomen Heroinsucht unter Musiker*innen nähern will, muss davon ausgehen, dass er/sie ein Forschungsfeld betritt, dessen Zugang erschwert ist bzw. ohne Kontakt zu spezifischen Personen, die im Feld eine herausgehobene Position innehaben, nicht ohne Weiteres gewährleistet werden kann. Sich mit Suchtkarrieren von heroinabhängigen Musiker*innen auseinanderzusetzen und anhand von Gesprächen Einblicke in subjektive Lebenswelten zu erhalten, bedeutet zudem, eine Interaktion zwischen den Gesprächspartner*innen herzustellen, was wiederum eine persönliche Begegnung und Redebereitschaft der Betroffenen voraussetzt. Ehe jedoch der Frage nachgegangen werden kann, *wie* sich ein Zugang zum Forschungsfeld herstellen lässt, muss zunächst beantwortet werden, *was* das Forschungsfeld überhaupt ist, in dem ich mich bewegt habe.

Aufgrund der wenig offenen Haltung gegenüber Heroinkonsum in Deutschland lag die Rekrutierung der Studienteilnehmer*innen innerhalb Nordamerikas nahe, wo der Umgang mit Suchterkrankungen stärker öffentlich thematisiert und medial inszeniert wird. Sich für den Großraum Los Angeles als Forschungsfeld zu entscheiden, ist nicht nur der Tatsache geschuldet, dass

Los Angeles als eines der aktivsten Zentren der Musikindustrie in den USA gilt. Los Angeles schien als Nährboden verschiedenster Süchte geradezu prädestiniert zu sein. In den Musikszenen der 1980er und 90er Jahre schien insbesondere der Konsum von Heroin unausweichlich zum Künstler*innen-Dasein in den Kreativszenen dazu zu gehören.

»Drugs were everywhere and everybody I knew used and loved them«, behauptet Bob Forrest (2003), Sänger der Thelonious Monster, der selbst in dieser Zeit in Los Angeles lebte und stark heroinabhängig war. Heroin war ›cool‹ und gehörte zu einer (Sub-)Kultur, der man angehören und an deren Traditionen man anknüpfen wollte (s. Ptatscheck 2019a). Auch Anthony Kiedis, Sänger der Red Hot Chili Peppers, eine der einflussreichsten Bands in dieser Zeit und dieser Szene, gibt in seiner Autobiographie (Kiedis/Slowman 2004) zu verstehen, dass Musiker*innen nach Los Angeles kamen, weil sie sich dort den ›großen Durchbruch‹ erhofften. Der starke Drogenkonsum galt dabei offenbar nicht als abschreckend; im Gegenteil: Getreu dem Motto »Sex & Drugs & Rock'n'Roll« wurde der Konsum von Heroin als Teil eines Lebensstils angesehen, von dem man glaubte (oder glauben wollte), dass er mit einer Musiker*innen-Karriere einhergeht. Ich habe es mir schließlich zur Aufgabe gemacht, ehemals heroinabhängige Musiker*innen in Los Angeles ausfindig zu machen, welche bereit waren, mir ihre Lebensgeschichte zu erzählen.

Erste Kontakte zu potentiellen Studienteilnehmer*innen konnte ich über Online-Drogenforen und befreundete Musiker*innen bereits im Vorfeld des ersten Feldaufenthaltes herstellen. Hierbei wurde mir eine grundsätzliche Redebereitschaft signalisiert, sofern die Daten anonymisiert würden und sich die Interessent*innen keiner Fragebogen- oder Testsituation aussetzen müssten. Es wurde deutlich, dass ein Verfahren, das auf solche standardisierten Erhebungssituationen abzielen würde, in dem von mir gewählten Teilnehmer*innenkreis nicht durchzuführen gewesen wäre. Allein die Aufforderung an die Gesprächspartner*innen sich mit der Teilnehmer*innen-Information auseinander zu setzen und eine Einwilligungserklärung zur Teilnahme am Interview zu unterzeichnen, erwies sich als äußerst schwierig und erforderte Überzeugungskraft.[5] Redebereitschaft zu erzeugen, bedeutete zunächst, eine Vertrauensbasis zwischen mir und den Gesprächspartner*innen herzustellen. Dies bedeutete im Konkreten: Auch *ich* musste Bereitschaft zeigen, meine

---

5 Die Ein- und Ausschlusskriterien zur Teilnahme an der vorliegenden Studie sowie alle Maßnahmen, die zum Schutz der Studienteilnehmer*innen und damit zur Vorbeugung von potentiellen Rückfällen vorgenommen wurden — und eine Probandeninformation sowie eine Einwilligungserklärung voraussetzten —, wurden im Vorfeld der Datenerhebung vom Ethikbeirat der Leuphana Universität Lüneburg zur Kenntnis genommen und als ›ethisch unbedenklich‹ eingestuft.

eigene Geschichte zu erzählen und damit persönliche Hintergründe und Motivationen – nicht nur als Wissenschaftlerin, sondern auch als Musikerin und Privatperson mit eigenen Erfahrungen – transparent zu machen. Die Auseinandersetzung mit der Thematik dieses Beitrages entstand zunächst aus rein persönlichem Interesse. Damit ist nicht der praktische Konsum von Drogen gemeint, sondern die theoretische Frage, welche Auswirkungen der Konsum bestimmter Substanzen auf mein persönliches Befinden und Verhalten und damit verbunden auf meinen persönlichen musikalischen Schaffensprozess haben könnte. Als praktizierende Musikerin entwickelte ich über die Jahre zunehmende Bühnenängste, die mir Auftritte vor einem Publikum nicht mehr möglich machten. In der Beschäftigung mit Autobiographien von Musiker*innen fiel mir auf, dass diese den Konsum von Heroin oftmals als eine Möglichkeit der Flucht aus eben solchen Konfliktsituationen nutzen. Dies bedeutet nicht, dass Heroinabhängigkeit automatisch im Zusammenhang mit Angsterkrankungen steht. Dennoch konnte über den Austausch eben solcher persönlichen Erfahrungen oftmals ein gemeinsamer biographischer Nenner gefunden und daraus resultierend eine Vertrauensbasis hergestellt werden, welche die Teilnehmenden dazu veranlasste, mir auch ihre Geschichte zu erzählen.

Durch ein Netzwerk, das sich sukzessiv über einen Zeitraum von zwei Jahren herstellen ließ, wurden insgesamt zehn Interviews – jeweils im Umfang von 30 bis 120 Minuten – mit Studienteilnehmern im Alter von 25-48 Jahren geführt. Hierbei ist anzumerken, dass es weniger beabsichtigt war, ein möglichst großes Sample zu generieren, als zunächst einmal überhaupt einen Zugang zu potentiellen Studienteilnehmer*innen zu erhalten. Ebenso ist zu diskutieren: Obwohl Männer wie Frauen für die Teilnahme am Interview infrage kamen, konnten keine weiblichen Gesprächspartner*innen für die Studie gefunden werden.[6] Folglich setzt sich das Sample ausschließlich aus männlichen Teilnehmern zusammen, die im Laufe ihres Lebens alle eine Suchtkarriere zu verzeichnen hatten und als professionelle Musiker[7] tätig waren bzw. sind.[8]

---

6 Hierbei stellt sich die Frage, ob der Konsum von Heroin in dem von mir gewählten geografischen bzw. kulturellen Kontext eher unter Männern verbreitet ist – und wenn ja, warum. Auch wenn Antworten hierauf nicht innerhalb meiner Studie gefunden werden konnten, liefert sie dennoch eine Grundlage für weitere Forschungsarbeiten in diesem Bereich.

7 Die Studienteilnehmer schreiben ihre musikalischen Tätigkeiten dem ›Alternative-‹ oder ›(Punk-)Rock‹ zu.

8 Im Rahmen der Dissertation wurden drei Einzelfälle ausgewählt und den Analyseschritten der biographischen Fallrekonstruktion unterzogen. Während diese drei Interviews ausgewählt wurden, da sie den Kriterien des narrativen Interviews am ehesten entsprachen, werden die Ergebnisse der weiteren Fallrekonstruktio-

Exemplarische Darstellung der Ergebnisse: Fall »Johnny«

Anhand der Ergebnisse der Studie lassen sich die Teilnehmenden als Protagonisten, quasi als Darsteller ihres Selbstkonzeptes, charakterisieren, welches im metaphorischen Sinne als eine Art Drehbuch ihres eigenen Lebens zu verstehen ist. Sie sind, um in dieser Metaphorik zu bleiben, die Autoren ihres eigenen Drehbuches ›Musiker sein‹. Das Drehbuch wird also zum Selbstkonzept, das den drei Studienteilnehmern die Rolle des Musikers zuteilt. Sie übernehmen also zugleich die Rolle des Autors und des Darstellers. Das Drehbuch basiert auf Erfahrungen, welche die Darsteller im Laufe ihres Lebens machen und ihre Verhaltens-Anweisungen bestimmen. Die Konzeption der Selbstkonzepte zielt in erster Linie auf ihre individuellen Motive und Bedürfnisse ab, die zum Großteil mit Beginn ihrer Suchtkarrieren im zunehmenden Maße durch die Droge befriedigt werden.

Auf Grundlage der Ergebnisse der biographischen Fallrekonstruktion werden im Folgenden am Beispiel der Lebensgeschichte des Studienteilnehmers »Johnny« die Prozesse zwischen der Konstitution und Veränderung des Selbstkonzeptes ›Musiker sein‹ und dem Einfluss des Heroinkonsums auf dieses Konzept und den damit verbundenen Werdegang zusammenfassend dargestellt.

An Johnnys Beispiel wird deutlich, dass die Kindheit bis hin zur Adoleszenz eine zentrale Phase zur Konstruktion seines Selbstkonzeptes ›Musiker sein‹ bildet. Während andere Studienteilnehmer das Elternhaus als beengend und problematisch erleben und kein stabiles Zuhause haben, beschreibt Johnny seine Kindheit als glücklich. Er erfährt Halt und Zuwendung durch seine Eltern sowie durch die Gemeinde, in der er aufwächst und auch musikalisch sozialisiert wird. Im frühen Teenageralter findet eine genauere Bestimmung seiner Interessengebiete innerhalb des sozialen Raumes statt. Während er bereits in der Kindheit seine Leidenschaft für das Musikmachen entdeckt hat, nimmt er nun auch seine musikalischen Fähigkeiten wahr. Diese stellen das Fundament der Konzeptionierung seines Selbstkonzeptes dar. Der Gedanke ›Musiker zu sein‹ rückt in das Zentrum seiner individuellen Selbstvorstellung und wird zur entscheidenden Triebkraft für anschließende Handlungs- und Verhaltensweisen.

---

nen in weiteren (sich noch in der Vorbereitung befindenden) Schriften diskutiert. Wie das Verfahren der biographischen Fallrekonstruktion nach Rosenthal im konkreten Einzelfall und den dazu gehörigen Interview-Transkriptionen angewendet wurde, ist meiner Dissertation (Ptatscheck 2019b) — mit ihrer voraussichtlichen Veröffentlichung Ende 2019 — zu entnehmen.

Er zieht sich von seinem sozialen Umfeld in seine »eigene Welt« zurück und widmet sich ausschließlich dem Gitarrespielen. Hier kann er auch vor seinen Ängsten flüchten, an denen er seit seiner Kindheit leidet. Er bricht die Schule ab und entwickelt die romantisierte Vorstellung, »ich will ein berühmter Musiker werden«. Er verlässt seine Heimatstadt und zieht mit einer Songwriterin nach Nashville. In dieser Zeit gewinnt neben der aktiven Ausführung des Musikmachens ebenso der Konsum von Drogen an Bedeutung. Johnny fügt seinem Selbstkonzept, das insbesondere auf der Vorstellung eines klischeehaften Lebensstils aus »Sex & Drugs & Rock'n'Roll« basiert, eine persönliche, emotionalisierte Symbolkultur hinzu. Insbesondere die den Lebensstil ausmachenden Komponenten Musik und Drogen werden von ihm dazu genutzt, sich in seinem sozialen Kontext zu positionieren und innerhalb seiner ausgewählten Subkultur anerkannt zu werden. Er sucht sich eine Umgebung, in der er die Erfahrungen machen kann, welche sein Selbstkonzept bestätigen und damit seine Bedürfnisse befriedigen.

Johnny schließt sich einer Gruppe von Musikern an, in der er sich verstanden und geborgen fühlt, sich gleichzeitig auch durch eine unkonventionelle Lebenspraxis vom konservativen Elternhaus lösen kann. Er sehnt sich vor allem nach Gemeinschaft. Er ist auf der Suche nach Stimulanzien, die sein Bewusstsein erweitern und seine Grundbedürfnisse (Abgrenzung, Freiheitsgefühl, Befreiung von Ängsten und Sorgen, Anerkennung, Gemeinschaft, Selbstverstärkung etc.) befriedigen. Es scheint daher kein Zufall zu sein, dass der Konsum von Drogen innerhalb seines Lebenskonzeptes einen immer höheren Stellenwert einnimmt. Auffällig ist, dass er seine soziale Umgebung und damit den Anschluss an eine bestimmte soziale und offenbar männlich dominierte Gruppe an sein Selbstkonzept anpasst. Dies zeigt sich nicht nur daran, dass Johnny ausschließlich männliche heroinkonsumierende Musiker wie Keith Richards oder Perry Farrell als seine Vorbilder nennt, deren Lebensstil er zu imitieren versucht. Auch im Zusammenhang mit dem Einstieg in seine erste Rockband und der Beschreibung seiner – ausschließlich männlichen – Bandkollegen zählt er hauptsächlich imagebildende Komponenten auf, welche für ihn ein Zeichen von »Männlichkeit« verkörpern und seine Vorstellungen des Rockmusiker-Daseins komplettieren: lange Haare, Lederjacken, enge Jeans und schöne Frauen etc.[9]

Es wird deutlich, dass es in Johnnys Vorstellung nahezu unausweichlich war, Drogen zu konsumieren, um Teil der Community zu sein, aber auch, um als Musiker funktionieren zu können. Er beschreibt zudem einen positiven

---

9 Diese Verbindung von Heroinkonsum, Rockmusiker-Images und damit verbundenen Männlichkeitsbildern könnte ein potentieller Erklärungsansatz dafür sein, warum sich ausschließlich männliche Teilnehmer für diese Studie finden ließen.

Effekt auf seinen musikalisch-kreativen Schaffensprozess und eine Art schöpferische Kraft, die mit dem Konsum von Heroin einhergeht. Des Weiteren nennt er eine konzentrationsfördernde Wirkung sowie das Ausblenden von Störfaktoren, was eine Fokussierung auf den kreativen Prozess ermöglicht. Interessant ist — und hier wird eine der Stärken des gewählten Auswertungsverfahrens erkennbar, durch das es möglich wird, verschiedene Bewusstseinszustände und damit unterschiedliche Auffassungen von »Wirklichkeit« zu rekonstruieren —, dass Johnny sein künstlerisches Schaffen zunächst als »groundbreaking« oder »Masterpiece« bezeichnet, während er im Nachhinein eingesteht, dass seine Musik »fucking bullshit« war und die damalige Wahrnehmung auf die Rauschwirkung der Droge zurückzuführen sei.

Der erste Konsum von Heroin stellt einen Wendepunkt in Johnnys Biographie dar. Er ist sich der Gefahren, die mit dem Konsum der Droge einhergehen können, zwar bewusst, unterschätzt diese jedoch. Im Zustand des High-seins verspürt er sein Ideal-Selbst. Er erlebt einen Gefühlszustand, den er fortan versucht, durch weiteren Konsum von Heroin aufrechtzuerhalten. Johnny hebt vor allem die angstmindernde und betäubende Wirkung der Droge hervor, die ihn in ein Gefühl von Sorglosigkeit versetzt. Er beschreibt eine transzendente, spirituelle Dimension, die mit dem Gebrauch des Heroins einhergeht. Johnny glaubt den Konsum möglichst lange ohne gesundheitliche Folgen aufrechterhalten zu können, wenn er nur »smart« genug im Umgang mit der Droge sei. Dass diese Vorstellung jedoch nicht der Realität entspricht bzw. der von ihm gewählte Lebensstil nur begrenzt praktizierbar ist, blendet er in seiner Konstruktion von Wirklichkeit aus. Obwohl aus außenstehender Perspektive zu erkennen ist, dass das Schaden/Nutzen-Verhältnis des Konsums zunehmend eindeutig ins Negative umschlägt, hebt Johnny selbst bei schwerer Abhängigkeit lange Zeit einen positiven Effekt des Konsums hervor, ehe er eine Problematisierung seines Zustandes überhaupt zulässt. Im Rauschzustand fühlt sich alles »easy« an und hat einen betäubenden Effekt. Es entsteht ein Gefühl der Gleichgültigkeit, sodass schleichend auch die Leidenschaft für Musik an Relevanz verliert und musikalische Aktivitäten schließlich zur Nebensache werden.

Sein Konsumverhalten ist zunächst mit seiner Lebensführung und den damit verbundenen Alltagsanforderungen vereinbar. Er passt sein Verhalten so an das Selbstkonzept an, dass Konflikte vermieden werden. Aus der Erfahrung des Drogenkonsums resultieren nun schließlich neue Bedürfnisse und Motive, die er zu befriedigen versucht. Er merkt nicht, dass das erstrebte Ideal-Gleichgewicht, das er durch den Heroinkonsum erfährt, zunehmend in ein Ungleichgewicht gerät. Insbesondere der Übergang vom Rauchen zum Spritzen der Droge stellt einen Wendepunkt dar: Da Heroin durch das intravenöse

Injizieren direkt über die Blutbahn ins Nervensystem gelangt und dort schnell eine hohe Konzentration erreicht, erfährt er eine schnellere und intensivere Wirkung als durch das Rauchen der Droge. Trotz des zunächst verstärkten Rauschempfindens klingt die Wirkung der Droge eher ab, sodass er sich die Substanz in immer kürzeren Abständen in immer höheren Dosen verabreichen muss. Er lebt mit dem ständigen Druck, sich die Droge finanzieren und beschaffen zu müssen. Der Konsum von Heroin wird unausweichlich zum Lebenszentrum. Mit zunehmender physischer und psychischer Abhängigkeit kann er seine Tätigkeiten als Musiker nicht mehr ausführen. Während er zunächst das Musikmachen als zentrale Komponente des Selbstkonzeptes auffasst und seine Handlungen entsprechend darauf ausrichtet, verdrängt er jedoch die Auswirkungen des Drogenkonsums. Dieser wird von ihm zwar bewusst als Komponente in sein Selbstkonzept integriert. Eine daraus resultierende Abhängigkeit von der Droge war dabei jedoch nicht Teil des ursprünglichen Planes.

Trotz zunehmenden Konsums nimmt die Rauschwirkung immer weiter ab – und damit auch die Betäubung der Probleme. Johnny beschreibt akutes Leiden insbesondere in Form von auftretenden Angstzuständen: Angst vor Entzugserscheinungen, Angst vor Kontrollverlust, Angst vor der Zukunft. Um aus dem Suchtkreislauf auszubrechen, erscheint ihm eine Therapie als Ausweg. Trotz erfolgreicher Entzüge wird Johnny immer wieder rückfällig. Es besteht für ihn nur noch wenig Hoffnung, die Lebenssituation verbessern zu können. Es fehlt ihm insbesondere an einer Perspektive, die ihn ermutigt, ein abstinentes Leben als Musiker zu führen. Er realisiert, dass sein Selbstkonzept, ›Musiker zu sein‹, an Stabilität verliert bzw. die Teilkomponente ›Heroin konsumieren‹ nicht mehr kompatibel mit der Vorstellung des professionellen Musikmachens ist. Ebenso wird ihm bewusst, dass immer mehr Musiker*innen – auch aus seinem eigenen Freundeskreis – ihrem Drogenkonsum erliegen oder nach dem Entzug (seiner Auffassung nach) keine »gute Musik« mehr machen.

Das Teilkonzept ›Drogen konsumieren‹ beginnt sich allmählich zu verselbstständigen: Es ist fortan die Droge, die Johnny die Autorität nimmt und über sein Handeln bestimmt. Er hat ab diesem Stadium seiner Sucht keine Wahl mehr, ob er konsumieren will oder nicht. Um Entzugserscheinungen zu vermeiden, muss er sich eine weitere Drogenzufuhr beschaffen. Das Musikmachen verliert dabei immer weiter an Priorität. In Bezug auf die zuvor eingeführte Metaphorik bedeutet dies im Konkreten: Obwohl ihm das Drehbuch vorgibt, Musiker zu sein, und damit entsprechende Verhaltensweisen anleitet, folgt er durch die Sucht bedingt immer mehr den Regieanweisungen der Droge – und damit den Regeln der Sucht. Diese Anweisungen haben Einfluss auf sein Verhalten: Er sieht sich durch Selbsttäuschung zwar nach wie vor in der Rolle des Musikers, handelt dieser Rolle aber nicht mehr entsprechend (er nimmt nicht mehr an Proben teil, verpasst Shows etc.). Es kommt zu einer Diskrepanz-Erfahrung. Das Verhalten folgt nicht mehr den eigenen Selbstvorstellungen, sondern dem Motiv des Suchtdrucks. Es wird ihm bewusst, dass er seine musikalischen Tätigkeiten nicht mehr ausüben kann. Gleichzeitig ist er verunsichert, ob sein Konzept ›Musiker sein‹ ohne die Teilkomponente des Drogenkonsums überhaupt noch funktionieren würde. Er schätzt seine Chancen, sich als Musiker nach der Heroinabhängigkeit auf dem Musikmarkt erneut etablieren zu können, als gering ein.

Dadurch, dass ihm der Wille und der Mut fehlen, sich mit seiner eigenen Konfliktsituation auseinanderzusetzen, und er es erlernt hat, dass der Drogenkonsum als vermeintliche Coping-Strategie eine schnelle Lösung all seiner Probleme ermöglicht, konsumiert er weiter und befeuert damit den wachsenden Suchtdruck erneut. Die Möglichkeit der Überdosierung wird fortan nicht nur zum Risiko, sondern auch zu einer potentiellen bewussten Handlungsoption, um seinem »Leiden« ein Ende zu setzen. Es geht an dieser Stelle seiner Suchtkarriere nicht mehr um das ›Musiker-sein‹, sondern um den regelrechten Kampf ums Überleben. Auch Image-bildende Aspekte, die einst wegen des Wunsches nach der Musiker-Profession wichtig waren, spielen für die eigene Selbstkonzeptionierung keine Rolle mehr; sie werden von der Sucht vollständig verdrängt. An die Stelle des Selbstkonzeptes ›Musiker sein‹ tritt das Selbstkonzept ›Junkie sein‹. Nachdem er die Rolle des ›Junkies‹ akzeptiert, verliert er die Kontrolle über sein Verhalten und damit seine Selbstbestimmung.

Es sind erneut zentrale Wendepunkte, die schließlich doch einen weiteren Entzugsversuch einleiten bzw. in ein abstinentes Leben überleiten: Johnny gelingt der erfolgreiche Entzug durch die Hilfe von *MusiCares*, einer Organisation in Los Angeles, die sich insbesondere für drogenabhängige Musiker einsetzt. Er erhält therapeutische Hilfe und zieht in ein *Sober Living House* ein, das er ausschließlich mit anderen Künstlern teilt, die sich in ähnlichen Lebenssituationen befinden. Er wird durch die Mitbewohner erneut an das Musikmachen herangeführt und erhält dadurch nicht nur schöpferische Kraft, sondern auch eine neue Perspektive für seinen weiteren Lebensweg. Während er zunächst versucht, an sein ursprüngliches Selbstkonzept ›Musiker sein‹ anzuknüpfen, realisiert er, dass sich durch seine veränderten Lebensumstände auch seine Bedürfnisse und damit seine Selbstvorstellungen verändert haben. Das Musikmachen bleibt zwar als Teilkomponente innerhalb seines Gesamtkonzeptes bestehen, dieses erhält jedoch eine andere Ausrichtung und Gewichtung.

Schlussbetrachtung

Johnnys Drogenkonsum kann als Teil seines Selbstkonzeptes und als Symbol eines dazugehörenden Lebensstils gedeutet werden. Der Konsum von Heroin wird hierbei als ›Türöffner‹ in bestimmte subkulturelle Szenen gedeutet: Durch geteilte Werte wird der Einstieg in die Band erleichtert, das Gruppengefühl gestärkt. Er erfährt im anfänglichen Rausch der Drogenwirkung schöpferische Kraft, nimmt sich als besonders kreativ und konzentriert wahr — bis die Droge wichtiger wird als die Türen, die sie zu öffnen versprach.

Anhand der gewählten Methodik konnte herausgearbeitet werden, wo im Lebenslauf der Studienteilnehmer Veränderungen ihrer Selbstkonzepte stattfanden, welche wiederum Einfluss auf ihren (musikalischen) Werdegang hatten. Die Ergebnisse der Studie geben nicht nur Aufschluss darüber, *wie* die Befragten in den Suchtkreislauf geraten, sondern vor allem auch wie sie — z.B. durch die Hilfe speziell für Musiker*innen ausgerichteter Therapieprogramme — aus diesem wieder herausfinden. Zum Zeitpunkt der Interviews ist es allen Studienteilnehmern gelungen, ein abstinentes Leben zu führen. Sie haben erkannt, dass sie sich dem Drehbuch der Droge nur entziehen können, wenn sie sich auch dem Drogenkonsum entziehen. Es sind auch hier zentrale Wendepunkte, aufgrund derer sich die Protagonisten für ein abstinentes Leben entscheiden und damit aus dem Suchtkreislauf ausbrechen können. Nach dem Entzug müssen sie ihre Werte und Bedürfnisse neu definieren, um darauf aufbauend andere Selbstvorstellungen entwickeln zu können. Zu hinterfragen ist hierbei grundsätzlich, welche Türen suchterkrankten Musiker*innen im Spezifischen bzw. psychisch erkrankten Künstler*innen im Generellen im Musikbusiness während und vor allem nach ihrem Krankheitsverlauf geöffnet werden und welche ihnen verschlossen bleiben. Zudem muss die Frage gestellt werden, ob die Teilkomponente ›Drogen konsumieren‹ überhaupt jemals mit dem Gesamtkonzept ›Musiker sein‹ vereinbar war. Touren, Texte schreiben, Choreographien lernen, ständig im Fokus der Öffentlichkeit stehen, Vorbild sein — all diese Komponenten lassen sich unter dem Begriff des »Funktionierens« zusammenfassen. Kann die romantisierte Vorstellung des durch »Sex & Drugs & Rock'n'Roll« geprägten Lifestyles im Hinblick auf die gestiegene wirtschaftliche Bedeutung von Tourneen und die Erwartung des Publikums von der Dauerpräsenz der Künstler*innen in den sozialen Medien überhaupt funktionieren?

Wenn auch innerhalb meiner Studie keine repräsentativen Antworten auf diese Fragen gegeben werden können, ist mit meiner Arbeit dennoch eine Grundlage für weitere Forschung und Anknüpfungspunkte geschaffen. Meine

Studie, die sich trotz — oder gerade aufgrund — zahlreicher interdisziplinärer Ansätze in den Popular Music Studies verortet, bildet ein Fundament, unterschiedliche Forschungs- und Denkrichtungen aufzugreifen und sie am Beispiel des benannten popkulturellen Phänomens in einen Gesamtkontext einzuordnen. Sie knüpft dabei an aktuelle Forschungsarbeiten an, in denen über narrative Methoden Zugänge zu krisenbehafteten Lebenserfahrungen und Konfliktsituationen geschaffen werden — als Beispiel ist hierbei J. Martin Daughtrys (2015) ethnographische Studie *Listening to War: Sound, Music, Trauma, and Survival in Wartime Iraq* zu nennen, in der sich der Autor über Narrative, die er aus Interviews mit im Irak stationierten Soldaten generiert, u.a. deren traumatischen Erfahrungen annähert. Die Verwendung der biographischen Fallrekonstruktion nach Rosenthal, welche sich auf Grundlage der zuvor erläuterten theoretischen Gedanken zu Suchtgenese und Selbstkonzepten grundsätzlich als ein potentielles Verfahren zur Rekonstruktion von selbstbezogenen Repräsentationen und damit verbundenen Wirklichkeitskonstruktionen erweist, ist jedoch bislang einzigartig im Kontext der Popular Music Studies.

Festzuhalten bleibt: Obwohl das gewählte Verfahren dazu beitrug, Antworten auf die zuvor gestellten Forschungsfragen zu liefern, stellt sich dieser Ansatz sicherlich nicht als der *einzig richtige* dar. Grundsätzlich lag die Intention dieser Studie darin, sich dem Phänomen Heroinsucht unter Musiker*innen über einen ethnographischen Zugang zunächst überhaupt einmal zu nähern und dadurch Anknüpfungs- und Orientierungspunkte für weitere Forschung zu schaffen. Es ging um die generelle Erprobung eines methodischen Verfahrens, das in einem solchen Kontext bzw. in Verbindung mit dem zu erforschenden Phänomen und damit verbundenen Fragestellungen noch nicht stattgefunden hat. Hierbei ging es in erster Linie um ein Austesten und Sicheinlassen auf einen bestimmten Forschungskontext, in dem die Notwendigkeit bestand, auch als Interviewende eigene persönliche Erfahrungen transparent zu machen und den Interviewten grundsätzliche Offenheit entgegen zu bringen, die zur Akzeptanz und schließlich zur Redebereitschaft der Studienteilnehmenden geführt hat. Offenheit ist hierbei als eine Haltung ohne Vorurteile zu verstehen, die aus einer Unvoreingenommenheit gegenüber dem Feld resultiert und damit eine Begegnung mit potentiellen Gesprächspartnern — einer spezifischen Gruppe von Musikern innerhalb eines spezifischen sozialen Gefüges — überhaupt erst ermöglicht hat.

Literatur

Averbeck-Lietz, Stefanie (2015). *Soziologie der Kommunikation. Die Mediatisierung der Gesellschaft und die Theoriebildung der Klassiker.* Berlin u. Boston: De Gruyter.
Bastian, Hans Günther (2000). *Musik(erziehung) und ihre Wirkung.* Mainz: Schott.
Berger, Peter L. / Luckmann, Thomas (2010 [1969]). *Die gesellschaftliche Konstruktion der Wirklichkeit: eine Theorie der Wissenssoziologie.* Frankfurt/M.: Fischer.
Blake, Andrew (2007). »Drugs and Popular Music in the Modern Age.« In: *Drugs and Popular Culture. Drugs, Media and Identity in Contemporary Society.* Hg. v. Paul Manning. London u. New York: Routledge, S. 103-116.
Bochnik, Hans-Joachim (1987). »Sucht und Freiheit – Persönliche und gesellschaftliche Freiheiten als Suchtbedingungen.« In: *Sucht als Symptom. 2. Wissenschaftliches Symposium der Deutschen Hauptstelle gegen die Suchtgefahren Bad Kissingen.* Hg. v. Wolfram Keup. Stuttgart: Thieme, S. 122-129.
Bosse, André (2015). »Lebende Leichen.« In: *Uni Spiegel* 5, S. 48-50.
Brachet, Inge (2003). *Zum Sinn des Junkie-Seins. Eine qualitative Studie aus existentialistischer Perspektive.* Berlin: VBB.
Daughtry, J. Martin (2015). Listening to War: Sound, Music, and Survival in Wartime Iraq.« New York: Oxford University Press.
Egger, Josef. W. (2006). »Abhängigkeit aus psychologischer Sicht.« In: *Opiatabhängigkeit. Interdisziplinäre Aspekte für die Praxis.* Hg. v. Eckhard Beubler, Hans Haltmeyer u. Alfred Springer. Wien u. New York: Springer, S. 23-32.
Fachner, Jörg (2007). »›Taking it to the streets…‹ Psychotherapie, Drogen und Psychedelic Rock. Ein Forschungsüberblick.« In: *Samples 6,* http://www.aspm-samples.de/Samples6/fachner.pdf (Version vom 26.9.2007, Zugriff: 20.2.2019).
Fachner, Jörg (2008). »Musikwahrnehmung unter Drogeneinfluss.« In: *Musikpsychologie. Das neue Handbuch.* Hg. v. Herbert Bruhn, Reinhard Kopiez u. Andreas C. Lehmann. Reinbek b. Hamburg: Rowohlt, S. 595-612.
Fachner, Jörg (2010). »Music Therapy, Drugs and State-dependent Recall.« In: *Music Therapy and Addictions.* Hg. v. David Aldrige u. Jörg Fachner. London u. Philadelphia: Jessica Kingsley Publishers, S. 18-34.
Fieldman, Nancy P. / Woolfolk, Robert. L. / Allen, Lesley A. (1995). »Dimensions of Self-Concept: A Comparison of Heroin and Cocaine Addicts.« In *The American Journal of Drug and Alcohol Abuse* 21(3), S. 315-326.
Filipp, Sigrun-Heide / Meyer, Anne-Kathrin (2005). »Selbst und Selbstkonzept.« In: *Handbuch der Persönlichkeitspsychologie und Differentiellen Psychologie.* Hg. v. Hannelore Weber u. Thomas Rammsayer. Göttingen: Hogrefe, S. 266-176.
Fischer-Rosenthal, Wolfram / Rosenthal, Gabriele (1997). »Narrationsanalyse biographischer Selbstpräsentationen«. In: *Sozialwissenschaftliche Hermeneutik.* Hg. v. Roland Hitzler u. Anne Honer. Opladen: Leske u. Budrich, S. 133-164.
Forrest, Bob (2013). *Running with Monsters: A Memoir.* New York: Crown Archetype.
Fuhrer, Urs / Marx, Alexandra / Holländer, Antje / Möbes, Janine (2000). »Selbstbildentwicklung in Kindheit und Jugend.« In: *Psychologie des Selbst.* Hg. v. Werner Greve. Weinheim: Psychologie Verlags Union, S. 39-57.
Hammel, Lina (2011). *Selbstkonzepte fachfremd unterrichtender Musiklehrerinnen und Musiklehrer an Grundschulen. Eine Grounded-Theory-Studie.* Berlin: Lit.
Hemming, Jan (2002). *Begabung und Selbstkonzept. Eine qualitative Studie unter semiprofessionellen Musikern in Rock und Pop.* Münster: Lit.

Hemming, Jan (2003). »Das Selbstkonzept als Instanz der aktiven Reflexion eigener Möglichkeiten und Grenzen im musikalischen Entwicklungsverlauf.« In: *Begabung und Kreativität in der populären Musik*. Hg. v. Günter Kleinen. Münster: Lit, S. 91-106.

Holm-Hadulla, Rainer M. (2014). »Creativity, Alcohol and Drug Abuse. The Pop Icon Jim Morrison.« In: *Psychopathology* 47 (3), S. 167-173.

Hunter, Kathleen I. / Linn, Margret W. / Harris, Rachel (1978). »Self-concept and Completion of Treatment for Heroin and Nonheroin Drug Absusers.« In: *The American Journal of Drug and Alcohol Abuse* 5 (4), S. 463-473.

Kiedis, Anthony / Larry Slowman (2004). *Scar Tissue*. New York: Hyperion.

Kihlstrom, John F. / Cantor, Nancy (1984). »Mental Representations of the Self.« In: *Advances in Experimental Social Psychology*, 17. Hg. v. Leonard Berkowitz. New York: Academic Press, S. 1-47.

Klein, Lutz (1997). *Heroinsucht: Ursachenforschung und Therapie. Biographische Interviews mit Heroinabhängigen*. Frankfurt/M. u.a.: Campus.

Kraus, Wolfgang (1999). »Identität als Narration: Die narrative Konstruktion von Identitätsprojekten.« In: *Psychologie & Postmoderne, Berichte aus dem Colloquium Psychologie und Postmoderne am Studiengang Psychologie der Freien Universität Berlin*, http://web.fu-berlin.de/postmoderne-psych/berichte3/kraus.htm (Zugriff 15.8.2019).

Kraus, Wolfgang (2000). *Das erzählte Selbst. Die narrative Konstruktion von Identität in der Spätmoderne*. Herbolzheim: Centerus.

Kunz, Dieter / Kremp, Mechthild / Kampe, Helmut (1985). »Darstellung des Selbstkonzeptes Drogenabhängiger in ihren Lebensläufen.« In: *Praxis der Kinderpsychologie und Kinderpsychiatrie* 34 (6), S. 219-225.

Küsters, Yvonne (2009). *Narrative Interviews. Grundlagen und Anwendungen*. Wiesbaden: VS Verlag.

Laskowksi, Annemarie (2000). *Was den Menschen antreibt. Entstehung und Beeinflussung des Selbstkonzepts*. Frankfurt/M.: Campus.

Marotzki, Winfried (2010). »Qualitative Biographieforschung«. In: *Qualitative Forschung. Ein Handbuch*. Hg. v. Uwe Flick, Ernst von Kardorff u. Ines Steinke. Reinbek b. Hamburg: Rowohlt (8. Aufl.), S. 175-186.

Mezzrow, Mezz / Wolfe, Bernard (1946). *Really the Blues*. New York: Random House

Mummendey, Hans-Dieter (2005). »Selbstberichte.« In: *Handbuch der Persönlichkeitspsychologie und Differentiellen Psychologie*. Hg. v. Hannelore Weber u. Thomas Rammsayer. Göttingen: Hogrefe, S. 137-148.

Mummendey, Hans-Dieter (2006). *Psychologie des ›Selbst‹. Theorien, Methoden und Ergebnisse der Selbstkonzeptforschung*. Göttingen: Hogrefe.

Music Industry Research Association (MIRA) (2018). »Report on MIRA Musician Survey«, https://img1.wsimg.com/blobby/go/53aaa2d4-793a-4400-b6c9-95d6618809f9/downloads/1cgjrbs3b_761615.pdf (Zugriff: 16.8.2019).

Pfeiffer, Wolfgang (2007). »Das musikalische Selbstkonzept. Effekte und Wirkungen.« In: *Diskussion Musikpädagogik* 33, S. 40-44.

Ptatscheck, Melanie (2019a). »Populäre Musik und Heroin. Eine kulturhistorische Kontextualisierung.« In: *Samples* 17, http://www.gfpm-samples.de/Samples%2017/Ptatscheck.pdf (Zugriff: 16.8.2019).

Ptatscheck, Melanie (2019b). *Suchtgenese & Selbstkonzept(e): Biographische Fallrekonstruktion von Lebensgeschichten heroinabhängiger Musiker in Los Angeles*. Lüneburg: Unveröffentlichte Dissertation.

Rosenthal, Gabriele (1995). *Erlebte und Erzählte Lebensgeschichte. Gestalt und Struktur biografischer Selbstbeschreibungen*. Frankfurt/M.: Campus.

Rosenthal, Gabriele (2014). *Interpretative Sozialforschung. Eine Einführung.* Weinheim u. Basel: Beltz u. Juventa.
Schachinger, Helga E. (2005). *Das Selbst, die Selbsterkenntnis und das Gefühl für den eigenen Wert. Einführung und Überblick.* Bern: Huber.
Schuppener, Saskia (2005). *Selbstkonzept und Kreativität von Menschen mit geistiger Behinderung.* Bad Heilbrunn: Julius Klinkhardt.
Schütz, Alfred / Luckmann, Thomas (2017 [1984]). *Strukturen der Lebenswelt.* Konstanz u. München: utb.
Schütze, Fritz (1983). *Biographieforschung und narratives Interview.* In: *Neue Praxis* 3, S. 283-293.
Schütze, Fritz (1987). *Das narrative Interview in Interaktionsfeldstudien: Erzähltheoretische Grundlagen.* Hagen: Studienbrief.
Shapiro, Harry (1998). *Sky high. Droge und Musik im 20. Jahrhundert.* Wien: Hannibal.
Spunt, Barry (2014). *Heroin and Music in New York City.* New York: Palgrave Macmillan.
Spychiger, Maria (2007). »›Nein, ich bin ja unbegabt und liebe Musik.‹ Ausführungen zu einer mehrdimensionalen Anlage des musikalischen Selbstkonzepts.« In: *Diskussion Musikpädagogik* 33, S. 9-20.
Spychiger, Maria (2013). »Das musikalische Selbstkonzept. Wer ich bin und was ich kann in der Musik.« In: *Üben & Musizieren* 6, S. 18-21.
Spychiger, Maria (2017). »From Musical Experience to Musical Identity: Musical Self-Concept as a Mediating Psychological Structure.« In: *Handbook of Musical Identities.* Raymond MacDonald, David J. Hargreaves u. Dorothy Miell. New York: Oxford University Press, S. 288-303.
Welzer, Harald (2008). *Das kommunikative Gedächtnis. Eine Theorie der Erinnerung.* München: C. H. Beck.
Winick, Charles (1959/1960). »The Use of Drugs by Jazz Musicians.« In: *Social Problems* 7 (3), S. 240-253.
Winick, Charles (1961). »How High the Moon: Jazz and Drugs.« In: *The Antioch Review* 21 (1), S. 53-68.
Zoglowek, Hubert (1995). *Zum beruflichen Selbstkonzept des Sportlehrers. Eine qualitative Untersuchung zum beruflichen Selbstbild und Selbstverständnis von Sportlehrern und Sportlehrerinnen, mit dem besonderen methodisch-methodologischen Schwerpunkt der kommunikativen Validierung von qualitativen Interviews.* Frankfurt/M. u.a.: Peter Lang.

Abstract

Although heroin consumption has played a central role in various genres and cultures of popular music, the phenomenon of addiction among musicians is rarely discussed in popular music studies. Based on the example of former heroin-addicted musicians in Los Angeles, this article seeks to explore the self-concepts and self-perceptions of these musicians, as well as the impact of heroin addiction on their reputations and subsequent musical careers.

Interpretive social research is combined with a narrative interview methodology to create a biographical approach that focuses on the reconstruction of the musicians' life stories. In the framework of theoretical approaches to addiction and self-concept research, this paper outlines the points of orientation for a methodological procedure and legitimizes an ethnographic perspective on substance abuse and self-perception. Concluding on the basis of the presented findings, the study discusses the potential of (self-)narratives for further research in popular music studies.

Remixe. Remixen. Popularmusikforschung: Potentiale für methodologische Neugestaltungen

André Doehring, Kai Ginkel und Eva Krisper

Popularmusikforschung untersucht, um mit den Ideen und Begriffen Kurt Blaukopfs (1984) zu argumentieren, musikalische Praktiken. Diese umfassen das musikbezogene Handeln in seiner Gänze, d.h. den Musikprozess vom Musizieren über das Distribuieren bis zum Rezipieren von populärer Musik sowie jeweils hervorgehende Anschlusshandlungen. Popularmusikwissenschaftler*innen untersuchen diese Praktiken in der Regel auf der Basis von als Song vorliegender Musik, wobei häufig unklar bleibt, was genau *der* Song ist. Oft beziehen wir uns auf die auf dem Album veröffentlichte Version oder die Single, oftmals ohne dabei zu berücksichtigen, dass vor dem digitalen Zeitalter jede Neupressung von einem anderen Lacquer hergestellt wurde, somit Soundeigenschaften variieren und hierdurch andere Praktiken ermöglicht werden können. Des Weiteren bleibt häufig ungeklärt, welches Singleformat gemeint ist: Tatsächlich die Vinyl-Single oder doch die CD-Version? Der Spotify- oder YouTube-Stream? Und auf welcher Qualitätsstufe und welcher Datengrundlage? Der Radio-Edit oder die Mastered-for-iTunes-Version im Download? Ein verbesserungswürdiges Quellenbewusstsein und eine höhere Quellenkritikfähigkeit innerhalb der Community der Popularmusikforschung sind sicher angebracht, um diese materiellen Aspekte zu klären.[1]

Ebenso ungelöst ist bislang die Frage nach der tatsächlichen musikalischen Form, in der sich der Song präsentiert, wenn er unter dem Schlagwort »Remix« in Erscheinung tritt. In den letzten knapp 45 Jahren hat sich dieser Begriff in den Veröffentlichungspraktiken der Musikindustrie mit der 12"-Maxi-Single etabliert, ohne dass dies in der Popularmusikforschung zu einem umfassenden Forschungsansatz geführt hat, der die musikalischen Praktiken des

---

1 Diese Gedanken führte André Doehring am 7.12.2018 in der Keynote »Problematiken und Möglichkeiten von Quellen in der Popularmusikforschung« bei der ÖGMW-Tagung in Wien aus; 2019 werden sie in der *Musicologica Austriaca* online veröffentlicht.

Remix erfasst und zugleich gängige Forschungsansätze der Popularmusikforschung überdenkt, gar remixt. Einen solchen Ansatz stellen wir im Folgenden vor.

Ein Beispiel zur Verdeutlichung: In einer Gruppenanalyse des Songs »Pop Kids« (Pet Shop Boys 2016a, b) der Pet Shop Boys (Appen/Bennett/Doehring 2019) wurde zumindest ein Problem gängiger Methoden der Popularmusikforschung angegangen: Anstatt einen Song im Alleingang zu analysieren, reichern Gruppenanalysen die Interpretationen an und lassen mehr *affordances* (DeNora 2010: 38-41) der Musik erkennen. Im Ergebnis wird die Analyse somit breiter, das Wissen über die analysierte Musik »dichter« und beobachtbare musikalische Praktiken können besser im Zusammenhang mit ihrer Musikbezogenheit verstanden werden. Ein Problem bei der Gruppenanalyse von »Pop Kids« musste aber zuvor gelöst werden: Welche der vielen existierenden Aufnahmen mit »Pop Kids« im Titel soll *den* Song darstellen?

Die Pet Shop Boys sind tief in der elektronischen Tanzmusik verwurzelt; die regelmäßig unter ihrem Namen erscheinenden bzw. von ihnen beauftragten Remixe ihrer Songs sind unter Fans und DJs begehrt. Von »Pop Kids« sind 13 Versionen von sechs Produzenten bzw. Remixern auf dem Markt erhältlich; die Fan-Seite *geowayne.com* von Wayne Studer listet weitere 14 beauftragte, aber unveröffentlichte Remixe von zehn Remixern bzw. Remix-Teams auf. Jede dieser Versionen, so die Auffassung nach dem *subjective turn* in der Analyse populärer Musik (Doehring 2015), macht uns als Hörer*in, als Analysierende*r, als Tänzer*in oder als Plattensammler*in auf je eigene Weise Angebote für musikalische Praktiken. Zum Beispiel imaginieren wir uns in »Pop Kids (MK Dub)« (Pet Shop Boys 2016b) ohne größere Probleme auf der Tanzfläche zu einer Uhrzeit von ca. 4:53 Uhr (a.m.!), wir riechen Schweiß, wir imaginieren viele gedrängt tanzende Körper, die sich zu den wenigen, aber hochgradig anregenden Instrumenten bewegen: Etwa zu der gleißend in den Höhen strahlenden Hi-Hat der Rhythm Machine, die im schnellen Achtelpuls den Off-Beat zur nach oben gerichteten Körperbewegung einlädt (vgl. zu derartigen *affordances* Zeiner-Henriksen 2010), oder zum im zweifach langsameren Puls hörbaren Synthesizerakkord, der durch seine Synkopierung zu einer anderen Tanzbewegung animiert. Das bei »Pop Kids (MK Dub)« vorkommende Spiel mit den Stimmsamples ist anregend, und wer mag, lacht über das Wortspiel (das onomatopoetisch die Hi-Hat imitierende Wörtchen »dick« fungiert als Pulsgeber).

Ganz anders dagegen ist das Ergebnis der Analyse der Radio-Single (Pet Shop Boys 2016a), die als Hybrid zwischen Song- und Trackform daherkommt. Sie fordert aufgrund der Textmenge und -gestaltung unsere Aufmerksamkeit und bietet, anders als der »MK Dub«-Remix, eine Erzählung an, die etwa der

Remix »Pop Kids (The Full Story)« (Pet Shop Boys 2016b) erweitert und somit bis dahin gezogene Interpretationen infrage stellt. Die Pet Shop Boys wissen um dieses intertextuelle, vielleicht besser: interformative Hören vieler Fans, die sämtliche Remixe sammeln, und spielen mit deren Erwartungen in kunstvoller, stets ironisierender Weise.

Kurz zusammengefasst ermöglichen Remixe differente Erfahrungen, denn sie sind verschieden gestaltet und in einer Vielzahl beauftragt und veröffentlicht. Wie also sollen wir über dieses Konglomerat forschen? Und warum eigentlich?

1. Zum Gegenstand des Remix

Das Remixen ist eine musikalische Praktik elektronischer Tanzmusik, einer Musik, die weltweit und täglich eine Vielzahl von Menschen und Kapital bewegt. In Anbetracht der kaum überschaubaren Menge und Vielfalt dieser Musiken ist es so relevant wie notwendig, sich verstärkt mit ihren kulturellen und ökonomischen Wechselwirkungen im gegenwärtigen Musikleben und Kulturschaffen wissenschaftlich auseinanderzusetzen. Denn Remix – als Überbegriff – ist Aktivität, zugleich aber auch Ware, Auftrag, Technik und Netzwerk. Zudem ist Remix Teil der Geschichtserzählungen von elektronischer Tanzmusik, in denen Figuren wie Walter Gibbons, Tom Moulton, Larry Levan oder die C&C-Music Factory aufgrund ihrer musikalischen Arbeit gewürdigt und unsere Bilder von Remixern (ohne *innen) geprägt werden. Remix ist auch eine alltägliche, lokale Praktik; sie passiert in Heimstudios, wie Blicke in Internetforen und Homepages vermuten lassen, wo Remix-Contests von Heimstudioproduktionen zu finden sind (vgl. Kreasound 2019; Skio Music 2019). Und im Mainstream ist das Veröffentlichen von Remixen selbstverständlich: Im Oktober 2017 hat etwa Helene Fischer ein komplettes Album mit dem Titel *Achterbahn – The Mixes* herausgebracht, auf dem sich elf Versionen von »Achterbahn« befinden.

Mit Remix kann Geld verdient werden. Dies verrät uns auch der Blick in andere Bereiche der Musikindustrie: Der in Berlin ansässige und für die elektronische Tanzmusik wichtige Hard- und Softwarehersteller Native Instruments (NI) hat für sein weit verbreitetes DJ-Programm Traktor sog. Remix-Decks programmiert, in die kleine Samples oder Loops geladen werden, mit denen die Musiker*innen weiter improvisieren können. Eine Weiterentwicklung stellen sog. Stems dar – aufgesplittete Audiodateien eines Tracks, die in eigene »Stem-Decks« geladen und einzeln angesteuert werden können. Der

Track liegt somit quasi in vier einzelnen Spuren vor, mit denen, wie in frühester Dub-Praktik der jamaikanischen Sound Systems, improvisiert werden kann — im Musikbereich auf von NI extra entwickelter und käuflich zu erwerbender Hardware. Stems können in für elektronische Tanzmusik maßgeblichen Download-Portalen wie *Beatport, Juno, Whatpeopleplay* oder *Bleep* erworben werden, wo Labels und Produzent*innen die für die DJ-live-Remix-Praktik vorbereitete Musik zum Kauf anbieten. Die Seite stems-music.com (Stems 2019) nennt knapp 350 Betriebe, die mit diesem Format arbeiten, um »neue Einnahmequellen zu generieren«. NI arbeitet bereits seit 2004 mit Beatport zusammen. Beatport wiederum ist Teil der Firma LiveStyle, ein Ableger des weltgrößten und dominierenden Konzertpromoters LiveNation bzw. der NASDAQ notierten Firma SFX Entertainment, die Konzerte, Festivals, Tourveranstalter*innen, Management, aber auch Musik und Musiker*innen im Angebot hat.

Remixe sind also Gegenstände, musikalische Praktiken und auch Waren auf diesen zu einem Industriekomplex verbundenen Märkten. Sie sind zudem lukrativ, da private wie öffentliche Musik-Praktiken — d.h. Studioarbeit und das auf alle Sinne einwirkende Liveerlebnis von remixter Musik — von einem einzigen, umfassend tätigen Anbieter ermöglicht, gesteuert und verändert werden können.

2. Zur Theorie: Soziale Praktiken

Unser Forschungsentwurf nimmt Anleihen bei verschiedenen sozialwissenschaftlichen Theorieschulen, die allesamt im Bereich der Praxistheorien angesiedelt sind oder sich jedenfalls an dieses »[facettenreiche] Bündel von Analyseansätzen« (Reckwitz 2003: 282), von »Theorien mit ›Familienähnlichkeit‹« (ebd.: 283), anschlussfähig zeigen. Wesentlich ist den praxistheoretischen Sichtweisen die Abgrenzung vom Mentalismus und Textualismus (ebd.: 287). Das Soziale ist hier »in der Kollektivität von Verhaltensweisen« zu suchen, »die durch ein spezifisches ›praktisches Können‹ zusammengehalten werden« (ebd.: 289). Für den Blick auf die Remix-Praktiken bedeutet das, nicht etwa nach den Handlungen einzelner Musiker*innen und den »dahinter« stehenden Motivationen zu fragen, sondern dezidiert nach den praktischen Wissens- und Könnensformen, die Remix als soziale Praxis gewährleisten, hervorbringen und erkennbar machen. Hierzu gehört ein Fokus auf »zwei ›materielle‹ Instanzen, die die Existenz einer Praktik ermöglichen und die von den Praxistheoretikern immer wieder hervorgehoben werden: die menschlichen ›Körper‹ und die ›Artefakte‹« (ebd.: 290). Es findet also eine Aufwertung nicht-menschlicher Aktanten (Latour 2005) statt, die sich in der Beschäftigung mit Remix wiederfinden muss: Das Hervorbringen eines Remixes ist immer entscheidend davon geprägt, inwiefern technische Artefakte — hier: Instrumente, Tonspuren, Software — als »Träger sozialer Regeln« etwa »unorthodoxe Gebrauchsweisen [erschweren]« (Schmidt 2012: 64). Diese Ebene der Materialität wird in den bestehenden Remix-Diskursen verschiedener Fachdisziplinen mitunter bereits reflektiert und erforscht, wie der folgende Abschnitt zeigt.

Ethnographie und dichte Beschreibung sind für praxistheoretische Herangehensweisen die bevorzugten Forschungsmethoden (Reckwitz 2003: 298). Hiermit einher geht eine Sichtweise, die sich der Sinnkonstruktionen der beteiligten Akteur*innen annimmt — das Forschungsteam selbst eingeschlossen. Subjektivität wird somit, anknüpfend an die ethnographische Methodenliteratur, in den Forschungsprozess integriert und nicht von vornherein als Fehlerquelle oder Schwäche zurückgewiesen (Maanen 2011: 69). Ein konstruktivistisches Verständnis der Grounded Theory, wie es etwa von Charmaz (2006) entwickelt wurde, macht diese Dimensionen analytisch einholbar. Hierbei werden auch Forscher*innen nicht als passive, unvoreingenommene Faktensammler*innen gesehen (ebd.: 9), sondern als Akteur*innen, die ihren Gegenstand im Akt von Feldteilnahme, Datengenierung und Analyse (mit-)hervorbringen. Inhärent ist Vorgehensweisen der Grounded Theory eine Art offene Zirkularität, in der einzelne Sequenzen des Forschungs- und Analyseprozesses einander wiederholt durchdringen (ebd.: 5).

3. Exkurse in Remix-Diskurse

Je nach Disziplin werden in der Literatur verschiedene Verständnisse von Remix und elektronischer Tanzmusik etabliert, die im Folgenden als Überblick skizziert werden. In jüngeren Jahren macht sich EDM als Interessenfeld in deutschsprachigen Publikationen (etwa Feser/Pasdzierny 2016) verstärkt bemerkbar, in denen sich Autor*innen unter dem Banner »Techno Studies« mit der Erforschung von Ästhetik und Geschichte elektronischer Tanzmusik auseinandersetzen. Seit längerem schon ist Techno ein Thema in der Musikwissenschaft, wobei hier als wissenschaftliche Herausforderungen vor allem die Diskurse identifiziert werden, die die Klangstruktur umgeben und konzeptuell als Musik prägen (vgl. Wicke 1997).

Bisher haben Musikwissenschaftler*innen einzelne Aspekte wie etwa die Tanzflächenerfahrung (Botond 2014) sowie spezifische Techniken und Technologien der elektronischen Tanzmusik untersucht. Die Rolle der Produzent*innen wurde zunächst vernachlässigt (Butler 2006: 15f.). Dies hat sich inzwischen geändert: Die Studioumgebung wird in jüngeren Untersuchungen aus der Praxisforschung heraus untersucht (Till 2017: 6) und die Rolle der Technologie hinsichtlich der Formate und Werte in der Arbeit von EDM-Musiker*innen angesprochen (Montano 2008).

Eine Reihe von Wissenschaftler*innen (Attias et al. 2013) befasst sich mit technologischen Aspekten sowie Machtbeziehungen und sozialem Wandel in der EDM, Themen also, die innerhalb der Musikwissenschaft trotz einzelner Annäherungen nach wie vor eine Randerscheinung darstellen. Der technologische Wandel in der EDM wird mit einem Schwerpunkt in der Akteur-Netzwerk-Theorie untersucht (Yu 2013), zudem wird bereits die Verwendung des Aufnahmestudios als Instrument oder die Rolle des Raums in der aufgenommenen Musik diskutiert (vgl. Schmidt Horning 2012). Michael Veal (2007), der in seiner Untersuchung über Dub die Produzenten (ohne *innen) in den Mittelpunkt stellt, betont bei Themen wie Fragmentierung oder dem Einsatz von Soundeffekten den kreativen Miss- und Gebrauch von Equipment sowie den Einfluss dieser Techniken auf populäre Genres wie Techno, House und Hip-Hop. In den Sound Studies wird die Entwicklung von Remix an das Medium der Maxi-Single gebunden (Papenburg 2014), medienwissenschaftliche Untersuchungen befassen sich mit der Rolle technischer Artefakte wie Plattenspielern und Softwarekomponenten (vgl. Gilli 2017). All diese Perspektiven legen nahe, dass keine Untersuchung von Remix vollständig sein kann, ohne die Rolle von technischen Artefakten zu berücksichtigen.

In Bezug auf die Geschichte der elektronischen Tanzmusik wurde eine kritische, multiperspektivische Sicht auf Historiographien etabliert, die stilistische Widersprüche angemessen widerspiegelt (vgl. Nye 2016: 134f.). In der Medientheorie wird Remix zudem als »Meta-Aktivität« (Navas 2012) kultureller Reproduktion bezeichnet, die Spuren der Musikgeschichte trägt und auf die komplexen Zusammenhänge zwischen Original und Remix hinweist. Diskursorientierte Ansätze haben die historische Entwicklung von Popmusik aus einer kritischen, postkolonialen Perspektive diskutiert (Ismaiel-Wendt 2011), während der historische Ansatz von Paul Sullivan (2013) die Ursprünge von Remix u.a. an wirtschaftliche Bedingungen knüpft. Auch juristische Aspekte werden immer wieder im Zusammenhang mit Remix zur Sprache gebracht. Sampling (Kautny/Krims 2010; Navas 2012; Rodgers 2003) wird als ein dauerhaftes Problem im Urheberrecht bezeichnet (vgl. Döhl 2016; Collins 2008). Strategien wie das Freigeben von nicht autorisierten Remixen als sog. White Label (Veröffentlichungen, die keine grundlegenden Informationen wie die Namen von Musiker*innen, Produzent*innen etc. enthalten) weisen auf eine komplexe Beziehung zwischen Remix-Arbeit und Autor*innenschaft hin.

Spezielle formale Anlagen elektronischer Musik werden etwa in Untersuchungen über Repetition als wesentlicher Teil des Hörvergnügens (vgl. Garcia 2005; Danielsen 2006) oder Mash-ups als Genre »recycelter« Musik (vgl. Boone 2013; Döhl 2016) bearbeitet. Die DJ-Kultur wird von Kai Fikentscher (2013) im Hinblick auf die Auswahl von Musikmaterial beleuchtet. Paul Gilroy (1993: 105f.) thematisiert Form im Hip-Hop und Remix aus kulturwissenschaftlicher Perspektive, Joseph G. Schloss (2004) untersucht durch ethnographische Arbeit Ästhetiken des Sampling in der Hip-Hop-Kultur. In Musikmagazinen und anderen relevanten Medien finden wir ein Vokabular, das für Insider der EDM-Kultur selbstverständlich zu sein scheint. Nicht-akademische Handbücher zu Remix, wie das *Remix Manual* (Langford 2011), führen die Leser*innen in die Techniken ein, die für Remix-Praktiken als unerlässlich gelten. Die Musikpädagogin Ane-Marija Pacal (2017) identifiziert in ihrem Glossar-Bericht über House-Musik eine umfassende Liste von Begriffen, Methoden, Techniken und Qualitäten, die mit der musikalischen Form und praktischen Wissensbeständen verbunden sind.

In einer kulturwissenschaftlichen Diskussion von Stadler (2009: 1) wird Remix als »ein viele Genres und spezifische Arbeitsweisen kennzeichnendes Verfahren« aufgefasst, »in welchem unter Verwendung bestehender kultureller Werke oder Werkfragmente neue Werke geschaffen werden«. Im selben Atemzug wird die Remix-Methode als zentrales Element der aktuellen kulturellen Praktik identifiziert, die mit den jüngsten Entwicklungen in der Medientechnologie und der Gesellschaft verknüpft ist (vgl. ebd.: 2). In ihrer Auseinandersetzung mit der DJ-Kultur thematisiert die Soziologin Rosa Reitsamer (2011) daran anschlussfähig die Arbeit von DJs als einen Bereich, in dem die Ideologie der Kreativität mit dem Aufbau sozialer Netzwerke und individuellem Unternehmertum (»entrepreneurship«) einhergeht (ebd.: 28). Dieser Ansatz zeigt, wie die Erforschung kreativer Arbeit in der EDM tiefe Einblicke in die heutige kulturelle Produktion geben kann.

Die hier skizzierten Arbeiten erfassen partikulare Bereiche eines breit angelegten, heterogenen Remix-Begriffs und sind methodisch eng an die Herkunftsdisziplinen der Autor*innen gebunden. Eine umfassende Studie, in der die allgemeinen und musikalischen Praktiken von Remix, einschließlich der Rolle von technischen Artefakten, zum Gegenstand der Interpretation gemacht werden, wurde bisher noch nicht durchgeführt; gleichwohl Remix als Schlagwort, Idee, musikalische und soziotechnische Praktik sowie nicht zuletzt als Markt seit Jahrzehnten in der populären Musik existiert. Trotz fruchtbarer Ansätze in bestehender Forschung existiert kein umfassender Diskurs über Remix, der die Thematik als soziale Praxis und musikwissenschaftlich einholt. Analyseergebnisse in der elektronischen Tanzmusik sind »comparatively small and mostly incoherent« (Doehring 2015: 137). Warum genau aber ist das der Fall?

4. Problemlagen

Popularmusikforschung ist historisch stark in den Kulturwissenschaften verwurzelt. Soziale, kulturelle oder ökonomische Fragestellungen werden nach wie vor in einem höheren Ausmaß untersucht als etwa Fragen der klanglichen Gestaltung populärer Musik. Das lange und bedeutsame Schweigen aus der Musikwissenschaft zur popularmusikalischen Analyse ist in erster Linie auf Wertungsprobleme und Vorbehalte im Diskurs zurückzuführen (vgl. Butler 2012: xiii; Doehring 2015: 135): Vorwürfe bzgl. der Flüchtigkeit der Popmusik, die paradigmatische Rolle von Partituren sowie daran etablierte analytische Begriffe und Methoden haben zu musikwissenschaftlicher Forschung geführt, die ihren Abstand zur popmusikalischen Produktion erst in den letzten Jahren verringern konnte.

Insbesondere die Analyse von Remixen sieht sich auf vielerlei Weisen mit Problemen konfrontiert: Es fehlt erstens weitgehend Literatur, die ein etabliertes Vokabular und eine adäquate Methodik bereitstellt, die an den Gegenstand Remix angepasst ist. Analysen sind zweitens stets begrenzt auf eine Version eines Stücks, nicht mehrere. Drittens gehen Analysen zu selten von einer kontextsensitiven und radikal selbstreflexiven Perspektive (vgl. Doehring 2012) aus, in der nach den ermöglichten konkreten Erfahrungen eines Remix im Vergleich zu anderen Versionen in einer konkreten sozialen, historisch wie akustisch definierten Situation gefragt wird.

Nicht zuletzt mögen an subkultureller Rockmusik orientierte analytische Methoden und Theorien von meist rockmusikalisch sozialisierten, in der Regel männlichen Kollegen diese (Neu-)Orientierung erschwert haben. Remixe werden zudem selten von einem »echten« Rockinstrumentarium gespielt und haben eine Form- und Klangsprache entwickelt, die in Distanz zum bisher vorwiegend zur Analyse gelangten Rockrepertoire steht. Butlers (2006) Terminologien, die weithin genutzt werden (z.B. von Schaubruch 2018), beziehen sich auf Technotracks und streifen die Remix-Thematik nur am Rande. Mit der Orientierung an rockmusikalischen Songs geht oft auch die Vernachlässigung anderer Orte und Praktiken einher, an denen und innerhalb derer Remixe anzutreffen sind, etwa in den Charts oder den (insbesondere: ländlichen) Großraum- oder Kirmeszeltdiskotheken.

Remix-Praktiken stellen zudem eine ontologische Frage: Sieht man davon ab, dass unter Remixer*innen laut Selbstauskunft in Online-Netzwerken eine Präferenz für die Arbeit mit »Originalen« vorherrscht (Cheliotis/Yew 2009: 167), existiert als Untersuchungsgegenstand nicht *der* Remix, sondern wir finden viele, z.T. hochgradig heterogene Remixe vor, die eine Vielzahl Beteiligter in unterschiedlichen Rollen bereits vor der Rezeption versammeln. Fragen von Autorschaft und Fragen zum Verhältnis von »Original« und dem Ausmaß kreativer Leistung stellen sich allerdings vorrangig dort, wo Werk- und Autorparadigma herrschen. Denn wahrscheinlich, so unsere These, stellt sich die Frage nach einem Original, das kausal Remixe hervorbringt, in einigen Remix-Praktiken zumeist elektronischer Musik gar nicht mehr. Idealtypisch kann Remix hier als ein rhizomatisches Netzwerk verstanden werden, das Neues selbstständig hervorbringt. Die Beziehung dieses Neuen zu einer nicht mehr als Ursprung bezeichneten Vorlage bleibt in solchen Fällen nur mehr opak und bedarf der Beziehungsstiftung, die es je zu untersuchen gilt. Basierend auf unseren Vorstudien, zeigt die folgende Aufstellung eine absteigende Wichtigkeit der Vorlage:

- *Remix im Sinne des marktlogischen Gesetzes der Serie resp. der Erweiterung der Angebotspalette*
Am Beispiel von Helene Fischers Remixen von »Achterbahn« (Fischer 2017) kann erkannt werden, wie der Gedanke eines Originals in nachfolgenden Bearbeitungen gewahrt bleibt. In allen elf Remixen ist die Songstruktur vorhanden, nur im Fall von »Achterbahn (Vicious Dub Remix)« wird sie dezent fragmentiert: Der Chorus sowie die bis auf typische DJ-Filter weitgehend unbearbeitet bleibenden Vocals sind klare Beziehungsstifter und Wahrer der *acoustic trade mark* Helene Fischer.

- *Remix im Sinne des Warhol'schen Konzepts der Kopie bzw. Reproduktion*
In dieser Zwischenstufe sind Bezüge zur Vorlage vorhanden, Konzepte von Autorschaft und Werkidentität verwischen jedoch. Beispiel sind etwa die o.g. Remixe von »Pop Kids«, wo nicht eindeutig ist, welche Rolle die Pet Shop Boys hier genau spielen (Komponisten, Interpreten, Produzenten, Remixer).

- *Remix im Sinne des katalytischen Anstoßens neuer kreativer Hervorbringungen*
An diesem Pol mit den zumindest künstlerisch höchsten Freiheitsgraden spielt die Beziehung zur Vorlage keine wichtige Rolle mehr, das Produkt gilt als eigenlogisches künstlerisches Produkt, wie es bspw. in Marcel Dettmans Remix von Fever Rays »Seven« (2009) erkannt werden kann. In elektronischer Tanzmusik ist es üblich, das für die Remixe maßgebliche

Ausgangsmaterial nicht mehr mit den Remixen gemeinsam zu veröffentlichen, was den Status des Remix als ebenbürtiges musikalisches Produkt signalisiert. Zu erforschen wäre, welche Beziehungen hier gestiftet werden, wie Auftraggeber*in und -nehmer*in sich und die Hörer*innen orientieren.

5. Methodologische Überlegungen

Die folgenden Darstellungen einer möglichen Vorgehensweise betreffen einen Forschungszeitraum von insgesamt drei Jahren, der im Sinn der gegenwärtigen Projektskizze mit Blick auf realistische Fördermöglichkeiten und -ziele geplant wurde. Remixforschung muss es gelingen, den genannten epistemischen Beschränkungen respektive den disziplinären Scheuklappen auszuweichen und stattdessen einen umfassenden Ansatz für die Erforschung der Musik, damit verbundener sozialer Praktiken und der Geschichtskonstruktion von Remix zu entwickeln. Wir schlagen eine Zusammenführung musikwissenschaftlicher und soziologischer Forschungsmethoden vor, die auf einem Modell der methodologischen Zirkularität beruht. Über den Forschungsprozess hinweg sollen a) kontextsensitive Analyse, b) ethnographische Feldforschung und c) regelmäßige Gruppeninterpretationen der erhobenen Daten ein Ineinandergreifen und Rejustieren der Ergebnisse ermöglichen. Insbesondere Gruppeninterpretationen gewährleisten die so wichtige Interdisziplinarität, die über die bloße Arbeitsteilung zwischen den einzelnen beteiligten Disziplinen hinausgeht. Stattdessen verfolgt dieser Ansatz von Interdisziplinarität einen »self-conscious dialogue with, criticism of or opposition to the limits of established disciplines« (Barry/Born 2013: 12). Entsprechend dieser Ideen werden die Prozesse der Codierung und Interpretation einen Ansatz verfolgen, der auf konstruktivistischen Weiterentwicklungen der Grounded Theory (vgl. Charmaz 2006) basiert und eine neue Perspektive auf Remix-Arbeiten anstrebt, die nicht durch ein Zuviel an theoretischen Vorannahmen eingeschränkt werden.

5.1 Kontextsensitive Analyse

Musik ist in jüngeren analytischen Arbeiten konzeptuell Teil eines praktischen, diskursiven und historischen Kontexts (vgl. Moore 2012; Appen et al. 2015; Doehring 2017). »In this way it is wrong to speak of music having particular meanings; rather it has the potential for specific meanings to emerge under specific circumstances« (Cook 2001: 180). Musik fungiert in diesem Verständnis als »agent of meaning« (ebd.: 188), sie bietet bestimmte Bedeutungen basierend auf kontextuellen und eigenen materiellen Bedingungen an und lässt andere mögliche Bedeutungszuschreibungen unwahrscheinlicher werden (vgl. Clarke 2005). Analyse ist somit eine geeignete Methode, um zu verstehen, wie strukturelle Merkmale eines gegebenen Klangs (z.B. melodische, harmonische, [mikro-]rhythmische und auditive Aspekte) ein beobachtbares Musikverständnis ermöglichen können.

Selbst die scheinbar einfachen geradlinigen Rhythmen elektronischer Tanzmusik lassen in bestimmten Situationen eine Vielzahl von Interpretationen zu (vgl. Butler 2006: 137, 256), die in verschiedenen Arten des aktiven Zuhörens (vgl. auch Hennion 2001), ob in Performances, Studios oder im privaten Umfeld, in unsere Untersuchung Eingang finden. In all diesen Fällen fokussieren wir uns auf die Beziehung(en) zwischen Remix und körperlichen Aktivitäten sowie die praktische Anwendung technischer Artefakte.

Forschung wird immer von Analysierenden durchgeführt, die die Musik in einer historisch spezifischen Situation hören, verstehen und interpretieren (vgl. Doehring 2015: 138), sodass es keine perspektivenlose Position gibt, von der aus wir eine Interpretation vornehmen können (Moore 2012: 326). Eine »radikale Reflexivität« erfordert in diesem Zusammenhang auch die Kenntnis der Motive, Ziele und Methoden der Forscher*innen, die während des gesamten Prozesses das Forschungsobjekt diskursiv artikulieren (Doehring 2012: 36). Als Analysegegenstände werden wir Musik heranziehen, die von Teilnehmer*innen im Rahmen unserer unten explizierten ethnographischen Arbeit erstellt wird, sowie Tracks, die in der Vergangenheit von Teilnehmer*innen und anderen Musiker*innen erstellt wurden und im Feld wiederholt genannt werden. Sowohl die Analyse von Remixen vergangener Jahrzehnte als auch die Archivarbeit, die sich mit den Historiographien des Feldes befasst, basiert auf den Hinweisen und Vorschlägen der Projektteilnehmer*innen bezüglich der Musik, die als einflussreich oder anderweitig wichtig angesehen wird. Außerdem werden wir Informationen berücksichtigen, die aus populärwissenschaftlichen Büchern, Zeitschriften (vgl. Aletti 2009; Brewster/Broughton 2010) und DJ-Playlists stammen.

5.2 Ethnographische Feldforschung

Wir verfolgen in der Feldforschung drei unterschiedliche Ansätze (teilnehmende Beobachtung, Gruppendiskussion, Experten*inneninterview), von denen die teilnehmende Beobachtung zentral ist. Der Großteil der Feldarbeit soll in Graz und Wien durchgeführt werden. Als Ausgangspunkt der Feldarbeit werden wir uns auf die Arbeit in Studios konzentrieren, dann wird sich die

Feldforschung auf Basis der von den Remix-Praktiken beschriebenen Wege »ausbreiten« (vgl. Gobo 2008: 166). Während des Projekts wird die Auswahl der Teilnehmer*innen und Standorte via *theoretical sampling*, »controlled by the emerging theory« (Glaser/Strauss 1967: 45), stattfinden. Dieser Prozess ermöglicht sowohl einen offenen Ansatz zur Feldforschung als auch einen Fokus auf die Sättigung der erzeugten Daten (vgl. Charmaz 2006: 113-115).

Da jeder fertige Track immer einem weiteren Remix unterzogen werden kann, betrachten wir Remix als zirkuläres Phänomen. Wir gehen davon aus, dass »formative Objekte« — wie zum Beispiel fertige Tracks — innerhalb der Remix-Multisituiertheit entstehen und sich entwickeln, wodurch Beziehungen zwischen produktiven Sequenzen empirisch beobachtbar sind, indem diese spezifischen Beziehungen zueinander beleuchtet werden (vgl. Scheffer 2013: 91). Obwohl Online-Diskussionen in sozialen Medien oder auf Online-Message Boards nicht unser Hauptanliegen sein werden, können wir sie opportunistisch konsultieren, um etwas über diskursive Aktivitäten oder über die Art und Weise, wie die Bewertung von Remix-Arbeiten zwischen Zuhörer*innen ausgedrückt und verhandelt wird, im Sinn einer Anreicherung des Datenmaterials zu erfahren. Im Rahmen der Feldforschung soll überdies die Rolle der technischen Artefakte (Stems, Tonspuren, Instrumente, Software, Studios, Verträge etc.) und deren Beitrag zu den Remix-Praktiken beobachtend erschlossen werden.

5.2.1 Wahl der Standorte

Es ist bekannt, dass internationale Großstädte wie etwa Detroit, Chicago, New York und London im Hinblick auf ihre Geschichte und die gegenwärtigen Aktivitäten in der EDM-Kultur von besonderer Bedeutung sind. Auch im deutschsprachigen Raum gibt es eine Reihe markanter Standorte, die aufgrund elektronischer Tanzmusik bekannt sind (etwa Berlin, Frankfurt und Köln). Mit ihrem Reichtum an Clubs, Musiker*innen und Labels eignen sie sich gut für die Erforschung von Remix-Praktiken. Die Auswahl eines dieser Orte als Hauptstandort würde jedoch eine Reihe von Herausforderungen mit sich bringen: Da Feldarbeit erfordert, dass Forscher*innen sich über einen längeren Zeitraum im jeweiligen Feld aufhalten (Maanen 2011: 2), würde ein aus finanziellen Gründen begrenzter Zeitaufwand in Umgebungen, die für Remix-Praktiken wesentlich sind, die Möglichkeiten der teilnehmenden Beobachtung einschränken. Das wäre kontraproduktiv, denn Feldarbeit muss offen und flexibel sein (vgl. Mikos/Wegener 2005: 177), Standorte, Akteur*innen und Situationen müssen spontan identifiziert werden können. Das Forschen in der österreichischen EDM-Kultur ermöglicht uns ein solches Vorgehen. Da Österreich im Vergleich zu Deutschland oder Großbritannien, ganz zu schweigen von den Vereinigten Staaten, relativ klein ist, sind die beteiligten Akteur*innen auf enge (Arbeits-)Konstellationen miteinander angewiesen, was zu einer Beobachtbarkeit wiederholter Zusammenarbeit (vgl. Becker 1974: 774) führt.

Die Feldarbeit wird hauptsächlich in den Städten Graz, der zweitgrößten Stadt Österreichs, und der Landeshauptstadt Wien durchgeführt. Graz, wo sich die Forschungseinrichtung befindet, beherbergt eine lebhafte Clubszene mit Lokalitäten wie *Dom im Berg, Forum Stadtpark, Postgarage* und *Parkhouse*. Das jährlich stattfindende elektronische Tanzmusikfestival *Elevate* ist ein Knotenpunkt der Branche. Anhand der jungen und lebendigen Kulturszene erwarten wir, in Graz sowohl professionelle als auch Teilzeit-Musiker*innen sowie Veranstalter*innen anzutreffen. Fast ein Viertel der österreichischen Bevölkerung (ca. 1,9 von 8,9 Millionen Einwohner*innen) lebt in Wien, daher ist die Stadt ein Zentrum kultureller Arbeit in Österreich und verfügt über eine lebhafte Infrastruktur. In Wien gibt es sowohl international bekannte Labels als auch etablierte Tanzclubs (wie *Flex, Grelle Forelle* und *Fluc*). Die Stadt hat eine Geschichte von international anerkannten EDM-Produzent*innen und Remixer*innen wie z.B. Kruder & Dorfmeister, Electric Indigo, Patrick Pulsinger und Bernhard Fleischmann (Mazierska 2019). Reisen an Orte außerhalb der lokalen EDM-Community in Österreich können gelegentlich Teil der Feldarbeit werden, um die während des gesamten Forschungsprozesses ermittelten Netzwerke verfolgen zu können.

5.2.2 Teilnehmende Beobachtung

Ethnographische Methoden im Sinne der dichten Beschreibung (Geertz 1973) werden als Instrument dienen, um explizit zu machen, was in der Praxis meistens implizit passiert (vgl. Hirschauer 2001). In diesem Verständnis ist ethnographisches Schreiben mehr als ein bloßes Dokumentationswerkzeug (vgl. ebd.: 432). Daher möchten wir die Remix-Praktiken unter Berücksichtigung ihrer inhärenten Logik untersuchen. Unser Interesse gilt den lokalen situativen Praktiken (vgl. Bergmann 2004a: 78), die sich auf Standorte und Situationen beziehen, die als wesentlich eingestuft werden. Wir erwarten von unserer Forschung, dass sie Live-Performance, Networking, organisatorische Arbeit, Marketing- und Vertriebsaktivitäten sowie Finanzverhandlungen zwischen den beteiligten Parteien aufgreift.

Für die teilnehmende Beobachtung erscheint eine Anlehnung an die *studies of work* oder *workplace studies* produktiv: Das Interesse besteht hier

— anschlussfähig an praxistheoretische Sichtweisen — an verkörperten Wissensformen, die sich im gekonnten Beherrschen von Praktiken materialisieren (Bergmann 2004a: 78). Erforscht werden sollen somit Kompetenzsysteme, die für bestimmte Verrichtungen charakteristisch sind. Die Art und Weise, wie solche Arbeitspraktiken untersucht werden, folgt dabei in den *studies of work* den Vorgaben des Feldes, vollzieht Arbeit also aus Praktiker*innenperspektive nach (in der Literatur mit dem Postulat des »unique adequacy requirement« bezeichnet, Bergmann 2004b: 32).

In Aufnahmestudios/-umgebungen wird die Praktik der teilnehmenden Beobachtung durch Videografie unterstützt (vgl. Heath et al. 2010), die das Potential besitzt, die »Mikrologik« (Reckwitz 2003: 285) sozialer Praktiken zu rekonstruieren. Die videografische Methode wird ergänzend verwendet, da das Gespür für das hier Aufgenommene wesentlich von zusätzlichem Kontextwissen abhängig ist (vgl. Knoblauch/Schnettler 2012: 335). Wir erwarten, dass dieser Ansatz unser Verständnis über die körperliche Performanz, die Verwendung technischer Artefakte sowie entsprechende Prozesse auf Computerbildschirmen vertieft. Die Bildschirmaktivität wird in Bezug auf Vorlagen, Effektketten und Echtzeitmanipulationen von Performances und Improvisationen in Sequenzer-Softwareprogrammen wie Ableton Live bewertet.

5.2.3 Gruppendiskussionen

Um die für Remix entscheidenden »Relevanz-Systeme« (Schäffer 2005: 310) zu identifizieren, konzentriert sich die dritte Phase der ethnographischen Feldforschung auf Gruppendiskussionen. Epistemologisch bieten Gruppendiskussionen über die zwischen den Projektteilnehmer*innen diskutierten und verhandelten Wissensarten fruchtbaren Zugang zu verschiedenen Perspektiven. Die Diskussionsgruppen müssen auf heterogene Art und Weise zusammengestellt sein, die strukturelle Zusammensetzung von Gruppen ermöglicht so eigenständige Diskussionsweisen (vgl. ebd.: 307). Idealerweise sollen alle Teilnehmer*innen entweder als Produzent*in, DJ, Organisator*in, Manager*in, Aufnahmeingenieur*in oder professionelle*r Hörer*in involviert sein. In den Gruppendiskussionen sowie Expert*inneninterviews (s.u.) werden die Projektmitarbeiter*innen vorläufige Ergebnisse oder Hypothesen präsentieren und die Teilnehmer*innen um Feedback bitten. Um die Zirkularität des Remix im methodischen Sinne hervorzuheben, werden wir somit Gruppendiskussionen verwenden, die einen Austausch mit dem Feld herstellen sollen. Durch den Aufbau eines solchen Austauschs wird das Bewusstsein für Probleme, die sich aus den Interpretationen ergeben, geweckt. Gruppendiskussionen werden auch genutzt, um zu überprüfen, inwiefern und wo weitere Beobachtungen durch die Teilnehmer*innen erforderlich sind.

5.2.4 Expert*inneninterviews

Da Gruppendiskussionen im Anschluss an die umfangreichsten Phasen der Feldforschung stattfinden, möchten wir anschließend offene Fragen durch eine Reihe von Expert*inneninterviews klären (vgl. Bogner/Menz 2009). Die Projektmitarbeiter*innen werden Themen über technische Details oder spezielle Arten der Vernetzung zwischen Musiker*innen und Veranstalter*innen aufgreifen, die zuvor noch nicht vollständig erforscht wurden. Das erkenntnistheoretische Interesse von Expert*inneninterviews liegt (im Unterschied zur Feldforschung, die vorrangig das implizite Wissen einholt) in der Rekonstruktion spezifischer, etwa besonders detaillierter oder exklusiver Wissensbestände (Pfadenhauer 2009: 81). Aus forschungsethischer Sicht betrachten wir alle Teilnehmer*innen auf diesem Gebiet als Expert*innen.

5.3 Interdisziplinäre Gruppeninterpretationen

Aufgrund des kontinuierlichen Zusammenspiels von Konzepten, Vermutungen und Daten (vgl. Maanen et al. 2007: 1146) wird unsere analytische Arbeit auf regelmäßigen Gruppeninterpretationstreffen (vgl. Reichertz 2013; Reichertz/Bettmann 2018) basieren, in denen das gesamte Datenmaterial diskutiert und miteinander in Beziehung gebracht wird. Wir werden diesen Ansatz nutzen, um eine Metaperspektive auf die erhobenen Daten einnehmen zu können, die sowohl durch kontextsensitive Gruppenanalyse (vgl. Appen et al. 2015) als auch durch Feldarbeit gewonnen werden. Dementsprechend sind alle Projektmitarbeiter*innen während dieser Treffen anwesend, um ihre jeweiligen Daten auszutauschen und kritisch zu diskutieren. Durch diesen Ansatz werden kontinuierliche Rückkopplungsschleifen aufgebaut.

6. Remixe remixen Popularmusikforschung — Ausblicke

Wenig bearbeitete Themen wie das der Remix-Praktiken eröffnen ein großes Möglichkeitsfeld, das viele weitere Untersuchungsgebiete bereithält. Die hier methodologisch aufgerissene Erforschung von Remix-Praktiken, wie sie in der Zusammenarbeit von Musikwissenschaft und Soziologie mithilfe von Feldforschung und Analyse geschehen soll, könnte einen Nebeneffekt für weitere interdisziplinäre Arbeit mit sich bringen: Denn sie erlaubt uns Einblicke in private, öffentliche und institutionelle Praktiken des Hervorbringens von Neuem aus bestehenden Materialien, also in das Funktionieren kreativer Arbeit unter den Bedingungen eines Marktes. Diese Einblicke sind, so denken wir, nicht nur hinsichtlich künstlerischer Prozesse interessant. Denn wir befinden uns hier auf dem stetig wachsenden Arbeitsmarktsektor der kreativen Arbeit, in dem Kreativität als »Voraussetzung« (Reckwitz 2012) oft un- bis unterbezahlter Arbeit gilt. Möglicherweise erfahren wir also mehr über Motivationen, Begrenzungen und Zwänge von Menschen, unter diesen Umständen Neues aus Bestehendem zu schaffen, was auf einer allgemeineren Ebene der Arbeitssoziologie als Beispiel und im Feedback der Musikwissenschaft als theoretisch elaboriertes Modell bereitgestellt werden kann.

Dieses Projekt bietet vor allem Anlass, über das bisher nicht etablierte methodologische Vorgehen und über künftiges Forschen in, über und für Popularmusik — wir paraphrasieren hier Henk Borgdorffs (2007) Stoßrichtungen Künstlerischer Forschung — nachzudenken.

Nach der bisherigen Arbeit in dem Projekt erkennen wir folgende Potentiale, die in Popularmusikforschung auch auf anderen Gebieten zur methodologischen Re-Orientierung anregen können: Erstens ist die *kooperative Arbeit in Teams* sowohl während der Erhebung, etwa in Form der Gruppenanalyse, während der Analyse der Daten, etwa in Gruppeninterpretationen, als auch im Schreibprozess geeignet, Vielstimmigkeit als einen Vorzug, nicht als ein Hindernis wissenschaftlicher Arbeit hervorzubringen. Dies setzt aber zweitens voraus, dass eine auf allen Seiten akzeptierte, von Georgina Born (2010: 211) als »agonistic-antagonistic« bezeichnete Form von *Interdisziplinarität* anerkannt und im Umgang gelebt wird. Drittens ist als eine Grundvoraussetzung jeglicher praxeologischer Arbeit, aber eben auch kontextsensitiver (Gruppen-)Analyse, eine *selbstreflexive Haltung* notwendig, die im Austausch nach Erklärungen für das Zustandekommen der von ihr untersuchten musikalischen Praktiken sucht. Und schließlich ist die vorhandene *Zirkularität des Vorgehens* methodologisch angelegt, da sie begrüßenswerte Nebeneffekte mit sich bringt: So profitiert etwa die (begleitende, nicht im Fokus stehende) Arbeit der Untersuchung historischer Remix-Praktiken von den Feldkontakten wie von den analytischen Untersuchungen und der zirkulär angelegten Methode der Gruppeninterpretation. Denn somit tauchen Gegenstände und Wertungen als Ergebnisse auf, die nicht einfach aus »den Büchern« entnommen werden können. Zugleich eröffnen die Resultate dieser historischen Aufarbeitung von Remix den Forscher*innen im Feld wie auch den Analysierenden Einblicke, die aus ihren jeweils im Vordergrund stehenden Methoden kaum gewonnen werden können.

Gleichwohl wir hier auf Remix-Praktiken zielen, wäre mit der vorgeschlagenen Methodologie die Klangstrukturen wie Praktiken vereinende Untersuchung auch für weitere populäre Musiken anzustreben. Musikalische Praktiken als Gegenstände der Popularmusikforschung sind somit von interdisziplinären Teams vieldimensional, praxeologisch und mit dem Ziel der Theoriegenerierung erforschbar. Überdies stellt die hier skizzierte Herangehensweise eine weitere Annäherung zwischen der Fachwissenschaft Soziologie und Musik als deren Gegenstand in Aussicht. Dieser Prozess wurde in jüngeren Jahren von u.a. Prior (2011) angeregt und schlägt bewusst einen Pfad jenseits der klassischen Perspektive Pierre Bourdieus ein, der eine soziologische Auseinandersetzung auch mit musikalischen Formen gestattet (ebd.: 121). Die Remix-Thematik begünstigt dabei einen Blick auf Sound und musikalische Form(en), ohne essenzielle Schlaglichter der Soziologie — z.B. auf Arbeit, Ökonomisches und Vernetzung — zu vernachlässigen. Im Gegenteil: Wie dargestellt, liegt das entscheidende Potential der Remix-Forschung schließlich darin, all diese Faktoren konsequent mit der Analyse zusammenzuführen.

Literatur

Aletti, Vince (2009). *The Disco Files 1973-78. New York's Underground Week by Week.* London: DJHistory.com.
Appen, Ralf von / Bennett, Samantha / Doehring, André (2019) [in Vorbereitung]. »Not left to our own devices. Analyzing Music together.« In: *Song Interpretation in 21st-Century Pop Music, Vol. II.* Hg. v. Ralf von Appen, Samantha Bennett, André Doering u. Dietrich Helms. London u. New York: Routledge.
Appen, Ralf von / Doehring, André / Helms, Dietrich / Moore, Allan F. (2015). »Introduction.« In: *Song Interpretation in 21st-Century Pop Music.* Hg. v. Ralf von Appen, André Doehring, Dietrich Helms u. Allan F. Moore. Farnham: Ashgate, S. 1-6.
Attias, Bernardo Alexander / Gavanas, Anna / Rietveld, Hillegonda C. (2013). *DJ Culture in the Mix. Power, Technology, and Social Change in Electronic Dance Music.* London u. New York: Bloomsbury.
Barry, Andrew / Born, Georgina (2013). »Interdisciplinarity: Reconfigurations of the Social and Natural Sciences.« In: *Interdisciplinarity: Reconfigurations of Social and Natural Sciences.* Hg. v. Andrew Berry u. Georgina Born. London: Routledge, S. 1-56.
Becker, Howard S. (1974). »Art as Collective Action.« In: *American Sociological Review* 39 (6), S. 767-776.
Bergmann, Jörg (2004a). »Ethnomethodology.« In: *A Companion to Qualitative Research.* Hg. v. Uwe Flick, Ernst von Kardorff u. Ines Steinke. London: SAGE, S. 72-80.
Bergmann, Jörg (2004b). »Harold Garfinkel and Harvey Sacks.« In: *A Companion to Qualitative Research.* Hg. v. Uwe Flick, Ernst von Kardorff u. Ines Steinke. London: SAGE, S. 29-34.

Blaukopf, Kurt (1984). *Musik im Wandel der Gesellschaft. Grundzüge der Musiksoziologie*. Darmstadt: Wissenschaftliche Buchgesellschaft.
Bogner, Andreas / Menz, Wolfgang (2009). »The Theory-Generating Expert Interview: Epistemological Interest, Forms of Knowledge, Interaction.« In: *Interviewing Experts*. Hg. v. Andreas Bogner, Beate Littig u. Wolfgang Menz. London: Palgrave Macmillan, S. 43-80.
Boone, Christine (2013). »Mashing: Toward a Typology of Recycled Music.« In: *Music Theory Online* 19 (3), http://mtosmt.org/issues/mto.13.19.3/mto.13.19.3.boone.pdf (Zugriff: 12.12.2017).
Borgdorff, Henk (2007). »The Debate on Research in the Arts.« In: *Focus on Artistic Research and Development* 2, https://www.ahk.nl/fileadmin/download/ahk/Lectoraten/Borgdorff_publicaties/The_debate_on_research_in_the_arts.pdf (Zugriff: 5.4.2019).
Born, Georgina (2010). »For a Relational Musicology: Music and Interdisciplinarity, Beyond the Practice Turn.« In: *Journal of the Royal Musical Association* 135 (2), S. 205-243.
Botond, Vitos (2014). »›An Avatar... in a Physical Space‹: Researching the Mediated Immediacy of Electronic Dance Floor.« In: *Dancecult: Journal of Electronic Dance Music Culture* 6 (2), https://dj.dancecult.net/index.php/dancecult/article/view/371/489 (Zugriff: 12.12.2017).
Brewster, Bill / Broughton, Frank (2010). *The Record Players. DJ Revolutionaries*. New York: Black Cat.
Butler, Mark J. (2006). *Unlocking the Groove: Rhythm, Meter, and Musical Design in Electronic Dance Music*. Bloomington, IN: Indiana University Press.
Butler, Mark J. (2012). »Introduction.« In: *Electronica, Dance and Club Music*. Hg. v. Mark J. Butler. Farnham u. Burlington, VT: Ashgate, S. xi-xxxi.
Charmaz, Kathy (2006). *Constructing Grounded Theory. A Practical Guide through Qualitative Analysis*. London: SAGE.
Cheliotis, Giorgos / Yew, Jude (2009). »An Analysis of the Social Structure of Remix Culture.« In: *C&T'09. Proceedings of the 4th International Conference on Communities & Technologies*. University Park, PA: ACM, S. 165-174.
Clarke, Eric F. (2005). *Ways of Listening. An Ecological Approach to the Perception of Musical Meaning*. Oxford et al.: Oxford University Press.
Collins, Steve (2008). »Waveform Pirates: Sampling, Piracy and Musical Creativity.« In: *Journal on the Art of Record Production* 3, http://arpjournal.com/680/waveform-pirates-sampling-piracy-and-musical-creativity/ (Zugriff: 24.6.2017).
Cook, Nicholas (2001). »Theorizing Musical Meaning.« In: *Music Theory Spectrum* 23 (2), S. 170-195.
Danielsen, Anne (2006). *Presence and Pleasure. The Funk Grooves of James Brown and Parliament*. Middletown, CT: Wesleyan University Press.
DeNora, Tia (2003). *After Adorno. Rethinking Music Sociology*. Cambridge: Cambridge University Press.
Doehring, André (2012). »Probleme, Aufgaben und Ziele der Analyse populärer Musik.« In: *Blackbox Pop. Analysen populärer Musik* (= Beiträge zur Popularmusikforschung 38). Hg. v. Dietrich Helms u. Thomas Phleps. Bielefeld: transcript, S. 23-42.
Doehring, André (2015). »Andrés's ›New for U‹: New for Us. On Analysing Electronic Dance Music.« In: *Song Interpretation in 21st-Century Pop Music*. Hg. v. Ralf von Appen, André Doehring, Dietrich Helms u. Allan F. Moore. Farnham: Ashgate, S. 133-155.

Doehring, André (2017). »Modern Talking, Musicology and I. Analysing and Interpreting Forbidden Fruit.« In: *Perspectives on German Popular Music*. Hg. v. Michael Ahlers u. Christoph Jacke. New York: Routledge, S. 94-99.
Döhl, Frédéric (2016). *Mashup in der Musik. Fremdreferenzielles Komponieren, Sound Sampling und Urheberrecht*. Bielefeld: transcript.
Feser, Kim / Pasdzierny, Matthias (Hg.) (2016). *Techno Studies. Ästhetik und Geschichte elektronischer Tanzmusik*. Potsdam: b_books.
Fikentscher, Kai (2013). »›It's Not the Mix, It's the Selection‹: Music Programming in Contemporary DJ Culture.« In: *DJ Culture in the Mix. Power, Technology, and Social Change in Electronic Dance Music*. Hg. v. Bernardo Alexander Attias, Anna Gavanas u. Hillegonda C. Rietveld. London u. New York: Bloomsbury, S. 123-149.
Garcia, Luis-Manuel (2005). »On and On: Repetition as Process and Pleasure in Electronic Dance Music.« In: *Music Theory Online* 11 (4), http://www.mtosmt.org/issues/mto.05.11.4/mto.05.11.4.garcia.html (Zugriff: 2.2.2018).
Garfinkel, Harold (Hg.) (1986). *Ethnomethodological Studies of Work*. London u. New York: Routledge.
Geertz, Clifford (1973). »Thick Description: Toward an Interpretive Theory of Culture.« In: *The Interpretation of Cultures*. Hg. v. Clifford Geertz. New York: Basic Books, S. 3-30.
Gibson, James J. (2014). *The Ecological Approach to Visual Perception, classical edition*. Hove: Psychology Press.
Gilli, Lorenz (2017). »›Navigate Your Set‹. Zur Virtuosität von DJs.« In: *Schneller, höher, lauter. Virtuosität in populären Musiken*. Hg. v. Thomas Phleps. Bielefeld: transcript, S. 153-179.
Gilroy, Paul (1993). *The Black Atlantic: Modernity and Double-Consciousness*. Cambridge, MA: Harvard University Press.
Glaser, Barney G. / Strauss, Anselm L. (1967). *The Discovery of Grounded Theory*. Chicago: Aldine Publishing.
Gobo, Giampietro (2008). *Doing Ethnography*. London: SAGE.
Heath, Christian / Hindmarsh, Jon / Luff, Paul (2010). *Video in Qualitative Research: Analysing Social Interaction in Everyday Life*. London: SAGE.
Hennion, Antoine (2001). »Music Lovers. Taste as Performance.« In: *Theory, Culture & Society* 18 (5), S. 1-22.
Hirschauer, Stefan (2001). »Ethnografisches Schreiben und die Schweigsamkeit des Sozialen. Zu einer Methodologie der Beschreibung.« In: *Zeitschrift für Soziologie* 30 (6), S. 429-451.
Ismaiel-Wendt, Johannes (2011). *tracks'n'treks. Populäre Musik und Postkoloniale Analyse*. Münster: Unrast.
Kautny, Oliver / Krims, Adam (2010). »Schwerpunktthema: Sampling im HipHop.« In: *Samples* 9, http://www.aspm-samples.de/9Inhalt.html (Zugriff: 11.2.2018).
Knoblauch, Hubert / Schnettler, Bernt (2012). »Videography: Analysing Video Data as a ›Focused‹ Ethnographic and Hermeneutical Exercise.« In: *Qualitative Research* 12 (3), S. 334-356.
Kreasound (2019). https://www.kreasound.com/remix-contest/latest (Zugriff: 8.4.2019).
Langford, Simon (2011). *The Remix Manual*. Amsterdam: Focal Press.
Latour, Bruno (2005). *Reassembling the Social. An Introduction to Actor-Network-Theory*. Oxford: Oxford University Press.
Maanen, John van (2011). *Tales of the Field. On Writing Ethnography*. Chicago u. London: University of Chicago Press (2. Aufl.).
Maanen, John van / Sørensen, Jesper B. / Mitchell, Terence R. (2007). »Introduction

to Special Topic Forum. The Interplay Between Theory and Method.« In: *Academy of Management Review* 32 (4), S. 1145-1154.

Mazierska, Ewa (2019). *Popular Viennese Electronic Music 1990-2015. A Cultural History*. London: Routledge.

Mikos, Lothar / Wegener, Claudia (2005). *Qualitative Medienforschung: Ein Handbuch*. Konstanz: UVK.

Montano, Ed (2008). »›You're Not A Real DJ Unless You Play Vinyl‹ — Technology and Formats — The Progression of Dance Music and DJ Culture.« In: *Journal on the Art of Record Production* 3, http://www.arpjournal.com/asarpwp/%E2%80%98you%E2%80%99re-not-a-real-dj-unless-you-play-vinyl%E2%80%99-%E2%80%93-techno logy-and-formats-%E2%80%93-the-progression-of-dance-music-and-dj-culture/ (Zugriff: 23.6.2017).

Moore, Allan F. (2012). *Song Means. Analysing and Interpreting Recorded Popular Song*. Farnham: Ashgate.

Navas, Eduardo (2012). *Remix Theory. The Aesthetics of Sampling*. Wien u. New York: Springer.

Nye, Sean (2016). »Von ›Berlin Minimal‹ zu ›Maximal EDM‹. Genrediskurse zwischen Deutschland und den USA.« In: *Techno Studies. Ästhetik und Geschichte elektronischer Tanzmusik*. Hg. v. Kim Feser u. Matthias Pasdzierny. Potsdam: b_books, S. 121-135.

Pacal, Ane-Marija (2017). *Elektronische Tanzmusik. Musikologische und soziologische Aspekte des House*. Dissertation, Universität für Musik und darstellende Kunst Wien.

Papenburg, Jens Gerrit (2014). »›A Great Idea After the Fact‹. Das (Er-)Finden der Maxi-Single in der New Yorker Discokultur der 1970er Jahre.« In: *Popgeschichte: Band 2: Zeithistorische Fallstudien 1958-1988*. Hg. v. Bodo Mrozek, Alexa Geisthövel u. Jürgen Danyel. Bielefeld: transcript, S. 179-200.

Pfadenhauer, Michaela (2009). »At Eye Level: The Expert Interview — A Talk Between Expert and Quasi-Expert.« In: *Interviewing Experts*. Hg. v. Andreas Bogner, Beate Littig u. Wolfgang Menz. London: Palgrave Macmillan, S. 81-97.

Prior, Nick (2011). »Critique and Renewal in the Sociology of Music: Bourdieu and Beyond.« In: *Cultural Sociology* 5 (1), S. 121-138.

Reckwitz, Andreas (2003). »Grundelemente einer Theorie sozialer Praktiken. Eine sozialtheoretische Perspektive.« In: *Zeitschrift für Soziologie* 32 (4), S. 282-301.

Reckwitz, Andreas (2012). *Die Erfindung der Kreativität — Zum Prozess gesellschaftlicher Ästhetisierung*. Frankfurt/M.: Suhrkamp.

Reichertz, Jo (2013). *Gemeinsam interpretieren. Die Gruppeninterpretation als kommunikativer Prozess*. Wiesbaden: VS Verlag für Sozialwissenschaften.

Reichertz, Jo / Bettmann, Richard (2018). »Interpretationsgruppen oder: Gemeinsam interpretieren als komplexer Kollaborationsprozess.« In: *Wissenskulturen der Soziologie*. Hg. v. Reiner Keller u. Angelika Poferl. Weinheim: Beltz Juventa, S. 289-301.

Reitsamer, Rosa (2011). »The DIY Careers of Techno and Drum'n'Bass DJs in Vienna.« In: *Dancecult: Journal of Electronic Dance Music Culture* 3 (1), S. 28-43.

Rodgers, Tara (2003). »On the Process and Aesthetics of Sampling in Electronic Music Production.« In: *Organised Sound* 8 (3), S. 313-320.

Schäffer, Burkhard (2005). »Gruppendiskussion.« In: *Qualitative Medienforschung: Ein Handbuch*. Hg. v. Lothar Mikos u. Claudia Wegener. Konstanz: UVK, S. 304-314.

Schaubruch, Joseph (2018). »Technoides Klanggeschehen und seine performative Praxis am Beispiel von Bauchklangs ›Le Mans‹.« In: *Pop weiter denken. Neue Anstöße aus Jazz Studies, Philosophie, Musiktheorie und Geschichte* (= Beiträge zur

Popularmusikforschung 44). Hg. v. Ralf von Appen u. André Doehring. Bielefeld: transcript, S. 73-94.

Scheffer, Thomas (2013). »Die trans-sequentielle Analyse – und ihre formativen Objekte.« In: *Grenzobjekte. Soziale Welten und ihre Übergänge*. Hg. v. Reinhard Hörster, Stefan Köngeter u. Burkhard Müller. Wiesbaden: VS Verlag für Sozialwissenschaften, S. 89-114.

Schloss, Joseph G. (2004). *Making Beats: The Art of Sample-Based Hip-Hop*. Middletown, CT: Wesleyan University Press.

Schmidt, Robert (2012). *Soziologie der Praktiken: Konzeptionelle Studien und empirische Analysen*. Frankfurt/M.: Suhrkamp.

Schmidt Horning, Susan (2012). »The Sounds of Space: Studio as Instrument in the Era of High Fidelity.« In: *The Art of Record Production. An Introductory Reader for a New Academic Field*. Hg. v. Simon Frith u. Simon Zagorski-Thomas. Farnham: Ashgate, S. 29-42.

Skio Music (2019), https://skiomusic.com/contest/warriors-remix-contest (Zugriff: 8.4.2019).

Stalder, Felix (2009). »Neun Thesen zur Remix-Kultur«, https://irights.info/wp-content/uploads/fileadmin/texte/material/Stalder_Remixing.pdf (Zugriff: 20.2.2018).

Stems (2019). https://www.stems-music.com/ (Zugriff: 8.4.2019).

Sullivan, Paul (2013). *Remixology: Tracing the Dub Diaspora*. Islington: Reaktion Books.

Till, Rupert (Hg.) (2017). »Practice-Led and Practice-Based Popular Music Studies.« In: *IASPM@Journal* 7 (2), http://www.iaspmjournal.net/index.php/IASPM_Journal/issue/view/63 (Zugriff: 8.2.2018).

Veal, Michael E. (2007). *Dub: Soundscapes and Shattered Songs in Jamaican Reggae*. Middletown, CT: Wesleyan University Press.

Wicke, Peter (1997). »Let the Sun Shine in Your Heart. Was die Musikwissenschaft mit der Love Parade zu tun hat oder: Von der diskursiven Konstruktion des Musikalischen.« In: *Die Musikforschung* 4, S. 421-433.

Yu, Jonathan (2013). »Electronic Dance Music and Technological Change: Lessons from Actor-Network Theory.« In: *DJ Culture in the Mix. Power, Technology, and Social Change in Electronic Dance Music*. Hg. v. Bernardo Alexander Attias, Anna Gavanas u- Hillegonda C. Rietveld. London u. New York: Bloomsbury, S. 151-172.

Zeiner-Henriksen, Hans T. (2010). »Moved by the Groove: Bass Drum Sounds and Body Movements in Electronic Dance Music.« In: *Musical Rhythm in the Age of Digital Reproduction*. Hg. v. Anne Danielsen. Farnham: Ashgate, S. 121-139.

Diskographie

Fever Ray (2009). *Seven*. Rabid Records RABID043T.
Fischer, Helene (2017). *Achterbahn – The Mixes*. Polydor 6712558.
Pet Shop Boys (2016a). *The Pop Kids*. X2 5060454942146.
Pet Shop Boys (2016b). *The Pop Kids (Remixes)*. X2 5060454942740.

Abstract

Analyses of remix(ed) productions in electronic dance music and other genres are sorely needed in musicological research. The typical working methods of remixing and their resulting musical forms pose considerable challenges for analysis due to their departure from traditional musicological conventions. Based on a planned research project at the University of Music and Performing Arts Graz, our article offers a specific methodological approach that links musical analysis with practices of remix production, networking, and distribution. These individual points will be combined in an innovative method of musicological group interpretation, through which data collected from analysis and ethnographic field research will form a reflexive and transdisciplinary perspective.

Zu den Autor*innen

Katharina Alexi ist Wissenschaftliche Mitarbeiterin im interdisziplinären DFG-Graduiertenkolleg »Deutungsmacht« an der Universität Rostock und forscht an der Schnittstelle von Kulturwissenschaften, Popular Music Studies und feministischen Studien. Studium der Angewandten Kulturwissenschaften, Wirtschaftswissenschaft sowie Culture, Arts & Media. Seit 2017 Lehrbeauftragte der Kulturwissenschaft im Bereich Musik und auditive Kultur an der Universität Lüneburg. Mitglied des Audioteams am Institut für Kultur und Ästhetik Digitaler Medien (ICAM) von Prof. Dr. Rolf Großmann. Seit 2016 Mitarbeit im DAAD-Forschungsprojekt »Transformation-Kultur-Geschlecht« von Dr. Steffi Hobuß. Im Promotionsprojekt »Groupies? Selbst- und Fremddeutungen von Girls und Women on the Road« untersucht sie die diskursive Prägung des Begriffs Groupie und Bewertungsdiskurse über Frauen in der Musik ausgehend vom US-Rock der späten 1960er-Jahre. • Veröffentlichungen u. Kontakt: https://www.deutungsmacht.uni-rostock.de/kolleg/mitglieder/kollegiatinnen/katharina-alexi/.

Ondřej Daniel earned his PhD from the Institute of World History (Faculty of Arts) at Charles University in Prague in 2012, having specialised in post-socialism, nationalism, migration and popular culture. He has published over 30 academic articles and book chapters in Czech, English, French and Polish on the cultural impact of labor migration, minority issues and subcultures. His dissertation was published under the title *Rock or Turbofolk: The Imagination of Migrants from the Former Yugoslavia* (2013). In 2016, he published the monograph *Za dveřmi nového biedermeieru* [*Behind the Doors of the New Biedermeier*], which collected his writing on subcultures and violence surrounding the development of Czech post-socialist mainstream culture. Together with Tomáš Kavka and Jakub Machek, he co-edited the monograph *Popular Culture and Subcultures of Czech Post-Socialism: Listening to the Wind of Change*, published in 2016.

André Doehring (Dr. phil.) ist Professor für Jazz- und Popularmusikforschung am von ihm geleiteten Institut für Jazzforschung der Universität für Musik und darstellende Kunst Graz (Österreich). Er ist Vorstand der International Society for Jazz Research (ISJ) und der Gesellschaft für Popularmusikforschung (GfPM), seine Arbeitsgebiete sind Analyse und Historiographien von populärer Musik und Jazz sowie Musik und Medien. In einem Forschungsprojekt, das von der VW Stiftung gefördert wird, arbeitet er derzeit in einem internationalen Team mit Forscher*innen an der Erforschung der Rolle populärer Musik in gegenwärtigen populistischen Strömungen in fünf europäischen Ländern.

Petter Dyndahl is a professor of musicology, music education, and general education at the Inland Norway University of Applied Sciences, where he was the head of the Ph.D. program in teaching and teacher education from 2012-2017. He has published research results in a wide range of disciplines, including music education, sociology of education and culture, cultural studies, popular music studies, music technology, and media pedagogy. In recent years, professor Dyndahl has been project manager for two research projects funded by The Research Council of Norway: »Musical Gentrification and Socio-Cultural Diversities« (2013-2017) and »DYNAMUS – The Social Dynamics of Musical Upbringing and Schooling in the Norwegian Welfare State« (2018-2022). • Further information: http://petterdyndahl.no/professor.html • E-Mail: petter.dyndahl@inn.no.

Magdalena Fürnkranz (Dr. phil.), Studium der Theater-, Film- und Medienwissenschaft an der Universität Wien; 2013-2018 Universitätsassistentin am Institut für Popularmusik der Universität für Musik und darstellende Kunst Wien, seit 2019 Senior Scientist ebenda. Mitinitiatorin des PopNet Austria. Co-Leitung des Forschungsprojekts »Performing Diversity« (gemeinsam mit Harald Huber), Leitung des künstlerisch-wissenschaftlichen Projekts »Instrumentalistinnen und Komponistinnen im Jazz«. Mitherausgeberin von *Performing Sexual Identities. Nationalities on the Eurovision Stage* (gemeinsam mit Ursula Hemetek, 2017) und Autorin von *Elizabeth I in Film und Fernsehen. De-/Konstruktion von weiblicher Herrschaft* (2019).

Kai Ginkel (Dr. phil.) ist Mitarbeiter am Institut für Jazzforschung der Universität für Musik und darstellende Kunst Graz. Er studierte Soziologie, Psychologie und Politikwissenschaft an der Technischen Universität Darmstadt und promovierte an der Katholischen Universität Eichstätt-Ingolstadt zum Thema »Noise – Klang zwischen Musik und Lärm. Zu einer Praxeologie des Auditiven« (transcript 2017). Zuvor war er Stipendiat im postgradualen Lehrgang »Sociology of Social Practices« am Institut für Höhere Studien Wien. Er ist Lehrbeauftragter an der Karl-Franzens-Universität Graz und war in den vergangenen Jahren Wissenschaftlicher Mitarbeiter am Department für Psychotherapie und Biopsychosoziale Gesundheit der Donau-Universität Krems sowie am Institut für Musikästhetik der Universität für Musik und darstellende Kunst Graz. Von 2004 bis 2009 war Ginkel zudem freier Autor für das Musikmagazin *Spex*.

Steffen Just (Dr. phil.) ist Musikwissenschaftler und forscht mit Schwerpunkt auf populäre Musik. Gegenwärtig ist er Fellow am John-F.-Kennedy-Institut für Nordamerikastudien an der FU Berlin. Von 2017 bis 2019 war er Wissenschaftlicher Mitarbeiter am Lehrstuhl für Theorie und Geschichte der Populären Musik am Institut für Musikwissenschaft und Medienwissenschaft der Humboldt-Universität zu Berlin. Dort schloss er im Jahr 2018 seine Dissertation zu Subjektperformances in der US-amerikanischen populären Musik von 1890-1960 ab. Seine Forschungsinteressen umfassen die Kultur- und Mediengeschichte der populären Musik im 19. und 20. Jahrhundert, Popmusikanalyse, gender-, queertheoretische und postkoloniale Popmusikforschung und Sound Studies.

Peter Klose studierte Musik und Mathematik für das Lehramt (Sek II/I) in Dortmund. Von 2002 bis 2012 im Schuldienst an verschiedenen Gymnasien und Gesamtschulen. Von 2012 bis 2018 Lehrkraft für besondere Aufgaben am Institut für Musik und Musikwissenschaft der TU Dortmund, betraut mit Lehrveranstaltungen zu Musikpädagogik und -didaktik sowie zu Geschichte, Theorie und Praxis der populären Musik und des Jazz. Seit 2018 im Schuldienst am Mallinckrodt-Gymnasium Dortmund. Forschungstätigkeit zur Praxeologie von Musik und Musikunterricht. Konzertgitarrist, E-Bassist, E-Gitarrist in verschiedenen Besetzungen.

Eva Krisper (Mag.a art.) ist Universitätsassistentin und Doktorandin am Institut für Jazzforschung der Universität für Musik und darstellende Kunst Graz. Sie absolvierte das Bachelorstudium Instrumental(Gesangs)pädagogik – Gesang (Jazz) an der KUG und das Masterstudium Instrumental(Gesangs)pädagogik – Gesang (Popularmusik) an der Universität für Musik und darstellende Kunst Wien jeweils mit Auszeichnung. Ihre Masterarbeit *Von der Kunst, mit Musik den Lebensunterhalt zu bestreiten. Zum Berufseinstieg von Pop- und Jazz-GesangsabsolventInnen in den österreichischen Musikarbeitsmarkt* (= extempore 15) wurde 2017 vom Institut für Musiksoziologie (mdw) veröffentlicht. Zudem ist sie gemeinsam mit Eva Schuck Herausgeberin der Online-Zeitschrift SAMPLES der Gesellschaft für Popularmusikforschung.

Melanie Ptatscheck studierte Populäre Musik und Medien in Paderborn und Wien. Bevor sie 2019 ihre Promotion über heroinabhängige Musiker an der Leuphana Universität Lüneburg abschloss, absolvierte sie mehrere Forschungsaufenthalte in Los Angeles und New York City. Als Post-Doc beschäftigt sie sich mit Straßenmusiker*innen im New Yorker Underground und arbeitet an einem Forschungsprojekt zu Music & Mental Health. Neben ihren akademischen Beschäftigungen als Lehrbeauftragte ist sie in Berlin als Musikerin und Journalistin tätig.

Nepomuk Riva (Dr. phil.), Studium der Musikwissenschaft und ev. Theologie in Heidelberg und Berlin. Promotion im Rahmen des DFG-Graduiertenkollegs »Schriftbildlichkeit« an der Freien Universität Berlin zu mündlichen und schriftlichen Überlieferungen von Kirchenmusik in West-Kamerun. 2012-2014 Wissenschaftlicher Mitarbeiter im Lehrgebiet Musiksoziologie/Historische Anthropologie der Musik an der Humboldt-Universität zu Berlin. Seit 2016 Wissenschaftlicher Mitarbeiter im Lehrgebiet Musikethnologie an der HMTM Hannover und wissenschaftlicher Koordinator der vom DAAD geförderten SDG-Graduiertenschule »Performing Sustainability« zwischen der Universität Hildesheim, der University of Cape Coast (Ghana) und der University of Maiduguri (Nigeria). Forschungsschwerpunkte u.a. Repräsentation Afrikas in der Musik.
• Publikationsliste: https://www.musikwissenschaft.hmtm-hannover.de/de/personen/wissenschaftliche-mitarbeiterinnen-und-mitarbeiter/dr-nepomuk-riva/ • E-Mail: nepomuk.riva@hmtm-hannover.de.

Katharina Rost (Dr. phil.) ist seit 2017 PostDoc-Stipendiatin an der Universität Bayreuth, arbeitet an einem Forschungsprojekt zu Inszenierungsstrategien, Theatralität und Gender-Performances in der Popmusik und lehrt im Bachelorstudiengang »Theater und Medien«. Sie promovierte in der Theaterwissenschaft der Freien Universität Berlin zur sonischen Gestaltung, zum Hören und zu Aufmerksamkeitsdynamiken im Theater (*Sounds that matter*, 2017). Lehraufträge hatte sie u.a. an der LMU München, der FAU Nürnberg-Erlangen und der Kunstuniversität Graz. Weitere diverse Forschungsschwerpunkte sind Mode- und Kostümgeschichte, Queer Theory und Hörbücher.

Malte Sachsse (Dr. phil.) lehrt als Studienrat im Hochschuldienst Musikpädagogik, Musikwissenschaft (mit Schwerpunkt populäre Musik) und Jazzensembleleitung an der TU Dortmund. Er promovierte 2013 bei Prof. Dr. Peter W. Schatt an der Folkwang Universität der Künste mit der Dissertation *Menschenbild und Musikbegriff. Zur Konstituierung musikpädagogischer Positionen im 20. und 21. Jahrhundert* (Olms, 2014). Seine aktuellen Forschungsschwerpunkte bilden Fragen der Didaktik der populären Musik sowie des informellen musikalischen und musikbezogenen Lernens in digitalen Lernwelten. Weitere Informationen unter https://www.musik.tu-dortmund.de/institut/personen/wissen schaftliche-mitarbeiterinnen-und-mitarbeiter/dr-phil-malte-sachsse/.

Peter W. Schatt (Dr. phil.), Studium Lehramt Musik und Deutsch, Klarinette und Musikwissenschaft an der Musikhochschule und der Universität Hamburg sowie der TU Berlin. Erste und Zweite Staatsprüfung, Konzertexamen; Promotion bei Carl Dahlhaus über *Exotik in der Musik des 20. Jahrhunderts*. Studienrat an Hamburger Gymnasien, Lehraufträge an der Universität Hamburg sowie an den Musikhochschulen Lübeck und Hamburg. Rege Konzerttätigkeit vor allem mit Neuer Musik. Von 1989 bis 2013 Professor für Musikpädagogik/Didaktik der Musik an der Folkwang Universität der Künste Essen. Schwerpunkte seiner Arbeit: Musik des 20. Jhs. sowie Musikpädagogik unter interdisziplinären und kulturwissenschaftlichen Aspekten. Veröffentlichungen (Auswahl) und weitere Informationen unter https://de.wikipedia.org/wiki/Peter_W._Schatt.

Nico Thom (Mag.Art., MHEd, MBA) studierte Musikwissenschaft, Philosophie, Wissenschaftsmanagement und Hochschuldidaktik in Leipzig, Halle/Saale, Jena, Weimar, Oldenburg sowie Hamburg. Er forschte und lehrte an Hochschulen bzw. Universitäten in Leipzig, Klagenfurt, Weimar, Rostock und Lübeck. Seit 2012 ist er an der Musikhochschule Lübeck tätig als Lokaler Koordinator im deutschlandweiten Netzwerk der Musikhochschulen für Qualitätsmanagement und Lehrentwicklung. Seine Forschungsschwerpunkte sind europäische Jazz- und Popmusik; Musik und Systemtheorie; musikbezogene Hochschulforschung und Hochschuldidaktik; Musiktechnologie; Musikmedien; musikbezogene Berufsfelder; Geschichte der Musikphilosophie und -ästhetik. Neben seinen Aktivitäten in Forschung, Lehre und Verwaltung agiert er selbst als Jazzmusiker.
• Weitere Infos und Kontakt unter www.homepage-nico-thom.de.

▶GfPM●

Gesellschaft für Popularmusikforschung e.V.
German Society for Popular Music Studies

Popularmusikforschung ist das Miteinander der Disziplinen im offenen Blick auf die gesamte Breite populärer Musik und Kultur. Seit 1984 bietet die unabhängige Gesellschaft für Popularmusikforschung (GfPM, bis 2014: ASPM) hierfür das mitgliederstärkste Netzwerk im deutschsprachigen Raum.

SELBSTVERSTÄNDNIS
Unabhängigkeit | Als gemeinnütziger Verein sind wir finanziell, inhaltlich und politisch unabhängig. Aus dieser Position heraus ist es uns möglich, als unabhängige Expert*innen für Popularmusikforschung zu agieren.

Vielfalt | Popularmusikforschung widmet sich einem reichen Feld kultureller Texte, Kontexte und Praxen. Wir versammeln in unserem Verein die unterschiedlichsten disziplinären, methodischen, praktischen und theoretischen Zugriffe, um diese zu analysieren, zu diskutieren und zu vermitteln.

Internationale Ausrichtung | Popmusikforschung ist für uns selbstverständlich das internationale Miteinander der Disziplinen. Deutsch und Englisch sind unsere Publikations- und Tagungssprachen.

AUFGABEN
Förderung und Unterstützung | Die Förderung des wissenschaftlichen Nachwuchses ist uns wichtig: Wir bieten finanzielle Unterstützung für Reisen und Publikationen aus einem Nachwuchsfond, vergeben jährlich den ersten Förderpreis auf dem Gebiet der Popularmusikforschung und veranstalten für junge Wissenschaftler*innen Workshops und internationale Postgraduate Summer Schools.

Outputs | Seit 1984 führen wir jährliche Tagungen durch, deren Ergebnisse in mittlerweile 45 Bänden der *Beiträge zur Popularmusikforschung* veröffentlicht und online als Volltext-Archiv verfügbar sind. Außerdem publizieren wir das Open Access-Journal *SAMPLES* (17 Jg.) und die Schriftenreihe texte zur populären musik (Bde. 1-10).

Mehr Informationen unter www.popularmusikforschung.de